MODERN COMMERCIAL BANK
ASSET AND LIABILITY
MANAGEMENT HANDBOOK

现代商业银行
资产负债管理手册

（第二版）

于东智　著

中国金融出版社

责任编辑：李　融　李林子
责任校对：李俊英
责任印制：程　颖

图书在版编目(CIP)数据

现代商业银行资产负债管理手册 / 于东智著. — 2版. — 北京: 中国金融出版
社，2023.8
　　ISBN 978-7-5220-2119-5

　　Ⅰ.①现 … Ⅱ.①于… Ⅲ.①商业银行 — 资金管理 — 手册 Ⅳ.① F830.45–62

中国国家版本馆CIP数据核字（2023）第134685号

现代商业银行资产负债管理手册（第二版）
XIANDAI SHANGYE YINHANG ZICHAN FUZHAI GUANLI SHOUCE（DI–ER BAN）
出版
发行　　**中国金融出版社**

社址　　北京市丰台区益泽路2号
市场开发部　　（010）66024766，63805472，63439533（传真）
网 上 书 店　　www.cfph.cn
　　　　　　　　（010）66024766，63372837（传真）
读者服务部　　（010）66070833，62568380
邮编　　100071
经销　　新华书店
印刷　　河北松源印刷有限公司
尺寸　　185毫米×260毫米
印张　　25.5
插页　　2
字数　　350千
版次　　2020年6月第1版　　2023年8月第2版
印次　　2023年8月第1次印刷
定价　　118.00元
ISBN　978-7-5220-2119-5
如出现印装错误本社负责调换　　联系电话 (010) 63263947

自　序

　　资产负债管理是商业银行经营管理的核心内容，是实现银行战略规划、价值创造和风险管理的基础工具。资产负债管理与社会经济发展密切相关，社会环境、经济形势、金融格局和监管要求的变化，都会对资产负债管理提出新要求。当今世界正面临百年未有之大变局，银行经营环境已发生了深刻的变化，银行资产负债管理实践需要因势进化，不断变革，高度契合商业银行的数字化转型进程。

一、商业银行资产负债管理模式和目标具有鲜明的时代特征

　　综观20世纪初以来商业银行资产负债管理理论的发展历程，先后经历了资产组合管理、负债组合管理和资产负债组合管理三个历史阶段，梳理其发展脉络，可以发现其管理目标变化遵循着"量—价—险"的路径，而每一次变化都与商业银行所处的历史时代、社会环境息息相关。在布雷顿森林体系被废除之前，受20年代末30年代初"大萧条"经济危机的影响，世界主要经济体均采取了管制利率，各国利率保持相对稳定。在该阶段，银行的资产负债管理也较为简单，无论是早期的资产管理理论，还是50年代末期的负债管理理论，均以"量"为主要管理目标，主要表现为受监管和资金组织模式的约束。20世纪70年代，随着布雷顿森林体系瓦解以及各国央行相继放松利

率管制，市场利率开始大幅波动，银行经营风险加大，对价格的管理或者说是对利率风险的管理成为商业银行资产负债管理的主要目标，可以说，20世纪后半叶的利率市场化浪潮推动资产负债管理目标由"量"到"价"演变。2007年美国次贷危机发生后，商业银行激进的资产负债配置策略风险暴露，流动性由过剩迅速蜕变为不足，国际金融危机爆发。在总结此次危机教训的基础上，二十国集团（G20）主导推出了全球金融监管新框架，对银行业提出了更严格的监管要求，由此推动商业银行进入全面风险管理时代，资产负债管理重心由此转移至风险管理。

当前，全球经济形势已经发生了新的深刻的变化，必将会对商业银行的资产负债管理产生深远的影响。

首先，宏观社会经济发展趋势的变化对商业银行经营模式产生冲击。比如，人口老龄化对银行业的主要影响：对抵押和消费信贷的需求会放缓甚至是衰退，与此同时，对分散风险或使财富保值的产品需求增加。退休人员数量大幅增加将导致经济体的储蓄率下降，会影响银行的负债结构与成本。银行会有更多机会去增加非利息收入，包括咨询服务、资产管理和养老金等，银行的盈利模式也需要相应作出改变。再如，中产阶级的兴起势必会推动零售银行市场的快速发展，提升对教育、养老、医疗、保险等更加多样化的金融服务需求。此外，可持续发展已成为全球共识和共同奋斗的目标，具体内容包括构建包容社会、应对气候变化和保护生态环境。构建包容社会需要缩小城乡之间的差距，应对气候变化和保护生态环境需要低碳投资和绿色金融。据麦肯锡研究报告，全球2050年实现碳中和需要每年在能源转型上投资约3.5万亿美元，中国未来三四十年需要的低碳转型投资也在百万亿元人民币以上。这些都对银行资本配置、资产投向以及负债筹集提出了新的要求。

其次，数字化和智能化成为社会转型趋势，金融与科技开始高度融合。互联网金融和金融科技（FinTech）的发展逐步改变着金融生态。近年来，随着互联网、区块链、大数据、云计算和人工智能等新技术的应用，全球银行业态正在重塑，金融科技已全面渗透至银行存、贷、汇等基础业务和资产负债管理等核心领域。比如，截至2022年末，我国网络支付用户规模达9.11亿，较2021年12月增长781万，占网民整体的85.4%。随着金融科技的快速发展和不断成熟，互联网金融企业通过打造场景化、个性化、智能化的平台，改变客户金融消费行为习惯，对客户和资金分流，这对银行来说是一种根本性和长期性的挑战，必将对商业银行的资产定价、存款组织、市场风险管理等资产负债管理行为产生重要影响。此外，银行自身的数字化转型也对银行资产负债管理的数字化转型提出了新要求。比如，2022年，《金融科技发展规划（2022—2025年）》《金融标准化"十四五"发展规划》《关于银行业保险业数字化转型的指导意见》等金融科技纲领性文件密集发布，进一步引导银行实现高质量的数字化转型，银行资产负债管理也有顺应趋势、完善自身数字化转型的迫切要求。

再次，监管趋严对银行经营管理提出挑战。国际金融危机之后，加强银行业监管成为全球共识，监管变动的几个主要趋势有：一是对银行资本提出新要求，《巴塞尔资本协议Ⅲ》制定了更严格的监管规则，特别是对全球大型银行提出了更高的资本要求；二是持续优化风险计量手段，包括信用风险、操作风险、流动性风险的计量模型和指标等，强化可操作性和关联性；三是推动银行经营活动的结构性改革，包括银行内部激励机制改革，将银行核心业务与非核心业务及承担较高风险的业务区分开来；四是加强对消费者权益的保护，在任何新的监管目标中，消费者权益保护都处于重要地位，要求银行在组织架构、激励机制、员工行为管理方面予以重视。所有的监管变动指向就是推动银行更加审慎经营，减少监管套利机会，保护消费者权益。

最后，风险因素进一步复杂化，银行面临非预期损失风险的可能性增大。比如，在突发且持续的新冠疫情下，各国财政赤字和宏观杠杆率反弹明显。根据国际金融协会的数据，2021年全球债务总额为303万亿美元，占全球GDP的357%。根据国际货币基金组织的统计，2021年公共财政赤字为8.6万亿美元，占全球GDP的比重是9%。这些为应对危机所采取的过度宽松的货币政策使全球流动性泛滥，之后为应对流动性泛滥所带来的通胀压力又采取了大幅度的紧缩政策，发生全球滞胀型债务危机的可能性大增，这些现象交织混杂，放大了银行面临的市场风险。再如，地缘政治冲突所引致的各种制裁、供应链断裂和战争风险会进一步引发和加剧市场风险。

二、新时代需要新的资产负债管理理念

面对新时代的发展变化，作为银行经营管理核心内容之一的资产负债管理面临转型、提升要求，对中国银行业来说，需要主动作为，不断优化变革资产负债管理模式。为此，新时代的商业银行资产负债管理需要树立五个理念。

一是"大资产负债管理"理念。随着利率市场化、人民币国际化、互联网金融的快速推进和交互影响，商业银行资产负债表日益复杂，传统的存贷款管理模式已经难以适应业务发展需要。为提高自身综合竞争力，商业银行必须构建一套"大资产负债管理模式"，即基于银行资产负债表管理，对银行各种表内外、境内外、本外币的资产、负债以及资本的规模结构进行优化配置。在负债端，随着资金进入银行的渠道逐渐多元化，"主动负债"在商业银行负债管理工作中将被更加灵活运用，占比逐步提升。在资产端，以资产配置为中心统筹表内外资产管理，逐步从以信贷为主向多样化资产管理转变，建立信贷资产、交易资产、投资资产配置格局，提高银行非信贷资产占比，从持

有型银行向交易型银行转型，从做存量向做流量转变。

二是"主动型资产负债管理"理念。人口和社会环境的变迁、经济发展结构的优化升级、监管要求的革新、金融科技的日新月异等新趋势，对商业银行资产负债管理的影响将是长远和根本性的，谁能适应新趋势，积极做好资产负债的布局，谁就能在未来的竞争中立于不败之地。所以，银行资产负债管理必须坚持主动性和前瞻性原则，主动加强对宏观趋势和未来政策动向的研究，认真分析自身以及同业的资产负债变化趋势，主动发现资产负债运行中的新情况、新问题，预先研判外部经济环境和政策、自身经营战略和业务特点、同业竞争态势等的变化，据以调整资产负债管理策略，资金、预算、价格、资本等管理政策要能充分体现银行发展战略，并据以做好产品、系统、人力资源等布局。

三是"价值为本的资产负债管理"理念。银行价值是收入、成本、风险、资本等要素的综合，在盈利能力基础上，还要考虑风险、资本要素，是风险、资本约束下的盈利能力，是可持续的盈利能力。商业银行本质上是经营风险的企业，资产负债管理工作必须以风险管理为出发点，在实际经营中，要以流动性风险、市场风险为重点，通过风险计量、风险限额和风险考核等主动管理防范风险，实现收益与风险的平衡。资本约束是风险控制的基础，银行经营要确保风险资本覆盖风险资产，资产负债管理必须牢固树立资本约束理念，采取资本节约型发展模式，通过资本的主动分配调节，引导各业务线的合理扩张或收缩，努力提高资本回报。

四是"业技融合的资产负债管理"理念。以互联网、大数据为代表的新兴金融科技的发展，必将助推银行服务模式升级，商业银行要积极把握金融科技带来的发展机遇，推进资产负债管理模式的创新与变革。商业银行要大力构建基于互联网模式的多元化业务平台，提供信贷、保险、基金、证券、理财等服务，提升资金募集和主动负债能力，构建网络信贷新模式。以互联网生态体系形成共享大数据为基础，构建基于交易过程的信用风险管理模型，建立网络直接融资新模式，切实解决信息不对称问题，围绕客户融资需求真正创造价值。支付清算方面，通过主动融入第三方网络支付，实现极致客户体验。新的时代趋势呼唤建立基于交易、财务等全流程信息流基础上的资产负债管理系统，在流动性管理、利率和汇率风险管理、定价管理、资本管理、资产负债组合管理等领域创新管理方式。

五是"符合ESG要求的资产负债管理"理念。ESG是指涵盖环境（Environment）、社会（Social）、治理（Governance）三大类维度非财务绩效的价值理念、投资策略和评价工具。近年来，随着ESG理念的广泛传播和投资规模的扩大，部分监管机构已将其纳入对金融机构的重点监控范围，商业银行也纷纷将ESG理念融入治理架构，制定符合ESG要求的可持续发展战略，ESG挂钩的资产和负债业务种类不断增加，规模持续扩大。一方面，投资ESG资产是业界大势所趋，又是监管披露要求所需，商业银行需要增加ESG挂钩资产配置，如近年来商业银行ESG挂钩银团贷款、双边贷款、债券投资规模不断增加；另一方面，随着投资者对ESG产品需求的增加，为满足客户需求，提升企业形象，商业银行创新推出了ESG挂钩债券发行、ESG挂钩的活期储蓄户口、ESG挂钩定期存款、ESG挂钩理财产品等负债端产品。因此，资产负债管理职能部门要积极将可持续发展融入资产负债管理实践，将ESG理念落实到资产投放、负债筹集以及定价管理的方方面面。

三、提升中国银行业资产负债管理水平的未来着力点

资产负债管理是一门平衡的艺术，原则是要实现经营的"安全性、流动性和效益性"间的平衡，关键是要贴近外部市场和宏观政策变动，前提是要受风险承受力的约束，目标是实

现最佳资本回报和价值创造的最大化。毋庸讳言，目前中国银行业资产负债管理的精细化、专业化水平较国际领先实践而言还有差距，需要进一步提升市场化环境下的风险管控能力。这是因为中国银行业长期处于受金融管制的市场环境之下。近年来随着中国经济步入"新常态"，利率市场化、商业银行国际化经营的深入推进，以及行业监管标准与世界逐步接轨，流动性风险、利率风险、汇率风险对商业银行经营影响日益显著。环境的变化导致资产负债的流动性、定价方式等发生变化，传统的资产负债管理思维、模式和手段都需要优化。资产负债管理手段需要围绕上述这些根本诉求不断创新。

一是要健全以风险调整后的资本回报率（RAROC）和经济增加值（EVA）为基准的评价激励体系。以RAROC和EVA为评价基准指标，平衡经营风险和收益，建立健全资产负债组合管理体系，降低筹资成本，优化风险敞口，全面推进资本管理体系建设，强调经济资本在资产负债管理中多层面、多维度应用，实现银行价值创造最大化。

二是要建立健全以风险敞口为主线的资产负债匹配管理体系。敞口管理是资产负债风险管理的关键，资产负债管理所关注的风险包括流动性风险、利率风险和汇率风险，根据风险管理能力和风险偏好，依据对风险因素的变动预期，通过对利率敏感性、流动性缺口、外汇敞口等积极主动管理，实时调整风险敞口的规模和结构，实现风险可控下利润最大化的经营目标。

三是要完善内部资金转移定价（FTP）机制，引导经营资源的优化配置。深入研究外部市场价格与FTP价格的互动关系，完善贴近市场的定价管理体系，提升自身价格竞争力，同时发挥FTP的公平绩效考核和对经营资源配置的引导作用，立足整体优势和市场需求，通过价格引导，实现业务整体收益和综合回报的最大化。

四是要提高资产负债管理的数字化水平，培养高素质的资产负债管理团队。无论是经营还是管理，未来银行竞争的高地在大数据的处理与应用，数据赋能专业，专业创造价值，资产负债管理工作更是有赖于对数据的整合、分析与研判，在社会经济快速发展，银行资产负债信息日趋丰富庞杂的时代，更是一刻离不开数字化建设。要能够善用各类数字化工具、数据处理和风险计量模型，必须有一支专业的管理团队。

总之，中国银行业资产负债管理转型提升仍有很长的路要走，不能一蹴而就。"道阻且长，行则将至；行而不辍，未来可期。"只要中国银行业的从业者看清趋势，找准差距，牢固树立新时期资产负债管理的"五个理念"，在借鉴领先实践的基础上，立足人才培养、技术提升、产品创新，脚踏实地，真抓实干，就一定能够全面提升资产负债管理效能，进而实现中国银行业的第二增长曲线。

2023年6月16日

目　录

> *求木之长者，必固其根本，欲流之远者，必浚其泉源。*
>
> ——魏征 | 隋唐政治家、思想家、文学家和史学家①

引言：银行资产负债管理工作的认知逻辑和内容框架

在现代商业银行的发展进程中，特别是最近一二十年来，资产负债管理职能部门从无到有，职责边界不断向外延展，其在谋划全局、加强业务调控和优化资源配置、实现价值创造和全面风险管理等方面都发挥了十分重要的作用。银行资产负债管理工作既是科学，也是艺术，需要在风险与收益之间寻找恰当的平衡。在银行资产负债管理的"科学艺术"公式中，最让人难以抵抗的是风险越高的借款人支付的回报越高。绝对安全将无法为银行利益相关者带来价值，而暴露于大的风险之下将会给银行带来灾难。好的银行资产负债管理应在"安全性、流动性和效益性"之间取得平衡。

> ❓ 资产负债管理涵盖内容很多，看起来很庞杂，如何把握核心精髓？其内在逻辑是什么？

一、银行资产负债管理职能部门的定位

明确职能部门定位、进行体制顶层设计是实现管理有效性的

---

① 引自《谏太宗十思疏》。

资产负债管理相关职能由哪个部门负责？中资银行和外资银行在资产负债管理职能部门设置上有何区别？各有什么特点？

前提。在现代商业银行的各个组成部门中，资产负债管理职能部门的定位介于宏微观之间，它既不同于银行的战略规划和研究部门那样，偏重于宏观战略研究和政策解读，也不像银行客户部门那样，负责制定具体的业务规章和业务营销。

资产负债管理部门通常具有以下三项核心职能：一是构建银行统一集中的资金池，通过内部资金转移定价（FTP）实施全额资金管理（当然，随着实践需要，一家银行可以构建多个资金池）；二是风险管理，这里的风险主要指流动性风险、银行账簿利率风险、汇率风险；三是资本管理，主要是通过对经济资本的管理来应对非预期损失。从自身的功能逻辑看，资产负债管理部门负责保障银行资产负债的平衡发展，其目标是统筹管理银行流动性、银行账簿利率和汇率风险，在风险可控、基本实现内部资金管理盈亏平衡的同时，促进整体业务发展，达到银行风险调整后的利润最大化，实现"量、价、险"的统筹平衡和"安全性、流动性、效益性（也称盈利性）"三性间平衡。

"量"是指银行资产负债的规模和结构；"价"是指银行产品的内外部定价机制；"险"是指流动性风险、利率汇率风险及资本管理。统筹平衡好银行的规模、结构、质量和效益之间的关系，是新时期资产负债管理的核心要义。

安全性相当于一个人的体质，反映了这人有没有疾病，病得是轻还是重；效益性相当于一个人的营养，是好还是差；流动性则像空气，一旦缺少会让人窒息而亡。[1]套用"不可能三角"理论来诠释三性平衡关系是不准确的。安全性是商业银行第一经营原则，银行应主动管理经营风险，保证经营稳定与可持续发展。流动性指的是银行须满足在正常经营环境和压力状态下的流动性需求，履行支付义务，流动性是实现安全性的必要手段，又是效益性和安全性之间的平衡杠杆。效益性是指银行在经营活动中力争最大限度的利润，安全性是效益性的基础，而效益性反过来也会促进安全性和流动性。商业银行应在确保安全性和流动性的前提下，提高效益。

---

[1] 张文武. 流动性像空气一旦消失会"窒息而亡"[EB/OL]. https://topics.caixin.com.

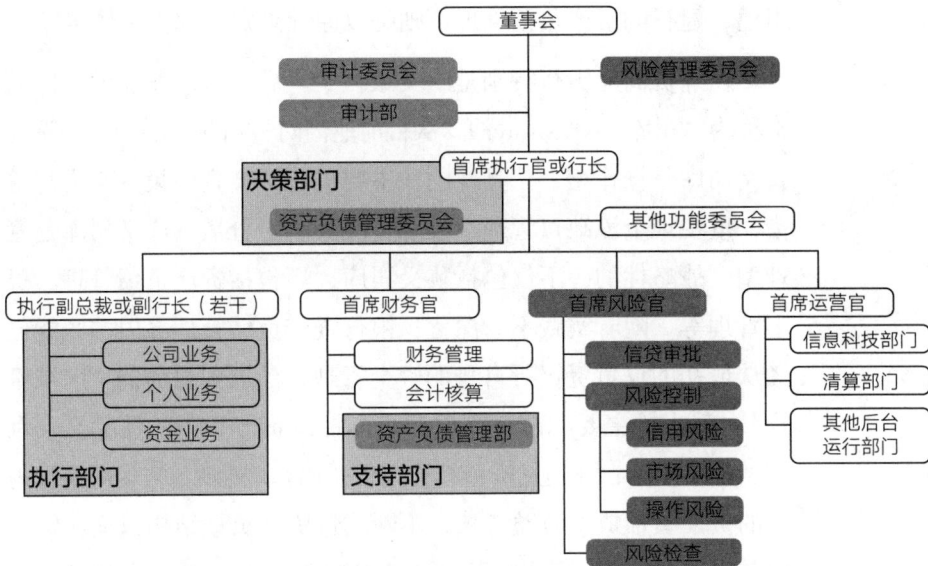

图 0.1　银行资产负债管理组织架构示例

综上所述，资产负债管理职能部门的主要定位应为中台风控部门和成本中心，它是银行的资金配置中心，是一家银行内部资源优化配置的中枢机构，也是"量、价、险"和三性的平衡中心，是银行管理层战略决策的重要参谋助手和"策略师"，具体构建了银行的资产负债组合，并随时根据形势变化而动态调整。银行高管层下通常会设置一个跨部门的议事机构——资产负债管理委员会，委员会办公室设在资产负债管理部门。

二、履行银行资产负债管理职责的职能部门实践

（一）管理风格和路径依赖影响了职能部门框架

银行内设机构的职能权限从来都是不同利益格局竞争的主要领域。受银行管理层偏好和银行发展路径依赖的影响，履行银行资产负债管理职责的职能部门设置在实践中多种多样。当然，名称只是一个符号，履行的职责内容才是核心。大体而言，中资商业银行履行资产负债管理职能的部门通常称为"资产负债管理部"，比如工行、农行、建行。工行的资产负债管理部是由原资金营运部转化而成，农行的资产负债管理部是以原计划部为主体

组建，建行的资产负债管理部则是以原计划财务部为主体组建。

在外资商业银行特别是欧美银行中，履行这一职能的部门通常称为"司库"（Treasurer）。从目前业内对"司库"的理解来看，狭义司库是操作型、工具性的，主要进行资金集中投资交易与筹措，重视现金流缺口管理，投融资决策相对分散。广义司库是管理型、战略性的，不仅包括狭义司库，还包括资产负债管理、资本管理等。随着实践不断深化，银行资产负债管理部门的职能已经从最初的仅负责银行自身的资金管理，延展到目前的"广域管理"。其当前主要职能是通过计量和控制资产负债的流动性、利率、汇率风险，并通过资金转移定价（FTP）机制，实现对银行内部的资产负债成本收益考核，不断改进资产负债结构以适应银行业务发展战略，提高银行总体盈利能力。比如，德勤会计师事务所2012年对24家国际金融机构的司库调查数据显示，司库职能主要包括：流动性和头寸管理（100%）、投融资管理（96%）、资产负债错配管理（87%）、资本管理（74%）、内部资金转移定价（含利率风险管理）（70%）、汇率风险管理（70%）、资产证券化管理（65%）、抵押品管理（57%）。从这个意义上讲，广义司库职能基本对应目前大型中资商业银行资产负债管理部的职能。[①]

（二）商业银行资产负债管理职能部门的实践模式

进一步而言，国内银行执行司库职能的部门架构又不尽相同。总体来看，可以归纳为以下三种形式。

1. 资产负债管理部、金融市场部共同承担司库职能。随着市场环境的变化、监管机构对资产负债管理要求的日趋严格，部分银行成立资产负债管理部，将部分司库职能转移至资产负债管理部集中履行，形成前台进行司库业务操作、资产负债管理部中台统筹管理的模式。资产负债管理部和金融市场部的司库模块（货币市场交易功能）均向资产负债管理委员会报告。如前所述，国内大型银行大多采取此种形式，为广义司库模式。

---

① 本书所讲的"银行资产负债管理"等同于"广义司库"。

2. 司库职能归属于金融市场部。不同银行的部门名称可能不同（也称为资金部），但部门内部通常都设有固定收益或者货币市场交易台、外汇交易台、资本市场交易台、金融衍生品交易台、资产负债管理台等功能组，以便通过不同的金融市场灵活管理银行资金。资产负债管理委员会负责落实银行风险偏好、决定FTP及资产负债策略。司库需要向资产负债管理委员会汇报。国内大多数中小银行均采用此种模式。

3. 独立司库。将司库业务从金融市场部中分离出来，独立运作。比如，中国银行集团将其原金融市场总部拆分为司库、投行部、全球市场部、托管业务部、金融机构部等部门。司库承接了原金融市场总部的债券投资业务，负责流动性组合管理以及本外币的资金池运作。此外，集团总部的财务管理部下设内外部定价、流动性管理和资负管理三个团队负责其他资负管理有关的工作。此种模式属于狭义司库。

上述模式对资产负债管理履职部门的定位不尽相同，成本中心、利润中心或两者兼之的情况都有，当然也有部分银行尚未明晰其司库定位。就第二种模式而言，金融市场部既作为利润中心，又承担流动性管理职能，实践操作中二者经常出现矛盾。因司库的盈亏与FTP定价策略有非常大的关系，当司库职能归属于金融市场部、不能独立核算时，将使金融市场部在制定FTP价格时难以保持公正性，也难以评估和考核金融市场部绩效。第一种模式虽然避免了第二种模式的弊端，但由于流动性风险管控中资金的进出分别由两个部门负责，部门之间的壁垒和利益分割导致实践中的矛盾日益凸显。

由于各家银行的历史演进各有特点，路径依赖同样是影响组织架构实践的重要因素，因此并不存在一个最优的资产负债管理部门架构模式。部门架构设计的通用原则是要从有利于履行核心职能的功能逻辑出发，遵循委托代理机制顺畅、消除部门壁垒障碍的原则展开。从这一角度出发，将银行的资金交易划分为基于行内资金的司库交易（满足流动性管理需要）和基于市场资金的自营交易（获取更大盈利性）应是当前银行业的最佳实践选择。

三、资产负债管理从业人员的核心素养

资产负债管理工作既是科学，也是艺术，是一项复合型管理工作。从业人员所需具备的核心知识或技能有哪些？

没有人能做到万事皆知，也不能用陈旧的知识和手段来解决当前的问题。随着经营环境的不确定性日益增强，资产负债管理职能部门的演化已经形成了两大趋势：一是成为企业内部独立的专业化管理机构；二是从传统的资金集中管理部门转向智库型资源配置部门。为此，资产负债管理团队在具备专业资金管理能力的基础上，还应具备全球化视野、战略眼光和思维，应对宏观经济和行业变化具有深刻的洞察力。强调专业精神，具备大局意识。只有这样，资产负债管理职能部门才能在未来的竞争中更好地引领银行业务拓展。总之，商业银行资产负债管理作为一项复合型管理工作，从业人员必须要深刻领会和把握好资产负债管理工作的六字核心要义，即"总量、结构和节奏"；必须具备必要的宏观经济知识；必须熟悉银行的资产负债表和利润表，以及二者之间的勾稽关系；必须熟练掌握流动性风险、银行账簿利率风险、汇率风险的政策制度、管理工具和管理方法；必须熟练掌握必要的资产负债管理系统构建和应用知识。

（一）必须要深刻领会和把握好资产负债管理工作的六字核心要义

"总量、结构和节奏"是银行资产负债管理工作的六字核心要义，展开讲就是"调控总量、调整结构、把握节奏"。首先要避免资产端和负债端的过度扩张或压缩，与经济走势相吻合；其次要持续优化调整结构，"有保有压、区别对待"，资产端把更多金融资源配置到符合时代发展的产业、领域和环节，负债端要尽可能寻求低成本的稳定资金来源；最后要把握节奏，保持资产端和负债端在一定时段上的均衡匹配和稳健增长。

（二）必须具备必要的宏观经济知识

宏观经济是影响银行资产负债管理决策的重要因素。国家通过宏观经济政策对经济运行实施调节控制，以达到兼顾经济增长、物价稳定、就业充分、国际收支平衡的目标。货币政策和财政政策是构成宏观经济政策的两大基本板块，其中货币政策与商业银行资产负债管理的关系更为直接。货币政策要发挥作用，需要通过利率、信贷、汇率、资产价格等渠道，将政策信息经过三个环节依次进行传导。首先，中央银行实施货币政策工具，如开展公开市场业务、调整存款准备金率、再贴现率等（利率管制环境下还可以调整存贷款基准利率），使商业银行等金融机构了解货币政策的调控意向；其次，金融机构运用利率、信贷等工具对市场资金供应量进行调节，企业、居民受到利率变化的影响便会改变投资和消费行为；最后，由企业、居民等非金融部门经济行为主体扩展到社会各经济变量，包括总支出量、总产出量、物价、就业等随之发生变化，并通过市场反馈信息，进而影响中央银行和金融机构的下一步行为。从货币政策传导机制中看出，商业银行在其中承担着传导中枢的关键作用，货币政策传导机制能够顺利运行的关键就是商业银行顺应央行货币政策意图，调整自身资金投放策略，否则货币政策的传导受到阻碍，宏观调控的效果就会被大大削弱。由此可见，商业银行作为金融体系的主体，正确解读市场信号并及时作出反应，是货币政策成功传导的关键一环。在这个过程中，商业银行对央行货币政策的响应，便是通过自身资产负债的有效管理而实现。商业银行资产负债管理与财政政策的联系相对被动。相较于与货币政策的关系，商业银行资产负债管理与财政政策的关系没有那么直接，体现在：一是财政政策直接影响投资方向，进而对行业、产业、企业产生影响，间接引导商业银行资金投向；二是对国有商业银行来说，商业银行的信贷政策需要配合国家财政政策配套实施，信贷投向要符合国家产业政策。总体来看，财政政策的调控手段包括税收、投资、转移支付等，对银行的影响是间接的、被动的。

（三）必须熟悉银行的资产负债表和利润表

万丈高楼平地起。分析银行财报是了解银行经营状况最直观和最便捷的途径，读懂银行财报也是做好资产负债管理工作的微观基础。如何从数据繁杂的财务报表中获取直观有效的信息，并理解数据背后映射出的商业银行经营方式、资产负债战略及盈利模式，对于资产负债工作者意义重大。

（四）必须熟练掌握三大核心风险（流动性风险、银行账簿利率风险、汇率风险）的政策制度、管理工具和管理方法

银行业是经营和管理风险的行业。流动性风险、银行账簿利率风险和汇率风险是银行资产负债管理工作人员必须直接面对和管理的三大风险，了解这些风险相关的政策制度、市场知识、管理工具和方法是做好资产负债管理工作的关键所在。比如，所在国家和地区的监管要求、《巴塞尔资本协议》、货币市场、收益率曲线、衍生金融工具、资产证券化、内部资金转移价格和外部定价方法等。

（五）必须熟练掌握必要的资产负债管理系统构建和应用知识

未来的银行既不是劳动密集型产业，也不是资金密集型产业，而是信息、知识密集型企业。决定银行业胜负的主要因素将不再是高楼大厦、资金规模和机构网点，而是银行全员的高素质和知识化。未来的银行员工是熟悉业务的科技人员和熟悉科技的业务人员的统一体，不存在纯粹的科技人员和业务人员。[1]如果没有科技系统的支撑，现代银行的资产负债管理工作将举步维艰，一方面无法做到精细化管理，另一方面也会带来巨大的操作风险。因此，熟练掌握必要的资产负债管理系统构建和应用知识将是胜任资产负债管理工作的必要条件之一。

如何对资产负债管理工作进行绩效评价，可采用哪些指标来衡量？

四、资产负债管理职能部门的绩效评价

通常来说，银行对资产负债管理职能部门的考核分为直接考

---

[1] 姜建清. 银行足迹——亲历金融改革的思考[M]. 北京：中国金融出版社，2016：956.

核和挂钩考核两个方面。直接考核指标包括有关流动性状况和资本充足情况的监管达标指标以及其他风险合规指标（风险偏好、重大操作风险事件、声誉风险事件、监管处罚及操作风险事件报告等）。"挂钩考核指标指与其他前台部门的联动考核指标，包括盈利性指标（净息差、司库损益）和资产负债类指标（包括资产、存款类指标）。直接指标一般由资产负债管理部独立承担完成，挂钩考核指标需要由其他部门配合完成。"

在考核实践当中，司库损益是重点之一，更是难点。司库损益难以准确预计，银行通常以监控为主，较少下达司库预算指标。由于内部司库损益的存在，经营单位利润之和与银行总体实际利润之间存在一定的差距。特别是近年来商业银行司库承担的风险以及对部分业务的战略性补贴出现增长趋势，导致司库损失不断扩大，经营单位账面利润与银行实际利润之间的差距不断增大，最终可能会影响银行利润指标的完成。因此，有必要编制并下达司库预算，实现预算管理全覆盖（牛锡明，2016）。从宏观角度看，司库的收支主要包括分部、分支机构的FTP净收入（或净支出）和货币市场交易中心的盈亏两个部分，理想的预算目标应为盈亏平衡。

司库预算实践要从司库的成本和收益两端来考虑。从成本端看，应包括三项内容。一是流动性成本。要准确计算流动性成本业内普遍认为是较为困难的一件事情，需要系统支持。实践中通常简化处理，将流动性成本定义为司库运作中被动持有的收益率低于资金成本的资产而导致的亏损部分，不计算机会成本。其主要内容是银行的现金资产和被动开展的同业拆出拆入。比如，在满足留存法定准备金的基础上，留存一定比例的备付金，以保证日常的支付清算需要。再如，当天有客户叙做存款，但没有资产匹配时，银行将在同业市场拆放出去或者以现金形式存放，而同业市场融出价格和持有现金的收益率都将可能低于该客户存款的价格，从而出现利差倒挂。二是利率风险成本。因在理论上司库通过FTP剥离并集中了分支机构的利率风险，确保分支机构存量资产负债与FTP的价差不因外部市场利率变动受到影响，司库的利率风险成本实质是银行整体资产负债结构在外部利率发生不利变动时对当年财务收益的影响。比如，在市场利率平坦下行（长端利率下行幅度大于短端）时，银行以短期负债所支持的长期资产将出现利率倒挂，造成司库FTP收支倒挂。三是战略成本。当前台业务部门营销价格敏感型的重要客户，或基于战略考虑要介入一些报价低于FTP的项目时，司库部门将给予前台部门优惠FTP价格，该部分亏损也由司库承担。

表0.1 银行资产负债职能部门考核指标示例

类别	指标	指标细分	前台（利润中心）		中台（成本中心）	
			中资银行	外资银行	中资银行	外资银行
业务指标	盈利指标	净利润	√	√	×	×
		司库损益	×	√	√	√
	综合协调资产负债有效性	净利息收入	×	×	√	√
		净息差	√	√	√	√
	监控并协调银行整体资产和负债结构	日均和年末资产负债	√	×	√	×
风险合规	监管达标指标	流动性比率	√	√	√	√
		资本充足率	×	×	√	√
	操作风险和声誉事件	包括风险偏好、重大操作风险事件、声誉风险事件、监管处罚及操作风险事件报告等	√	√	√	√
其他指标	资金成本及质量管控	资金集中度、价格及稳定性	×	×	√	√
	同业对标	资产增长、发债成本				
	前台反馈	FTP策略及引导				

注："√"表示包括该项指标；"×"表示不包括该指标。

从收益端看，也应包括三项内容。一是融入融出价差收益。因价差由融入价和融出价差额产生，按照付息负债和生息资产分别计算可获取的收益。二是利率风险管理收益。比如，在市场长端利率上行幅度大于短端时，银行以短期负债支持的长期资产将形成司库FTP收支盈余。三是流动性管理收益。比如，在满足清算需要的情况下，资金尽可能向高收益账户归集。再如，错配收益。

根据对我国香港地区一些银行的调研情况来看，资产负债管理职能部门可按管理模式不同分为利润中心和中台管理部门。不同类型的资产负债管理职能部门定位对考核指标设置也有所不同。总体来看，存在如下异同：（1）相同考核指标。主要包括：流动性监管达标指标（LMR/LCR/CFR/NSFR）（详细内容请参见

第十二章），各行均对相关指标设有最低限额；司库业务绩效，除个别银行外，被调研银行均以司库收支平衡为硬性或软性考核目标。（2）差异化考核指标。从业务类指标来看，利润中心管理模式型银行均设有直接盈利指标如净利润。中资银行中台管理模式考核指标设置较为精细，除了有综合协调资产负债有效性挂钩考核指标（净利息及净息差）外，中资银行更设有资产负债导向指标（日均及年末资产及负债）；而外资银行一般不设置相关指标。从其他指标的设置情况来看，各家银行也略有不同，例如，有的银行设有资金成本、质量指标考虑资金的集中度、价格及稳定性；有的银行根据前台部门对FTP策略有效性的反馈情况进行定性考核；有的银行设有同业对标考核指标，如将目标银行的资产增长、发债成本等设为对标目标。

上篇

理论准备

理论是实践的眼睛。

——邹韬奋 | 新闻记者、政论家、出版家

进化是宇宙中最强大的力量，是唯一永恒的东西，是一切的驱动力。

——瑞·达利欧（Raymond Dalio）| 对冲基金管理人

第一章
银行资产负债管理的挑战与趋势

世界上唯一不变的就是变化。通常来讲，处于稳定环境中的人们很难积极拥抱变化。但是，改变和创新却是世界进化的法则。世界日新月异，如果不去紧跟变化，那就坐等被改变。资产负债管理是商业银行经营管理的核心内容，是实现银行战略规划、价值创造和风险管理最基础的工具。银行资产负债管理与社会经济发展密切相关，社会环境、经济形势、金融格局和监管要求的变化，都会对其提出新要求，银行资产负债管理也必须顺应形势作出调整。2008年国际金融危机以来十多年间，银行面临的外部环境发生了深刻变化，相应的资产负债管理工作也呈现出新的趋势。

一、商业银行资产负债管理面临的重要挑战

（一）2008年国际金融危机对银行经营的深刻影响持续存在

2008年国际金融危机对商业银行的冲击前所未有，仅在

2008—2009年，美国就有近160家商业银行破产或被收购，迫使政府支付了占GDP 4.9%的财务成本来加以应对。从危机发生的历程看，商业银行不恰当的资产负债管理行为不仅加速了危机的发生和蔓延，也加剧了自身的风险积聚。主要体现在：

一是资产负债管理战略层面的失误。危机爆发前，西方银行秉承激进的资产负债管理策略，大量投资次贷相关资产，由此面临的风险远超过自身的承受和管理能力。在国际金融危机爆发前总额约1.4万亿美元的次级抵押贷款支持证券中，美国商业银行大约持有2 500亿美元。这种激进的管理策略最终为危机的发生埋下了伏笔。二是过度强调杠杆化经营。为规避监管，商业银行运用各种衍生金融工具和证券化方法将某些资产从资产负债表中转移出来，运用较少的资本金开展巨额资产业务，通过高杠杆获取高额利润，例如因危机倒闭的英国北岩银行在1997—2007年十年间，资产规模增长了近7倍，年均增速达到21.34%。三是金融脱媒背景下，过度依赖主动负债。例如危机发生前，北岩银行的资金来源只有5%是存款。这种负债策略通常具有较高风险：一方面，主动负债价格波动大，导致资金成本不稳定，增加收益不确定性；另一方面，银行陷入财务困境时急需融入流动性，但此时其他金融机构出于风险考虑，大多不愿向困境中的银行提供流动资金，形成危机。危机产生的教训持续对后来的商业银行资产负债管理改革产生深远影响。

（二）人口特征变化对银行经营模式的冲击[①]

人口特征变化所导致的社会消费习惯的转变正在冲击银行业原有的经营模式。

1. 人口老龄化。全球主要经济体都将逐步迈入人口老龄化社会，据预测，65岁以上人口数量在2050年将会达到15亿人，占全球人口比重达16%，而且新兴世界，尤其是东亚国家（中国、日本和韩国）是老龄化人口的主要增长区域。人口老龄化对银行业的主要影响：一是随着人口老龄化，对抵押和消费信贷的需求会

> 资产负债管理与外部社会经济环境密切相关，当前商业银行资产负债面临哪些重要挑战？影响主要体现在哪些方面？

---

① 胡安·佩德罗·莫雷诺，等. 银行业新时代：金融危机后的行业格局[M]. 于东智，陈骁，彭博，译. 北京：中国金融出版社，2018：4-14.

放缓甚至衰退，与此同时，对分散风险或使财富"减少"（如反向抵押贷款[①]）产品的需求增加。相应地，银行的资产结构需要作出相应调整。二是退休人员数量大幅增加将导致经济体的储蓄率下降，会影响银行的负债结构与成本。三是银行会有更多机会去增加非利息收入，包括咨询服务、资产管理和养老金等，银行的盈利模式也需要相应作出改变。

2. 中产阶级兴起。全球中产阶级的崛起是过去20年中最重要的变化趋势之一。据预测，到2022年，三分之二的中产阶级将生活在新兴经济体，中国和印度将占据近一半的全球中产阶级消费群体。未来20年，中产阶级将新增大约34万亿美元的购买力，而且大部分增长将发生在亚太地区。没有任何一家银行可以忽视这个趋势。一是随着全球中产阶级的崛起，零售银行市场将会同步发展，人们需要更加多样化的金融服务，包括存款账户、储蓄产品、抵押贷款、消费信贷等。二是中产阶级是耐用商品的主要消费群体，同时对教育、养老、医疗、保险消费有着升级需求。银行可以在满足中产阶级的金融需求中受益，这些需求从消费信贷、储蓄延伸到信用卡、抵押贷款和保险业务等。

（三）科技进步和数字化转型带来的冲击

数字时代各项技术的成熟所带来的一轮轮颠覆也已成为常态。行业界限不再是限制业务增长的障碍。任何企业都可以与各类企业展开竞争，或开拓新市场。例如，亚马逊（Amazon）与保险和投资控股公司伯克希尔·哈撒韦（Berkshire Hathaway）以及全球金融服务公司摩根大通（JP Morgan）合作，应对医疗成本高涨这一棘手问题。这三家来自不同行业的企业将资源汇集在一起，为改变医疗行业奠定基础。分布式账本技术（Distributed Ledgers）、人工智能（Artificial Intelligence）、泛现实（Extended Reality）和量子计算（Quantum Computing），简称DARQ，是引

[①] 反向抵押贷款是以拥有住房的老年居民为放款对象，以房产作为抵押，在居住期间无须偿还，在贷款者死亡、卖房或者永久搬出住房时到期，以出售住房所得资金归还贷款本金、利息和各种费用的一种贷款。

领下一阶段变革、重塑各个行业的新兴技术。[①]

在这样的大背景下，金融与技术的融合越发紧密，这种高度融合正在重塑全球银行业态，银行业需要以全新的方式重新与客户连接。自2010年始移动互联网和智能手机兴起，银行业利用掌上金融，实现信息共享和业务融合，衍生出P2P、移动支付等众多新兴应用。从2016年开始云计算、大数据、区块链和人工智能等技术日益成熟，大数据征信、智能顾投和供应链金融等应运而生，银行业逐步进入智能时代。[②]金融科技的发展应用[③]对商业银行资产负债业务及管理手段产生深远影响：一是在支付清算方面，由于网络支付具有能够满足用户存、取、借贷、理财、记账等多元化需求的特点，已经成为主流使用方式，这就要求商业银行积极推动数字账户快速融入社交、旅游、消费等生活场景，提升用户使用便利性。二是在融资借贷方面，"去中介化"的网络融资理念已经逐渐被社会理解并接受，商业银行服务需要逐步趋于平台化，提升投融资便利性，重构借贷业务模式以获取新的竞争力。三是在资金组织方面，"去中介化"也加剧了银行与非银行金融机构间的竞争，使银行资金成本上升。四是在理财服务方面，技术发展降低了理财服务门槛，促使网络理财放量增长，截至2017年末，互联网理财规模达到3.15万亿元。

（四）监管环境的变化对银行资产负债管理提出了更高的要求

1.《巴塞尔资本协议Ⅲ》及相关监管框架出台。2008年国际金融危机后，20国集团主导推出了全球金融监管新框架，对银

[①]　引自埃森哲技术展望2019。

[②]　《2022中国数字金融调查报告》显示，2022年，个人网上银行用户使用比例达66%，同比增长3%；个人手机银行用户使用比例达86%，同比增长5%；微信银行用户使用比例达55%，同比增长3%；电话银行用户使用比例为23%，同比增长1%。与此同时，银企互联、供应链金融等新的银行业务形态不断涌现，利用技术手段将银行与上下游参与方连接起来，将供应链中的商流、物流、资金流、信息流在线化，实时掌握供应链中企业经营情况，从而控制融资贷款的风险。引自李玉省. 商业银行业技融合探究 [EB/OL]. https://mp.weixin.qq.com/s/OuHXb7J2U3qlHZhH8aQ7TQ.

[③]　金融科技的未来发展，不应该是简单的"金融+科技"，而应该是金融的生态体系，"ABCDEFG"概括了未来金融科技的发展生态：A是人工智能；B是区块链技术；C是云计算技术；D是大数据；E是生态；F是人脸分析技术；G是5G技术（霍学文，2019）。

行业提出了更严格的监管要求。一是强化资本监管。《巴塞尔资本协议Ⅲ》制定了更严厉的监管规则，引入了杠杆率指标、流动性指标、动态拨备等内容，尤其在严格资本要求方面为全球大型银行设置了更高的门槛。二是扩大监管范围。未系统考虑影子银行在2008年国际金融危机中扮演的角色是监管者的根本性失败之一，为此，新监管规则强化了对影子银行业务的监管。此外，还强化了对场外交易的资本监管，从监管手段上严格限制机构评级。三是提出了金融宏观审慎管理制度框架，要求建立逆周期的资本缓冲制度和动态损失准备制度，增强金融体系的损失吸收能力。金融监管标准的提高不仅对银行资本管理能力提出严峻挑战，也对风险管理、价值创造等提出更高要求，银行资产负债管理面临的挑战显著加大。

2. 利率市场化和基准利率改革。2015年中国人民银行放开存款利率浮动上限，标志着中国利率市场化的初步完成。随着利率市场化影响不断深化，商业银行的利差呈下降趋势，对商业银行的资产负债管理提出了挑战：一是利差收窄会加剧银行资产负债期限错配和高风险偏好。利率市场化条件下，为应对利差收窄给银行收益带来的压力，银行会更倾向于扩大资产负债的期限错配程度，短借长贷。同时出于盈利压力，银行更愿意将贷款投放给愿意支付高利率的借款人以获取高收益，高风险资产占比将会增加，对风险较低的借款人产生挤出效应，形成风险偏好的逆向选择。二是由于利率市场化，银行具备高自主定价权，资金定价的竞争将会影响客户资金的流动，增加银行负债的不稳定性，提升银行负债成本。

在利率市场化的环境下，市场基准利率的确认与调整，对银行的经营影响也非常大。

在以前很长的一段时间里，中国商业银行以中国人民银行基准存贷款利率作为定价基准利率，事实上是与货币市场的完全市场化利率"双轨"运行，中国政府目前推进的"深化利率和汇率市场化改革"工作，其要义即在于培育完全市场化的基准利率，努力推进"双轨"利率逐步并轨于市场化基准利率。2019年8月，中国人民银行推行贷款市场报价利率（LPR）改革，提高LPR的市场化程度，发挥LPR对贷款利率的引导作用，意在打破存贷款基准利率和市场利率并存的利率"双轨"问题，促进贷款利率"两轨合一轨"，是利率市场化的关键一步（参见专栏1.1）。

专栏1.1　中国人民银行改革贷款市场报价利率（LPR）形成机制

　　2019年8月16日，中国人民银行发布2019年第15号公告，决定改革贷款市场报价利率（LPR）形成机制。新的LPR由各报价行于每月20日9时前，向全国银行间同业拆借中心提交报价，全国银行间同业拆借中心按去掉最高和最低报价后计算得出算术平均值，于当日9时30分公布。与原有的LPR形成机制相比，新的LPR主要有以下变化：一是报价方式变化。新机制下贷款定价在LPR基础上加点，而LPR又主要由中期借贷便利（MLF）利率加点形成。中期借贷便利期限以1年期为主，反映了银行平均边际资金成本，加点幅度则取决于银行自身资金成本、市场供求、风险溢价等因素。二是品种增多。在原有的1年期品种基础上，增加5年期以上的期限品种，为银行发放住房抵押贷款等长期贷款的利率定价提供参考。三是报价行范围代表性增强。在原有10家全国性银行基础上增加城市商业银行、农村商业银行、外资银行和民营银行各两家，扩大到18家。新增加的报价行都是同类银行中贷款市场影响力较大、贷款定价能力较强、服务小微企业效果较好的中小银行，能够有效增强LPR的代表性。四是报价频率调整。由原来的每日报价改为每月报价1次，以提高报价行的重视程度，提升LPR的报价质量。五是新老划断。自2019年8月16日起，各银行应在新发放的贷款中主要参考贷款市场报价利率定价，存量贷款的利率仍按原合同约定执行。

　　根据公告内容，各银行应在新发放的贷款中主要参考贷款市场报价利率（LPR），并在浮动利率贷款合同中采用贷款市场报价利率作为定价基准。此外，人民银行还就新发放商业性个人住房贷款利率有关事项作出相关规定：一是明确定价基准。自2019年10月8日起，新发放商业性个人住房贷款利率以最近一个月相应期限的LPR利率为定价基准加点形成，加点数值应符合全国和当地住房信贷政策要求，体现贷款风险状况，合同期限内固定不变。二是明确重定价周期。借款人可与银行协商约定利率重定价周期，最短为1年。利率重定价日，定价基准调整为最近一个月相应期限的LPR利率。三是明确定价底线。首套商业性个人住房贷款利率不得低于相应期限贷款市场报价利率，二套房贷利率不得低于相应期限LPR利率加60个基点。商用房购房贷款利率不得低于相应期限LPR利率加60个基点。公积金个人住房贷款利率政策暂不调整。四是新老划断。10月8日前，已发放的商业性个人住房贷款和已签订合同但未发放的商业性个人住房贷款，仍按原合同约定执行。

2019年8月20日，全国银行间同业拆借中心公布了改革后的首次LPR利率，1年期为4.25%，较上次发布下行了6个基点，较1年期贷款基准利率（4.35%）低10个基点；5年期以上为4.85%，较5年期以上贷款基准利率（4.9%）低5个基点。2019年9月20日，全国银行间同业拆借中心公布了改革后的第二次LPR利率，1年期为4.2%，较首次价格进一步下调5个基点，5年期以上保持4.85%不变。

从国际情况看，全球金融市场主要的定价基准利率Libor也面临改革的问题。Libor的计算并非基于实际成交，而是根据一批报价银行的预估得出。在金融海啸后，银行同业拆借市场规模大幅萎缩，流动性也相对欠缺，容易受到人为判断因素的影响。2012年的Libor操纵丑闻爆发暴露了银行集体操控Libor的动机和可能，故Libor的可靠性也受到质疑。[①]在此背景下，20国集团辖

---

① Libor最初由英国银行家协会于1986年推出，后管理机构移交至泛欧交易集团旗下的洲际交易所（Intercontinental Exchange, ICE）。Libor报价覆盖了5种货币（美元、欧元、英镑、日元和瑞士法郎）、7个期限（隔夜、一周、一个月、两个月、三个月、六个月和一年）。ICE选定20家银行作为报价银行，每天伦敦时间11点前，各报价行向管理机构报出在伦敦同业拆借市场上的拆借利率。管理机构去掉报价中最高的25%和最低的25%，通过算术平均的方法，计算出Libor的最终定价。Libor操纵丑闻爆发标志性事件如下：2012年6月，巴克莱银行因操纵和虚假汇报Libor和欧洲银行间同业拆借利率（Euribor）被英国和美国监管机构处以4.5亿美元罚款。2012年8月，美国纽约和康涅狄格州司法部门向苏格兰皇家银行、汇丰银行、摩根大通、德意志银行、巴克莱银行、瑞银集团、花旗集团发出传票，深入调查其涉嫌操纵Libor的行为。2012年12月，瑞银向美国、英国及瑞士金融监管机构支付共15亿美元罚款，以了结这些机构对瑞银员工操纵Libor及其他利率的指控。美国纽约南区联邦法院对两名前瑞银交易员提起刑事诉讼，指控其参与操纵利率。2013年2月，英美两国监管当局宣布对苏格兰皇家银行处以约6.1亿美元罚款，以惩戒其在2006年至2010年操纵Libor的行为。

下的金融稳定理事会成立了督导小组，与各地监管机构和国际标准制定机构合作，提出一系列利率基准改革建议，包括寻找替代参考利率（Alternative Reference Rates，ARRs），以加强利率基准的可靠性和稳定性。金融稳定理事会建议，替代参考利率应采用接近零风险的隔夜拆借利率。隔夜拆借利率应来自实际交易，不像同业市场拆借利率的定价机制，允许参与银行在缺乏实际成交数据时通过专业判断报价。目前，国际上主要货币区都推出了自己版本的替代参考利率。

　　替代参考利率和同业拆借利率（如Libor）的不同体现在三个方面，一是Libor的期限跨度从隔夜到一年，而替代参考利率的期限均为隔夜。二是Libor隐含商业银行的信用风险，而替代参考利率近似无风险利率，根据各国不同市场情况，有无抵押隔夜利率和隔夜担保融资利率两种，如英国选择的是无抵押隔夜利率，而美国选择的是隔夜担保融资利率。无抵押利率包括交易对手的信用风险，但是由于替代参考利率均选择交易量最大的隔夜期限，因此风险方面差别不大。三是Libor需要依赖人为判断，一定程度上具有前瞻性，而替代参考利率是基于市场真实交易数据的利率，不能代表预期水平。形成替代参考利率的数据来源于所有符合条件的交易，因此不存在选择报价银行是否公平的问题。由于替代参考利率以实际交易作为计算根据，因此公布的时间有所延迟。

　　利率基准改革，尤其是基准利率可能终止的情况，将给全球金融机构带来较大的影响，尤其是对银行借贷业务和衍生品市场。一旦基准利率被终止或因缺乏代表性而不能再被使用，将影响现有及新发生的交易，如客户贷款、债券投资、存款证、利率掉期等。现有的业务需要进行基准利率的转换工作，而新发生业务则需要使用新的基准利率及合约。替代参考利率均为隔夜利率，期限方面不如Libor多元化，且隔夜利率一般较其他期限更加波动，因此，会增加转换和过渡的难度。监管机构及替代参考利率的管理者正积极地寻找解决方案，以鼓励替代参考利率的顺利过渡和广泛使用。对于银行资产负债管理工作而言，最重要的冲击就是银行账簿利率风险管理难度增大。若Libor和替代参考利率并行存在，市场上一种货币同时存在多于一个普遍使用的基准利率，银行持有以不同基准利率定价的资产和负债，不同基准利率的走势未必完全一致，将增加基准利率风险。此外，利率掉期盯市价值也会发生变化。当前利率掉期盯市参考Libor（与Libor挂钩的长期利率掉期的息率）构建无风险利率曲线，对现金流进行折现以计算市值[①]。若Libor终止，或需要另觅无风险利率曲线作为替代，或会影响利率掉期市值的计算结果。市值变化或会影响对冲有效性和银行盯市损益。为妥善应对利率基准改革，防范相关风险，银行资负职能部门需要为利率基准改革相关过渡做好准备工作（详细信息参见第九章）。

3. 新会计准则的影响。新会计准则（IFR S9）已于2018年1月1日实施，新准则的实施改变了商业银行资产负债的分类和计量方式，对商业银行资产负债配置、流动性管理、资本管理和定价管理等方面影响较大，需要在资产负债管理工作中有更多的前瞻性考量：一是利率波动的趋势分析，要考虑利率波动对资产负债公允价值的影响，据以确定配置目标；二是交易对手的预期信用风险，新准则下，"预期损失模型"的拨备计提原则，会使资产减值高于国际会计准则第39号——金融工具：确认与计量（IAS 39）下资产减值的计提，需要从减值成本上考量资产配置的必要性；三是银行资本的承受能力，FV-OCI类资产的波动会影响银行权益，进而影响资本充足率，要确保资产组合不会突破资本监管要求；四是对产品定价的影响，定价中要考虑对减值、资本的影响，确保定价能够有效覆盖相关成本（见图1.1）。

---

① 由于利率掉期盯市需要"无风险利率"的变化，即不包括信用风险等影响的市场利率，所以在计算利率掉期盯市时，我们需要构建一条无风险的利率曲线。无风险利率通常会参照Libor定价，但由于Libor最多只有一年的价格，所以超过一年以上的利率会参考期货利率和互换利率去构建有关曲线。通常情形下，例如我们做IRS盯市的时候，会从彭博数据库中下载一条构建好的无风险利率曲线作为参考。

IAS 39	IAS 39与IFRS 9的比较	IFRS 9

金融资产采取四分类：以公允价值计量且其变动计入当期损益的金融资产，可供出售金融资产、持有至到期投资、贷款和应收账款 —— **资产分类** —— 金融资产采取三分类：在对资产进行业务模式判断和合同现金流量特征测试基础上，划分为以摊余成本计量的金融资产，以公允价值计量且其变动计入其他综合收益的金融资产（FV-OCI）和以公允价值计量且其变动计入当期损益的金融资产（FV-TPL）

减值准备采用"已发生损失"模型计提 —— **减值模型** —— 减值准备采用"预期信用损失"模型计提

公允价值选择权的应用范围较宽泛，允许对包含嵌入衍生工具的混合工具、以公允价值进行计量的金融工具使用公允价值选择权 —— **公允价值选择权** —— 收窄了公允价值选择权应用范围，只有旨在避免会计错配的情况下，可使用选择权，将金融工具直接指定为FV-TPL

允许采用成本法计量 —— **权益工具计量** —— 均应采用公允价值计量，对于非交易类权益类工具，初始确认时可以指定为FV-OCI，一经确定，不能变更

能够清晰将衍生工具拆分，主合同与衍生工具应分开核算 —— **嵌入衍生工具的会计处理** —— 主合同为IAS 39界定的金融资产，则不再需要分拆核算；如果主合同为金融负债或非金融合同，仍沿用原准则相关规定

FV-TPL资产与其他类别资产不允许做相互重分类调整，持有至到期资产重分类之后两年内，不能再使用这一资产分类，即所谓的"感染"条款 —— **资产重分类** —— 放宽了重分类限制：一是将业务模式变更作为资产重分类的依据，允许在业务模式变更的前提下，对金融资产进行重分类；二是取消了持有至到期资产重分类的"感染"条款

> 金融资产的分类和计量

一是衍生负债需按剩余成本或公允价值计量；二是对于以公允价值计量且其变动计入损益的负债，不单独考虑信用风险对公允价值的影响，所有的公允价值变动均计入损益 —— **金融负债的分类和计量** —— 一是增加选择权，允许初始确认时指定为FV-OCI，一经确定，不能变更；二是区分信用风险和非信用风险的公允价值变动，分别计入其他综合收益和损益；计入其他综合收益的信用风险公允价值累计变动金额，不得再转入损益

> 金融负债的分类和计量

被套期项目：衍生工具、非金融项目、外汇净敞口，FV-OCI下的权益资产等不作为被套期项目；套期项目：只限于衍生金融工具，非衍生金融工具不能作为套期项目 —— **拓宽套期与被套期项目范围** —— 被套期项目：衍生工具、非金融项目、外汇净敞口、FV-OCI下的权益资产等都可被认定为被套期项目；套期项目：非衍生金融工具可被认定为套期项目

对期权、远期合约以及外汇衍生品的套期会计处理，合约的时间价值按公允价值计量，其变动在利得或损失中确认 —— **套期会计处理方法** —— 对期权、远期合约以及外汇衍生品的套期会计处理，合约的时间价值等作为套期成本，按成本法计量

有量化评价指标，套期与被套期项目公允价值变动相互对冲范围在80%~125%时，才能运用套期会计。同时，需要在财务报告日逐笔对套期交易有效性做回顾性评价 —— **套期有效性评价** —— 取消80%~125%的量化评价指标，给予企业更多自主有效性判断机会，同时取消了回顾性评价要求，减轻了企业套期会计工作压力

允许企业对预期交易的基数调整使用选择权，根据被套期项目对损益的实际影响行使选择权，选择是否将资本公积中的公允价值变动部分调整到损益中 —— **现金流套期会计处理** —— 取消了企业对预期交易的基数调整选择权，即只要一项预期交易确认了非金融项目，就必须运用基数调整。同时，对确认承诺的公允价值变动累计额，应当调整与该承诺相关的资产负债初始确认金额

如果套期关系部分发生变化，整个套期关系将终止，不允许做重新调整和修正 —— **套期关系调整与终止** —— 允许套期关系变更后进行调整以使套期关系存续，在管理策略不变的前提下，企业可以根据套期关系变化，通过调整套期数量、套期比例等，达到套期会计要求并使之存续

重点要求对企业持有金融工具交易目的以及可能引致的风险进行披露 —— **披露要求** —— 披露要求更加细致，需要披露风险战略内容及具体应用，包括套期活动对企业具体的影响机制与效果

> 套期会计

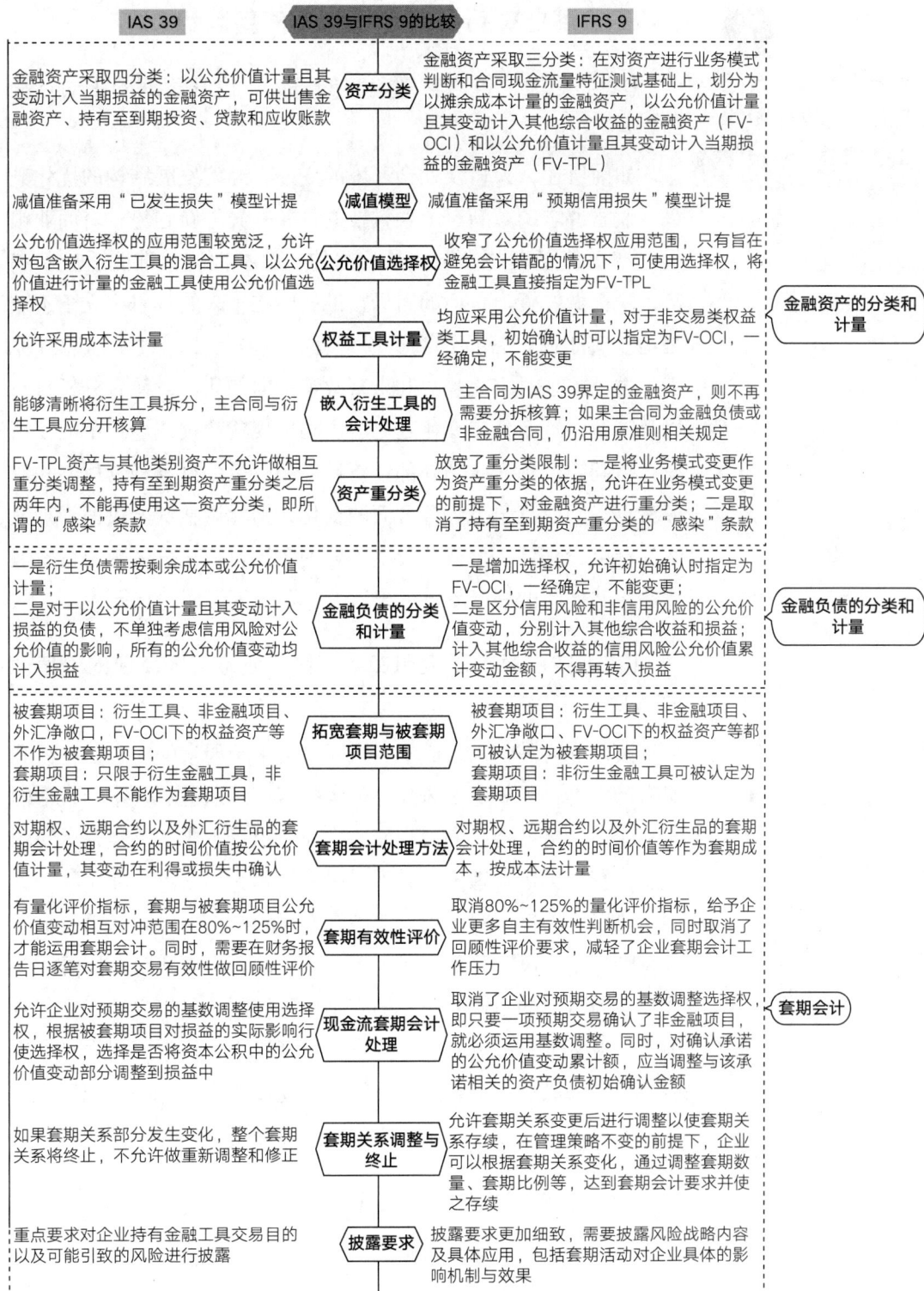

图 1.1 IAS 39 与 IFRS 9 的主要差异

二、商业银行资产负债管理的新趋势

（一）更加注重对宏观趋势的研究，提升管理的主动性和前瞻性

如前所述，人口及社会环境的变迁、经济发展结构的优化升级、监管要求的革新、金融科技的日新月异等新趋势，对商业银行资产负债管理的影响将是长远的、根本性的，谁能适应新趋势，积极做好资产负债的布局，谁就能在未来的竞争中立于不败之地。鉴于此，银行资产负债管理必须坚持主动性和前瞻性原则，主动加强对宏观趋势和未来政策动向的研究，认真分析自身以及同业的资产负债变化趋势，主动发现资产负债运行中的新情况、新问题，预先研判外部经济环境和政策、自身经营战略和业务特点、同业竞争态势等方面的变化，据此调整资产负债管理策略，资金、预算、价格、资本等管理政策要能充分体现银行发展战略，并据此做好产品、系统、人力资源等方面的布局。

（二）突出风险因素和资本制约，强调资产负债的价值创造能力

银行价值是收入、成本、风险、资本等要素的综合，在盈利能力基础上，还要考虑风险、资本要素，是风险、资本约束下的盈利能力，是可持续的盈利能力。商业银行本质上是经营风险的企业，资产负债管理工作必须以风险管理为出发点，在实际经营中，要以流动性风险、银行账簿利率风险和汇率风险为重点，通过风险计量、风险限额和风险考核等主动管理方式防范风险，实现收益与风险的平衡。资本约束是风险控制的基础，银行经营要确保风险资本覆盖风险资产，资产负债管理必须牢固树立资本约束理念，采取资本节约型发展模式，通过资本的主动分配调节，引导各业务线的合理扩张或收缩，努力提高资本回报。

（三）大资产负债管理模式日趋成熟

新形势下，商业银行资产负债业务拓展迅速，随着利率市场化、监管变化及银行国际化的推进，表外业务、国际业务创新发展较快，极大拓展了资产负债表的内容。同时为满足客户不断变

资产负债管理需要顺应形势及时作出调整，在当前形势下应如何开展资产负债管理工作？

化的金融需求，综合化经营逐渐成为我国商业银行转型发展的重要选择，这也在一定程度上丰富了资产负债管理的对象。银行资产负债管理适应这种变化，构建大资产负债管理机制，从表内、本币、法人内部的单一管理范畴，向表内外、本外币、境内外、集团与子公司的"全表"管理体系转变。一是要建立涵盖表内外业务的资产管理机制，一方面银行资产配置从信贷市场向整个金融市场拓展，逐步打通表内信贷资产与表外理财投资、投行发债等资产配置边界。另一方面，商业银行还要积极盘活存量资产，加强资产流转，逐步提升资产交易业务，通过证券化、资产转让等方式调整资产结构，增加优质高收益资产，提高对资本、流动性等的动态调整能力。二是转变负债经营思维，发展"表内表外双主线"融资模式，以成本为导向，加强对各类负债的统筹管理，合理安排负债结构和期限，通过货币市场、境内外市场，做好表内外资金结构的优化。三是建立集团层面的资产负债协调管控机制，包括集团层面的资产配置、资金筹集和风险管控的跨区域、跨时区、跨业务的综合管控协调机制。比如，建立集团内部的资产买卖机制，在资产规模管理、定价管理等方面给予相应政策支持，以便于分支机构在需要时，能够及时售出或买入资产，增强对市场风险的防御能力。

（四）信息科技支撑对资产负债管理工作日益重要

如上所述，无论是趋势性研究、价值管理还是大资产负债管理架构的构建，都依赖于有效的数据支持和技术手段。特别是金融科技的快速发展，极大推动了银行的客户、产品和资金管理的升级换代，银行的资产负债形态更趋丰富、结构更加复杂、交易对手更趋多样，同时金融科技还将促使资金流动速度加快，流通渠道和方向分散，流动性风险管理难度提升，这使商业银行资产负债管理更加复杂，迫切需要改进方法、提升管理手段，信息化是资产负债管理必然选择和趋势。银行要加强资产负债管理信息系统建设，加快将原始的手工和电子表格分析转变为电子化、自动化和模型化的信息管理系统，充分借鉴和运用金融科技手段，实现资产负债管理流程精细化、信息标准化、手段科学化。

框架是人们将社会真实转换为主观思想的重要凭据，也就是人们或组织对事件的主观解释与思考结构。

——欧文·戈夫曼（Erving Goffman）| 社会学家

第二章
银行资产负债管理的理论框架

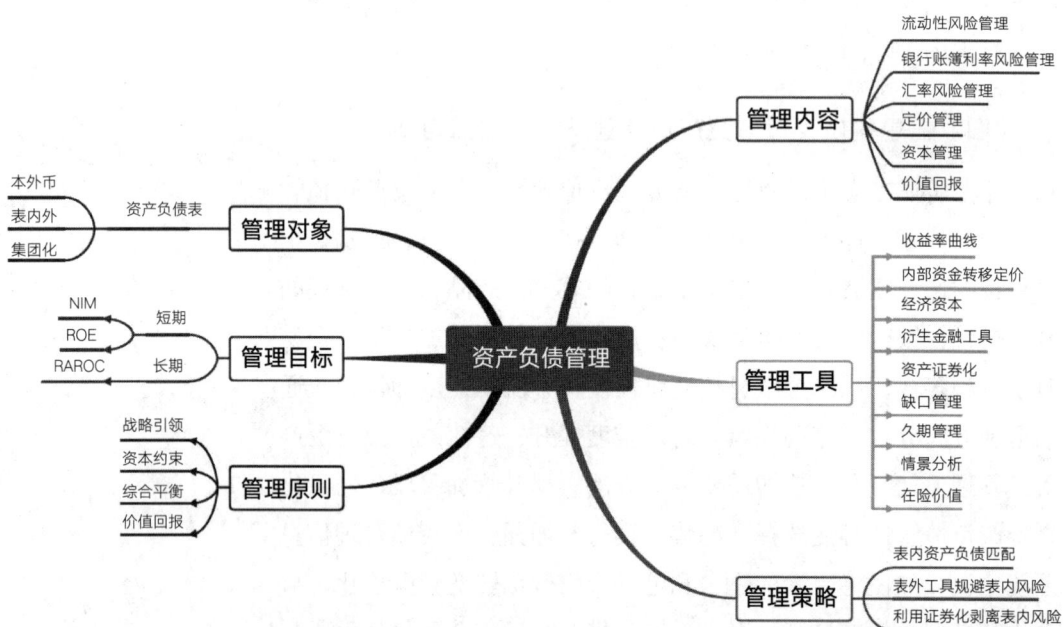

图 2.1　银行资产负债管理理论框架

一、资产负债管理的对象

对于商业银行而言，传统资产负债管理的对象即是银行的资产负债表。传统资产负债管理的内涵是，根据外部形势变化和发展战略要求，以资本约束为核心，以资产负债组合管理为基本工具，对资产负债表中的资产、负债和权益的总量、结构及组合配置进行全面、动态和前瞻性的规划、调节和控制的整个过程。资产负债管理体现了商业银行经营管理的最基本原则：以安全性、流动性为基本前提，通过盈利实现银行价值的最大化。

在新的社会经济环境、新金融市场环境以及新的全球监管要求下，随着商业银行综合化经营范围的拓宽和国际化进程的推进，商业银行资产负债管理的对象和内涵也在不断扩充，呈现出"表内外、本外币、集团化"的趋势。具体而言，在管理内容上，从资产负债表内管理，转变为资产负债表内外项目全方位综合管理；在管理范畴上，从单一本币口径的资产负债管理，转变为本外币资产负债的全面管理，从单一法人视角的资产负债管理，转变为从集团战略角度加强子公司和境外机构统一、全局性资产负债管理；在管理思路上，由对表内资产负债规模被动管理，转变为对资产负债表内外项目规模、结构、风险的积极主动管理。总体而言，当前商业银行资产负债管理已经越来越强调全面、动态和前瞻的综合平衡管理。

> 资产负债管理理论不断发展，在传统模式与新管理模式下，其主要管理对象是什么？

二、资产负债管理的目标

商业银行资产负债管理的整体目标是，在承受合理的缺口与流动性风险的前提下，追求银行价值的最大化。从时间维度来看，这一目标可以进一步具体细化。

（一）短期目标

根据资本市场估值理论，商业银行的市场价值主要取决于三个因素：银行的净现金流量、获取现金流量的时间以及与现金流量相关的风险。在短期内，银行现金流量的可预测性较强，风险相对可控，获取现金流量的时间对价值影响也不大，因此，影响银行价值的主要变量是净现金流量。由于资产收入扣除负债成本后的净利息收入是银行净现金流量的主要构成项目，因而，目前银行业通常以净利息收入与生息资产平均余额之比，即净利息收益率（NIM，又称净息差）作为衡量短期资产负债效率的核心指标。

$$净利息收益率 = \frac{利息收入-利息支出}{生息资产平均余额} \times 100\% \qquad （2.1）$$

以净利息收益率为核心的短期管理目标突出了对利润最大化的追求，从收入和成本匹配的角度强调了对银行资本的有效利用。但是，净利息收益率越高，蕴含的结构风险可能也相应越高。比如，短期追求较高的净利息收益率，有可能是通过银行提高风险偏好、加大对高风险资产的配置实现，这些信用风险很有可能在经济处于下行周期时不断暴露。再如，短期较高的净利息收益率也有可能是银行承担了较高的利率错配风险和流动性风险。

结合管理内涵和职能，资产负债管理短期目标可概括为：顺应当前经济形势、市场变革和监管要求的变化，在集团统一的风险偏好框架下，以提升净利息收益率和净资产收益率（ROE）水平为核心，统筹表内外资产负债管理，做好规模、风险、收益的平衡协调发展。

$$净资产收益率 = \frac{净利润}{（年初净资产+年末净资产）/2} \times 100\% \qquad （2.2）$$

（二）长期目标

从长期看，商业银行经营管理应充分考虑资金的时间价值与风险和收益之间的关系，要在有效控制风险的基础上，以实现银行价值最大化为根本目标。经济资本回报率（RAROC）将未来可预计的风险损失量化为当期成本，衡量了经过风险调整后的收益率大小，并考虑为非预期损失提供资本储备，衡量了资本的使用效率，使银行收益与承担的风险挂钩，成为现代商业银行普遍采用的一种以风险为基础的价值创造能力考察指标。

　　结合管理内涵和职能，资产负债管理长期目标可概括为：从银行整体战略出发，建立符合现代商业银行要求的资产负债管理体系，强化资本约束，提高风险控制水平，加强业务经营引导和调控能力，统筹把握资产负债的总量和结构，促进"安全性、流动性和效益性"的协调统一，实现经济资本回报率（也称风险调整后的资本回报率）最大化，进而持续提升股东价值回报。

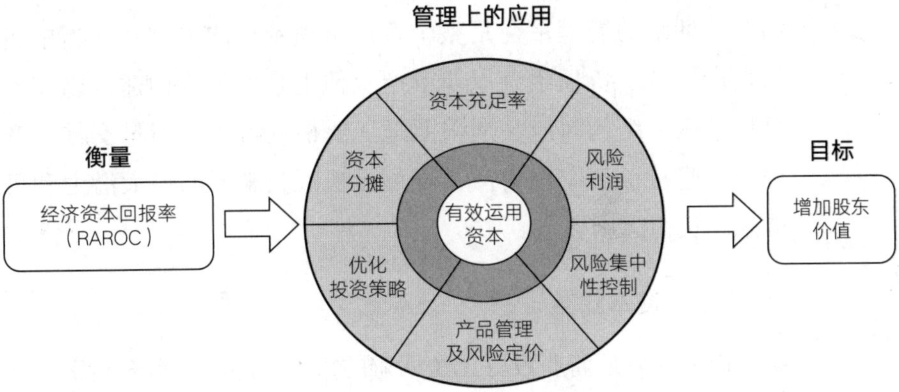

图 2.2　经济资本回报率的价值传导机制

（资料来源：普华永道）

$$经济资本回报率 = \frac{拨备前利润 - 预期损失}{非预期损失} \times 100\% \quad （2.3）$$

　　式（2.3）中，预期损失（EL）=违约率（PD）×违约损失率（LGD）×违约风险暴露（EAD），即为拨备；非预期损失即为经济资本。

三、资产负债管理的原则

　　为了确保实现管理目标，资产负债管理通常需要遵循以下四项管理原则。

（一）战略引领

　　资产负债管理要重宏观、谋全局，以实现银行发展战略为引领，在管理政策的制定与实施过程中衔接好战略规划，加强业务经营的引导和调控能力，确保银行战略目标的顺利实现。

（二）统筹平衡

在大部分情况下，银行出现问题的原因在于管理层追求增长但不计成本、追求利润但罔顾风险。资产负债管理要坚持"量、价、险"平衡和"短期、中期、长期"兼顾的原则，统筹平衡风险边界与业务发展、短期目标与长期战略之间的关系，确保规模与速度、质量与效益的协调统一。资产负债的总量、结构、期限的统筹平衡是整个资产负债管理的关键，这当中包括资产组合、负债组合以及资产负债组合的最优构建，以实现总量平衡、结构对应、期限匹配。要根据可用负债量安排资产规模，坚持负债制约资产，不可无视资金来源的最大潜力和可能来超负荷运用资金。

（三）资本约束

资本约束是商业银行无法回避的重大问题。资本充足率是现代商业银行的生命线，维持充足的资本水平是商业银行生存和发展的基本条件。因为，商业银行是经营风险的特殊企业。在任何时候都不应该忘记自己经营的基本原则，要把风险控制在可承受的范围内。[①]"资本覆盖风险"，是现代商业银行的一个基本原则。有限的资本决定了银行风险资产规模的扩张也应该是有限的。如果盲目追求规模扩张，银行的风险资产快速增长，银行的安全性就会受到严重威胁，进而使银行运营处于高风险状态中。因此，需要牢固树立科学的银行发展观，正确认识和处理资本、风险与规模的关系，走一条低资本消耗、高经营效益的理性发展之路。资产负债管理需要依据资本总量，确定资产增长的速度与结构，促进银行增长模式由规模扩张型向质量效益型转变，实现银行可持续发展。

（四）价值回报

价值创造决定价值回报。资产负债管理要以实现银行价值最大化为目标，建立以经济资本回报率为核心的价值管理体系，统

① 杨凯生. 金融笔记：杨凯生十六年间笔录[M]. 北京：人民出版社，2016：208.

为实现风险可控情况下利润最大化这一目标，资产负债管理中应遵循的原则有哪些？为何遵循这些原则？

筹兼顾"三性"，持续提升银行的价值创造能力。

四、资产负债管理的内容

（一）流动性风险管理

流动性状况反映商业银行从微观到宏观所有层面的运营状况及市场声誉，良好的流动性状况是商业银行安全稳健运营的基础。流动性风险管理的内容主要包括建立科学完善的资金管理机制，对流动性风险实施有效的识别、计量、监控、预警和报告，确保银行在正常经营环境或压力状态下，能及时满足资产、负债及表外业务引发的流动性需求和履行对外支付义务，有效平衡资金的效益性和安全性，加强附属机构流动性风险管理和监测，有效防范整体流动性风险（详细内容见第十二章）。

> 资产负债管理的主要管理对象有哪些？涉及哪些管理内容？

（二）银行账簿利率风险管理

银行账簿利率风险是指因利率水平、期限结构等要素发生不利变动，导致银行账簿整体收益和经济价值遭受损失的风险。商业银行通常根据高管层风险管理委员会审议，有权审批人批准的银行账簿利率风险管理限额，制定银行账簿利率风险管理的政策和程序，定期评估银行账簿利率风险水平及管理状况，确定管理政策、方法技术、监测控制、信息系统、信息披露等管理内容（详细内容见第十三章）。

（三）汇率风险管理

商业银行面临的汇率风险主要是指由于汇率波动以基准计价的资产遭受价值损失和财务损失的可能性。商业银行需要密切关注汇率变化及其对外币资产负债的影响，需要及时对银行账簿外币资产、负债和表外项目的汇率风险敞口进行监测、分析和防范（详细内容见第十四章）。

（四）定价管理

定价管理是商业银行经营管理的核心内容之一，直接影响银行的经营利润。定价管理可分为内部资金转移定价管理和外部产品定价管理。商业银行以促进业务发展和盈利增长为目标，加强资产、负债产品的外部定价管理，提升定价水平和经营效益，并通过内部资金转移定价（FTP）完善内部价格管理，优化银行内部经营机制和系统资源配置，增强市场竞争力（详细内容见第十五章）。

（五）资本管理

资本是对商业银行经营和发展具有特殊用途的经济资源，资本的稀缺性和经营的杠杆性决定了银行资本管理较一般企业更为重要和复杂。商业银行资本管理的范畴一般包括监管资本管理、经济资本管理和账面资本管理三个方面。商业银行资本管理的内容主要包括开展资本规划、筹集、配置、监控、评价和应用等管理活动，建立资本管理框架及机制，制定资本规划及年度计划，确定资本管理工具和流程，实施资本配置和考核等（详细内容见第十六章）。

（六）资产负债组合管理

资产负债组合管理是对银行资产负债表进行积极管理，即在满足"三性"协调平衡的基础上，通过优化资产负债表的组合配置结构，谋求银行价值的持续提高。资产负债组合管理是商业银行资本管理、市值管理与风险管理理论的有效统一，是平衡资本配置与风险补偿、提高整体盈利能力的策略手段，是推动资产负债表结构优化、促进银行稳健发展的重要保证。

资产负债组合管理包括资产组合管理、负债组合管理和资产负债匹配管理三个部分。资产组合管理以资本约束为前提，在测算资产组合风险回报与优化资本配比结构的基础上，综合运用计量工具，调控资产总量和结构，构建以资本和收息率为中心的价值传导机制，确保经风险调整后的资产收益率最大化。负债组合管理以平衡资金来源和运用为前提，通过加强主动负债管理，优化负债的品种、期限及利率结构，降低负债成本，保持负债成本与流动性的平衡，确保负债总量适度，提高市场竞争力，有效支撑资产业务的发展。资产负债匹配管理，以流动性指标、资本充足率和资产负债相关项目的关联等为约束条件，进行资产负债匹配管理，持续优化资产负债组合配置的成本、收益和期限结构（详细内容见第十七章）。

五、资产负债管理的工具与策略

（一）资产负债管理工具

1. 收益率曲线。债券的期限结构和收益率在某一既定时间存在的变化关系就称为利率的期限结构，表示这种关系的曲线通常称为收益率曲线。收益率曲线是分析利率走势和进行市场定价的基本工具，是商业银行资产负债管理的重要工具。具体而言，收益率曲线主要有以下五个方面的用途：用于设定所有债务市场工具的收益率；用于反映远期收益率水平的指标；用于计算和比较各种期限安排的收益；用于计算相似期限不同债券的相对价值；用于利率衍生工具的定价（详细内容见第六章）。

银行借助于管理手段或工具实现其管理职能，这些管理工具都有哪些？实践中如何应用？

2. 内部资金转移定价（FTP）。内部资金转移定价是指商业银行内部资金中心与业务经营单位按照一定规则全额有偿转移资金，达到核算业务资金成本或收益等目的的一种内部经营管理模式。其中特别要注意的是，内部是指资金中心与业务单位之间发生的资金价格转移，而非外部的、银行与客户之间的价格；资金中心是指虚拟的资金计价中心，并非日常所看到的实体资金交易部门；一定规则是指根据资金的期限及利率属性确定的定价方法；全额是指对每一笔提供或占用资金的业务，在其发生的当天，根据期限和利率属性进行逐笔计价。利用FTP核算资金收益或成本时，对负债而言是收益，对资产而言是成本。实施FTP的目的之一，就是要核算清楚负债带来了多少收益，资产占用了多少成本。

FTP作为商业银行资产负债管理的重要工具，其作用主要在于以下两个方面：一是公平绩效考核。推行FTP，可以计算出逐笔业务的利润贡献，由于FTP细化到了最底层的各个账户，商业银行仅需按照不同的维度进行分类，就可以实现按照产品、条线、分支机构、个人等维度进行的绩效考核。此外，对于同一类业务，资金中心均按照相同的定价规则确定其FTP价格，可以使不同分支机构在同一价格水平下公平衡量其利差贡献的大小。二是剥离利率风险。在采用期限匹配法定价的情况下，FTP价格的确定锁定了一笔具体业务的利差收入。这样，商业银行的利率风险便从经营单位分离出来，集中到银行的资金中心统一管理（详细内容见第十五章）。

3. 经济资本。经济资本（Economic Capital，EC）又称风险资本，是在一定的置信度水平上（如99%）和一定时间内（如一年），为了弥补银行的非预期损失（Unexpected Losses，UL）所需要的资本，其中，置信度水平由银行的风险偏好决定，简单地说，是银行为抵御风险所必须持有的最低资本。与其说经济资本是一个资本概念，倒不如说它是一个风险概念。经济资本与实际资本的比较，是确定风险边界的基础。

经济资本的计算公式为

$$经济资本 = 信用风险的非预期损失 + 市场风险的非预期损失 \\ + 操作风险的非预期损失 \qquad (2.4)$$

在商业银行资产负债管理中，经济资本作为一项重要工具，主要用于绩效考核和风险定价两个方面。经济资本应用的总体目标是通过建立有效的经济资本应用体系，将以经济资本为基础的风险收益匹配的理念贯彻落实到各项经营管理活动中，通过对风险总量和结构进行调控，促进全行资源的优化配置，提高经济资本回报（详细内容见第十六章）。

4. 衍生金融工具。衍生金融工具是一种金融合约，其价值取决于一种或多种基础资产或指数，合约的基本种类包括远期、期货、掉期（互换）和期权。此外，衍生金融工具还包括具有远期、期货、掉期（互换）和期权中一种或多种特征的结构化金融工具。商业银行在资产负债管理中，主要使用利率衍生品对冲利率风险，使用汇率衍生品对冲汇率风险。从具体业务实践来看，远期利率协议可以用于规避缺口风险，利率互换可以用于将固定利率转变为浮动利率，利率期货可用于对冲持有债券的利率风险。衍生金融工具的广泛应用为银行资产负债表管理提供了可能，也增加了银行账簿管理的灵活性，另外，它也会加剧竞争，同时降低利润和买卖利差（详细内容见第七章）。

5. 资产证券化。证券化是指银行发现资产负债表中资产的额外价值并将其从资产负债表全部移除，以便为信贷业务腾挪空间的过程。证券化是商业银行主动资产负债管理的重要工具，其主要优点是可以通过出售资产节约或降低资本占用，还可以给发行银行带来额外的收入（详细内容见第八章）。

6. 缺口管理。对于利率风险管理而言，缺口管理指的是重定价缺口管理。重定价缺口管理把生息资产、负债（含表外业务）分成不同期档，并计算每个期档的资产负债缺口。若资产负债为固定利率，则以其剩余期限计算所属期档，若资产负债为浮动利率，则以其剩余重定价期限计算所属期档。若该期档的资产大于负债，该缺口属于净资产，反之，则为净负债。在日常管理上，银行应设定限额避免重定价缺口过大，并应对市场利率的预期和自身的风险偏好，调节不同期档净资产或净负债的幅度。对于流动性风险管理，缺口管理一般指的是到期日错配管理，即现金流缺口管理。在管理上，银行把其资产、负债（含表外业务）分成不同期档，并按资产负债的合约剩余期限或行为期限计算每个期档的缺口。为避免短期的错配缺口（负债大于资产）过大，银行应根据市场流动性情况及自身的风险偏好制定限额防范流动性风险过高。

7. 久期管理。久期指某项金融资产（或负债）在未来时间内产生收益现金流的加权平均时间，权数为各期收益现金流的现值在资产市场价值中所占的权重。久期用于衡量资产负债价值对于利率水平变化的敏感度，可表示为利率变动1%时，导致资产负债净值变动的百分比。久期管理是商业银行资产负债管理的重要工具，具体指以银行资产久期和负债久期分析为基础，通过对利率敏感性资产和负债的结构进行积极调整，从而实现在利率变动时银行收益的稳定或增长。

在商业银行资产负债管理过程中，利用久期管理可以采用以下两种方法：一是风险免疫管理，其核心思想是通过资产和负债久期的匹配，实现利率风险和再投资风险的相互抵消，进而锁定整体收益率；二是久期缺口风险管理，即通过久期缺口来衡量银行总体利率风险的大小，并据此制定利率风险管理的相应策略。

8. 情景分析。情景分析是指商业银行在资产负债管理过程中，通过设定风险因子的可能变动情景，研究多种因素共同作用时可能对银行收益或经济价值产生的影响。所用情景可通过选用历史情景、主观假设和使用统计工具模拟等方式设定。

9. 在险价值（VaR）。VaR是指在一定的置信水平下，某一金融资产（或证券组合）在未来特定的一段时间内的最大可能损失。比如，假定A银行的某一资产组合在X年置信水平为95%的日VaR值为960万美元，其含义指该银行可以95%的概率水平保证，X年某一特定时点上的金融资产在未来24小时内，由于市场价格变动带来的损失不会超过960万美元。目前而言，VaR的计算主要基于三种方法：方差—协方差参数法、历史模拟法和蒙特卡罗模拟法。[①]

与传统风险度量手段不同，VaR完全是基于统计分析基础上的风险度量技术。具体而言，VaR具有以下三方面优点：一是测量风险简洁明了，其统一了风险计量标准，管理者和投资者较容易理解掌握；二是可以事前计算风险，不像以往风险管理的方法

① 方差—协方差参数法假定资产组合收益服从条件正态分布。该方法利用组合的价值函数与市场因素间的近似关系、市场因素的统计分布（方差—协方差矩阵），计算资产组合收益的方差、标准差、协方差；求出在一定置信水平下，反映分布偏离均值程度的临界值，建立与风险损失的联系，推导VaR值。这种方法只需计算投资组合的波动率和方差—协方差矩阵，VaR值通过简单的矩阵乘法就可得到。历史模拟法将各个风险因子在过去某一时期上的变化分布或变化情景准确刻画出来，作为该风险因子未来的变化分布或变化情景，在此基础上，通过建立风险因子与资产组合价值之间的映射表达式模拟出资产组合未来可能的损益分布，进而计算出给定置信区间下的VaR值。蒙特卡罗模拟法是计算VaR最复杂的方法，一般在其他方法不能使用的情况下才使用，原因是问题有复杂性或难以假设其概率分布。其基本方法是建立一个模型并假设外生变量的分布，接着根据假定分布随机生成模型的输入数据，然后收集结果并得出结论。当得出模拟输出的数据后，我们可以按照与历史模拟法相同的步骤进行操作。

都是在事后衡量风险大小；三是不仅能计算单个金融工具的风险，还能计算由多个金融工具组成的投资组合风险，这是传统金融风险管理不能做到的。在商业银行风险计量和资产负债管理中，VaR作为重要工具已经越来越得到重视。目前，巴塞尔委员会要求有条件的银行将VaR值结合银行内部模型，计算适应市场风险要求的资本数额；G20建议用VaR来衡量衍生工具的市场风险，并且认为其是市场风险测量和控制的最佳方法。在目前银行资产负债管理实践中，通常会针对银行账簿债券组合（含对冲IRS）设立VaR市场风险限额，配合DV01①等敏感性指标监测、控制债券组合利率风险。需要注意的是，风险模型并不能使银行免受损失，即便是最完美的模型也只能使银行的损失低于模型预测的损失，而且通常处于某个置信区间内，比如99%的置信水平（一年期限）并不意味着银行将不会发生损失，银行损失低于模型预测值的可能性为99%，仍有1%的可能性是"银行的损失将无法估量，且数额巨大"。因此，必须具有科学合理的治理结构和管理流程来与之互补。

（二）资产负债管理策略

1. 表内资产负债匹配。表内资产负债匹配是资产负债组合管理的核心策略。商业银行执行该策略，即通过资产和负债的共同调整，协调表内资产和负债项目在期限、利率、风险和流动性等方面的搭配，尽可能使资产与负债达到规模、结构、期限对称，从而实现"三性"的匹配统一。

2. 表外工具规避表内风险。商业银行利用衍生金融工具为主的表外工具来规避表内风险，是对表内资产负债组合管理的重要补充。对于国际领先银行而言，利用表外工具规避风险已成为其风险管理的重要组成，一方面，其利用利率、汇率衍生工具来对

---

① 基点价值（Price Value of a Basis Point，PVBP）是一个在实践中广泛使用的衡量债券价格弹性的指标，也称为基点美元值（Dollar Value of All 01，DV01），其含义是相对于初始价格，市场收益率上下波动1个基点时，债券价格的变动值。由于一个基点值很小，所以在定义中，忽略了1个基点的变化是上升或下降，并认为二者没有差异。基点价值是久期的一个特例，其特殊性无非在于收益率的变化值为1个基点，而不是100个基点。如果知道债券的久期，也很容易计算出其基点价值。

冲市场风险；另一方面，其利用信用违约互换（CDS）等信用衍生工具来对冲信用风险。

3. 利用证券化剥离表内风险。资产证券化不是一项普通的新业务，也不单是一种新的融资形式，而是协调表内与表外、优化资源跨期配置的资产负债管理工具。从风险管理的视角看，在资产证券化过程中，商业银行将相关信贷资产从表内剥离的同时，也实现了对相应信用风险的剥离；从流量经营的视角看，资产证券化盘活了存量信贷资产，从表内和表外两个方向扩大信用投放的覆盖面，提高表内外资产的周转率和收益率。

> 掌握市场周期，将筹码紧握在自己手中。
>
> ——霍华德·马克斯（Howard Marks）| 橡树资本创始人、联席董事长

第三章
影响银行资产负债管理决策的宏观变量

不知道未来会怎样并不是问题，可怕的是不知道在各种可能的情形下该如何应对。应对比预测重要。商业银行经营具有顺周期和亲周期的特点，受经济周期波动的影响较大，经济增长的复杂性不仅会使商业银行盈利增速的波动性放大，而且会导致资产质量的不稳定性加大。认识宏观经济的目的就是为微观经济决策提供支持。资产负债决策是商业银行最基本、最核心的商业决策。透彻了解宏观经济运行（特别是母国和全球）的特点和趋势是做好银行（微观竞争主体）资产负债管理工作的关键所在。从外部看，资产负债管理主要是对资产负债总量、结构和期限的配置。从内部看，资产负债管理本质上是商业银行风险管理的重要手段，主要包括对流动性风险、银行账

簿利率风险、汇率风险、资本充足率（非预期风险）等的管理，以达到"三性"的平衡。因而，资产负债决策除了需要综合考虑银行自身的风险偏好、预算目标、外部监管约束外，宏观经济变量也是影响资产负债决策的重要因素。此外，商业银行资产负债管理部门还是政府宏观政策传导的重要微观主体，需要对宏观经济政策和环境变化具有极高的市场敏锐度，这也是企业价值最大化的内在要求。大道至简！古希腊也有句话，叫作"唯有简单，才有可能正确"。[1]宏观经济变量虽然纷繁复杂，但从银行资产负债管理自身的功能逻辑来看，影响资负决策的宏观经济变量大体可归结为"量、价、险"三个方面，这三个方面又是相互关联、相互影响的。

一、"量"：银行间市场资金面的松紧程度

银行间市场资金松紧程度很大程度上决定了银行间市场利率的走向，如何分析和判断中国银行间市场与中国香港银行间市场资金面情况？

一般而言，资金面表示货币供应量对金融产品的支持能力，资金面的松紧程度是市场资金供给和需求相互作用的结果，反映着市场的流动性状况。资金面宽松指市场流动资金充裕，资金供给大于需求，市场利率下行；资金面紧张则指市场流动资金匮乏，资金供不应求，市场利率上涨。以中国境内为例，M_0、M_1、M_2都是用来反映货币供应量的重要指标。M_0=流通中现金；狭义货币（M_1）=M_0+单位活期存款；广义货币（M_2）=M_1+准货币（单位定期存款+个人存款+其他存款）。[2] M_1反映经济中的现实购买力；M_2同时反映现实和潜在购买力。若M_1增速较快，则消费和终端市场活跃；若M_2增速较快，则投资和中间市场活跃。中央银行和各商业银行可以据此判定货币政策。M_1过高而M_2过低，表明需求强劲、投资不足，存在通货膨胀风险；M_2过高而M_1过低，表明投资过热、需求不旺，存在资产泡沫风险。

银行资负工作关注的资金面概念更加聚焦，主要指银行间

---

① 徐远. 城里的房子[M]. 北京：中信出版集团，2018：Ⅷ.

② 从2011年10月起，中国人民银行将非存款类金融机构在存款类金融机构的存款和住房公积金存款纳入广义货币供应量（M_2）统计范围。

市场资金面的松紧程度。银行间的流动性总量由基础货币衡量，即

基础货币＝现金＋法定存款准备金＋超额存款准备金　（3.1）

其中，商业银行可动用的流动性为超额存款准备金，其代表银行间市场的可交易资金总量。因此，超额存款准备金是反映银行间市场资金面松紧程度的重要参考指标。超额存款准备金率越低，显示银行可动用的资金越有限，即资金面紧张，流动性趋紧。反之，超额存款准备金率越高，显示银行可动用的资金越多，即资金面宽松，流动性趋松。中央银行通常会定期公布超额存款准备金率的数据。

（一）中国银行间市场的资金面情况

央行公开市场业务、外汇占款、存款准备金上缴、财政存款变化、重大节假日前后资金需求变化、季末理财产品到期、资本流动以及其他短期冲击均可能影响银行间市场流动性。其中，超额存款准备金变动与央行公开市场净投放、外汇占款呈正相关关系，与财政存款（缴税）、法定存款准备金率和M_0（流通中的现金）呈负相关关系。

1. 央行公开市场业务。公开市场操作是央行货币政策日常操作的主要工具，可调节银行体系流动性水平、引导货币市场利率走势。从交易品种看，公开市场交易主要包括回购交易、现券交易、发行中央银行票据。近年来，中国人民银行不断开展公开市场业务工具创新，创设了短期流动性调节工具（SLO）、常备借贷便利（SLF）、中期借贷便利（MLF）、抵押补充贷款（PSL）、临时流动性便利（TLF）、临时准备金动用安排（CRA）等一系列新型货币政策工具，这些新型货币政策工具的操作为向市场投放流动性，到期则为回收流动性。

2. 外汇占款。外汇占款是央行购买外币而投放的人民币，其数量的增加直接对应着基础货币的增加。外汇占款来源主要有贸易顺差、外商投资、热钱涌入等。2001年中国加入世界贸易组织

后，中国外汇占款大幅增长，新增外汇占款逐渐成为央行投放基础货币的主要渠道。2012年以后，外汇占款增速开始下降，2015年甚至首次出现负增长，其对基础货币和市场流动性的影响在逐渐降低（见图3.1）。①

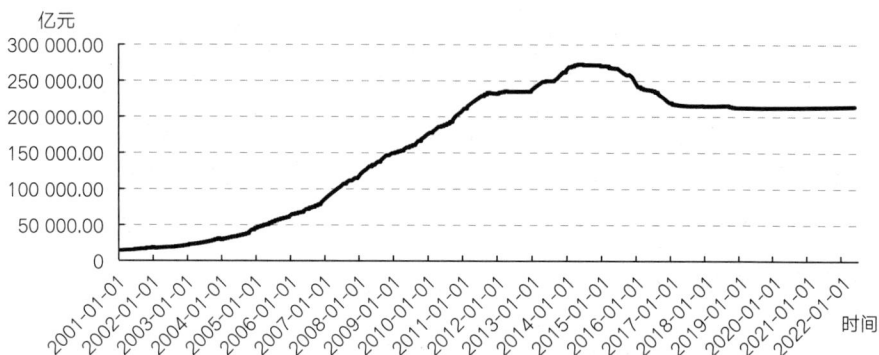

图 3.1　2001 年至 2022 年 6 月末的外汇占款情况

3. 财政存款和支出。中国财政存款具有明显的季节性特征，每年1月、4月至5月、7月和10月是财政存款大幅增加的时间，而财政存款增加意味着更多的资金流出银行体系。其中，季末后月的1月、4月、7月、10月，由于增值税的季度缴税而对资金面有较大影响，5月则受到所得税的年度集中汇算清缴的影响。税期对资金面的影响有提前和滞后效应，即在截至缴税日前几天就开始对资金面产生影响，并在缴税期过后也会有若干日的滞后影响。财政支出，一般在季末月更明显，因为财政预算是有时序进度安排的。财政支出后，资金从国库（账户开在中国人民银行）进入银行（汇到政府或企业在银行开立的账户），所以整个银行体系就有了增量资金。从时点上看，每年的2月（春节后）、3月、

---

① 外汇占款和外汇储备关系如下。首先，外汇占款是央行购买外汇资产而相应投放的本国货币，以历史成本计价。一般而言，央行收购的外汇资产越多，外汇占款规模就越大。其次，外汇占款后续会进入央行的外汇储备（以市场价计量、基本由国家外汇管理局的投资部门进行统一管理），所以，外汇占款与外汇储备之间具有很强的正相关性。最后，通常情况下，外汇占款是基础货币的来源，过去很长时间外汇占款贡献了全部基础货币的80%以上，这也是为什么之前较长时期内中国货币供应量无法自主的原因。综上所述，外汇储备与外汇占款由于计价方式不同，所以二者在整体保持一致的同时，也存在不小的差异。其中，外汇储备还将受到汇率、利率、投资收益以及其他因素的影响，这也是我们看到外汇储备与外汇占款的差异一直存在的原因。

6月、9月、12月是财政支出的集中下拨时间，此时财政存款会大幅减少，从而相应增加市场的流动性。

4. 法定存款准备金率。金融机构为保证客户提取存款和资金清算需要在中央银行存放款项。法定存款准备金率的增加对应着基础货币的减少，因此，提高法定存款准备金率将减少市场流动性。

5. 流通中的现金。从波动规律看，流通中的现金在每年的1~2月增加明显，主要是由于春节提现需求增加。现金从银行体系中的漏损会造成银行间市场流动性紧张。但随着支付宝、微信等移动支付手段的发展，春节和节假日对现金的提取需求有所降低，对资金面的影响也在减弱。

6. 季节因素。如季末、年末对存款的同业规模排位诉求会推高货币市场资金价格。而在季初则由于上月末的存款冲高，导致银行头寸较为宽松，资金利率一般会下降。

7. 集中的大额需求。部分在中国内地和中国香港上市（A+H股）的公司，每年6~7月需要对海外股东派发股息，将部分资金汇至中国香港，这会对内地银行体系的资金产生一定的负面影响。国债、地方债在某段时间的集中发行会分流银行体系的现金流，对资金面会产生较大的影响。

8. 预期（预期的自我实现/预期差）。预期有时候发挥了加速器的作用，往往会加速实现预期情景。如金融机构基于对市场资金形势的判断，预期在年末等时点资金大概率会紧张，于是提前囤积资金，客观上会造成市场上流动性的紧张。但如因各种因素的变化，资金面并没有预期中紧张，就会形成"预期差"。

（二）中国香港特别行政区银行间市场的资金面情况

中国及其他有独立货币政策的国家和地区，其中央银行可通过公开市场操作、存款准备金等货币政策工具来影响银行体系的流动性。中国香港由于实施联系汇率制度①，并无独立的货币政策，港元流动性供给主要受港元对美元汇率影响，金管局可自主调控港元流动性的空间有限。港元对美元汇率、外汇基金票据和债券总额、季节因素、预期（预期的自我实现/预期差）等是中国香港市场影响港元流动性（资金面）的主要因素。

1. 银行体系港元总结余和港元对美元汇率。总结余是指持牌银行在金管局的结算户口结余总额，开设这些结算户口的目的是便于结算银行相互间、金管局与银行之间交易。总结余为中国香港基础货币的重要组成部分。根据金管局联系汇率制度安排，当港元汇率触及7.75的强方兑换保证时，金管局需要在市场上买入美元卖出港元，使增量的港元流入银行体系，港元总结余会相应增加，银行同业拆借利率预期会下降。反之，当港元汇率触及7.85的弱方兑换保证时，金管局需要从市场上买入港元卖出美元，使港元流出银行体系，则港元总结余会相应减少，银行同业拆借利率预期会上升。因而，港元汇率走势是判断港元流动性的一个前瞻性指标。在1997年至1998年期间，由于总结余小，容易引致银行同业拆借利率大幅波动，最终被炒家利用操控市场。2008年之后，随着总结余的增加，港元同业拆借利率受资金流入及流出的影响已相对降低，利率波动的幅度减少。但自2018年银行总结余开始减少，利率波动的幅度又随之增大。金管局每天更新总结余数据，可在金管局网站（www.hkma.gov.hk）上查询。

2. 外汇基金票据和债券总额。1997年亚洲金融危机后，外汇

① 联系汇率制度是货币发行局制度的一种。香港金管局承诺在市场上以7.85港元/美元卖出美元买入港元，以7.75港元/美元卖出港元买入美元，以保证港元汇率的稳定。香港银行同业机构结算由金管局统一负责，结算资金（即总结余，也就是准备金）体现在货币当局的资产负债表中，货币当局与商业银行之间的交易通过增加或减少总结余实现。当金管局在市场上买入美元支付港元、商业银行支付美元收到港元时，金管局获得美元储备，商业银行获得港元，从而导致外汇储备的增加和商业银行总结余的增加，反之亦然。当商业银行总结余数量过大时，金管局为了避免银行间市场流动性泛滥，通过发行外汇基金票据吸收流动性，此时商业银行将持有的部分总结余转变为外汇基金票据，反之亦然。金管局支付外汇基金票据利息的资金来源于外汇储备的收益。发行现钞时，根据中国香港法律规定，三家发钞行（汇丰、中银香港、渣打）必须凭借金管局签发的负债证明书作为支持，获得负债证明书必须以1美元兑7.80港元向外汇基金存入美元，由此港元现钞也有100%的美元资产作为支持；贴现窗仅用来满足商业银行的临时流动性需求，并且在超出一定要求后将承担高额的惩罚利息。

基金票据被香港金管局加入基础货币中。根据联系汇率制度安排，金管局只在资金流入的情况下才增发外汇基金票据和债券，确保所有新发行的外汇基金票据和债券都得到外汇储备的充分支持。金管局通过增发外汇基金票据及债券，可吸收总结余内的全部或部分港元资金。以2016年为例，虽然港元汇率没有触发强弱方兑换保证，但金管局增发总值1 320亿港元的外汇基金票据，令总结余相应减少1 320亿港元，减少了银行体系的流动性。反之，当总结余不足，银行同业拆借利率大幅走高时，持牌银行可以将持有的外汇基金票据及债券向金管局进行贴现，总结余将增加，相当于向银行体系注入流动性。金管局发行或赎回外汇基金票据以回笼或投放结余资金，但金管局货币政策目标为维持货币稳定，除非总结余大幅增加或减少，金管局一般较少进行公开市场操作。金管局同样每天更新外汇基金票据和债券的结余数据，可在金管局网站上查询。

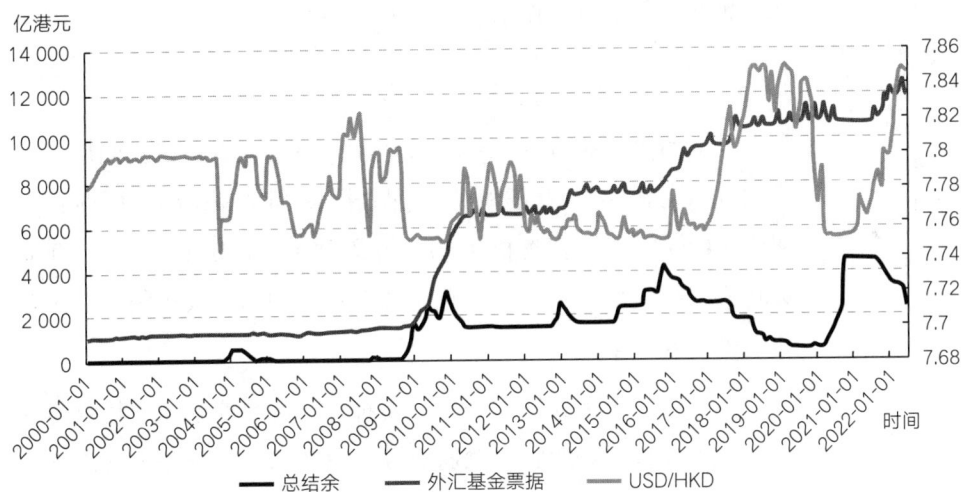

图 3.2　总结余、外汇基金票据及港元汇率走势（2000 年至 2022 年 6 月末）

（数据来源：https://www.hkma.gov.hk）

此外，与内地类似，季节因素、预期（预期的自我实现/预期差）和大型资金需求也会对香港银行间市场资金面形成扰动。如季末、半年末、年末，因需满足流动性监管指标的达标要求，追求存款的同业市场份额等诉求，会推高货币市场资金价格。而在季初则头寸较为宽松，资金利率一般会下降。再如，金融机构基于对市场资金形势的判断，预期在年末等时点资金大概率会紧张，于是提前囤积资金，客观上会造成市场流动性紧张。但如因各种因素变化，资金面并没有预期中紧张，就会形成"预期差"。最后，大型新股发行、换汇、贷款发放导致资金集中于个别银行或者大型银行因信用风险考虑不愿意拆出资金时，均可能使市场流动性出现紧张，利率上升。

二、"价"：银行间市场利率的变化情况

利率是资金的价格。短期利率走势反映了短期资金松紧情况，中长期利率走势则反映了市场对宏观经济走势的判断和货币政策的走向。银行需要判断短中长期利率走势，从而合理布局资产负债期限结构，防范流动性风险和利率风险。其中，银行间市场（货币市场）利率为完全开放的市场利率，能够及时反映资金供求状况，是资负工作重点关注的价格变量。

（一）中国银行间市场利率

常见的银行间市场（货币市场）利率主要有：银行间质押式回购利率（R）、存款类机构质押式回购利率（DR）、同业拆借利率（IBOR）、存款类机构同业拆借利率（DIBOR），此外还有买断式回购利率（OR）、回购定盘利率（FR）、银行间回购定盘利率（FDR）等。

1. 银行间质押式回购利率。质押式回购是交易双方以债券为质押物所进行的短期资金融通业务。具体来说，就是资金融入方把债券质押给资金融出方，并在到期之后，融入方支付本金和利息赎回债券的行为。银行间质押式回购的参与者主要包括商业银行、政策性银行、基金、保险、券商、特殊结算机构等。从实际交易情况来看，商业银行（国有商业银行、城市商业银行、股份制商业银行）是银行间质押式回购交易的主力，政策性银行、外资银行、证券、基金、保险是主要参加者。从资金流方向看，国有商业银行、政策性银行、股份制商业银行是资金融出机构；城

市场上有很多不同的利率指标，各有不同的定义和统计口径，往往从不同角度反映市场情况。银行在分析利率走势时应如何选择与分析相关指标和数据？

市商业银行、外资银行、证券、基金、保险主要是资金融入方。
所以，如果银行间质押式回购利率上扬，则反映了城市商业银
行、证券、基金、保险等机构的资金需求旺盛。同样，作为短期
资金融通渠道，1天和7天质押式回购是交易主体，其他期限交易
规模相对较小。

2. 银行间存款类机构质押式回购利率（DR）。DR参与者只
能是存款类机构，如政策性银行、大型商业银行、股份制银行、
城市商业银行、农村商业银行及合作银行、外资银行、农村信用
联社、村镇银行等。2016年11月中国人民银行发布的第三季度货
币政策执行报告指出，相较于代表整个银行间市场的质押式回购
利率（R），DR利率由于对方为存款类机构并以利率债[①]作为质
押品，剔除了风险因素对利率的影响，可降低交易对手信用风险
和抵押品质量对利率定价的扰动，而且存款类金融机构作为市场
资金的主要提供者和银行间市场最重要和最基础的参与者，是央
行的重要关注对象和货币政策调控的直接对象。因此，DR走势
可以更加真实、更精确、更迅速地反映银行体系流动性变化的情
况。从资金流方向看，大型国有商业银行、政策性银行是资金融
出方，城市商业银行、农村商业银行、农村信用社等是资金融入
方。所以，在资金供给没有发生显著变化的情况下，DR上扬表明
城市商业银行、农村商业银行和信用社等机构资金需求提高。

（二）中国香港特别行政区银行间市场利率

1. 港元隔夜平均指数（HONIA）。HONIA是一个根据真实交
易数据加权平均计算得出的同业隔夜拆借利率。香港同业拆借期
限主要包括隔夜至1年，主要成交集中在1个月以内。其中，隔
夜拆借利率一般对市场短期流动性状况最为敏感，如隔夜利率飙
升，代表市场短期流动性较为紧张；如隔夜利率维持在较低水

---

① 利率债主要是指国债、地方政府债券、政策性金融债和央行票据。利率债背后
有国家信用背书，相当于有国家做担保，所以一般认为其不存在信用风险。利率债的
发行人基本都是国家或有中央政府信用做背书、信用等级与国家相同的机构。与之对
应，信用债背后没有国家信用背书。信用债包括企业债和公司债、商业银行及其他非
银行机构发行的金融债、次级债和混合资本债、在交易商协会注册的非金融企业债务
融资工具等。

平，代表市场短期流动性较为宽松。香港无统一的同业拆借交易中心，同业拆借业务主要通过货币市场经纪来完成，价格信息不对外公布。实践中业内人士大都以HONIA作为判断指标，可在彭博终端的HOISHKD Index上输入DES查询HONIA。图3.3为彭博终端的HONIA界面，界面提供指数基本资料和近期的利率趋势，如可以查询到HONIA的彭博标签为HOISHKD Index，上次更新日期为2019年5月7日，最新的利率水平为0.769%等。

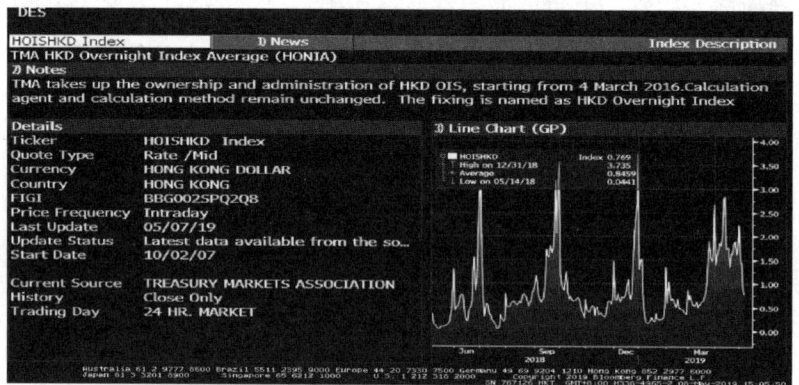

图 3.3　HONIA 走势的彭博终端截屏

（资料来源：彭博终端）

2. 外汇掉期隐含利率（FX SWAP IMPLIED RATE）。外汇掉期是一种对冲汇率风险的方式，同时也是一种资金借贷的方式，是银行管理流动性的一种主要工具。因此，外汇掉期隐含利率也是判断银行间市场流动性状况的一个重要指标。外汇掉期期限通常为1年及以内，由于外汇掉期交易量大，具有市场深度，因而外汇掉期隐含利率是主要货币市场利率指标。由于掉期价格（掉期点）为远期汇率减去即期汇率的点差，一般而言，如果美元兑港元的掉期点下降，说明港元流动性趋紧；如果美元兑港元的掉期点上升，说明港元流动性趋松。可在彭博终端的FXFA模块查询。在彭博终端查询时，货币掉期需要先设定货币组合和计算隐含利率的货币，如图3.4为设定的美元兑港元的货币组合，根据不同期限的美元利率和掉期点计算港元兑应的隐含利率，其中掉期点和美元利率均有直接输入的选项。以六个月为例，外币掉期点的买入/卖出价分别为–264.16/242.84，美元利率的买入/卖出价均为2.5590，所以，系统计算出来的港元隐含利率的买入/卖出价分别为1.9178/1.9724。

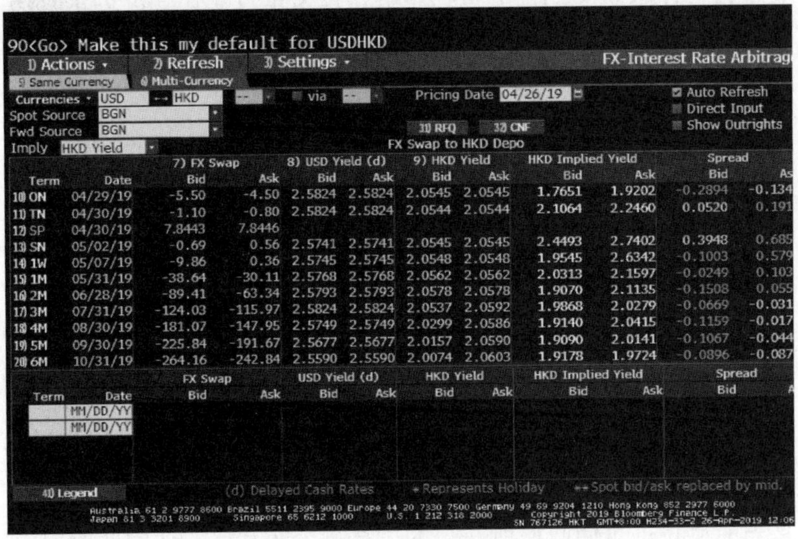

Term	Date	7) FX Swap Bid	Ask	8) USD Yield (d) Bid	Ask	9) HKD Yield Bid	Ask	HKD Implied Yield Bid	Ask	Spread Bid	As
10) ON	04/29/19	-5.50	-4.50	2.5824	2.5824	2.0545	2.0545	1.7651	1.9202	-0.2894	-0.134
11) TN	04/30/19	-1.10	-0.80	2.5824	2.5824	2.0544	2.0544	2.1064	2.2460	0.0520	0.191
12) SP	04/30/19	7.8443	7.8446								
13) SN	05/02/19	-0.69	0.56	2.5741	2.5741	2.0545	2.0545	2.4493	2.7402	0.3948	0.685
14) 1W	05/07/19	-9.86	0.36	2.5745	2.5745	2.0548	2.0548	1.9545	2.6342	-0.1003	0.579
15) 1M	05/31/19	-38.64	-30.11	2.5768	2.5768	2.0562	2.0562	2.0313	2.1597	-0.0249	0.103
16) 2M	06/28/19	-89.41	-63.34	2.5793	2.5793	2.0578	2.0578	1.9070	2.1135	-0.1508	0.055
17) 3M	07/31/19	-124.03	-115.97	2.5824	2.5824	2.0537	2.0592	1.9868	2.0279	-0.0669	-0.031
18) 4M	08/30/19	-181.07	-147.95	2.5749	2.5749	2.0299	2.0586	1.9140	2.0415	-0.1159	-0.017
19) 5M	09/30/19	-225.84	-191.67	2.5677	2.5677	2.0157	2.0590	1.9090	2.0141	-0.1067	-0.044
20) 6M	10/31/19	-264.16	-242.84	2.5590	2.5590	2.0074	2.0603	1.9178	1.9724	-0.0896	-0.087

Term	Date	FX Swap Bid	Ask	USD Yield (d) Bid	Ask	HKD Yield Bid	Ask	HKD Implied Yield Bid	Ask	Spread Bid
	MM/DD/YY									
	MM/DD/YY									

图 3.4　美元兑港元掉期点的彭博终端截屏

（资料来源：彭博终端）

3. HIBOR（Hong Kong Interbank Offered Rate）。HIBOR以香港银行公会指定的20家参考银行所提供的报价资料作为确定基础，每个工作日上午11点对外公布，期限涵盖隔夜至12个月，可在香港银行公会网站（www.hkab.org.hk）上查询。通常，HIBOR对市场资金供求也较为敏感。其中，隔夜拆借利率一般对市场短期流动性状况最为敏感，如隔夜利率飙升，代表市场短期流动性较为紧张；如隔夜利率维持在较低水平，代表市场短期流动性较为宽松。

三、“险”：经济周期的运行状况与宏观调控

宏观经济发展呈现周期性波动是客观存在的。①经济周期的

① 周期无非是一系列合乎逻辑、以固定模式反复发生的事件。在市场经济中，信贷扩张和信贷收缩推动经济周期的发展，其背后有完美的逻辑支撑（Ray Dalio, 2019）。引自瑞·达利欧. 债务危机为何有周期性[EB/OL]. 瑞·达利欧官方微信公众号：principles_raydalio。

?

近年利率走势迅速变化，银行应如何应对快速变化的市场环境以降低风险？

存在使金融体系在经济扩张时期加速风险集聚，并且在经济衰退时期集中释放，从而进一步加剧金融体系和宏观经济的波动，这种现象被称为金融体系的新周期性。如何实施监管制度的变革，缓解银行体系新周期性的负面影响，促使银行业在经济扩张时期集聚的风险在经济衰退时平稳释放，使宏观经济运行更加稳定，是后危机时代国际金融监管体制变革的应有之义。逆周期监管论认为，周期性会导致商业银行在经济上行时期大量放贷积聚风险，助推经济泡沫，经济下行时期引发信贷紧缩，从而扩大宏观经济在经济周期不同阶段的波动幅度，并最终加剧金融体系风险。逆周期调节旨在熨平经济运行中过度的周期性波动，并降低由此积累的系统性风险。因此，政府会根据经济运行情况，通过财政政策和货币政策进行宏观调控，宏观调控的方向将直接影响商业银行的资产负债管理决策，而货币政策调控方向，将直接影响利率走势，对商业银行资产负债管理决策有着重要影响。特别是当前科技进步使政府所获得的信息量今非昔比，逆周期调控成为惯例。

了解宏观经济的运行情况，尤其是与货币政策目标相关的宏观经济指标情况，我们可以判断央行货币政策的大致方向，如经济持续上行，我们可以预期央行将采取紧缩货币政策，防止经济过热；如经济持续下行，我们可以预期央行采取宽松货币政策，刺激经济。因此，了解经济周期有助于掌握货币政策的长期走向。为有效分析判断货币政策走向，我们应掌握以下两个重点，关注影响货币政策动向的关键指标。一是了解中央银行如何取舍不同的经济指标。以美联储为例，其货币政策目标是为了促进就业最大化和物价稳定，那么我们就应该集中分析与其关联度大的指标，例如就业人口比率、工资变化、信贷扩张、资产价格等。二是要兼顾其他非经济数据。失业率下降过去一般反映经济活动增加，反映经济上行。但近年来，发达国家均面临低失业低通胀的新常态，低失业率无助于提振经济，主要是发达国家人口老龄化问题严重，使生产力和信贷增速放缓，经济活动减少，而人口老龄化使劳动人口占比降低，拉低失业率。因此，有关失业率的分析还需要兼顾人口结构状况，避免直接把低失业率视为利好经济的因素。

（一）经济周期所处阶段的判断

对于经济周期所处阶段的判断，市场并没有一个明确的量化标准，各个国家和地区对于同一经济指标的解读可能有所不同，但仍然可以综合考虑各个国家和地区的经济及金融数据来判断其所处的经济周期。一般可以参考图3.5所示经济指标判断所处周期状况。

	GDP	通胀	失业率	采购经理人指数（PMI）	资产价格
Ⅰ.衰退	连续两个季度出现负增长	零增长或出现负增长	持续上行	下降至50以下	持续下行
Ⅱ.萧条	持续负增长	持续负增长	处于历史较高水平	持续低于50	处于历史较低水平
Ⅲ.复苏	恢复增长	恢复增长	持续下行	回升至50以上	持续上行
Ⅳ.繁荣	持续正增长	持续正增长	处于历史较低水平	持续高于50	处于历史较高水平

图 3.5　不同经济周期的特征

（二）利率走势的判断

利率走势与经济周期紧密联系。当经济衰退时，政府会采取低利率政策刺激经济，利率预期会下降；但经济周期运行到最高点时，持续的经济增长会增加贷款需求从而推动利率升高。如前所述，中国香港实施联系汇率制度，在过去的20多年中，美联储每次加息或降息后，香港金管局几乎都会跟随行动。一是中国香港基本利率一般根据美国联邦基金目标利率上调或下调。香港基本利率是用作计算银行经贴现窗与金管局进行回购交易的基础利率。香港基本利率由金管局发布，以当前的美国联邦基金利率目标区间的下限加50个基点，或隔夜及1个月香港银行同业拆息的5天移动平均数的平均值的较高者为准。由于近年来美国联邦基金利率持续高于后者，因此近年基本利率的变动与美国联邦基金目标利率的变化保持一致。二是港元市场利率长期走势与美元利率基本一致。在联系汇率制度下，金管局向银行提供港元兑美元的强弱方兑换保证，把汇率固定在7.75~7.85区间内。在汇率风险有限的情况下，当美元利率高于港元，市场倾向买入美元卖出港元，当港元转弱至7.85的弱方兑换保证水平时，金管局需要买入港元卖出美元，使银行体系中的港元结余减少，港元利率在资金供给减少的情况下趋升。相反，当港元利率高于美元，市场倾向买入港元卖出美元，当港元转强至7.75的强方兑换保证水平时，金管局需要买入美元卖出港元，使银行体系中的港元结余增加，港元利率在资金供给增加的情况下趋降。从历史数据可见，美元与港元利率走势趋同（见图3.6）。因此，可通过分析预判美元利率走势来分析港元利率走势。

2008年国际金融危机后，美联储将其货币政策目标定义为"充分就业和2%的核心个人消费支出平减指数（PCE）"，因此，相关宏观经济指标运行情况是判断货币政策走向，进而判断利率走向的重要依据，除此之外，还可通过观察多方面的市场数据信息来进行预测。

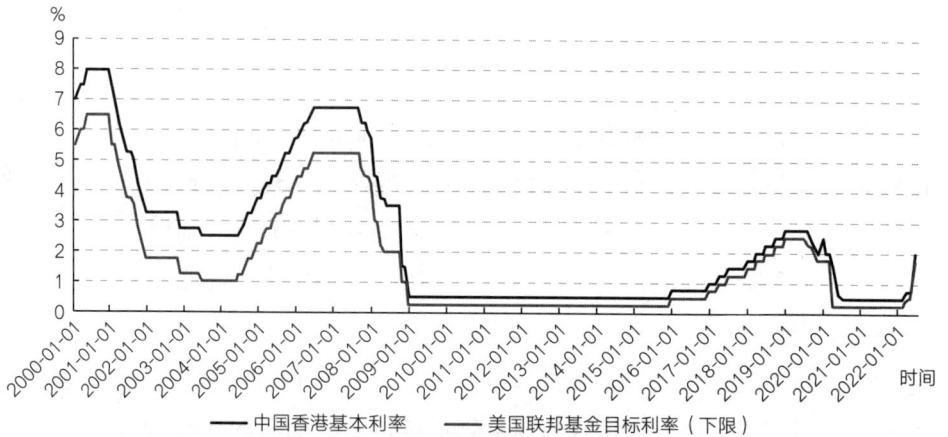

图3.6　美国联邦基金目标利率与中国香港基本利率以及 Libor 和
Hibor 走势（2000 年 1 月至 2022 年 6 月末）

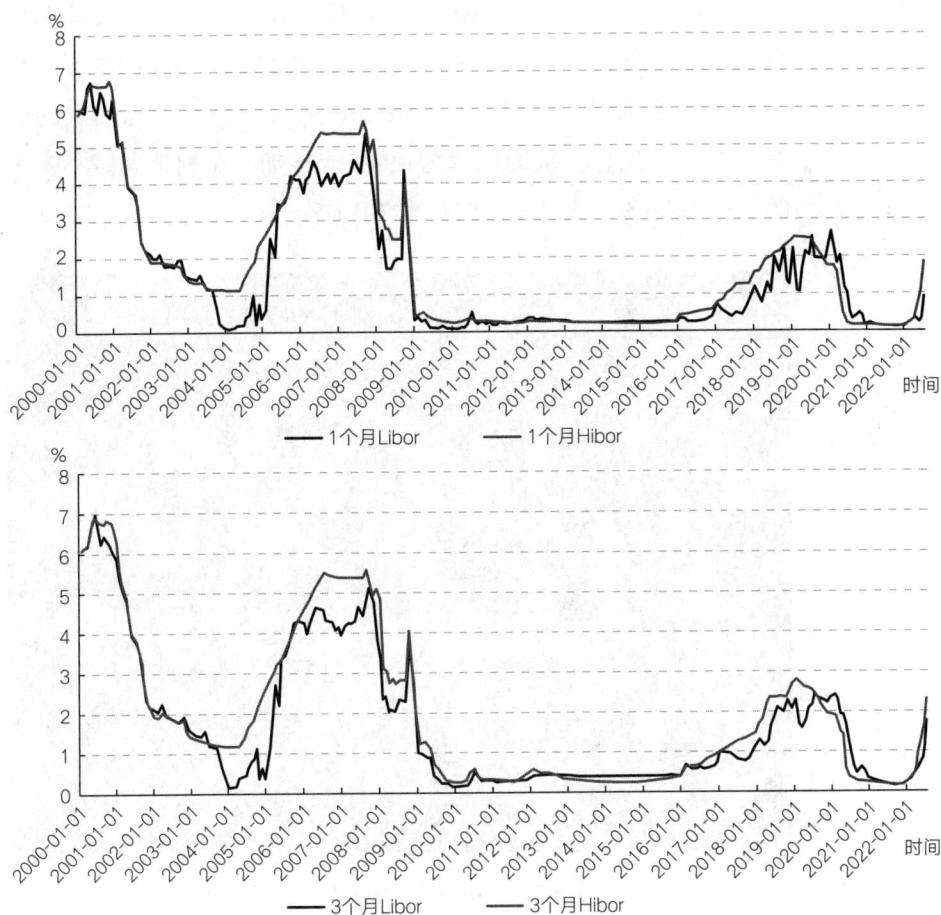

图 3.6 美国联邦基金目标利率与中国香港基本利率以及 Libor 和
Hibor 走势（2000 年 1 月至 2022 年 6 月末）（续）

（数据来源：彭博终端）

    1. 利率期货隐含概率（Future Implied Probability）。联邦基金期货合约价格隐含了市场对联邦基金利率的预期，因此，根据价格可计算出其中隐含的加息概率。由于价格为实时更新，因此市场普遍参考该概率作为动态的市场预期。但利率期货隐含概率较为保守，而且变动较快。以2017年为例，12月末利率期货隐含概率显示预期2018年加息1~3次，而2018年实际加息4次，说明当时市场的预期较为保守。利率期货隐含概率可在彭博终端的WIRP模块查询。如图3.7所示，2017年12月29日的基准利率为1.25%~1.5%，系统会根据利率期货走势来预测未来一年美联储每一次议息会议后加息的概率，如预计2018年12月19日美联储议息会议后，加息概率为95.4%，加息一次的概率为22.1%，加息两次的概率为37.4%，加息三次的概率为26.6%，加息四次的概率为8.2%，加息五次的概率为1.94%，不加息（利率保持不变）的概率为4.6%，减息一次的概率为0.1%。

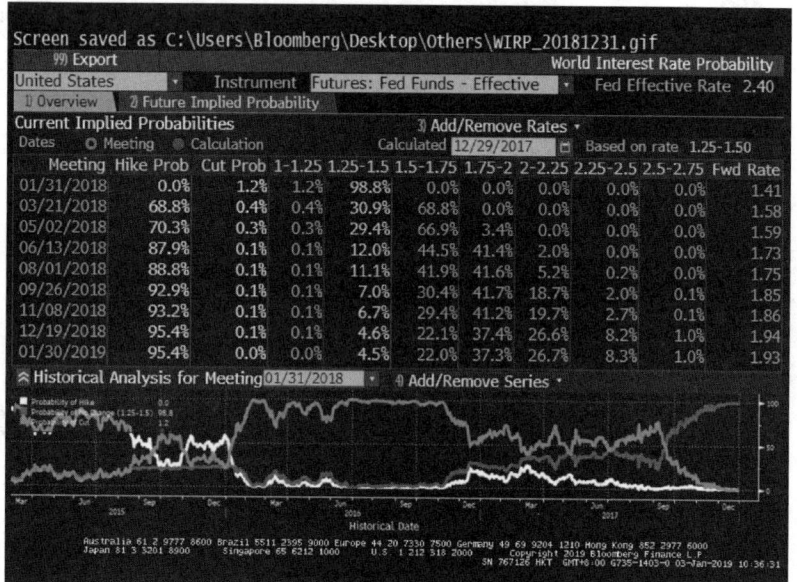

图3.7　利率期货隐含概率的彭博截屏

（资料来源：彭博终端）

2. 议息会议公布的利率点阵图（Dot Plot）。利率点阵图为官方发布的预测，每次议息后公布。利率点阵图显示每个美联储成员对美联储基金利率的预期值，尽管这只代表他们各自认为长期利率的合理区间，并不是美联储对未来各个阶段基准利率的预期值，但可以从利率点阵图中推测美联储对当前经济走势的看法。2017年12月议息会议后公布的利率点阵图显示，2018年末联邦基金利率的预测中位值为2.125%，按照0.25%的加息幅度，2018年或暗示只会加息2~3次，较实际加息次数4次低。利率点阵图可在彭博终端的DOTS模块查询。图3.8显示的是2017年12月13日美联储会议后，美国联邦公开市场委员会成员和各联邦储备银行行长对美联储基金目标利率预期值的分布，每一个点代表一个成员，绿色点（请扫描书后二维码查看彩图）为中位值。可以看出在2017年时，各位参与讨论的联储官员对2017年利率走势的判断基本一致，但对2018年和2019年的利率走势预期则有较大差异，同时可以看出各利率预测值的中位数于2017年至2019年呈上升趋势，长期将有所回落。

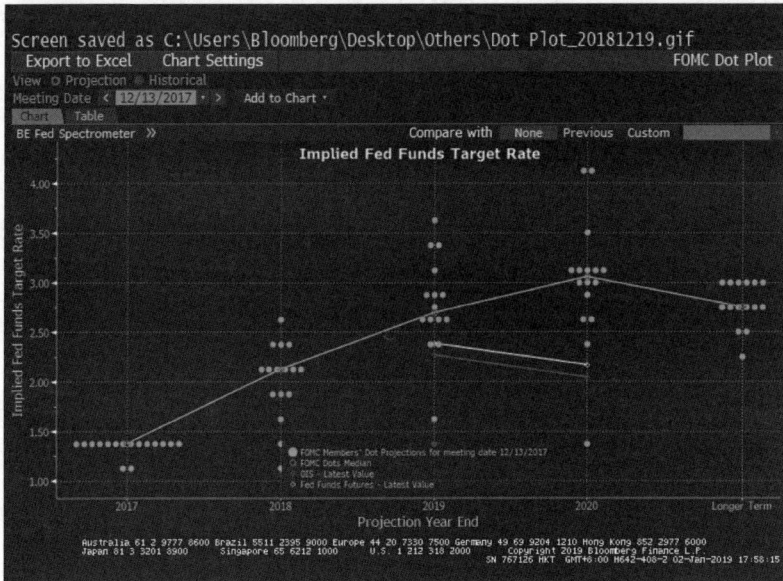

图 3.8　利率点阵图的彭博截屏

（资料来源：彭博终端）

当你读不懂某一公司的财务情况时，不要投资。先看资产负债表，搞清该公司是否有偿债能力，然后再投钱冒险。

——彼得·林奇（Peter Lynch）|投资家

第四章
读懂银行财务报表

财务报表是银行经营状况的显示屏，它将一家银行分散的经营活动转化为一组客观的数据，提供有关银行的绩效、隐忧和远景等信息。根据会计信息披露要求，银行需要披露资产负债表、利润表、现金流量表、所有者权益变动表四大财务报表。当然，在银行报表分析实践当中，常用的是资产负债表和利润表，因为从这两张表中就可以洞察银行的盈利模式和资产负债特征。本章基于商业银行盈利模式与资产负债特征的逻辑关系，从上述两张财务报表入手，以代表性银行为例，分析如何通过报表把握银行的盈利模式和资产负债特征。

一、银行基本报表内容及用途

（一）资产负债表

资产负债表是对商业银行资产、负债以及权益历史状况的静态反映，是银行主要经营元素的集合，展示了商业银行的业务规模和资源布局、资产质量和风险偏好、战略导向和盈利能力等。

银行资产负债表包括资产、负债和所有者权益三大部分。（1）资产项目反映银行资金运用方面的基本情况，主要包括现金、贷款、同业拆放、投资及固定资产等内容；（2）负债项目反映银行资金来源情况，主要包括存款、借款、同业拆借及发行债券等内容；（3）所有者权益项目反映银行自有资金情况，包括股本、各类权益工具和未分配利润等内容。

资产负债表的主要用途是分析银行资产、负债和所有者权益的构成情况，据以评价银行经营结构是否正常、合理；分析银行的流动性或变现能力，以及长、短期债务数量及结构，评价企业承担风险的能力；利用该表提供的资料还有助于评估银行的获利能力，评价其经营绩效。

（二）利润表

利润表是商业银行一定时期内经营成果的动态反映，展示了商业银行的收益类型、成本管控能力以及竞争实力。

银行利润表的主要内容有：（1）营业收入，包括利息收入、手续费及佣金收入、其他业务收入；（2）营业支出，包括利息支出、手续费及佣金支出、资产减值损失、业务及管理费；（3）各项利润指标，包括营业利润、税前利润、净利润。

通过利润表，我们可以评估银行的经营业绩和管理水平，从而评估投资者的投资价值和报酬。利润表包括两个方面：一是反映银行的收入和支出，说明银行在一定时期内的利润或亏损情况，据以分析银行的经济效益及盈利能力，评价银行的经营成果；二是反映银行收入结构，反映银行的各类收入在利润总额中

> 银行的资产负债表和利润表有很多不同项目。如何准确把握报表的精髓，以更好地分析银行的经营状况？

的占比，以及这些收入来源之间的相互关系。

二、银行的盈利模式与资产负债特征的逻辑关系

（一）银行的盈利模式

银行的盈利来自不同的板块和不同的业务、产品。理想的收入/支出结构是怎样的？

商业银行的盈利模式主要是通过对资产负债进行管理以获得利差。同时，在利率市场化推进过程中，商业银行提供金融服务过程中派生的手续费及佣金收入也逐渐成为银行的一个重要收入来源。概括来说，银行盈利来源有三大块。

1. 净利息收入。商业银行净利息收入是指银行通过持有生息资产获得的利息收入，与计息负债产生的利息支出间的差额。其中，利息收入主要包括公司贷款、个人贷款、票据贴现业务带来的利息收入，债券投资带来的利息收入，存放中央银行款项带来的利息收入，以及存放同业和其他金融机构款项带来的利息收入四部分。利息支出主要包括各类存款的利息支出、同业及其他金融机构存放和拆入款项的利息支出与已发行债务证券的利息支出三部分。

2. 手续费及佣金收入。商业银行手续费及佣金收入是指银行在向其他市场主体提供金融服务过程中，因提供劳务服务而收取的相应报酬。主要包括银行卡业务、委托代理业务、托管及其他业务、结算业务、担保承诺业务、理财业务以及其他业务带来的手续费及佣金收入。

3. 投资及交易性收入。商业银行投资及交易性收入是指商业银行自营的各类投资及市场交易所产生的收入，主要包括债券、股票、基金、外汇及各类衍生品的买卖所产生的收益。

从中国四家国有大型银行①2021年盈利结构来看，净利息收入为营业收入的主要来源，四大行共实现2.3万亿元，占营业收入的比重为78%，手续费及佣金净收入及其他非利息收益占比分别为14%和8%。从四大行利息收入结构来看，发放贷款、债券

---

① 数据来源于工行、农行、中行和建行的2021年年报。

投资、存放同业和其他金融机构及存放中央银行所实现的利息收入占比分别为72%、23%、1%和4%。从四大行利息支出结构来看，各类存款、同业及其他金融机构存放和拆入款项及已发行债务证券支出占比分别为79%、13%和8%。

从摩根大通等5家代表性国际商业银行[①]2021年盈利结构来看，净利息收入占营业收入的比重约为47%，较中国四大行平均占比低近31个百分点；非息收入占比约为53.0%，较中国四大行平均占比高31个百分点，呈现出典型的净利息收入与非息收入双轮驱动的盈利结构。

（二）盈利模式与资产负债特征的逻辑关系

盈利模式的选择与资产负债管理是商业银行管理的重要内容，从逻辑关系上看，二者互为因果。一方面，盈利模式直接决定了商业银行对于资产负债的选择偏好；另一方面，资产负债的结构又决定了商业银行的盈利模式。自银行产生以来，银行业经营管理艺术的核心始终由资产负债错配和流动性风险管理两大原则构成，即在保证安全性和流动性的前提下，通过资产负债错配获取收益，从本质上讲，银行业所从事的活动就是期限转换。

三、如何从报表把握银行盈利模式和资产负债特征

资产负债表展现银行的资产负债特征，利润表则展现银行的盈利模式。对于银行财务报表分析而言，资产负债表是基础，资产负债结构决定了利息收入、投资及交易性收入结构，资产负债表的变化过程也就是银行经营战略的执行过程，通过资产负债表可以看出银行的战略发力点、风险偏好以及流动性风险管理能力。利润表展示资产和负债匹配后的盈利能力情况，是资产负债表的结果，此外，通过利润表的收入结构，可以反映一家银行对资产负债的依存度，比如，轻资产的银行手续费及佣金收入占比

> 分析银行财务报表可知其经营模式和业务特点。欧美银行和中资银行经营模式、业务特点有什么不同？有何利弊？

———————————
① 数据来源于摩根大通、汇丰银行、富国银行、美国银行和花旗银行的2021年年报。

一般高于重资产银行。

因此，银行的盈利模式与资产负债特征的逻辑关系最终体现在银行的资产负债表与利润表的关系上（见图4.1）。读懂了银行的资产负债表和利润表，也就基本把握了一家银行的基本经营情况。

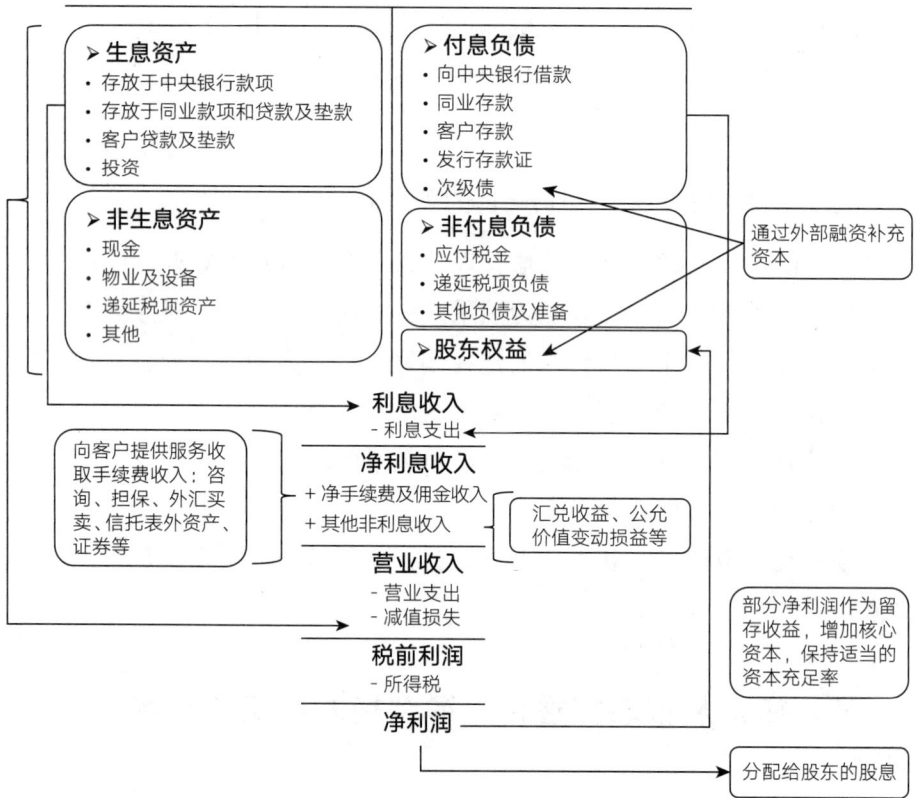

图 4.1　资产负债表和利润表逻辑关系

从全球主流商业银行的资产负债表来看，银行资产负债主要呈现出以下两方面的特征：

一是资产端生息资产占比较大。与利息收入的四部分来源相对应，商业银行生息资产包括客户贷款及垫款、投资、存放于同业款项和存放于中央银行款项四部分，是商业银行资产方最重要的组成部分。国内大型银行生息资产占比平均逾95%，而摩根大通等5家国际商业银行生息资产占比平均约为86.4%。

二是负债端付息负债占比较大，权益资本占比较小。与利息支出的分类相对应，商业银行付息负债可分为客户存款、同业存款、向中央银行借款、发行存款证和次级债等。从摩根大通等5家代表性国际商业银行来看，存款及短期资金、其他有息负债这两部分主要付息负债在总负债中的平均比重约为70.3%。从国内大型商业银行来看，付息负债占总负债的比重约为93.7%。权益资本在银行资金来源中的占比方面，摩根大通等5家国际商业银行及国内大型商业银行权益资本与总负债比值皆约为1：10。这显示出银行业高杠杆经营的特点。高杠杆经营是造成银行系统甚至整个经济体系不稳定的主要原因，也是银行业与其他行业的主要区别。

此外，随着经营转型的深度推进，银行资产负债结构和收益模式都会发生深刻的变化。资产负债结构特征和收入模式与银行所处的发展阶段和经济环境息息相关。以美国银行业为例，20世纪80年代利率市场化完成以后，美国银行业非利息收入占比开始提升，尤其是20世纪90年代以后，受综合化经营、金融脱媒和银行业竞争加剧影响，非利息收入占比大幅提升。2007年次贷危机爆发，美国银行业趋于回归传统银行业务，非利息收入占比出现一定程度下降。

随着中国经济进入增速调整、结构转型升级期，中国银行业目前处于传统发展方式受到挑战、逐步开展经营模式转型探索阶段，转型举措与成效集中体现在资产负债结构的快速变化中，盈利结构也随之转型。一是资产规模增长进入稳定期。从资产分类来看，银行账簿规模增长基本控制在与宏观经济发展相适应的稳健水平；交易账簿规模稳步增长，随着商业银行自营投资、代客买卖、做市交易等投资类资产占比持续攀升，商业银行逐步降低对信贷规模扩张的过度依赖，培养资本集约型的发展模式。二是负债来源多元化稳步推进。近年来，四大行客户存款资金占比虽有所下降，但仍占负债端的绝对主导地位。与此同时，债券、同业借款等主动负债占比呈上升趋势，拓展多元化的市场融资渠道。三是资产负债结构调整促进新的利润增长点产生，逐步优化收益结构。随着商业银行战略转型的深入推进，商业银行净息差主导的收入模式逐步转变，非利息收入占比稳步提升，多元化增收格局正在形成。

货币市场的发展深刻地影响着金融体系的稳定和社会经济的运转。

——贝努特·库雷（Benoît Coeuré）| 法国经济学家，欧洲央行执委会成员

第五章
货币市场

金融市场按照融资期限，可以划分为短期市场（又称货币市场）和长期市场（又称资本市场）。货币市场一般指对期限在一年以内（含一年）的金融资产进行交易的市场，主要包括同业拆借市场、回购市场、票据市场、货币基金市场等。货币市场中众多的交易产品也为市场参与者提供了更多的选择机会。货币市场是世界上各种市场中交易额最大、最为活跃的市场。[①]相较资本市场而言，货币市场具有期限短、风险低、流动性高，交易量大等特点。它满足了市场参与者融通短期资金的需求，丰富了商业银行资金头寸和流动性管控的手段，同时也是中央银行向市场传导货币政策的重要渠道和载体。在实践中，

---

① Moorad Choudhry. 全球货币市场手册[M]. 北京融和友信科技有限公司，译. 北京：企业管理出版社，2016：1.

货币市场是市场主体进行投融资的关键渠道，也是全球流动性的主要提供者。对于金融体系的平稳运行，货币市场发挥着积极重要的作用。

一、货币市场的起源与发展

❓

货币市场最早起源于哪里？如何发展至今？

货币市场最早起源于英国和美国在贸易领域商品交易活动中对短期资金的需求，因此最先建立的是商业票据市场。其后随着中央银行体制和存款准备金制度的完善，形成了同业拆借市场。德国、法国、日本等发达国家的货币市场起步晚于英美，此时凯恩斯主义的政府干预经济理论盛行，政府在货币市场的发展进程中起着导向性作用，货币市场在流动性管理和货币政策传导等方面的作用日益突出，国库券、回购等市场日趋健全。在这个过程中，随着货币市场交易避险需求的增长，远期利率协议、利率掉期等衍生产品也逐步发展起来。中国、新加坡等新兴市场，则是借鉴了发达国家的经验，在政府的积极推动和干预下逐步建立了适合自身经济发展特点的货币市场。

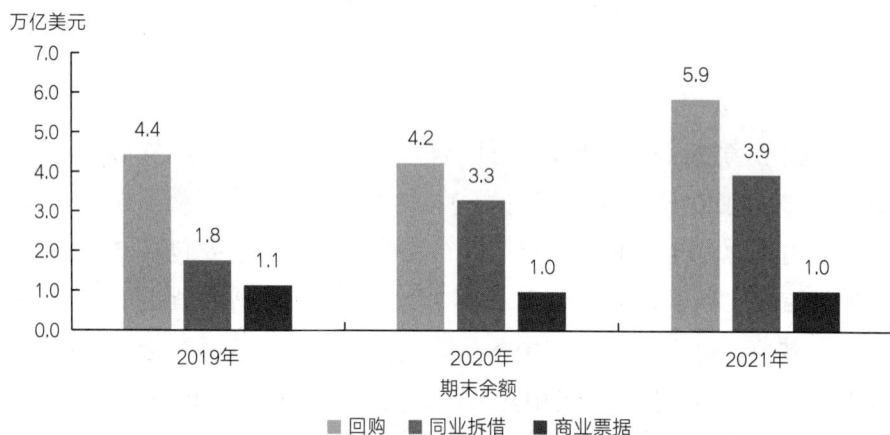

图 5.1　美国货币市场的主要情况

（数据来源：https://fred.stlouisfed.org 及 www.federalreserve.gov）

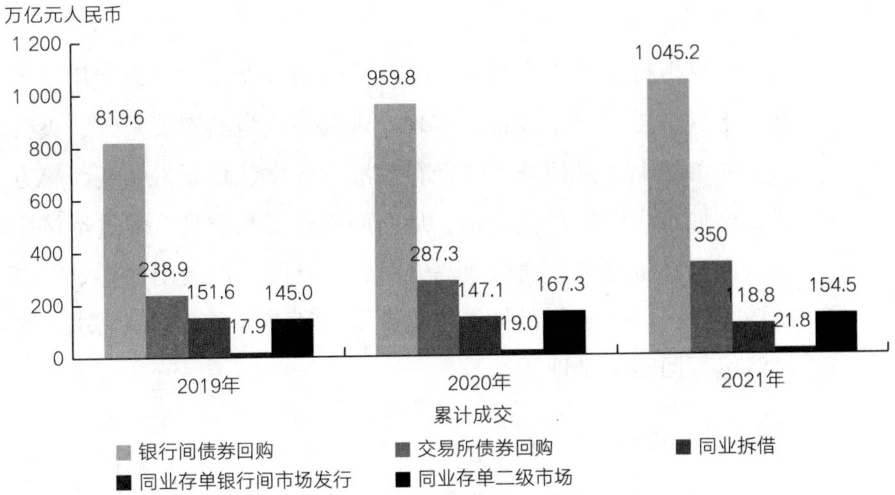

万亿元人民币

图 5.2　中国货币市场的主要情况

（数据来源：《中国货币政策执行报告（2021 年第四季度）》《中国货币政策执行报告（2020 年第四季度）》《中国货币政策执行报告（2019 年第四季度）》）

各国货币市场的发展进程存在差异，对市场规模的统计口径也不尽相同。仅以美国和中国两个国家中央银行的统计数据为例，货币市场的规模呈现扩张趋势，其中回购是占比最高的货币市场工具。

二、货币市场的参与主体、市场构成及运行情况

（一）参与主体

货币市场是一个抽象的市场，因为其通常不存在具体的交易场地。市场参与者主要通过电子通讯设备，例如电话、电报、互联网、电子交易系统等进行交易。电讯网络将本地甚至全球的市场参与者连接在一起，共同形成一个全球化的货币市场。

货币市场是进行规模型交易的批发市场，主要参与者是政府、银行、企业等从事大宗金融商品交易的机构主体。个人投资者主要参与的是货币市场的子市场，即货币基金市场。在货币市场上各类参与者以较短的期限和较低的利率互相融通资金。对于资金需求者而言，成本低，筹资方式灵活；对于资金供给者而言，虽然收益率低，但风险相对较小，安全性和流动

货币市场为满足投资者需求，提供不同交易工具予以选择，各种工具的定价和运行情况是怎样的？

性较高。

中央银行在货币市场中是个特殊的参与者，它可以运用货币市场工具来传导货币政策，实现宏观调控。当经济萧条时，央行通过从市场上买进债券、降低存款准备金率、降低再贴现率等方式，增加市场的货币供给量，从而刺激投资和消费，促进经济增长。而当经济过热、通胀率高企时，央行则可以卖出债券、提高准备金率，以减少货币供给，提升市场利率水平，抑制需求，使经济运行回归平稳理性。

（二）构成与运行

尽管世界各国在金融市场体系及市场运行机制等方面存在差异，但货币市场的构成和工具大同小异。

1. 同业拆借市场。同业拆借市场是指金融机构之间以货币借贷的方式进行短期资金融通的市场。同业拆借的交易期限多为隔夜至几个星期，交易目的主要是调剂短期、临时性的头寸。随着拆借规模的不断扩张，同业拆借已经成为商业银行进行流动性管理的重要工具。

（1）拆借市场的种类。同业拆借包括直接交易和间接交易两种方式。直接交易指交易一方要求另一方开价，双方通过协商确定交易条件，完成交易，无须中间商介入。间接交易指由一方放盘给经纪商，委托经纪商代为安排并达成交易。经纪商收集不同的拆借放盘价，将价格消息传递至市场各参与者，便是所谓的市价。经纪商报价有拆入价（BID）和拆出价（OFFER）之分，市场交投的活跃程度通常决定了拆入价与拆出价之间的差距。市况活跃时，差距较窄，反之则较阔。在市场呈现一面倒的情况下，即参与者普遍需要拆入或普遍需要拆出资金时，市价可能只有拆入或拆出的单边价格。

（2）拆借市场的运行。最初的同业拆借源于存款准备金制度的建立。银行日常从事大量的收付清算活动，不可能随时保证在中央银行的存款准备金与法定要求的准备金金额一致。于是当准备金富余时，银行希望将富余资金拆出以获取收益；而当准备金短缺时，便需要立即拆入资金、补齐缺口、避免处罚。这种银行间对准备金余缺进行调剂的行为，逐渐扩展到金融机构在收支不平衡时对短期资金头寸的主动管理，目标是在保证流动性充裕的同时，最大化利息收益。同业市场上有利用拆借资金进行期限错配或货币错配以实现套利的做法，但合法合规以及避免流动性风险必须是首要的考虑因素。

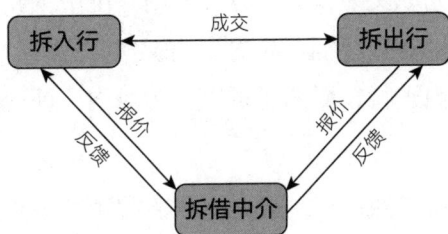

图 5.3　拆借市场的运作流程

（3）拆借市场的定价。同业拆借市场交易活跃，拆借利率水平能够实时反映资金供需关系，且变化较快。国际货币市场上，最有代表性、应用最广泛的同业拆借利率是Libor，即伦敦银行同业拆借利率。此外，新加坡银行同业拆借利率（Sibor）、香港银行同业拆借利率（Hibor）、上海银行间同业拆借利率（Shibor）也在各自国家和地区发挥着定价参考和定价基准的作用。①

2. 回购市场。回购市场是通过回购协议进行短期资金交易的市场。回购协议指资金需求方在出售证券的同时，与证券购买方签订协议，在一定期限后以约定的价格购回证券。回购涉及的证券多是政府债券，交易期限多为隔夜至一周。资金融入者，即先卖出证券再买回，为正回购方；资金融出者，即先买入证券再卖出，为逆回购方。回购协议可视作以证券作为抵押品的一种抵押贷款，回购利率就是贷款利率。回购市场通常是各国货币市场中成交额最大的组成部分。

---

① 详细内容见第一章。

（1）回购的种类。按照对抵押品处置的权利，回购可以分为质押式回购和买断式回购。两者的主要区别在于，质押式回购中的逆回购方对抵押品证券没有处置权；而买断式回购中，证券的所有权发生了实际转移，逆回购方在回购协议期限内对证券拥有买卖和再次质押融资的权利，只要协议期满时能够提供相等数量的同种证券卖还给正回购方即可。按照对抵押品的管理方式，回购可以分为双边回购和三方回购。双边回购指交易双方经协商确定交易条件并完成交易，而三方回购则是由中央托管结算机构作为第三方，提供对担保抵押品的专业管理。另外，按照交易是否在证券交易所内进行，回购还可以分为场内（证交所）交易和场外（银行间）交易。

（2）回购市场的运行。最初的回购起源于中央银行的公开市场操作。当央行向交易商卖出证券、收取资金时，便从市场回收了流动性；当央行购回证券、支付资金时，便向市场投放了流动性。其后，商业银行、公司企业等机构也开始利用回购开展短期融资和投资活动。

例如，A通过回购协议向B卖出名义本金100万美元、收益率3%的债券，债券起息日为三个月前。回购协议起息日1月1日，到期日1月31日，回购利率2.5%。1月1日，A向B支付债券，收到现金100.8万美元（含债券本金100万美元及应计利息0.8万美元）；1月31日，A购回债券，并支付现金101.2万美元（含债券本金100万美元、应计利息1万美元及回购利息0.2万美元）。通过这项交易，A以操作简易灵活的方式和较低的成本获得了资金，B在有抵押品的低信用风险交易中获得了理想的投资回报。

具体计算过程（取1位小数）：

假设债券起息日是交易日前3个月，则交易时债券已含应计利息：

$$100 \times 3\% \times \frac{90}{360} = 0.8万美元$$

债券本息合计：100+0.8=100.8万美元

回购时，债券应计利息：

$$100 \times 3\% \times \frac{(90+30)}{360} = 1万美元$$

回购利息（假设回购利率2.5%）：

$$100 \times 2.5\% \times \frac{30}{360} = 0.2万美元$$

债券本金、应计利息及回购利息合计：100+1+0.2=101.2万美元

债券正回购套作是市场上一种风险较高的回购交易策略。即先买入一定数量的债券，将其作为抵押品通过回购协议融入资金，融入的资金用于继续买入同种债券，再抵押。如此循环滚动操作，赚取债券收益率与回购利率之间的差价，但此种操作需考虑流动性风险和利率风险的承受能力。

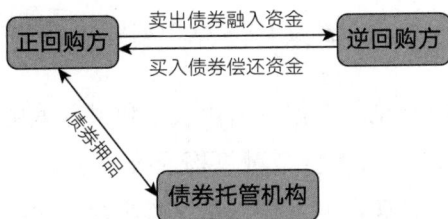

图 5.4　回购市场的运作流程

（3）回购市场的定价。回购市场与同业拆借市场一样，交易量大，利率紧贴短期市场利率。回购利率取决于同业市场拆借利率、回购期限、抵押品质量、交割要求等多种因素。在期限相同情况下，以政府债券作为抵押品的回购利率低于以机构债券为抵押品的。期限和抵押品都相同时，回购利率（融入资金）低于逆回购利率（融出资金）。中央银行的回购行为对市场回购利率具有导向作用。当央行实施正回购，即卖出债券收回资金时，货币流通量减少，利率升高。而当央行实施逆回购，即买入债券支付资金时，货币供给增加，利率下行。央行还可以通过调整其与市场间的回购利率来影响市场的利率水平。当央行提高市场回购利率时，鼓励市场向央行卖出债券以套取资金，从而增加货币市场

流动性，使市场利率下行；央行降低回购利率的作用则相反。

3. 票据市场。票据市场是汇票、本票、支票等票据通过流通转让进行交易的市场。票据最初作为一种商业支付工具，由出票人签发，出票人或委托付款人在见票时或在指定日期，无条件地向收款人或持票人支付一定金额。随着社会经济的发展，市场逐渐赋予票据以融资的功能，市场参与者通过发行商业票据或贴现商业汇票等活动达到短期融资和投资的目的，进一步丰富了货币市场工具种类。

（1）票据市场的种类。票据市场分为一级发行、承兑市场和二级流通、贴现市场。票据承兑指付款人承诺在票据到期日支付票载金额的行为，可分为商业承兑和银行承兑。票据贴现指商业汇票的持有人在汇票到期日前为了取得资金，贴付利息转让票据的行为。

$$贴现付款金额 = 票面金额 \times \left(1 - 贴现利率 \times \frac{未到期天数}{年天数} \right) \quad (5.1)$$

货币市场中常见的票据有商业票据和银行承兑汇票。商业票据由具备良好信誉的大型金融机构或公司企业发行，是一种短期、无担保的债务凭证。发行人在无商业背景的情况下直接向市场融资，购买者多为机构投资者。银行承兑汇票是出票人签发的，由银行承诺到期付款的商业汇票。它是商业信用与银行信用的结合，在国际贸易清算中被广泛使用，它可以在二级市场中通过贴现的方式进行交易。

（2）票据市场的运行。商业票据的投资人通常会持有票据直至到期日，即使出售，也多由发行人赎回，所以商业票据在二级市场的交易规模有限。

票据市场中比较活跃的部分是银行承兑汇票的贴现。银行承兑汇票由银行承诺兑付，信用高于商业承兑汇票，所以这种票据具有较高的流通性。贴现可细分为直接贴现、转贴现和再贴现三种方式。直接贴现指票据持有人将未到期的票据转让给银行，银行从票面金额中扣除自贴现日起至到期日止的利息，并将余额支付给持票人。当票据到期时，由银行向票据的付款人按票面金额索取款项。国际贸易中，买方签发支付的银行承兑汇票往往不是见票即付而是装船后若干天（如30天）付款的。在此期间，如果卖方急需资金，他就会选择将票据贴现以获得短期融资。转贴现指银行将贴现收进的未到期票据，再向其他银行或金融机构进行贴现的票据转让行为，是金融机构之间融通资金的一种形式。贴现机构还可以利用未到期的票据进行回购。而再贴现则指银行或其他金融机构将贴现获得的未到期票据再向中央银行进行贴现。

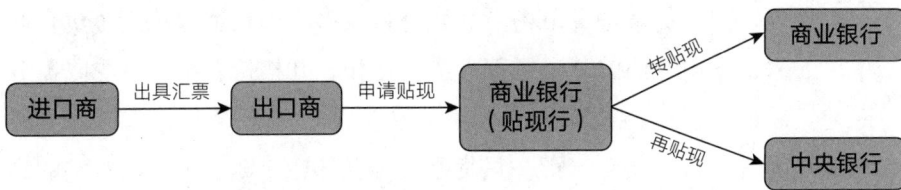

图 5.5　票据市场的运作流程

（3）票据市场的定价。票据贴现相当于贷款，贴现金额与票面金额之差就是贷款利息，贴现利率一般低于同期限流动性贷款利率。商业银行的贴现利率由银行根据资金供需关系、票据信用质量等因素来制定。中央银行的再贴现利率由央行制定发布，是传导货币政策的工具。降低再贴现率可以增加货币供给，刺激经济，而提高再贴现率的作用则相反。再贴现利率的水平会对市场利率产生影响。

4. 货币市场的其他组成部分。大额可转让定期存单市场、短期政府债券市场和货币基金市场均是货币市场的组成部分。

（1）大额可转让定期存单市场。大额可转让定期存单简称CD，是银行印发的一种定期存款凭证，不记名，金额起点高，有固定的到期日和利率，提前支取需负担罚金，但到期前可以流通转让。1961年花旗银行发行了世界上首张CD。作为一种主动负债形式，CD目前已成为商业银行的主要资金来源之一。对于投资者而言，CD由银行发行故风险较低，可变现能力强，并且利率水平通常高于普通定期存款。中国大额可转让定期存单主要包括同业存单和大额存单。2013年8月，中国人民银行发布《同业存单管理暂行办法》，允许金融机构在银行间市场发行面向金融机构的同业存单。2015年6月，中国人民银行发布《大额存单管理暂行办法》，允许金融机构发行面向个人和企业的大额存单。

（2）短期政府债券市场。短期政府债券是一国政府部门为满足短期资金缺口而发行的期限在一年及以内的债务凭证，贴现发行，并由政府完全担保，安全性高。普遍认为，短期国债的收益率是无风险收益率，它的回报最低但流动性最高。美国的短期国债市场是世界上流动性最强和最透明的债券市场。

（3）货币基金市场。基金是将众多小额投资者的资金集合起来，交由专门的基金经理人进行运作，并按持有份额享受收益分配的一种金融组织形式。主要在货币市场上投资运作的基金称为货币市场基金。第一只货币基金在1972年诞生于美国。它的高流动性和低风险性使其成为投资者资产组合中的重要组成。在中国，2013年蚂蚁金服推出的余额宝也是一种货币基金，门槛低、无赎回手续费、可随时支取。在余额宝强大的资金聚拢效应影响下，国内各家商业银行的居民活期存款流失严重，纷纷倒逼推出了各种类余额宝产品，加速了货币市场基金规模的扩张。基金净值由2013年初的5 000亿元人民币升至2021年末的9.5万亿元人民币，9年间增长了18倍。全球知名金融服务机构惠誉评级的报告显示，截至2022年6月末，中国首次超过欧洲成为全球第二大货基市场。

> 作为提供流动性的主要市场之一，货币市场是如何发挥市场功能的？其所带来的风险有哪些？又是如何被监管的？

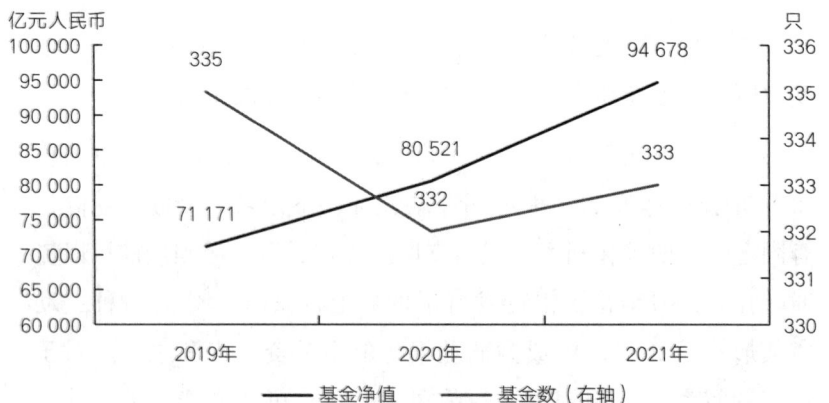

图5.6　中国货币市场基金

（数据来源：www.amac.org.cn）

除上述介绍的货币市场传统金融工具之外，近些年，货币市场的范围在不断扩大，参与者积极利用多种衍生金融工具来控制敞口风险（详细内容见第七章）。

三、货币市场的功能、风险及监管

（一）货币市场的主要功能

货币市场是由短期资金和票据主导的市场，是世界各国在发展金融市场过程中普遍最先建立的市场。它在商业银行资产负债管理及社会金融、经济领域中发挥着不可替代的作用。

1. 促进短期资金的融通。货币市场将短期资金的供给者和需求者联系起来，为资金富余者提供了盈利的机会，为资金需求者提供了临时性的融资渠道，从而优化了资金在市场参与者之间的配置，提高了资金使用效率。金融机构在头寸出现波动时，可以在货币市场上灵活调剂，无须保留过多的超额准备金浪费投资机会，又能在流动性不足时及时获得资金补充。企业在短期资金周转不灵时，可以在货币市场获取低成本资金，使生产经营活动持续进行，社会经济得以平稳发展。

2. 提升商业银行的资产负债管理能力。流动性风险和银行账簿利率风险是商业银行资产负债管理的主要范畴。货币市场提供的短期投融资工具，有助于商业银行动态管理资产负债结构，在保证流动性的同时实现利息收益最大化。但需要注意的是，货币市场情况变化快，利率波动频繁，商业银行必须在风险可控的前提下善用货币市场工具，提高对市场资金面变动和利率走势的研判能力，适时调整利率敏感性缺口以及风险对冲的策略。此外，货币市场基金和其他创新产品，对商业银行的传统经营管理提出了挑战，客观上推动着商业银行积极应对，抓住机遇，不断提升创新能力和服务水平。

3. 为其他市场提供利率基准。货币市场的主要参与者是专业的机构投资者，交易量大，对资金供需变化的反应快，价格敏感度高。利率市场化下，货币市场形成的利率水平是资本市场产品定价的参考基准，它的变动直接影响了资本市场的利率水平。当货币市场利率上升时，带动货币基金及理财收益的增长，使长期存贷款利率承受上行压力，影响企业的融资成本。货币市场利率的上升，还使股票的内在价值下降，进而导致股价的下跌。而当货币市场利率下行时，则吸引投资者将银行储蓄转为股票投资，令资本市场的资金量增加，推动股价的抬升。

4. 为传导货币政策提供有效工具。中央银行根据社会经济状况决定采取或扩张或紧缩的货币政策。货币政策的传导机制，首先是中央银行通过实施公开市场操作（包括回购、逆回购）、调整存款准备金率和再贴现率等工具，改变货币供给总量，进而影响市场利率水平。企业、居民在受到利率变化的影响后会改变投资和消费行为，使社会经济状况发生改变。利率上升抑制投资和消费，经济放缓；利率下降刺激投资和消费，经济增长。市场参与者需对市场信号作出理性反应，货币政策才能有效传导。

5. 促进资本市场的健康发展。资金富余方提供资金的层次是从短期到长期，从临时性到投资性。一些短期和临时性的资金可以投资于货币市场，而长期和投资性的资金则投资于资本市场。从资本市场临时撤出的资金也可以暂时投资于货币市场。货币市场在资金供给方和资本市场之间扮演了一个"蓄水池"的作用，减弱了短期资金波动对资本市场的冲击，促进了资本市场的健康发展。

（二）货币市场的风险及监管

虽然货币市场相对于资本市场而言风险较低，但随着市场工具的不断丰富和交易规模的日益扩大，货币市场的风险也逐渐显现。交易对手未能履约所造成的信用风险、短期利率频繁大幅波动所引发的利率风险、市场价格及资金面变动与预期背道而驰所导致的市场风险等，都可能对实体经济、金融体系乃至整个社会经济的平稳运行带来不确定性。因此，需要对货币市场实施必要的监管，以风险控制为本，防范系统性金融风险。

货币市场监管的内容主要包括交易主体、信用工具、交易价格、市场运行等方面。对交易主体的监管主要是对市场准入资格、交易主体的信用及经营行为等方面的监管；对交易客体的监管主要是对各类信用工具的使用及其期限、额度、规模等方面的监管；对交易价格的监管是指对价格标准的执行情况或价格标准生成因素和影响因素的监管；对市场运行的监管是对货币市场中各类交易主体的交易行为、相互关系以及由此形成的结果的监管。

货币市场的监管方式可以分为直接管理和间接调控两大类。直接管理是监管机构通过制定法律规章，对市场的准入、运行、退出等机制进行规范和管理。例如，各国的《票据法》均对票据的发行流通和违规行为的处罚作出规定。美国证券交易所针对货币市场基金颁布了一系列监管条例和修正案，包括对流动性、资产质量、组合期限等方面作出的要求。欧洲证券监管委员会也对货币市场基金的资产组合、流动性、信息披露等方面作出了明确规定。间接调控则是监管机构通过自身行为，对货币市场形成一定影响，从而改变市场参与者的行为，达到调控市场的目的。例如，各国中央银行普遍利用公开市场操作，调节市场货币供给量，影响投资者和消费者行为，调控社会整体经济运行情况。

四、货币市场日算规则

（一）日算规则用途

日算规则（Day Count Conventions），又称计日惯例，在货币市场中被广泛使用，其主要有两个用途，一是计算两个付息日之间实际的日数，用于计算当期的应付利息；二是利用规则所计算的日数作基础，把投资项目的现金流贴现从而测算其现值。目前市场上大部分金融产品均需利用日算规则来计算利息，例如债券、中期票据、按揭贷款、掉期、远期利率协议等。

（二）日算规则种类

日算规则表示方式为"M/Y"，其中M为每月的天数，Y为每年的天数。目前日算规则主要有三种，分别为 "ACT/ACT" "ACT/360" "30/360" 三种。（ACT即为Actual，"实际"的意思）。因各货币市场规则存在差异，在每年的天数上，有的货币为360天，有的货币为365天。

> **?**
>
> 在货币市场实际计价时，日算规则是市场普遍认同的计算方式，具体是如何进行计算的？

表5.1 常见金融产品所应用的日算规则

日算规则	定义	主要常见应用产品	备注
"ACT/ACT"	每月天数：按实际天数计算 每年天数：按实际天数计算	中长期美国政府债券	
"ACT/360"	每月天数：按实际天数计算 每年天数：360天或365天（见备注）	客户存款、客户贷款、浮息票据、短期美国政府票据	在主要货币中，大部分的日算规则均为 "ACT/360"，而英镑、澳元及港元等则为 "ACT/365"
"30/360"	每月天数：30天 每年天数：360天或365天（见备注）	利率掉期、定息票据	

（三）示例

假设5月1日买入债券，此债券的上一次付息日为3月1日，而下一次付息日为9月1日（每半年付息一次），并假设全期半年利息为50美元，根据前述三种不同的日算规则，应收利息可以出现三种不同的结果（见表5.2）。

表5.2 应用不同日算规则的计算结果

假设产品	中长期美国政府债券	短期美国政府票据	机构类定息票据
日算规则方式（惯例）	"ACT/ACT"	"ACT/360"	"30/360"
5月所包含日数（5月1日为交易日，不计算日数）	30（31天减1天）	30（31天减1天）	29（30天减1天）
6月所包含日数	30	30	30
7月所包含日数	31	31	30
8月所包含日数	31	31	30
9月所包含日数	1	1	1
持有债券总日数（A）	123	123	120
整段半年时间日数计算（B）	从上一次付息日3月1日到下一次付息日9月1日共计184天（不计算3月1日）	6个月为30×6，共计180天	
占比（A/B）	66.85%	68.33%	66.67%
应收利息约为	33.42美元	34.17美元	33.33美元

利率就像是投资上的地心引力一样。

——沃伦·巴菲特 | 伯克希尔·哈撒韦公司CEO

第六章
收益率曲线

收益率曲线（Yield Curve）是不同到期期限的收益率连成的曲线，横轴代表期限，纵轴代表收益率。收益率曲线是金融商品定价的基础，也是进行投资决策的重要依据。在资产负债管理中，收益率曲线在内外部定价及利率风险管理等方面发挥着不可替代的重要作用。

一、收益率的类型

债券的收益率一般分为到期收益率（Yield to Maturity，YTM）、即期收益率（Spot Rate）和远期收益率（Forward Rate），三种收益率定义各有不同，但可以相互推导。例如，可使用拔靴法（Bootstrapping）从到期收益率推导出即期收益率，也可以根据无套利原则从即期收益率推导出远期收益率。

（一）到期收益率

到期收益率是持有至到期的内部收益率（Internal Rate of Return）。以债券为例，是债券持有至到期为止所获得的未来所有现金流的现值等于债券当前价格的收益率。

到期收益率可通过以下公式推导计算出来：

$$P = \sum_{i=1}^{n} \frac{C_i}{(1+r_{YTM})^i} + \frac{A}{(1+r_{YTM})^n} \tag{6.1}$$

其中，P 为债券当前价格，C_i 为每期的债券票面利息，A 为债券面值，n 为债券期限，r_{YTM} 为债券到期收益率。

例如：假设有一只两年期债券，每年派息一次，债券面值为100，债券票面利息为3%，当前价格为102（忽略货币单位）。则可依据式（6.1）利用下式计算得出债券的到期收益率：

$$102 = \underbrace{\frac{100 \times 3\%}{(1+r_{YTM})} + \frac{100 \times 3\%}{(1+r_{YTM})^2}}_{\text{第一年及第二年的债券利息}} + \underbrace{\frac{100}{(1+r_{YTM})^2}}_{\substack{\text{债券本金} \\ \text{（第二年到期时收回）}}}$$

$r_{YTM} = 1.97\%$

（二）即期收益率

1. 基本概念。即期收益率，也叫零息收益率，是指没有票息的债券的收益率。如果市场上存在流动性较好的零息债券，可以利用这些债券来绘制即期收益率曲线。

假设按照复利计息，即期收益率可利用以下公式计算出来：

$$FV = PV \times (1+r_s)^T \tag{6.2}$$

其中，FV 为终值，PV 为现值，T 为期限，r_s 为即期收益率。

例如：已知债券面值为100，当前交易价格为95（忽略货币单位），则可依据式（6.2）利用下式计算得出债券的即期收益率：

$$100 = 95 \times (1+r_s)^5$$
$$r_s = 1.03\%$$

与即期收益率相关的一个概念是折现因子（Discount Factor）。折现因子是将未来（T时点）的现金流折为现值的系数，可从即期利率换算而来：

$$df_T = \frac{1}{(1+r_s)^T} \qquad （6.3）$$

其中，df_T为折现因子，r_s为即期利率。

2. 即期收益率与到期收益率的关系。零息债券的到期收益率就是即期收益率。但市场上债券大多是定期付息的（如每年付息一次），不存在大量零息债券交易，这让上述提及的直接使用零息债券获取即期收益率的方法比较困难。较常见的做法是从到期收益率推导出即期收益率。

即期收益率需符合以下公式：

$$P = \sum_{i=1}^{n} \frac{C_i}{(1+r_{S_i})^i} + \frac{A}{(1+r_{S_n})^n} \qquad （6.4）$$
$$= \sum_{i=1}^{n} C_i \times df_i + A \times df_n$$

其中，P为债券价格，r_{S_i}为i年到期，全价为P的债券的即期收益率，df_i为期限i的折现因子，C_i为每期的债券票面利息，A为债券面值。

当一只债券的票息与该期限的到期收益率一致时，这只债券将以平价交易，即其价格为面值的100%。因此，当取得期限n的到期收益率时，可设置债券每期的票息等于该期限到期收益率，即$C_i = r_{YTM_n}$，r_{YTM_n}是n年期限的到期收益率，这将使债券以平价交易。设该平价债券的面值为1，该债券的价格也是1（因债券以平价交易），即$P=A=1$。将其代入式（6.4），我们得到：

$$1 = r_{YTM_n} \sum_{i=1}^{n} df_i + 1 \times df_n$$

$$1 = (r_{YTM_n} \sum_{i=1}^{n-1} df_i + r_{YTM_n} df_n) + 1 \times df_n$$

$$1 = r_{YTM_n} \sum_{i=1}^{n-1} df_i + (1 + r_{YTM_n}) \times df_n \qquad (6.5)$$

$$df_n = \frac{1 - r_{YTM_n} \sum_{i=1}^{n-1} df_i}{1 + r_{YTM_n}}$$

从以上结果可见，计算期限n的折现因子需使用期限1，2，3，…，$n-1$的折现因子，以及期限n的到期收益率。因此，折现因子的计算过程为从期限1开始，使用式（6.5）从期限1折现因子及期限2到期收益率推算期限2的折现因子，然后使用式（6.5）从期限1及期限2的折现因子及期限3到期收益率推算期限3的折现因子，依此类推。这个过程称为拔靴法。

例如：假设一年期到期收益率为5%，两年期到期收益率为5.25%，债券每年派息一次。其一年期、两年期的即期收益率可以通过以下方式计算得出。

由于债券一年派息一次，期限为一年的债券只于到期日派息一次，于到期日前没有派息，所以现金流分布上同零息债券。一只零息债券的即期收益率即是其到期收益率，因此，一年期即期收益率等于一年期到期收益率，为5%。一年期折现因子 = $\frac{1}{(1+5\%)^1} \approx 0.9524$。代入式（6.5），可得：

$$df_2 = \frac{1 - r_{YTM_2} \sum_{i=1}^{2-1} df_i}{1 + r_{YTM_2}}$$

$$= \frac{1 - r_{YTM_2} \times df_i}{1 + r_{YTM_2}}$$

$$= \frac{1 - 5.25\% \times 0.9524}{1 + 5.25\%}$$

$$= 0.9026$$

两年期即期收益率可依据式（6.3）利用下式计算得出：

$$df_2 = \frac{1}{(1+r_{S_2})^2}$$

$$0.9026 = \frac{1}{(1+r_{S_2})^2}$$

$$r_{S_2} \approx 5.256\%$$

（三）远期收益率

适用于债券的远期收益率是远期日的即期收益率。也就是说，它是在远期结算的零息债券的收益率。远期利率可以从即期利率中获得。这些利率被称为隐含远期利率，因为它们是由当前的即期利率所隐含的。

若已知期限为N年及M年（$M>N$）的即期收益率分别为r_{S_N}及r_{S_M}，则未来第N年的期限为（$M-N$）年的远期利率$r_{N,M}$为

$$(1+r_{S_M})^M = (1+r_{S_N})^N (1+r_{N,M})^{M-N} \tag{6.6}$$

例如：假设一年期即期收益率为5.25%，两年期即期收益率为5.5%，则一年后的一年期远期利率$r_{1,2}$符合以下公式：

$$(1+r_{S_2})^2 = (1+r_{S_1})^1 (1+r_{1,2})^{2-1}$$

$$(1+5.5\%)^2 = (1+5.25\%)^1 (1+r_{1,2})^{2-1}$$

$$r_{1,2} = \frac{1.055^2}{1.0525^1} - 1 \approx 5.75\%$$

（四）利率折算惯例

讲到利率，首先要注意利率的时间长度，例如年利率、月利率及日利率。年利率一般用百分比（%）表示，月利率用千分比（‰）表示，日利率用万分比（‱）表示，年利率、月利率和日利率之间可以相互转换。其次要注意计复利的频率。例如1年计1次复利，1年计2次复利、1年计m次复利及连续复利等。为了表达方便，若无特别说明，利率一般指在单位时间内计1次复利。例如，年利率就是指1年计1次复利的年利率。若计复利次数

超过1次就需要特别说明。

在到期收益率的分析中，如果现金流出现的周期是1年，那么到期收益率就是年收益率；如果现金流出现的周期是半年，那么按到期收益率公式计算出的结果就是半年期收益率。为了便于比较，需要将不同周期的收益率折算为年收益率。

折算的方法有两种，方法一是比例法，即简单按不同周期长度的比例将一种周期的收益率折算为另一种周期的收益率。按这种方法计算出来的到期收益率习惯上称为债券等价收益率（Bond Equivalent Yield）。例如，半年期收益率乘以2就得到年收益率，年收益率除以2就得到半年期收益率。这种方法的优点是计算简单易懂，缺点是计算不够精确。方法二是复利法，这种方法的优点是计算更为精确，按这种方法计算出来的年利率一般称为实际年利率（Effective Annual Rate）。例如，实际年利率=（1+半年期年利率）^{2}-1。

二、收益率曲线的形态和变化

（一）收益率曲线的形态

收益率曲线一般有四种形态：正向、反向、水平和驼峰形。其中，正向的收益率曲线最为常见（见图6.1）。

不同的产品有不同的收益率曲线，而不同收益率曲线的形态各有不同，同时收益率曲线会随时间或其他因素而变化，这些变化将如何影响投资者的收益？

1. 正向的收益率曲线。表示债券的期限越长，收益率越高，这通常意味着经济处于正常的增长阶段。该种曲线形态也符合流动性补偿理论，该理论认为，长期限债券的流动性低于短期限债券，因此需要给予流动性溢价补偿。如果曲线的斜率较大，意味着经济可能处于衰退后的扩张初期。在该阶段，因为刚走出衰退，短端利率仍受到压制，但经济长期看好，故长期利率会上升，就形成了陡峭的正向收益率曲线。

2. 水平的收益率曲线。表示期限长短对收益率基本没有影响，这可能是收益率曲线从正向转为反向的过渡阶段，如果这一形态持续时间过长，往往会伴随经济下滑，随后长期限利率也大概率会走低。

3. 反向的收益率曲线。表示期限越长，收益率反而越低，即收益率曲线出现了倒挂。这种形态较为少见，如出现则意味着经济有可能步入衰退。

4. 驼峰形的收益率曲线。表示收益率随期限不同，收益率高低起伏，呈现驼峰状态，但这种收益率曲线形态一般不会持久。

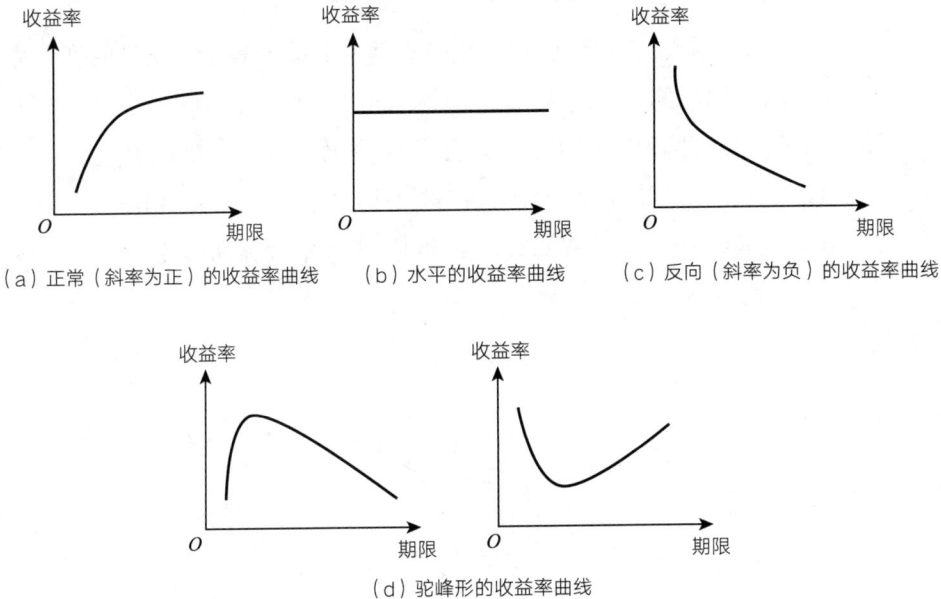

（a）正常（斜率为正）的收益率曲线　（b）水平的收益率曲线　（c）反向（斜率为负）的收益率曲线

（d）驼峰形的收益率曲线

图 6.1　收益率曲线的形态

（二）收益率曲线的变化

收益率曲线形态的变化可以分为平行移动（Parallel Shift）和非平行移动（Nonparallel Shift）。平行移动指收益率曲线上每个期限对应的收益率都发生了相同数量和方向的变动，非平行移动指收益率曲线上的点的变动方向和大小不同。而非平行移动又可以进一步细分为旋转变化（Twist Shift）和曲率变化（Curvature Shift）。这几种曲线的变动可能不是单独出现，而是会相伴出现。例如，一国经济长期基本面未变，但经济短期下滑。为此，央行加大了公开市场投放的力度，短期资金利率受此影响下行较多，但中长期利率下行缓慢，收益率曲线在整体下降的同时，斜率出现上升，曲线变陡。相应地，收益率曲线在上移过程中往往也会伴随曲线变平，曲线的变动同时受到平行移动和旋转变化的共同影响。

1. 平行移动。平行移动指收益率曲线上每一点的利率水平都在同一期间内发生了完全相同的变化，期限利差保持不变。实践中较难出现完全意义上的平行移动，但期限利差处于一个窄幅区间内的小幅波动比较常见。

2. 旋转变化。旋转变化指收益率曲线的短端和长端的变化方向是相反的，表现为收益率曲线的斜率发生了变化，但不改变曲线的弯曲程度。旋转变化有两种情况，一种是顺时针转动，斜率变小，期限利差变小，曲线更加平坦，见图6.2（b）。另一种是逆时针转动，斜率变大，期限利差变大，曲线更加陡峭，见图6.2（c）。

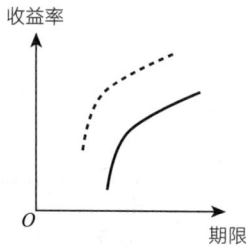

（a）收益率曲线的平行移动

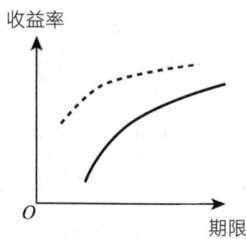

（b）非平行移动之转动——斜率变小

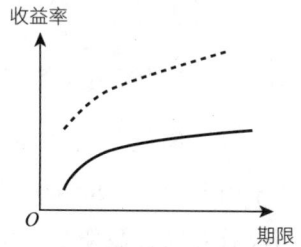

（c）非平行移动之转动——斜率变大

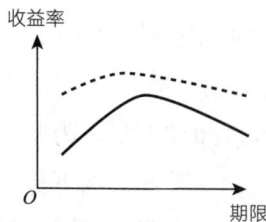

（d）非平行移动之曲率变化——正的蝴蝶形变化

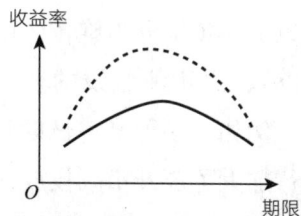

（e）非平行移动之曲率变化——负的蝴蝶形变化

图6.2　收益率曲线的变化

3. 曲率变化。曲率变化也被称为蝴蝶形变化（Butterfly Shift），表现为收益率曲线弯曲程度发生变化，而在平行移动和旋转变化中，收益率曲线的弯曲程度没有发生改变，即凸度不变。之所以将曲率变化比喻成蝴蝶形变化，是因为该术语的发明者将收益率曲线分成了短期、中期和长期。短期和长期部分的收益率曲线就像蝴蝶的翅膀，而中期则像蝴蝶的躯干。如果是正的蝴蝶形变化，如图6.2（d）所示，当曲线整体上升时，短期和长期利率的上升幅度要大于中期利率的上升幅度；而当曲线整体下降时，短期和长期利率的下降幅度要小于中期利率的下降幅度。因此，正的蝴蝶形变化会使收益率曲线变得更加平坦。相应地，负的蝴蝶形变化会使收益率曲线变得更加陡峭。

三、收益率曲线的影响因素

债券收益率曲线影响因素大体可分为四类因素。

（一）经济基本面因素

当经济处于上升阶段时，会带动需求的增加，而需求的增加一般会引起物价的上涨，即通货膨胀，从而导致债券收益率相应提高。另外，经济的增长会使企业利润增加，带动企业股票价格上升。股市的上涨会分流债市资金，对债券的需求会相应减少，当债券供给不变时，债券价格会下跌，收益率会上升。当经济处于下降阶段时，收益率曲线的变动方向相反。

> 收益率曲线受到不同因素的影响而发生改变，这些因素如何驱动收益率曲线变化？

专栏 6.1　美国国债收益率曲线倒挂

美国国债市场规模超过20万亿美元，是全球规模最大、流动性最好的债券市场。债券市场又以机构投资者为主，因此这个市场反映了其对于宏观经济的预期。其中，市场普遍关注国债收益率曲线陡峭程度，即短端与长端国债收益率之差，是美国GDP增速和股市波动的领先指标；国别利差决定了不同国家与美国之间的利率关系，是本币币值相对于美元波动的关键影响因素；风险利差决定了风险溢价水平，影响着大类资产的配置策略。

2019年8月27日，标志性的美国2年期和10年期国债收益率出现了2007年以来的首次倒挂。美债收益率曲线反映了美国货币政策的变化和对经济的预期。国债收益率倒挂被视为经济衰退的标志之一，短期美债收益率高于长期，意味着投资者的长期信心减弱，降低了对未来的期望值。当经济衰退时，长短端利率同步下行，但由于美联储会通过降息刺激经济，短端往往下降得更快，期限利差扩大、利率曲线变扁平，甚至变陡；到复苏早期，投资者开始恢复对经济的长期信心，长端利率开始回升，期限利差逐渐见顶；经济继续复苏时，加息开始，利率整体上行，短端利率随加息上升的幅度往往大于长端利率；加息持续到后期，利率上升对经济的抑制显现，长端利率上行乏力，期限利差收窄、曲线变扁平，甚至发生倒挂。

（数据来源：彭博终端）

历次曲线倒挂总是领先于衰退出现，本质上还是源于持续加息对经济的紧缩效应。20世纪90年代以来的美国经济周期，每一次的衰退到来之前，美债收益率曲线都出现了倒挂。统计历次的领先情况，1990年、2001年、2007年的衰退，分别发生在收益率曲线倒挂出现的18个、14个、23个月之后，也就是期限利差转负1~2年后，经济往往进入衰退。

加息对经济的影响存在滞后，尽管期限利差倒挂后不久美联储加息结束，但经济仍继续走弱，这又促使美联储再度开启降息，打开了短端的下行空间，期限利差也将拉宽。

（二）资金面因素

当资金充裕时，对债券的需求会增加，引起债券价格上升，收益率下降。当资金紧缺时，对债券的需求减少，使债券价格下降，收益率上升。

（三）政策面因素

央行的货币政策是影响债券市场的重要因素，可分为扩张型货币政策和紧缩型货币政策。扩张型货币政策是指央行增加货币供应量，而紧缩型货币政策是指央行减少货币供应量。央行通过数量型工具（如逆回购、中期借贷便利MLF、常备借贷便利SLF、抵押补充贷款PSL等）和价格型工具（如存贷款基准利率、存款准备金率等）的综合使用以影响资金面的松紧，进而影响债券收益率。

（四）市场预期因素

市场对未来利率的预期也会影响债券收益率曲线的形状，即发生预期自我实现。当预期长期利率上升时，债券收益率曲线多呈现正向收益率曲线形态；当预期长期利率下跌时，债券收益率曲线呈现反向收益率曲线形态。

需要指出的是，上述四个因素是交织影响的。比如经济基本面的变动将影响央行的货币政策及市场预期，进而影响资金面，最终影响收益率曲线。此外，如果是信用债券，则不同主体的信用风险变化及风险偏好等因素也会影响债券收益率曲线的变动。

四、利率掉期曲线

（一）概念释义

利率掉期是银行经营中重要的资产负债管理和风险管理工

❓

利率掉期点代表
了银行及政府之
间的信用风险，
什么因素可以影
响利率掉期点的
高低？

具。掉期业务其中一个交易对手支付固定利率并收取浮动利率（如Libor），则其支付的固定利率代表银行承担的利率风险。如果其中一个交易对手不是银行，则可通过调整掉期交易中其中一端的利率以反映不同的交易对手风险，通常的做法为在浮动端Libor上额外加入点差。观察市场数据可以发现，利率掉期曲线一般高于政府债券收益率曲线。较高的掉期利率代表了银行较政府信用风险为高的风险溢价。

（二）影响因素

理论上，利率掉期点差仅代表银行间市场相较政府间市场的额外信用风险。然而，由于点差是可变的，其他因素也会对其产生影响。利率掉期点差的其他影响因素包括：

1. **市场供求。**掉期点差受掉期供需的影响很大。例如，现货市场工具的交易量增加，增加了对冲工具（利率掉期）的需求，这将扩大掉期点差。又如，公司债券发行时，发行人寻求将固定利率负债转换为浮动利率负债，随着交易量的增加，对冲的需求也增加，掉期点差将可能扩大。

2. **政府借款。**政府借贷水平会影响政府债券收益率，因此，它也将影响掉期点差。如果借款被视为有失控的风险，或者政府持续存在巨额预算赤字，政府债券收益率将会上升。在其他条件相同的情况下，这将导致掉期点差收窄。

3. **宏观经济和政治因素。**宏观层面的经济因素与整体地缘政治局势也会影响掉期点差。一般而言，应考虑这些因素对点差和整体利率水平的影响，因为资产负债管理部门需要将其作为战略的一部分加以考虑。在宏观层面影响金融市场的事件通常被称为市场"冲击"或外部地缘政治事件。此类事件不可避免地导致更高的市场波动性。直接影响是市场抛售和避险情绪高涨，投资者抛售风险较高的资产，如股票和新兴市场主权债券，购入无风险资产，比如美国国债。这时，掉期点差将扩大。

金融的核心是跨时间、跨空间的价值交换，所有涉及价值或收入在不同时间、不同空间之间进行配置的交易都是金融交易。

——陈志武｜金融学教授

第七章
衍生金融工具

衍生金融工具（Financial Derivative）又称金融衍生品，是在货币、债券、股票等传统金融工具的基础上演化和派生出来的。衍生金融工具不是金融资产，而是一种金融合约。它本身不具备内在价值，其价格取决于基础金融资产或指数的价格及其变动。与传统金融工具相比，衍生金融工具在操作以及风险管理层面更加复杂。在市场经济蓬勃发展的今天，商业银行如何有效利用衍生金融工具管理自身风险，优化资源配置，是值得研究和探讨的问题。

> ？
>
> 作为现代广为人知的风险缓释工具，你了解衍生金融工具的发展历程吗？

一、衍生金融工具的起源与发展

衍生金融工具最早产生于20世纪70年代。布雷顿森林体系瓦解后，各国纷纷采用浮动汇率制度，与之相伴的是利率、汇率等市场波动。当这种波动为市场参与者带来的风险日益加剧时，人们对风险转移的需求也就日益旺盛。金融衍生品作为一种避险工具应运而生。

经过四十余年的发展，时至今日，金融衍生品多达千种。最常见的基础金融资产包括货币、利率、指数、债券、股票等。在市场全球化、金融市场化、竞争促进创新、金融科技进步的推动下，凡是具有市场波动性的金融资产，甚至金融衍生产品，都有可能成为衍生金融工具的标的物。而在它最初的风险规避功能之外，个别衍生产品也成为风险的潜在制造者。

二、衍生金融工具的种类与规模

（一）衍生金融工具的种类

1. 按照交易方式分类。按照其交易方式，可将衍生金融工具划分为远期、期货、期权和互换合约。

（1）远期合约（Forward）。指交易双方约定在未来某一时点，按照约定条件买卖基础金融产品的合约。主要包括远期利率、远期外汇、远期股票合约等。

（2）期货合约（Futures）。指在交易所内，交易双方采取公开竞价的方式，达成在未来某一时点交收标准数量金融产品的合约。主要包括利率期货、货币期货、股票指数期货等。

（3）期权合约（Option）。赋予合约购买者在一段时期内（美式期权）或在到期日时点（欧式期权），按照事先约定的条件，购入或卖出金融资产的选择权，这种权利既可以行使，也可以不行使。

（4）互换合约（Swap）。又称掉期合约，指交易双方按约定条件，在一段约定的时间内定期交换一系列现金流的合约。利率掉期、货币掉期和信用违约掉期是最常见的互换合约，也是应用最广泛的衍生金融工具。

利率掉期（Interest Rate Swap）是交易双方约定在一定时

衍生金融工具种类繁多，其风险缓释功能和操作方式也十分独特，在了解这些差异之后，能否成为投资者早部署、早准备的利器？

期内，针对两笔币种相同、本金金额相同、期限相同的资金，进行利率交换。一方定期支付固定利息以换取浮动利息，另一方则支付浮动利息以换取固定利息。双方不交换本金，只交换利息。

货币掉期（Currency Swap）是由两笔金额相同、币种不同、方向相反的货币买卖组成。在即期交割日按即期汇率将A货币转换为B货币，在远期交割日再按远期汇率将B货币转回A货币。

信用违约掉期（Credit Default Swap）相当于一种金融资产的违约保险。当债权人担心债务人违约时，便向另一投资者购买信用违约合同，将债务风险转移给合同出售者，定期支付的合同价格可视为保费。一旦债务人违约，合同出售者将补偿债权人的损失。信用违约掉期的初衷是缓释信用风险，但它也成为2008年国际金融危机的重要推手之一。

2. 按照交易场所分类。按照其交易场所，可将衍生金融工具划分为场内交易（在交易所内进行，ETD–Exchange Traded Derivatives）和场外交易（OTC–Over The Counter）。期货及标准化的期权属场内交易，而远期、互换及非标准期权合约属场外交易。场内交易由交易所设计合约，交易所向买卖双方收取保证金并负责清算。因此，较双边方式的场外交易而言，场内交易的管理更加规范和严格，但其应用的普遍性和灵活性也受到一定限制。

3. 按照基础产品分类。按照其基础产品，可将衍生金融工具划分为利率衍生品、货币衍生品、信用衍生品、股权衍生品等。

（二）场外衍生金融工具的市场规模

根据国际清算银行的统计数据，全球场外衍生品市场中各类合约的名义本金总额逐年攀升。2021年达到598万亿美元，同比增幅为3%。其中规模最大的产品是利率类合约，历年占比约为80%，其次是货币类合约，占比约为17%。

表7.1　全球场外衍生品市场名义本金余额　　　　　　单位：万亿美元

衍生品种类	2019年	2020年	2021年
利率	449	466	475
外汇	92	98	104
信用违约	8	9	9
权益	7	7	7
商品	2	2	2
其他	0.2	0.2	0.3
合约总额	559	582	598

资料来源：www.bis.org。

三、衍生金融工具在商业银行的应用

在资产负债管理领域中，衍生金融工具可以发挥什么作用？如何在具体实践中加以应用？

商业银行在经营管理中面临着诸如信用、市场、操作、流动性等各种风险。自由市场环境下，由利率、汇率等价格因素所引发的市场风险对商业银行经营绩效的影响日趋重要。在风险与收益的权衡比较中，越来越多的商业银行借助衍生金融工具，丰富风险管理的手段，维护盈利的稳定性。同时，在风险可控的前提下，经营金融衍生品也有助于商业银行拓宽中间业务收入的来源渠道。

（一）利用利率掉期管理利率风险

利率风险是当利率波动时，商业银行的实际收益与预期收益或实际成本与预期成本之间发生背离，从而导致商业银行遭受损失的可能性。利率的波动可能引发资产价值的变化，也可能引发利差的变化。

利率掉期是商业银行广泛使用的利率风险管理工具。它的产生基础是市场上存在对固定利率和浮动利率的不同需求，否则就不可能实现互换。市场参与者由于所处地域、自身信用、客户基础、经营目标等方面的差异，在浮动利率和固定利率市场上的比较优势和风险偏好会有不同。这些不同，使交易双方有意愿通过利率掉期，各取所需，共同达到降低成本、控制风险的目的。

1. 利率掉期的操作模式。利率掉期的操作模式简单而言就是以固息换浮息，或以浮息换固息。

以A银行持有固定利息收入，希望换取浮动利息为例。假设2019年1月1日签订利率掉期合约（IRS），本金100万（忽略币种），固定利率为3%，浮动利率为3个月Libor+50点，每季付息，期限5年，按一年360天计息。A在利息结算日，分别计算以浮动利率计的IRS利息收入和以固定利率计的IRS利息支出，与交易对手差额结算IRS利息，得：

浮动利息收入 $=1\ 000\ 000\times(2.7\%+0.5\%)\times\dfrac{90}{360}=8\ 000$（假设重定价日3个月的Libor为2.7%）

$$固定利息支出 =1\ 000\ 000\times3\%\times\dfrac{90}{360}=7\ 500$$

$$A\ 的净利息收入 =8\ 000-7\ 500=500$$

银行本身持有的固定利息收入（7 500）与IRS的固定利息支出相抵消，IRS浮动利息收入（8 000）成为它的实际收入，从而达到了以固定利息换取浮动利息的目的。

2. 利率掉期对冲资产价值变化产生的风险。可供出售债券投资是商业银行的重要资产之一，其公允价值会随市场利率的波动而发生变化。对于固定利率债券，利率上行时，投资人的收益低于购买新发行债券的回报，于是原债券的公允价值便下降，令资产负债表出现波动。为管理此类风险，银行可叙做一笔与债券投资币种相同、期限相同、以固息换浮息的利率掉期。当利率上升时，虽然固定利息债券的公允价值下降，但利率掉期合约的公允价值会由于固定利息与浮动利息的差异而上升，一定程度上抵消了利率波动对债券公允价值造成的影响。

3. 利率掉期对冲利差变化产生的风险。商业银行作为资金筹集和再分配的中介，一方面从市场上得到分散的、小额的、短期的资金，另一方面将资金再分配给有相对大额、长期资金需求的客户。当利率波动时，虽然银行的负债成本与资产收益会同方向波动，但由于两者的期限结构和利率结构不匹配，可能出现上升或下跌速度不一致的情况，进而导致利差水平下降。为管理此类风险，银行可以通过利率掉期调整资产负债的利率结构，达到利率敏感资产和负债的相对匹配。当预计利率上升导致收益增速不及成本增速时，可将部分浮动利率的负债转换为固定利率以锁定成本，或将固定利率的资产转换为浮动利率以扩大收益。

4.利率掉期市场。利率掉期是利率类衍生工具中最重要的产品，占比约为79%。第一笔现代意义的利率掉期合约在20世纪80年代初完成。人民币利率掉期则起步较晚。中国人民银行于2006年颁布了《中国人民银行关于开展人民币利率互换交易试点有关事宜的通知》，正式推出人民币利率掉期业务。随后国开行与光大银行完成了首笔人民币利率掉期。合约名义本金50亿元人民币，期限10年，光大银行支付固定利率，国开行支付浮动利率。市场认为交易的背景是，光大银行开展的5~10年固定利率房贷业务需要将固息收入转换为浮息，故收浮息付固息；而国开行发行的10年期固定利率债券需要将固息支出转换为浮息，故付浮息收固息。

表7.2　全球场外利率类衍生品名义本金余额　　　单位：万亿美元

工具种类	2019年	2020年	2021年
利率掉期	341	356	397
远期利率合约	67	73	39
利率期权	40	37	39
其他	0.3	0.3	0.2
合计	449	466	475

资料来源：www.bis.org。

（二）利用货币掉期管理汇率风险

汇率风险指汇率波动时，以外币计价或结算的资产、负债的到期值出现不确定，从而导致损失的可能性。商业银行的汇率风险可以分为结构性风险和交易性风险。货币掉期是商业银行普遍使用的汇率风险管理工具。

1. 货币掉期的操作模式。货币掉期的操作模式是：即期卖出A货币以换入B货币，远期再买回A货币换出B货币。以X银行即期以美元换取1年期人民币使用为例。假设本金1 000 000美元，即期汇率为1美元兑6.78元人民币，银行支付交易对手1 000 000美元，获得6 780 000元人民币使用。1年远期汇率为1美元兑6.80元人民币，于是1年后，银行掉回1 000 000美元，支付对手6 800 000元人民币。由此可见，X的美元本金保持不变，仍是1 000 000美元，它换入1年期人民币的成本即6 800 000−6 780 000=20 000元人民币，在订立货币掉期合约时便已经确定，不再受这1年间美元兑人民币汇率波动的影响，从而锁定了筹资成本，规避了人民币升值可能导致的汇率风险。

2. 货币掉期对冲结构性风险。与利率市场相同，货币市场上也存在比较优势。假设X银行筹集美元的能力比较强，但筹集人民币的能力较弱。当客户需要人民币贷款而银行人民币资金相对紧张时，它可以选择直接从市场上借贷，也可以通过货币掉期取得人民币。两种方式的比较标准是资金成本。即期汇率与远期汇率之间的差异称为掉期点，货币掉期的成本就是掉期点的年化利率，即前例所示的 $\frac{(6.80-6.78)}{6.78} \times 100\% = 0.29\%$。在不考虑交易对手违约风险的情况下，如果市场上的同期限借贷利率高于0.29%，那么银行就会通过货币掉期取得人民币。

随着境内人民币债券市场的发展，越来越多的境外金融机构参与其中。境外机构的优势在于筹集外币资金，于是它们首先融入外币，再通过货币掉期即期卖出外币以换取人民币，用于投资在岸人民币债市。债券到期收回人民币资金，掉期合约远期交割时，以人民币掉回外币，偿还外币资金。整套交易中，资金成本由外币融资成本和掉期成本共同构成，既定的掉期点决定了掉期成本，避免了汇率风险。

远期汇率低于即期汇率时称为贴水，反之称为升水。高息货币通常为升水，低息货币通常是贴水。但人民币作为一种高息货币，在2018年7月间，境内1年期美元/人民币掉期点一度接近于零甚至出现贴水，吸引多家机构趁机利用货币掉期融入人民币，降低资金成本，甚至实现套利。

3. 货币掉期对冲交易风险。交易风险产生于银行交易账簿。在交易账簿下，商业银行所持有的外汇头寸由于汇率波动给银行带来汇率风险。假设X银行买进客户1笔1年期远期美元，为轧平头寸避免汇率风险，银行必须卖出远期美元。但市场上接受同期限同币种远期合约的对手有限，于是X银行即期卖出美元，同时通过1年期货币掉期合约，即期买入美元，远期卖出美元。两笔即期交易相互抵消，掉期合约中远期交割的卖出美元则轧平了与客户交易形成的头寸。

4. 货币掉期市场。货币掉期在所有货币类衍生工具中占比约为30%。第一笔货币掉期合约是在20世纪80年代初世界银行和IBM公司之间完成的。当时世界银行在市场上能够以较有利的条件筹集到美元，但其需要瑞士法郎和德国马克。IBM公司此前已经筹集到了这两种货币，但需要的美元却对公司客户保持着较高的利率水平。于是世界银行与IBM通过货币掉期，均以较低成本获得了所需货币，合约到期后再换回货币，偿还各自债务，避免了汇率风险。2007年，中国人民银行发布《关于在银行间外汇市场开办人民币外汇货币掉期业务有关问题的通知》，开启了国内货币掉期市场的发展之路。

表7.3　全球场外货币类衍生品名义本金余额　　　　　　单位：万亿美元

工具种类	2019年	2020年	2021年
货币掉期	26	28	30
远期合约	55	58	64
货币期权	11	12	10
合计	92	98	104

资料来源：www.bis.org。

（三）利用衍生金融工具发展中间业务

交易账簿下金融衍生产品业务是商业银行为满足客户套期保值及风险管理的需求，利用远期、掉期等衍生金融工具为客户提供的中间业务服务。在共建"一带一路"和中国企业"走出去"的带动下，境内企业跨境资金交易的业务需求持续扩大。在境内、境外一系列本金、利息的本外币转换操作过程中，企业对自身风险管控的意识也在不断加强。衍生金融工具在对冲利率、汇率风险方面的优势，使这类中间业务受到跨国经营企业的关注和青睐。对于商业银行而言，在利率市场化、息差承压的大环境下，着力发展轻资本的中间业务，特别是高附加值的中间业务是必行之策。但鉴于衍生金融工具操作相对复杂，存在风险，在利用其发展中间业务时，商业银行首要考虑因素还应该是"合规为先、风险可控"。

四、衍生金融工具的风险与监管

虽然衍生金融工具在对冲及缓释风险方面发挥着积极重要的作用，但由于其复杂性、跨期性，加之创新速度快，市场参与者对它的风险认知未必充分。特别是个别产品具有高杠杆性，一旦触发风险事件，造成的后果对商业银行自身乃至整个金融体系都可能是破坏性的。正如巴菲特所言，"衍生金融工具好比金融武器，它具有潜在的致命的危险"，因此必须对其加强内部和外部的监督管理。

（一）衍生金融工具的风险

2008年国际金融危机的重要背景之一是当时近乎失控的衍生金融工具，即信用违约掉期合约（CDS）。金融机构将按揭贷款发放给不合资格的借款家庭，为对冲风险，再购入CDS。不持有按揭房产的投机者也可以通过打包转手等方式参与CDS交易。当市场逆转，房产投机者无法套现又不堪利息重负时，违约事件接连发生，恐慌情绪随之在整个金融体系内迅速蔓延。深度参与CDS、提供信用保险的机构如雷曼兄弟、美国国际集团等，爆发偿还危机，进而引发了全球金融市场的剧烈动荡。1995年的巴林银行破产事件，也是由于交易员大量买进衍生金融工具（指数期货合约和看涨期权），在内部控制极度匮乏和对市场走势判断失

在提供金融功能便利的同时，应该如何监控衍生金融工具所带来的风险？

误的情况下，发生巨额亏损，最终导致了拥有200多年历史的英国最老牌贵族银行倒闭。

相对而言，利率掉期和汇率掉期是风险较低的金融衍生品，但当市场走势令风险对冲无效，或交易对手未能履行责任发生违约时，同样会令商业银行蒙受损失。

（二）衍生金融工具的监督管理

2008年的国际金融危机触发了国际及地区监管机构对衍生金融工具风险的高度重视，相关监管办法相继出台。2009年，二十国集团峰会提出了监管改革计划，包括：建立交易报告库，要求金融机构向交易资料储存库汇报场外衍生工具交易；实行中央对手清算制度，要求标准化场外衍生工具交易经中央交易对手清算所结算，即清算所介入交易对手方，轧差清算，降低清算参与者的风险；非中央清算的衍生工具合约需符合较高的资本要求。2010年，继《巴塞尔资本协议 II》首次将市场风险纳入考量范围后，《巴塞尔资本协议 III》要求银行遵循更严格的资本充足率规定。衍生金融工具作为风险资产，交易对手为非中央清算所时其风险权重水平高于中央清算形式。同时对OTC信用违约风险和信用估值调整作了详细规定。中国于2009年成立了上海清算所，旨在建立健全中央对手清算风险管理体系，严防和化解系统性金融风险。中国香港于2014年立法颁布了《2014年证券及期货（修订）条例》，订立了场外衍生工具市场的监管框架，涉及交易储存库汇报制度和中央对手清算制度。

内部管理方面，商业银行除执行监管规定外，还应通过完善操作流程及报告制度，明确岗位权责，订立个人、产品等多维度风险限额，建立前台、中台、后台分工操作的制约机制等制度，将衍生金融工具的风险控制在可承受的范围之内。

在我国既要防止滥用金融创新的名义所可能带来的问题，也要注意在吸取次贷危机教训时，坚持金融创新，要让银行的资产具有流动性，让银行的贷款可转让、可交易，其有效的办法就是信贷资产能够证券化。[1]

——杨凯生 | 曾任中国工商银行行长

第八章
资产证券化

资产证券化指发起人将缺乏流动性，但预期未来具有稳定现金流的基础资产出售给一个特殊目的载体，通过结构重组和信用增级，分离、重组资产的收益和风险，最终转换为可流通证券的过程。作为20世纪最伟大的金融创新工具之一，资产证券化将信贷资产转化为可在资本市场上交易的证券，其在银行化解信用风险、改善资产负债结构、提高资本充足率、改善流动性和提高收益水平等方面均起到积极作用，并能促进资本市场和银行体系的协调发展。

---

① 杨凯生. 金融笔记：杨凯生十六年间笔录[M]. 北京：人民出版社，2016：174.

一、资产证券化的起源及发展

资产证券化在世界主要国家和地区经历了怎样的发展历程？各自具有哪些特征？

自20世纪60年代抵押贷款证券化诞生以来，资产证券化已经成为现代金融体系的重要组成部分，并成为金融机构风险管理和流动性管理的重要工具。在金融危机爆发之前，以银行为发起主体的信贷资产证券化业务在美国、日本等发达国家迅速发展。以美国为例，在1985年到2006年，美国资产证券化的市场规模以高达16%的年复合增长率迅猛发展。1999年，住房抵押贷款支持证券市场规模（3.33万亿美元）首次超过其国债市场规模（3.28万亿美元），一度成为美国第一大债券市场。国际金融危机爆发后，美国资产证券化市场规模骤然萎缩，住房抵押贷款支持证券的发行量在2008年跌至谷底。虽然金融危机的爆发不可避免地导致资产证券化市场规模萎缩，风险隐患也相继暴露，但其促使金融机构改善流动性、强化风险管理能力与提高盈利性等功能仍受到市场的广泛青睐。

（一）美国、欧洲与日本资产证券化发展历程

1. 美国。资产证券化在美国诞生并发展壮大。美国资产证券化业务发展的主要推动力是金融市场的发展需要，可以说"三次大危机"贯穿了美国资产证券化的发展史。

第一次危机指20世纪30年代的"大萧条"[①]。"大萧条"爆发后，房价下跌和失业率剧增导致银行陷入危机。为化解危机、促进房地产市场发展，联邦政府为放贷机构提供了资金及保险支持，巩固完善了住房抵押贷款（Mortgage-Backed Security, MBS）的一级市场。进入20世纪60年代后，受战后"婴儿潮"成年的冲击，住房抵押贷款需求猛增，资金来源紧张，加之利率市场化进一步压缩了银行的盈利空间。为解决这些问题，资产证券化市场在政府引导下逐渐形成。

---

① 大萧条（Great Depression）是1929年至1933年之间全球性的经济大衰退，是第二次世界大战前最为严重的世界性经济衰退，是20世纪持续时间最长、影响最大、强度最大的经济衰退。

第二次危机指20世纪80年代末"储贷危机"①。随着"储贷危机"的爆发，资产证券化的功能也随之改变，逐渐转变为规避资本充足率监管要求和优化资产负债结构。储贷危机爆发后，联邦政府开始对金融机构的自有资本比率设限，银行为满足资本充足率要求，开始将资产证券化的基础资产从住房抵押贷款扩展至其他金融资产，于是资产支持证券（Asset-backed Security，ABS）应运而生。1986年，信用卡债权证券化产品的诞生揭开了资产证券化产品多样化发展的序幕。由此开始，房屋贷款、学生贷款、汽车贷款等原始权益人都开始将这些具有稳定现金流的基础资产打包、重组并发行资产证券化产品。资产证券化业务从此得到快速发展，这在一定程度上也推动了美国经济的发展。

第三次危机指21世纪初"次贷危机"②。20世纪90年代的金融创新推动了资产证券化业务进一步发展，使其完全背离了创立初衷，将套利作为主要目的，从而导致债务担保证券（Collateralized Debt Obligation，CDO）过快发展，一定程度上引致次贷危机爆发，不可避免地导致整个市场规模萎缩。

目前，美国仍然是全球最大的资产证券化市场，规模约占全球总量的85%③。资产证券化产品对美国的金融市场和经济发展都产生了极为重要的影响，全美半数以上的住房抵押贷款都已成为资产证券化产品的基础资产被证券化。截至2017年9月，美国个人住房抵押贷款资产证券化（Residential Mortgage-Backed Securities，RMBS）存量规模占全国住房抵押贷款债务总额的

---

① 储贷危机（Savings and Loan Crisis）。20世纪30年代，美国建立了存款保险制度，由政府担保市场融资，且允许29 000多个储贷机构入市运营。与商业银行相比，储贷机构资产规模一般较小，服务范围局限于社区，业务传统上以住房抵押贷款为主。20世纪80年代以前，上述系统运行良好。80年代初期及中期，美国通胀率上升，随着利率市场化进程加快，利率不断上升，储贷机构短借长贷造成的收益成本不匹配，加上过度竞争、监管不足等，引发逾千家储贷机构倒闭，最终酿成金融危机，美国政府花费1 500亿美元善后。

② 次贷危机（Subprime Mortgage Crisis）是由美国国内抵押贷款违约和法拍屋急剧增加所引发的金融危机。它对全球各地银行与金融市场造成了重大的不良后果，后由房地产市场蔓延到信贷市场，进而演变为全球性金融危机，成为21世纪初世界经济大衰退的一个重要部分，引发了2008年金融海啸。

③ 美国资产证券化数据来自美国证券业与金融市场协会（SIFMA）。

68%，其规模可与美国国债规模比肩。总结美国资产证券化的发展经验，可以看出，外界经济环境冲击形成的市场需求与政府的助推相结合共同推动了资产证券化业务不断发展壮大。

2. 欧洲。1987年，英国发行了第一笔居民住房抵押贷款支持债券（MBS），标志着资产证券化业务在欧洲开启。之后，资产证券化逐渐被欧洲市场认可并迅速发展，目前已成为除美国之外的第二大资产证券化市场。从2001年至2008年，欧洲资产证券化市场呈现出快速增长的趋势，年均复合增长率23%[1]。2008年发行规模达到历史顶峰8 187亿欧元，之后受金融危机影响，市场发行规模骤降。自金融危机以来，欧洲监管当局对资产证券化市场的监管趋严，导致市场存在较大不确定性，降低了对投资者的吸引力；持续宽松的货币政策则使银行融资渠道更具优势，降低了发起人的发行意愿，因此欧洲资产证券化市场进入了较长的低迷期。

欧洲资产证券化市场呈现出以下几个特征，一是发起银行的自持比例较高。这表明欧洲资产证券化以"融资需求"为主要驱动因素，"资产出表"的需求较弱，这与美国"融资需求"与"资产出表需求"共同驱动的发展模式有所不同。此外，发起银行较高的自持比例也反映欧洲资产证券化市场投资主体由银行主导，养老基金、保险等非银行金融机构处于边缘地位，与美国多元化的投资者群体差异显著。二是从信用评级来看，欧洲市场发行的资产证券化产品评级普遍较高。2017年，欧洲资产证券化产品评级中AAA级证券占比达48%；AA级、A级证券占比分别为22%、7%；BBB级以下证券占比仅为5%。

3. 日本。相较于欧美国家，亚洲的资产证券化市场起步晚、发展慢。以日本为例，资产证券化萌芽于20世纪90年代初期，1997年的亚洲金融危机为资产证券化快速发展带来了契机。在金融风暴的席卷下，银行等大量存储机构倒闭，社会流动性短缺，催生了对资产证券化产品的需求。随着1998年《特殊目的公司法》的推出，可供证券化的资产类型不断增多，日本资产证券化

---

[1] 欧洲资产证券化数据来自欧洲金融市场协会（AFME）。

市场呈现出蓬勃发展的态势。2000年，日本政府通过了《资产流动化法》，进一步放松了对证券市场的管制，导致产品创新源源不断、市场规模迅速扩大。日本资产证券化的发展进程不同于欧美市场，由ABS产品开始，随后是以公司债券和贷款为基础资产的CDO。MBS出现最晚，但2002年之后已经成为日本资产证券化市场上最主要的产品。

与美国、欧洲相比，日本资产证券化市场具有以下几个特征：一是信托银行积极参与。二是政府支持机构在居民住房抵押贷款证券化过程中发挥着主导作用。三是日本房地产投资信托基金（J-REITs）在不动产证券化过程中发挥了重要作用。四是立法先行是日本资产证券化市场发展的一大特点。

（二）中国资产证券化发展历程

1. 中国的资产证券化

20世纪90年代初期，海南首推的"地产投资券"开启了中国资产证券化市场的早期探索。2005年初，资产证券化业务在中国银行业正式试点，拉开资产证券化的帷幕。2007年，美国次贷危机全面爆发，中国证券化试点也戛然而止。随着经济环境的转变，受益于国家政策的扶持，中国资产证券化自2014年起迎来了加速发展时期。

（1）探索萌芽期（1992—2004年）。中国关于资产证券化的探索始于地产和住房贷款的证券化，如20世纪90年代的海南三亚地产投资券、华融不良资产处置信托项目等，但由于缺乏配套的法律法规，难以进行复制和推广，并未取得较大发展。2004年，国务院发布了"国九条"，明确提出"积极探索并开发资产证券化品种"，随后证监会发布《关于证券公司开展资产证券化业务试点有关问题的通知》标志着资产证券化试点即将开始。

（2）短暂尝试期（2005—2008年）。2005年被称为"中国资产证券化元年"。在这一年，银行信贷ABS和企业ABS试点正式启动。2005年3月，经国务院批准，人民银行和银监会启动了中国信贷资产证券化试点工作，试点金额上限150亿元。2005年12

月，国开行和建行分别发行了中国首只信贷资产支持证券和住房贷款支持证券产品，金额分别为41.77亿元和30.17亿元。首批试点成功后，2007年又启动了第二批信贷资产支持证券试点工作，试点金额上限提升到600亿元。

（3）停滞不前期（2009—2011年）。2007年，美国爆发次贷危机后，银监会叫停了信贷资产证券化产品发行。证监会自2006年9月起对专项资产管理计划开展证券化业务进行研究论证，次贷危机后也暂停了项目审批。这一时期中国资产证券化业务陷入全面停滞。

（4）重启试点期（2011—2013年）。2012年5月，国务院同意重启信贷资产证券化试点，重启当年国内共发行约350亿元证券化产品。2013年8月，国务院常务会议决定扩大信贷资产证券化试点规模，并倡导发起机构以优质的信贷资产构建资产池，在银行间市场及交易所内发行流通。2015年5月，国务院常务会议决定进一步扩大信贷资产证券化试点规模，并新增投入5 000亿元。自此，我国信贷资产证券化试点总规模接近1万亿元。试点重启后，资产证券化业务转向常规化发展，同时推出了新的操作模式——资产支持票据（ABN），产品结构进一步丰富。

（5）加速发展期（2014年至今）。随着银行信贷ABS和企业ABS的审核方式由事前审批改为事后备案，资产证券化产品发行效率大大提高，信息披露更加完善，资产证券化业务进入蓬勃发展期。2017年3月5日，政府工作报告中提出要积极稳妥去杠杆，具体措施包括"促进企业盘活存量资产，推进资产证券化"等，充分体现出对资产证券化业务的重视和支持。同年，深交所、国务院多次发文进一步优化资产证券化业务规则，稳步扩大银行不良资产证券化试点参与机构范围等，为资产证券化快速发展奠定了制度基础。

目前，中国资产证券化市场呈现出以下特征：一是从发行规模来看，在利好政策推动下，资产证券化市场保持了快速发展的势头。2017年，资产证券化发行规模首次超过1万亿元[1]，市场

---

[1] 中国资产证券化数据来自中央结算公司。

存量突破2万亿元。二是从具体品种来看，基础资产类型不断丰富，目前有住房公积金、个人消费贷款、委托贷款、不动产信托投资REITs、信托收益权等，标志着市场成熟度不断提升。三是从信用等级来看，发行产品以高信用等级产品为主。从2017年情况来看，资产证券化产品仍以 AAA 级和 AA+级的高信用等级产品为主。除次级档以外，信贷ABS信用评级为AA级及以上的高等级产品发行额占发行总量的89%；企业ABS信用评级为AA级及以上的高等级产品发行额占发行总量的87%。2017年发行的19单不良贷款类信贷ABS，优先档产品均获得AAA级评级。

2. 中国香港的资产证券化

（1）历史模式：类美国"两房"模式。1997年，香港特别行政区政府公布了长期住房战略，其目标是在10年内使居民住房拥有率达到70%，实现"居者有其屋"的愿景。为了通过资产证券化手段来推进住房按揭贷款市场发展，1997年3月，香港按揭证券有限公司（HKMC）成立，并由香港特区政府通过外汇基金全额持有，其参与的资产证券化业务主要有两种模式。

一是HKMC担保证券化计划。在这种模式下，由商业银行作为发起机构向HKMC出售按揭贷款，HKMC转售至特殊目的公司，特殊目的公司向商业银行定向发行附有HKMC担保的证券，商业银行可选择持有到期或在二级市场出售。1999年，HKMC首次发行总值为16亿港元的资产证券化产品。对于商业银行来说，由HKMC提供担保的按揭证券具有较大优势，首先是其风险权重较低，可为银行节约资本；其次是该按揭证券属于香港《银行业条例》中规定的流动资产类别，有助于银行更好地进行流动性管理；最后是银行通过缴纳担保费可以转移借款人的信用风险。但在该模式下，发起机构与投资者均为同一家银行，在解决银行融资需求方面的作用相对有限，与主流证券化模式有较大差异。

二是按揭证券化计划（Bauhinia计划）。为进一步改善住房按揭贷款市场流动性，2001年HKMC推出按揭证券化计划，参考美国"两房"的运作模式，旨在打造中国香港版机构担保型按揭抵押贷款资产支持证券。Bauhinia计划为中国香港市场按揭贷款市场的发展创立了一个重要里程碑，即HKMC把按揭贷款包装为不同系列的按揭证券产品，将产品结构及法律文件进一步标准化，为各类投资者提供一个方便的平台，把流通性不高的按揭贷款组合转变为高度流通的按揭证券，从而实现融资及资产管理的目标。2002年，HKMC发行资产支持证券20亿港元。但在2008年国际金融危机中，美国"两房"降低购买按揭贷款标准的高杠杆运作模式暴露出诸多风险，也促使中国香港金管局对HKMC采取了更为保守和审慎的风险管理架构。HKMC逐步进行资产证券化业务转型，将主营业务集中于提供按揭担保、养老担保等方面，中国香港资产证券化业务由类"两房"业务模式转入新的发展模式。

（2）现有模式：由非银行金融机构私募发行。目前，中国香港主流资产证券化业务的基础资产主要为个人房屋抵押贷款、汽车贷款和其他个人消费贷款。现有模式是指非银行金融机构及企业为实现融资目的，将其拥有所有权的基础资产出售给发行载体，并由发行载体采用结构化方式进行私募发行的证券化融资模式。与中国资产证券化业务相比，主要有以下差异：一是发起机构主要为小贷公司等非银行金融机构。由于中国香港的持牌银行、有限制牌照银行和接受存款公司等三类机构均获授权可以吸收公众存款，并可以借助低息存款等方式来融资和管理流动性，因而缺乏发行资产证券化产品的动力。而小贷公司等非银行金融机构不能吸收公众存款，融资渠道有限，需要多样化的融资工具来管理资产负债，因此，这些金融机构选择资产证券化的方式来满足融资需求。二是发行方式以私募发行为主。在设立资产证券化产品前，非银行金融机构会对接潜在投资者，就基础资产类型、要素、发行规模、票面利率等达成一致，最终通过私募方式发行。潜在投资者一般有1~2家，其类型包括银行、保险公司和资产管理公司，其中保险公司和资产管理公司大部分需要进行债项评级。三是发行载体一般是特殊目的公司。发行载体一般是设立于税收优惠地区的特殊目的公司，与境内由信托公司、证券公司、基金管理公司子公司设立的特殊目的信托、资产支持专项计划等有一定差异。

二、资产证券化的种类

（一）按产品结构分类

资产证券化的基本组织结构一般分为三种：过手证券（Pass Through Securities）、资产支持证券（Asset-backed Securities）和转付证券（Pay Through Securities）。过手证券即资产池所产生的本金和利息直接被转移到投资者账户，资产原始权益人对资产池的所有权也转移到投资者，仅保留其对贷款的服务权，属于所有权证券。此种结构风险较大、现金流不够稳定，实际操作中较少采用。资产担保证券是以资产池作为担保发行证券，资产并未转移给投资者，因此，投资者无须承受提前偿还和违约风险，当然也难以有效隔离风险。转付证券在风险承担方面类似于过手证券，将资产池所产生的现金流直接偿还给投资者，因此投资者仍承受提前偿还和资产债务人违约风险。但其采用了一些内部信用增级的办法，对基础贷款组合产生的现金流进行了重组，使投资者风险降低。这一方式是资产证券化市场所普遍采用的方式。

> 资产证券化主要有哪些类型？每种分类下各自包含哪些产品？

（二）按基础资产类型分类

资产证券化是以基础资产所产生的现金流为支持，可按照基础资产的类别分为住房抵押贷款证券（MBS）和资产支持证券（ABS）。前者以住房抵押贷款为基础资产，后者以除住房抵押贷款以外的其他资产为基础资产。根据基础资产的不同可进一步划分，根据抵押贷款的标的是商用不动产还是住宅用不动产，MBS可分为商业地产抵押贷款支持证券（Commercial Mortgage-backed Securities，CMBS）和个人住房抵押贷款支持证券（RMBS）两类；而ABS也可分为两类：一类是狭义的ABS，包括以汽车贷款、信用卡贷款、学生贷款等为基础资产的证券化产品；另一类是债务担保证券（Collateralized Debt Obligation，CDO），可根据标的资产不同衍生出信贷抵押证券（Collateralized Loan Obligation，CLO）和债券抵押证券（Collateralized Bond Obligation，CBO）。前者指的是信贷资产的证券化，后者指的是市场流通债券的再证券化，统称为CDO。

（三）按照发行方分类

根据发行方的不同，可划分为机构发行和非机构发行的资产证券化产品。机构与非机构资产证券化是美国住房抵押贷款证券（MBS）的分类方式。从发行机构分类来看，MBS分为机构MBS和非机构MBS。机构MBS指由三家有联邦政府背景的机构（房地美、房利美和吉利美）发行的抵押证券，其占抵押证券的绝大多数，比例高达90%；其他公司发行的抵押证券称为非机构证券，占比很小。机构MBS有两个重要的特点：一是证券化产品带有明确的政府信用担保或被认为有隐性担保。二是存在一个流动性很强的用于交易机构MBS的远期市场。在美国等发达国家，资产证券化发展早期以机构发行居多，随即由非机构发行的资产证券化产品也开始在美国迅速增长，这主要得益于美国政府宽松的政策、追求自由灵活的证券化形式以及获取更高的经济效益。但在金融危机之后，非机构发行的资产证券化产品规模急速萎缩，机构发行仍然占主力且规模变动不大。

（四）按照监管部门分类

由于金融行业分类监管的特殊国情，中国资产证券化可按照监管部门不同进行分类：主要有央行和国务院银行业监督管理机构主导的信贷资产证券化（信贷ABS），证监会主导的专项资产管理计划（企业ABS）和银行间市场交易商协会主导的资产支持票据（ABN）。

（五）重点产品

1. 住房抵押贷款证券（MBS）。是以住房抵押贷款作为基础资产，并以其产生的未来现金流为支撑的证券化产品，这是美国资产证券化市场发展最早的产品，也是目前发展规模最大的产品。

（1）个人住房抵押贷款支持证券（RMBS）。作为重要的资产证券化主要产品之一，其偿付给投资者的现金流来自由个人住房抵押贷款组成的资产池产生的本金和利息。

（2）商业地产抵押贷款支持证券（CMBS）。CMBS是在RMBS后出现的资产证券化产品，基础资产多为办公楼、工业建筑、酒店旅馆等贷款。CMBS与RMBS在现金流结构方面十分相似，但在借款人、贷款方式、抵押品等方面存在差异。

2. 债务担保证券（CDO）。债务债券抵押产品，把信贷、债权等债务工具打包在一起，重组后再以产品的形式投放到市场，产品结构较为复杂，风险管理难度也较大。

3. 狭义资产证券化（ABS）。为除MBS与CDO之外的资产证券化产品，其中最主要的产品类型有学生贷款产品、信用卡应收款和汽车贷款产品。

三、资产证券化实际运用

（一）资产证券化运行机制

以资产证券化基本流程为例，共包括9个步骤：①发起人选择资产并构建资产池；②组建SPV；③真实出售；④信用增级；⑤信用评级；⑥发行资产支持证券；⑦获取发行收入；⑧管理资产池；⑨清偿证券（见图8.1）。

在实际应用中，资产证券化的运行机制是怎样的？管理好资产证券化会使银行在哪些方面受益？

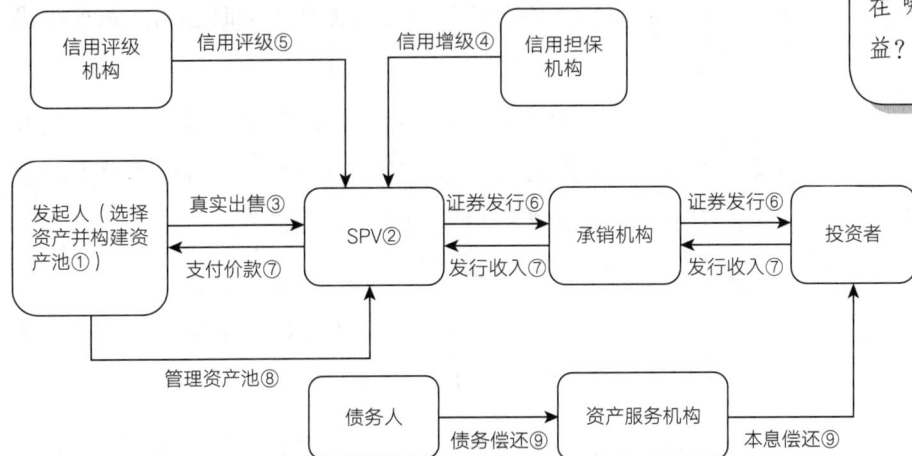

图8.1 资产证券化基础流程

1. 发起人选择资产并构建资产池。资产的原始权益人通过定性和定量分析，将流动性较差但能预期带来稳定现金流的存量资产组建为基础资产池，如使用住房抵押贷款、汽车贷款等。

2. 组建SPV。SPV是专门为资产证券化而特别组建的独立法律主体，它是结构性重组的核心，其设计主要是为了达到"破产隔离"的目的。

3. 真实出售。资产的原始权益人以真实出售的方式将基础资产出售给SPV，在资产与发行人之间建起一道防火墙，从而实现破产隔离。

4. 信用增级。为缓释特殊目的载体的违约风险，保障资产支持证券能够按时足额向资产支持证券持有人兑付各期预期收益及未偿本金余额，资产证券化业务通常会在交易安排中纳入多种增信措施。合理的信用增级安排，一方面有助于弥补信息不对称给资产支持证券持有人造成的信用风险；另一方面也能够有效提升资产支持证券的信用级别，降低原始权益人的融资成本。信用增级可分为内部和外部信用增级两类，内部信用增级的方式有划分优先/次级结构、超额利差机制、建立储备金账户等；外部信用增级主要通过担保来实现。

5. 信用评级。信用等级越高，表明证券的风险越低，从而有利于发行成本降低。部分资产证券化操作会同时选用两家评级机构来进行评级。

6. 发行资产支持证券。SPV将经过信用评级的资产支持证券交由证券承销商承销发行，承销商为其提供一个既能在最大限度上保护发起人利益又能为投资者接受的融资方案。

7. 获取发行收入。证券商将证券出售给投资者，并将发行收入交给SPV。SPV获得收入后向其聘请的各专业机构支付相关费用，并向发起人支付购买基础资产的价款。

8. 管理资产池。SPV还需要对资产池进行管理和处置，对资产所产生的现金流进行回收。管理人可以是资产的原始权益人即发起人，也可以是专门聘请的有经验的资产管理机构。在信贷资产证券化运作中，管理人主要负责收取债务人按期偿还的本息并对其履行债务实施监督；在房地产证券化运作中，管理人主要负责通过出租或出售房地产等方式获取收益。

9. 清偿证券。资产支持证券到期后，支付完各方所得后，若资产池所产生的收入仍有剩余，则分配给发起人和特殊目的实体，至此证券化过程完毕。

（二）资产证券化对商业银行的作用

资产证券化的目的不是让银行腾挪资产，而是通过资产证券化，把银行的风险分散出去。从宏观角度来看，资产证券化这一金融创新工具提供了新的投融资途径；优化整个金融市场的资本配置，平衡资本需求者、供给者之间的需求与收益；还有助于提高金融系统的安全性，将积压的风险合理配置到社会各层中，避免经济周期波动等风险。从微观角度来看，资产证券化可以在商业银行风险管理和流动性管理方面起到积极作用，主要有以下几点：

1. 降低风险资产规模，缓释信用风险。信贷资产证券化将多种基础资产重组打包，通过真实销售转移到表外，降低了商业银行风险资产规模，为银行提供了风险转移的手段，进而化解信用风险管理压力。特别是近年来，我国银行业受宏观经济下行压力以及微观企业结构调整的影响，不良贷款余额居高不下，信用风险持续加剧，对商业银行的稳健经营造成较大影响。传统的不良贷款处置方式程序冗长，且效率较低，资产证券化可以通过将不良资产表外化达到处置不良的目的，为处置不良贷款开辟了新的路径。中国建设银行在2008年发行的"建元重整资产证券化信托资产支持证券"是我国第一单不良贷款的信贷资产支持证券，这对中国商业银行缓解信用风险，维持稳健经营具有重大意义。

2. 提升资产负债管理能力，化解流动性压力。中国商业银行呈现出典型的信贷主导型资产特征，信贷规模居高不下，且大部分贷款回收周期较长，商业银行资产的流动性普遍不高。从期限结构来看，中国商业银行主要资金来源为存款，且活期存款占比较高，主动负债的期限通常也较短，而贷款和投资则以中长期为主，存在"短借长贷"的错配风险，进一步加剧了银行流动性管理压力。为缓解流动性压力，商业银行可以借助信贷资产证券化将流动性差、期限长的贷款转移到表外，由投资者认购后转换为银行的流动资金，回笼的资金用于补充当期的流动性，从而盘活存量资产，有效解决期限错配问题，达到加快资金周转速度、提高资产流动性的目的，进而缓解商业银行流动性管理压力，对商业银行资产负债表的管理具有积极作用。

3. 改善资本结构，提高资本充足率。近年来，受业务结构调整和"非标回表"的影响，我国商业银行资产端进一步向贷款集中，资本消耗加速制约了规模扩张空间，而资本市场融资和发行次级债补充资本规模有限，导致商业银行面临较大的资本补充压力。通过资产证券化可以将部分信贷资产真实出售，尤其可以将部分不良贷款转移到表外，通过减少信贷资产存量释放出相应资本，从而改善商业银行的资本结构，提高资本充足率。

4. 促进经营模式转型，提升盈利能力。信贷资产证券化对商业银行盈利性的积极影响主要表现在以下几个方面：一是有利于提高商业银行资产收益率。信贷资产证券化将期限长、流动性差的资产转移到表外，转移风险的同时保证了银行的收益，有助于银行整体资产收益率的提升。二是增加商业银行的非利息收入。在资产证券化过程中，商业银行扮演着多重角色，如发起机构、资金保管方、贷款服务机构等。通过信贷资产证券化收取的服务费可以增加银行的中间业务收入；作为投资者，商业银行还可以通过证券化资产的投资交易获得投资收益，进一步提升非利息收入水平。三是相较其他融资方式，信贷资产证券化的融资成本较低，可以在一定程度上为商业银行节省开支。

Libor衡量的是银行无担保批发融资的风险，但如今这个市场已不再活跃。极低的交易量和对专家判断的依赖，严重影响了Libor的稳健性和可持续性，从而直接影响了全球约400万亿美元金融产品的现金流和价值。金融市场与Libor渐行渐远，只能直面现实，采取行动，确保新发行的金融产品转向更加稳健的替代利率，积极应对历史遗留下来的风险敞口。

——安德鲁·贝利 | 英格兰银行第121任行长

第九章
国际基准利率改革

以伦敦银行间同业拆借利率（Libor）为代表的银行间同业拆借利率（Inter-bank Offered Rate，IBOR）曾经是全球使用最广泛的基准利率，有数百万亿美元的种类繁多的金融合约参考IBOR定价。但2012年起爆发的一系列Libor操纵案暴露了Libor等IBOR存在的诸多不足，国际上开始从以IBOR为核心的基准利率制度，过渡到以一套新的隔夜无风险利率 (Risk-Free Rate，RFR) 为基础的基准利率制度。国际基准利率改革将对全球金融业产生广泛而深远的影响，而随着近年来中资商业银行国际化程度的不断提高，外币业务占比不断提升，国际基准利率改革也将对中资商业银行外币业务的经营和管理产生重大影响。

一、国际基准利率改革的基本情况

（一）国际基准利率改革的背景

1. Libor 及存在的问题。Libor是英国银行家协会（BBA）于1986 年推出的，是伦敦银行间市场上的拆借利率，是国际上最常用和最重要的基准利率。参考Libor定价的金融产品种类众多且规模巨大（见表9.1），其中，衍生品价值占所有产品的90%以上。

表9.1　挂钩美元Libor的产品规模　　　　　　　　单位：万亿美元

资产类别	产品	存量规模 （2020年第四季度）	2023年6月后到期的 存续规模
场外衍生品	利率互换	81	46
	远期利率协议	47	0
	利率期权	20	12
	交叉货币互换	23	8
交易所衍生品	利率期权	32	0
	利率期货	11	2
商业贷款	银团贷款	2	1.1
	非银团商业贷款	1.3	0.4
	非银团商业地产 或商业按揭贷款	1.5	0.8
消费贷款	零售按揭贷款	1.3	0.8
	其他消费贷款	0.1	0.1
债券	浮息债券	1.1	0.3
资产证券化	MBS（包含 CMO）	0.8	0.8
	CLO	0.5	0.5
	ABS	0.2	0.2
	CDO	0.1	0.1
USD Libor敞口总计		223	74

数据来源：ARRC，The Transition from U.S. Dollar Libor。

但Libor存在诸多缺陷：一是该利率是报价数据，并非基于真实的交易产生，无法反映银行真实的资金成本。二是该利率容易被报价银行操纵。三是该利率的有效性及代表性在逐步减弱。2008年国际金融危机之后，银行间的无担保拆借市场规模快速下降，而有抵押的资金借贷市场则迅速发展，并且交易主要集中在隔夜，导致Libor的有效性及代表性不断减弱。

Libor操纵案爆出后，相关监管机构开始寻求对Libor的改革。2021年3月，英国金融行为监管局（FCA）正式宣布Libor停用的时间表，全部期限的英镑、欧元、瑞士法郎、日元Libor，以及一周和两个月期限的美元Libor在2021年12月31日后，其他期限的美元Libor在2023年6月30日后，将停止发布或不再具有代表性。

2. 国际上常用的其他基准利率及存在的问题。目前，Euribor（Europe Interbank Offered Rate）和EONIA（Euro Overnight Index Average）是欧元区除Libor外广泛使用的基准利率。Tibor是日本市场上除Libor外广泛使用的基准利率。而Hibor和Sibor则分别是中国香港和新加坡市场上常用的基准利率。

其中，Euribor、Tibor、Hibor及Sibor均是银行间无抵押拆借利率，且均是报价利率，因此与Libor存在相似的问题，同样亟须进行相应的改革。但由于在日本、新加坡及中国香港并没有爆发大规模的利率操纵案，且考虑到长期限的基准利率对信贷等现金类业务定价的重要性，上述国家和地区通过改善IBOR来作为RFR的补充，在基准利率的改革上选择了一种"双基准"的方法。

而EONIA是欧元区内指定银行的欧元无担保隔夜拆借利率的交易量加权值，只有隔夜一个期限。虽然该利率并不是报价利率，但欧洲货币市场协会（EMMI）的研究结论显示，2018年，EONIA的基础业务量平均每天低于50亿欧元，且绝大部分集中于5家大型银行，EONIA已无法满足欧盟利率基准监管局（BMR）所制定的基准利率应符合的标准。自2019年10月2日起，欧洲中央银行开始计算和公布€STR。随后，欧洲货币市场协会改变了EONIA的计算方式，变为€STR加上固定利差（此固定利差为8.5个基点）。欧元区无风险利率工作组建议，市场参与者应将所有产品和合同的EONIA逐步替换为€STR，EONIA已于2022年初停止使用。

（二）主要国家和地区基准利率改革的进展

1. 替代基准利率的选择。主要国家和地区所选择的替代基准利率的基本情况如表9.2所示。

表9.2　主要国家和地区的替代基准利率基本情况

国家（地区）	负责机构	改革前的基准利率	替代基准利率	期限	交易参考	抵押/无抵押
美国	美联储	Libor	SOFR（Secured Overnight Financing Rate，有抵押隔夜融资利率）	隔夜	回购交易	抵押
英国	英格兰银行		SONIA（Sterling Overnight Index Average，英镑隔夜指数均值）		货币市场	无抵押
瑞士	瑞士证券交易所		SARON（Swiss Average Rate Overnight，瑞士隔夜平均利率）		回购交易	抵押
欧元区	欧央行	Libor、Euribor、EONIA	€STR（Euro Short-Term Rate）欧元短期利率		货币市场	无抵押
日本	日本央行	Libor、Tibor	TONAR（Tokyo Overnight Average Rate，东京隔夜平均利率）		货币市场	无抵押
新加坡	新加坡金融管理局	Sibor	SORA（Singapore Overnight Rate Average，新加坡隔夜平均利率）		货币市场	无抵押
中国香港	财资市场公会（TMA）	Hibor	HONIA（Hong Kong Dollar Overnight Index Average，港元隔夜指数）		货币市场	无抵押

2. 与原有基准利率的主要区别。替代基准利率与原有基准利率的区别包括：一是替代基准利率均基于真实交易。与Libor等IBOR相比，RFR均基于真实的市场交易构成，而不是由专家判断形成的报价利率，能反映市场真实的资金成本，数据不会被操控，可靠性更强。二是替代基准利率均为隔夜利率，但在是否为抵押利率上各有不同选择。与Libor包含多个期限不同，各国的替代利率均为隔夜利率，因隔夜交易在货币市场中的交易量最大，代表性最强。但在抵押利率和无抵押利率的选择上，由于各国金融市场存在一定差异，各国的选择不同。无担保利率包含了交易

对手的信用风险，但因为替代基准利率选择的期限均为隔夜，信用风险很低，所以两类利率在风险方面的差别不大，均可近似为无风险利率。三是替代基准利率不包含银行的信用风险。替代利率是近似的无风险利率，而Libor则隐含商业银行的信用风险。作为基准利率，使用近似无风险利率更为合适。四是替代基准利率的计算方法由各个国家和地区分别制定。五种Libor货币的计算规则一致，均由伦敦洲际交易所基准利率管理委员会（ICE Benchmark Administration，IBA）统一制定。并且，Libor属于前瞻性利率，能反映市场对未来利率状况的预期。而替代利率的计算方法由各币种国家和地区相关监管机构或行业组织分别制定，且属于回顾性的利率。

替代基准利率与Libor的主要区别概括如表9.3所示：

表9.3　Libor和替代利率的主要区别

区别	Libor	替代利率
信用风险	包含银行的信用风险	接近无风险
期限结构	从隔夜到1年共7个期限	仅为隔夜
计算方法	由IBA统一制定，五种伦敦银行间同业拆息货币的计算规则一致	由各个国家和地区的监管机构分别制定
前瞻（Forward-looking）/回顾（Backward-looking）	前瞻	回顾
有无抵押	无抵押	有抵押
数据基础	专家判断	以实际交易作为基础

3. 基准改革的最新进展。替代基准利率也存在一些缺点：一是缺乏完整的收益率曲线。替代基准利率是隔夜利率，缺乏像Libor一样完整的收益率曲线，这就给中长期产品的定价带来了困难。二是无法反映银行的信用风险。Libor是无担保的拆借利率，包含了银行的信用风险。但替代利率是近似无风险利率，仅能反映利率风险，无法反映银行的信用风险。

（1）收益率曲线的构建方法。以Libor作为内外部的定价基准时，期限涵盖了隔夜到一年，有完整的收益率曲线，具备前瞻性，应用于金融产品的定价时可以在计息周期的开始就明确知道利率。而RFR是隔夜利率，没有其他期限，缺乏像Libor一样完整的收益率曲线，因此实务中需要通过隔夜利率计算出期限利率。期限利率可以按确定利率的时间点分为两种类型，一种是期末确定利率，另一种是期初确定利率。

期末确定利率指在利息期结束时才确定利率。计算方法为使用隔夜利率在利率期的平均值（In Arrears），既可以真实准确地反映利率在一段时间内的波动情况，也可以平滑按日的异常波动。期初确定利率是指在利息期开始时已确定利率。方法为使用隔夜利率在利率期开始前一段时间的平均值（In Advance）或者前瞻性期限利率（forward-looking term rate）。前瞻性期限利率反映隔夜利率的期望值，和IBOR的应用较为类似。

总体来看，平均值基于替代基准利率的历史实际值（backward looking），而前瞻性期限利率则基于预测值（forward looking）。平均值既可用于期初确定利率，也可以用于期末确定利率（见图9.1）。

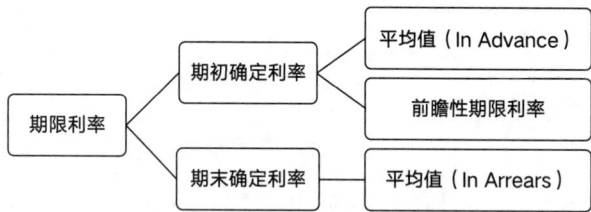

图 9.1　期限利率确定方法

类型一：期末确定利率。

平均值（In Arrears）的计算方面，可以用单利或复利来计算替代参考利率利息期内的平均值。替代基准利率委员会（ARRC）推荐了国际掉期及衍生工具协会（ISDA）所采用的简单平均法（simple average）和复合平均法（compound average）来基于隔夜利率计算相应的期限利率。

简单平均法（simple average）公式如下：

$$\Big[\sum_{i=1}^{d_b} \big(\frac{r_i \times n_i}{N} \big) \Big] \times \frac{N}{d_c} \qquad (9.1)$$

复合平均法（compound average）公式如下：

$$\Big[\prod_{i=1}^{d_b} \big(1 + \frac{r_i \times n_i}{N} \big) - 1 \Big] \times \frac{N}{d_c} \qquad (9.2)$$

其中，d_b表示合同期限内的工作日天数；d_c表示合同期限；r_i表示每个工作日的SOFR利率；n_i表示SOFR适用的工作日天数；N表示全年天数的市场惯例，在美国为360天，英国为365天。

例如，一笔7天期的以SOFR作为定价基准的美元贷款，周一起息，周一至周五每天的SOFR利率分别为2.41%、2.42%、2.45%、2.43%、2.41%，则两种方法下的7天期适用利率分别为：

简单平均法：

$$\big(\frac{360}{7} \big) \Big[\frac{0.0241}{360} + \frac{0.0242}{360} + \frac{0.0245}{360} + \frac{0.0243}{360} + \frac{3 \quad 0.0241}{360} \Big]$$
$$= （360/7）（0.047056\%）= 2.4200\%$$

复合平均法：

$$\big(\frac{360}{7} \big) \Big[\big(1 + \frac{0.0241}{360} \big) \big(1 + \frac{0.0242}{360} \big) \big(1 + \frac{0.0245}{360} \big)$$
$$\big(1 + \frac{0.0243}{360} \big) \big(1 + \frac{3 \times 0.0241}{360} \big) - 1 \Big]$$
$$= （360/7）\times（0.047064\%）= 2.4204\%$$

可见，如果利率较低，合同期限较短，两种方法下计算出来的SOFR差异很小。表9.4展示了在不同利率及合同期限下两种方法计算结果的差异。

表9.4　简单平均法和复合平均法下计算结果的差异　　　单位：基点

贷款期限	贷款利率		
	1%	5%	10%
1个月	0.0	0.9	3.8
3个月	0.1	3.0	12.2
6个月	0.2	6.2	25.0

在计算平均值（In Arrears）时，因为受全球时区的影响，以及要留给客户足够的付息时间，可能需要用到以下计算参数：

延迟付息期（Payment Delay）：将实际付息日期延迟指定天数，晚于利率期结束时间。

锁息期（Lockout period）：在利息期结束前指定天数，替代参考利率不再更新，直接锁定利率不变，在利率期剩余的时间内，该利率将重复使用，直到结束。

追溯期（Lookback period）：计算利率的数据观察周期为利息期整体向前移指定天数，但是使用利率的自然日天数权重不需要回溯平移。

观察移动(Observation Shift)：如果有观察移动（Lookback with observation Shift），除了使用前移指定天数的利率外，使用利率的自然日天数权重也需要回溯平移。

类型二：期初确定利率。

平均值（In Advance）的计算方面，有两种计算逻辑。一种是上一期定盘（Last reset），每个利息周期所使用的定盘息率为上一个利息周期每日息率的平均值，定盘息率在利息周期开始时已确定。另一种是最近定盘（Last recent），取当前利息周期内的指定日期区间每日息率的平均值作为整个利息周期的定盘息率。

前瞻性期限利率的计算方面，ARRC于2021年7月29日正式推荐CME发布的前瞻性SOFR期限利率，该利率基于衍生产品市场[包括与SOFR挂钩的期货交易和隔夜指数掉期（OIS）交易]生成，期限包括1个月、3个月、6个月及12个月。但是，此类衍生品并不是长期融资工具，而是用来对冲O/N利率波动的工具。因此，基于衍生品构建的长期利率无法捕捉到金融机构的长期融资风险。

（2）银行信用风险溢价的衡量。由于替代利率不包含银行的信用风险溢价，无法准确反映银行的筹资成本，因此市场提出了含有期限和信用利差的利率指标。例如，美元方面，IBA推出了银行收益率指数（Bank yield index，BYI），彭博推出了短期银行收益指数（Bloomberg Short Term Bank Yield Index，BSBY）。

BYI指数衡量了美元批发市场上大型国际银行的无担保融资利率，期限包括1个月、3个月和6个月，该指数基于真实交易数据编制，其编制样本主要包括两部分：一是国际性银行在一级市场上的无担保资金利率，如商业票据、存单及银行同业存款等。二是二级市场中不同期限的无担保银行债券收益率，主要是30家大型国际银行发行的银行债券。由于一级市场的交易规模更大，因此对一级市场的利率指标赋予100%的权重，二级市场利率指标赋予50%的权重。目前，BYI仍处于测试阶段，不能用于真实交易。

而BSBY指数同样衡量了大型国际商业银行进行批发性、无担保美元融资的平均利率，包括隔夜、1个月、3个月、6个月和12个月共5个期限，编制样本主要包括商业票据（Commercial Paper，CP）、定期存单（Certificates of Deposits，CDs）、商业银行美元存款和公司债券的真实交易和市场可执行报价（executable data）。彭博在对数据加权平均处理时，大幅降低了报价数据的比重，每笔交易数据按成交金额作为权重，每笔报价数据则按可成交金额的12.5%作为权重。当前BSBY也不能用于真实交易，彭博正在与金融机构和金融监管机构探讨可行性。

二、对商业银行外币业务经营管理的主要影响

（一）影响存量业务的顺利执行

要充分考虑Libor停止发布后存续合同的执行问题，使存量业务能顺利过渡到新的基准利率。过渡的业务涉及贷款、存款、债券、衍生品等多个品种，且每种业务的过渡方案并不一定相同，部分业务还存在非标准化的情况，如双边贷款要根据客户要求拟定定制化条款。为此，需要针对不同的业务品种分别制定基准利率的过渡方案，包括明确替代利率的触发条件、替代利率指标及计算方法的选择、信用调整利差（Credit Adjustment Spread，

CAS）的确定等，需要和客户逐一协商并签订补充条款。

（二）增加外币业务的内外部定价难度

目前，外币债券、存款证等固定收益类业务及信贷业务的固息内外部定价多采用对应期限的Libor加点差的形式，而浮息定价普遍使用1个月至3个月的Libor作为重定价基准。虽然世界主要经济体已经选定了替代基准利率，但均为隔夜利率，缺乏像Libor一样完整的收益率曲线，这将增加中长期限相关业务内外部定价的难度。此外，各国（地区）的替代基准利率实施时间表并不一致，将可能会出现新老基准利率并存的现象，从而增大不同币种的套利空间，给商业银行的内外部定价带来更大的挑战。

而对于利率掉期等衍生品业务，市场参与者为了减少Libor终止后未到期交易可能面对的众多风险，对中长期利率风险的对冲需求将可能从挂钩美元Libor的利率掉期，逐渐转变至挂钩SOFR等替代基准利率，而多个定价基准也将增加利率掉期等利率衍生品业务的定价难度。

（三）增加商业银行所面临的风险

利率风险方面，若Libor和替代基准利率并存，同一个货币将存在多个基准利率，银行若持有以不同基准利率定价的外币资产和负债，不同基准利率的走势未必完全一致，将增加基准利率风险，增加利率风险管理的难度。

流动性风险方面，以新的替代基准利率定价的产品是否能得到市场认可，相关市场是否具有足够的深度及流动性均存在一定的不确定性，这就给商业银行外币的流动性管理带来一定压力。

法律风险方面，在明确外币浮息业务新的定价基准后，需要修改未到期业务的合约，这将涉及法律合约审核和客户谈判过程，增加银行面临的法律风险。

系统及操作风险方面，启用新的替代基准利率，商业银行的生产及管理系统和操作流程均需要根据不同业务的具体情况进行相应改造，这将带来较大的系统和操作风险。

（四）影响商业银行盯市价值和当年盈利

若Libor终止，利率掉期需要使用新的替代基准利率作为浮动利率的基准，但替代基准利率为隔夜期限，需要采用一定的方法构建出完整期限的收益率曲线，这将增加盯市的难度。此外，使用替代无风险利率曲线对未来现金流进行折现，计算的市值可能与使用Libor曲线的计算结果相差较远，市值变化将影响银行的盯市盈利。

银行使用衍生产品作为对冲工具时，需要测试对冲的有效性，即对冲工具的市值变化要能有效抵销标的资产的市值变化。而利率掉期的市值变化也会影响它作为对冲工具的有效性。若无法完全对冲，利率掉期的市值变化将影响银行当年的盈利，造成较大的收益波动。

三、商业银行的应对措施

（一）识别、评估受影响的业务规模和范围并明确部门职责

由于国际基准利率改革涉及众多的业务领域，银行应成立督导委员会或指定牵头部门统筹开展相关工作，识别和评估受影响的业务规模和范围，分解、明确所涉及部门的工作职责和内容，确保所有受影响的业务领域均已涵盖在相关工作计划中。

（二）持续跟踪国际基准利率改革的最新进展，分解下达具体的工作任务

由于国际基准利率改革仍在推进中，诸如完整收益率曲线的构建、银行信用风险溢价的衡量、未到期交易的处理等关键问题仍在演变中。因此，督导委员会或牵头部门应密切跟踪国际基准利率改革的最新进展，将有关具体的工作任务按职责分解、下达相关部门，并持续督导有关工作的落实情况。

（三）改进内外部定价方法

内部定价管理部门应密切跟踪国际上有关替代基准利率定价

方法及实践的最新进展，并及时对内外部定价机制和方法进行改进和完善。

（四）做好套期会计有效性的测试和评估

财务会计部门应跟踪国际会计准则的修订，负责基于新的会计准则对替代基准利率下，利率风险的对冲有效性进行测试和评估。国际会计准则理事会（IASB）在2019年9月发布了*Interest Rate Benchmark Reform –Amendments to IFRS* 9 & *IAS* 39，旨在使因基准利率改革带来的不确定性而终止的特定套期能继续适用，该修订已于2020年1月1日起生效。

（五）识别并修改受影响的合同条款

各前台部门应负责在相关存量及新做产品合同中增加有关利率基准不可获取时的后备安排条款（Fallbacks），如后备安排条款的触发条件、触发后替代利率的选择、由隔夜替代利率构建期限利率的方法、银行信用点差的确定方法等，引导及逐步培养客户理解和接受基于新的替代基准利率定价的产品。而法规部门应负责协助前台部门在拟定产品合同中增加的有关利率基准不可获取时的后备安排条款，并配合前台部门做好和替代基准利率磋商相关的法律纠纷和诉讼。

（六）改造现有系统，并对新建系统进行前瞻性规划

由于Libor改革涉及的业务种类众多，商业银行的生产及管理系统均需要配合业务进行全行性的系统升级改造。生产系统方面的改造包括：支持对不同币种的业务选用对应的替代基准利率；支持不同定价方法下的计息，如往后追溯的（Backward looking）简单平均法和复合平均法或前瞻性的（Forward–looking）收益率曲线法。管理系统方面的改造包括：FTP系统应能支持基于替代基准利率的FTP曲线的设定及计息；数据分析平台应支持基于替代基准利率的内外部定价结果分析。此外，涉及外币的新建系统也应对此做好前瞻性规划，尽量降低后期的改造量。

（七）及时做好对内培训及对外宣传和解释工作

Libor改革涉及众多的产品、流程及系统，相关的应对工作又分散在全行多个部门。因此，督导委员会或牵头部门应督促各部门及时做好对内的培训和对外的宣传解释工作，便于分支行能及时掌握国际上最新的改革动向和总行政策及规定，客户能理解并接受新的定价模式。

中篇

实践操作

纸上得来终觉浅，绝知此
事要躬行。

——陆游｜南宋诗人

有知识的人不实践，等于
一只蜜蜂不酿蜜。

——萨迪｜中世纪波斯诗人

正确的决策来自众人的智慧。

——T. 戴伊 | 美国社会学家

第十章
资产负债管理委员会

资产负债管理委员会（Asset & Liability Management Committee, ALCO）是商业银行高管层下常设的一个委员会，是商业银行实施资产负债管理的议事和决策机构。资产负债管理委员会批准的政策和策略等将对商业银行经营管理产生重大影响，因此商业银行必须寻求最佳的资产负债管理委员会运作模式。

一、组织架构和委员构成

（一）组织架构

因经营规模、经营范围等各有差异，不同银行的资产负债管理委员会架构设立形式也不尽相同。对于大型跨国商业银行集团而言，其资产负债管理委员会通常又分为集团资产负债管理委员会（GALCO）、区域资产负债管理委员会和地方资产负债管理委员会，而部分小银行则只需设置银行总部层面的资产负债管理委员会。其中，集团资产负债管理委员会主要在一些跨国经营或多法律实体运营的大型银行集团中设立。区域资产负债管理委员会主要在一些跨国经营且分区域管理（如亚太地区、欧洲区域、北美等）的大型银行集团中设立。地方资产负债管理委员会一般在有海外业务运营（母公司的子公司、海外分行、合伙企业或者独立法人实体等）的银行中设立。集团资产负债管理委员会的工作规则及相关决议是区域资产负债管理委员会和地方资产负债管理委员会制定相关工作规则和决议的依据之一。地方资产负债管理委员会需要向区域资产负债管理委员会汇报（如有），区域资产负债管理委员会（如有）需要向集团资产负债管理委员会汇报。图10.1为大型商业银行集团的资产负债管理委员会的分层设置情况。

应如何设置资产负债管理委员会的组织架构？人员构成和运作模式又是怎样？

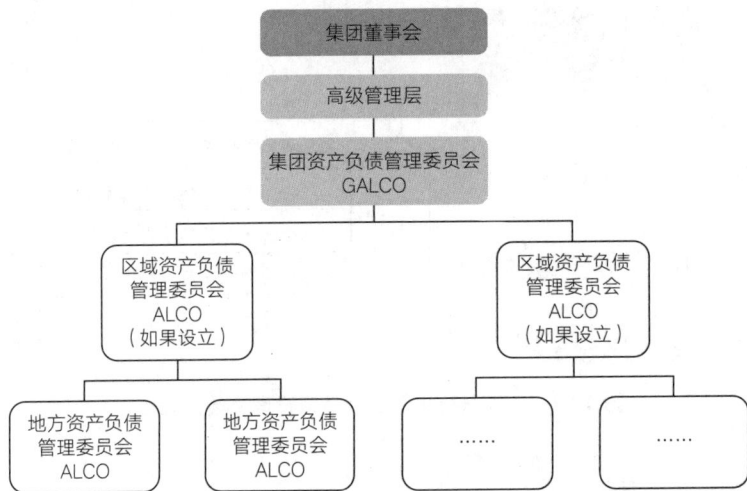

图 10.1　某银行集团的资产负债管理委员会分层设置架构

由于各银行内部治理架构不尽相同，运作模式也各有特点，因此，为了把资产负债管理政策执行到位，不同银行会以不同分层形式细化资产负债管理委员会的组织架构。比如，以汇丰银行为例，集团董事会授权在高级管理层下设立集团资产负债管理委员会，同时在集团资产负债管理委员会的授权下，设立了策略资产负债管理委员会，负责审议集团各项有关业务流动资金及资金策略等议题。在分支机构设立分支机构资产负债管理委员会，主要负责监督当地业务遵循当地流动资金及资金规定的情况，具体包括：维持遵守营运公司的相关监管规定；预测不同压力情景下的现金流，并考虑维持必要的流动性资产水平；按照内部及监管机构的规定，监察流动资金比率；以足够的备用信用额度维持多元化的资金来源；管理各类资金的集中度及分布情况；管理或有流动资金承诺风险，使之维持在既定上限以内；维持各项债务融资计划；监察客户存款的集中程度，防止过分依赖个别大额存户，并确保整体资金组合情况令人满意；维持有效的应急融资计划。该计划通过一系列预警指标可及早辨识紧急情况或压力增加趋势，并且说明出现系统性或其他危机时应采取的行动，可将业务所承受的长远不利影响降至最低，并定期向集团资产负债管理委员会汇报（见图10.2）。

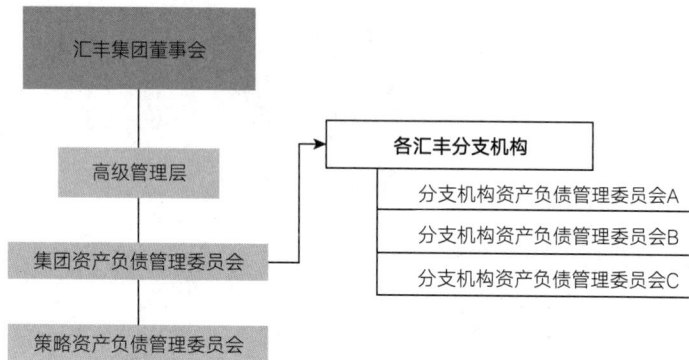

图 10.2　汇丰银行集团资产负债管理委员会架构

（二）委员构成

1. 委员构成。一般而言，资产负债管理委员会的主席一般由CEO（或行长）或者分管资产负债管理工作的副总裁（或副行长）或财务总监担任。副主席一般包括其他副总裁（或副行长）、财务总监、风险总监、信贷总监等。委员通常包括前台（零售部、公司部、机构部、投行部、金融市场部等）、中台（风险部、信贷部、资产负债管理部等）和后台（运营部、科技部、财会部等）部门主管。如遇专业性、技术性较强的事项，在确保不泄密的前提下，可邀请行外专家列席会议，提出参考意见。资产负债管理委员会的委员资格应尽量保持稳定，但是也要保持足够的灵活性，以便银行根据内部的机构调整进行增加或者减少成员。以渣打银行为例，其集团董事会授权在高级管理层下设立总行资产负债管理委员会，其成员包括集团首席执行官、首席财务官、首席风险官、集团司库、各前台部门主管、司库部门相关板块负责人等。图10.3为渣打银行集团资产负债管理委员会的设置及委员构成情况。

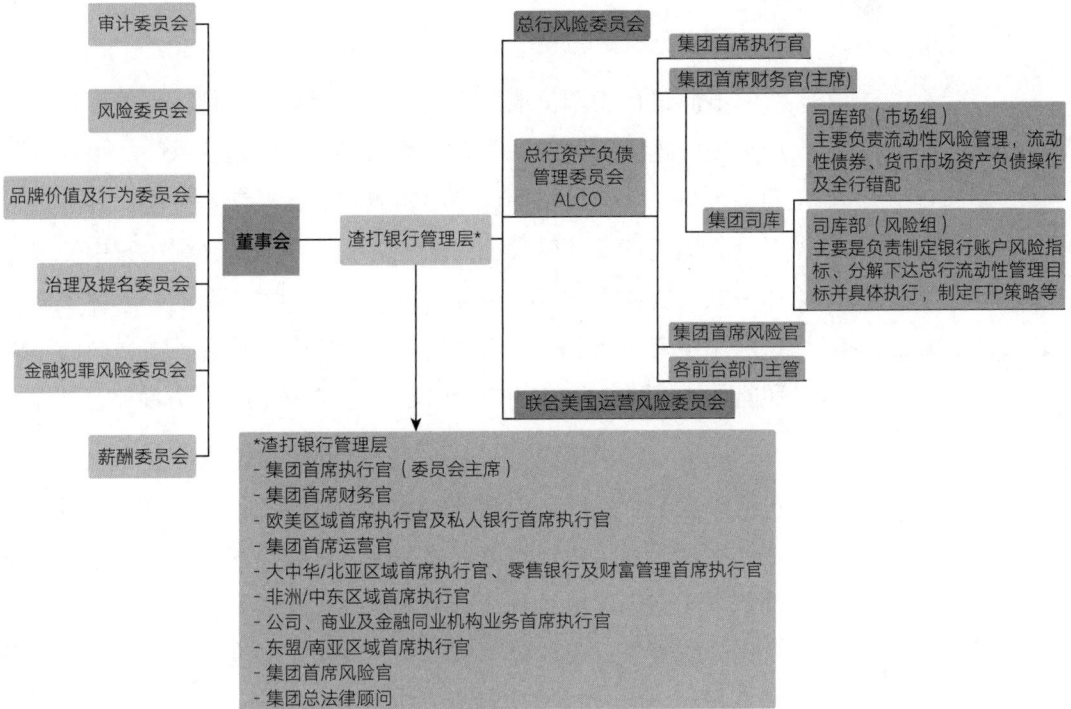

图 10.3　渣打银行集团资产负债管理委员会组织架构

资产负债管理委员会办公室（秘书处）是资产负债管理委员会日常工作的具体办事机构，一般设在资产负债管理专责部门，如资产负债管理部、司库或银行内其他专职部门，相关部门的负责人担任资产负债管理委员会秘书一职。

2. 委员的权利和义务。委员享有向资产负债管理委员会提出议案，建议主任委员召开资产负债管理委员会会议，了解与议案相关的详细情况，对提交资产负债管理委员会决策的问题发表意见，监督有关部门和分行落实资产负债管理委员会决议等权利。同时，委员需要履行的义务有：按要求出席资产负债管理委员会会议，如因特殊原因不能出席的，需向主任委员或副主任委员请假，经同意后，委托本部门熟悉情况的副职代为参加；对会议研究的事项发表意见和建议；贯彻落实资产负债管理委员会决议，完成资产负债管理委员会交办的事项；对加强资产负债管理和改进资产负债管理委员会工作提出意见和建议；等等。

资产负债管理委员会应履行哪些义务？中资银行与外资银行资产负债管理委员会的主要职能有何差别？

二、主要职能

不同银行资产负债管理委员会职能有所区别。一般而言，资产负债管理委员会的职责包括审议资本、流动性风险、银行账簿利率风险、结构性汇率风险等领域的制度办法、策略、分析报告以及其他资产负债管理相关事宜等。下面分别介绍一家中资银行和一家外资银行的资产负债管理委员会的主要职能。总体来看，这两家中资银行和外资银行所设立的资产负债管理委员会的主要职能大体相同，但在具体的审议事项、报告内容等方面略有差异。

示例一：中资银行。A银行资产负债管理委员会的职责主要包括审议全行资产负债管理的政策、制度及目标，审议银行年度资产负债计划（包括年度资本计划、信贷计划及投融资计划）及调整方案；审议银行资产负债管理政策及方案；审议银行的资产负债分析报告；审议资本管理各项政策、制度及报告；审议银行资本规划以及年度资本计划；审议资本充足率下降的应急预案；审议股票发行和回购、次级债发行、并购、联盟、股权投资、重大担保等资本筹集及营运计划和实施方案；审议经济资本配置方案；审议银行营运资金的配置及拨付方案；审议银行的流动性管理政策及制度，审议流动性压力测试结果和流动性风险报告；审议流动性应急处理方案；审议重大突发流动性事件处置方案；审议银行利率定价政策及制度；审议内部资金转移定价政策及定价调整方案；审议银行的投融资政策及制度；审议银行重大投融资计划、政策及策略；审议银行的银行账簿利率风险、汇率风险管理政策及制度；审议银行的银行账簿利率风险、结构性汇率风险管理策略；审议其他需由资产负债管理委员会审议的事项；协调成员部门和跨委员会的重要工作；监督、指导银行资产负债管理委员会开展工作。

示例二：外资银行。B银行资产负债管理委员会的主要职责包括：在会议上进行管理报告、决议资产负债管理策略、资金和流动性管理策略、利率及汇率风险管理策略以及内部资金转移政策等。在资产负债委员会管理和报告方面，主要包括审议资产负债管理策略、资产负债委员会议程和会议记录、流动性和利率风险评估报告、情景规划和分析报告及利息收入预测报告等。在资产负债管理方面，主要包括管理银行流动性账簿、管理浮动利率票据账簿、管理投资银行资本、进行收益率曲线分析以及进行货币市场交易等。在资金和流动性管理方面，主要包括审议流动性政策、管理资金和流动性风险、确保资金来源多样化及管理资金运用等。在利率和汇率风险管理方面，主要包括制定对冲政策、管理利率风险敞口、现金和货币实施对冲政策以及管理衍生工具的运用等。在内部资金转移方面，主要包括制定转移定价制度和构建收益率曲线等。其中，在会议上主要审议管理报告、资产负债业绩规划和套期保值政策等相关内容。具体而言，管理报告部分主要为分析业务部门所提交的报告，审议报告阐述内容，对报告请示事项进行批示等。报告中的重点问题一般为利润、利息收入、客户业务拓展情况和未来业务发展。对现有的贷款和投资组合管理的政策策略进行审议，并根据分析来确定政策延续或者调整。资产负债的业绩规划部分是指资产负债管理委员会应在评估当前业务发展情况基础上，设定未来的业务发展规划，确定业务发展方向。资本回报率作为重点考量因素。在评估当前业务时，应对当前业务所产生的风险回报进行分析，评估后决定是否调整业务发展方向。同时，也需要评估新业务的预期回报率、利润和风险系数等。套期保值政策是指资产负债管理委员会应根据自身的业务情况和风险承受水平，制定能满足其套期保值需求的政策。在需要时选择适当的套期保值工具，达到套期保值的目标。

三、运作方式

资产负债管理委员会的管理政策（如资产负债管理委员会工作规则），应清晰阐述资产负债管理委员会的运作方式，包括工作形式、会议召开频次、在会议上讨论的议题、如何执行决议以及资产负债管理委员会报告等方面。具体来看：

（一）工作形式

资产负债管理委员会一般通过召开现场会议的形式开展工作，在特殊场景下，经委员会主席同意，可以通过视频、电话、邮件、书面审议等其他方式召开。

资产负债管理委员会是如何开展工作的？

（二）召开频率

会议通常由资产负债管理委员会办公室定期组织，商业银行可根据自身具体情况设定召开频率，可按月、季等不同频率召开，一般而言至少应每季度召开一次。经委员会主席、副主席或秘书处提议，可临时增开委员会会议。

（三）讨论议题

资产负债管理委员会审议范围内的事项须提交资产负债管理委员会进行审议表决。讨论议题通常由相关部门向资产负债管理委员会秘书处提交的议案，或由资产负债管理委员会主席或副主席提供的议题。会议中，各位委员在了解议题相关情况的基础上，对议题内容进行讨论并提出建议。最后，通过各位委员表决的形式形成最终决议。以汇丰银行（香港）资产负债管理委员会流动性讨论事项为例，主要包括：是否遵守相关监管规定；预测不同压力情景下的现金流，并考虑维持必要的流动性资产水平；按照内部及监管机构的规定，监察流动资金比率；以足够的备用信用额度维持多元化的资金来源；管理各类资金的集中度及分布情况；管理或有流动资金承诺风险，使之维持在既定上限以内；维持各项债务融资计划；监察客户存款的集中度，防止过分依赖个别大额存户，并确保整体资金组合情况令人满意；维持有效的应急融资计划。该计划通过一系列预警指标可及早辨识紧急情况或压力增加趋势，并且说明出现系统性或其他危机时应采取的行动，可将业务所承受的长远不利影响降至最低。

（四）决议执行

对于在会议上形成的决议，各个成员部门需要认真落实，并及时将落实情况报资产负债管理委员会秘书处，秘书处汇总落实情况后，向资产负债管理委员会报告。

（五）相关报告

报告的主要内容包括资产负债运行情况、流动性风险分析、银行账簿利率风险分析、结构性外汇风险敞口分析、资本分析等。其中，资产负债运行情况包括资产负债业务构成及变化，净利息收入的变化、分析和预测等方面。流动性风险分析报告内容包括流动性监管达标情况和相关流动性指标变化情况，流动性资产情况，流动性缺口变化及预测情况，流动性压力测试开展情况等。银行账簿利率风险分析包括利率敏感性缺口分布情况，利率敏感性限额的执行情况，利率压力测试开展情况等。结构性外汇风险分析包括结构性外汇风险敞口变化情况，汇率风险的敏感度变化情况，汇率风险压力测试开展情况等。资本分析包括资本变化情况，资本监管达标情况，资本压力测试开展情况等。

专栏 10.1　汇丰银行的流动性资产报告

....

在汇丰银行的流动性资产报告中，清晰展示了2017年12月31日和2016年12月31日该集团的流动性资产情况，以及各个分支机构的流动性资产储备。同时，展示了各类流动性资产的分布情况。资产负债管理委员会根据该报告评判该行的流动性资产分布是否符合该集团的发展战略及风险承受水平。

汇丰旗下主要公司的流动资产

主要公司	于2017年12月31日确认		于2016年12月31日确认	
	集团及公司层面（百万美元）	仅公司层面（百万美元）	集团及公司层面（百万美元）	仅公司层面（百万美元）
英国汇丰流动资金集团				
第一级	161 036	161 036	143 884	143 884
第二a级	2 914	2 914	2 085	2 085
第二b级	18 777	18 777	7 663	7 663
香港上海汇丰银行—香港分行				
第一级	68 35	77 217	48 342	98 963
第二a级	26 848	20 848	23 790	23 790
第二b级	5 526	5 528	3 450	3 450
美国汇丰银行				
第一级	46 443	65 131	53 409	72 931
第二a级	13 690	13 690	14 995	14 995
第二b级	39	39	10	10
恒生银行				
第一级	20 804	31 091	21 798	37 525
第二a级	3 287	3 287	1 474	1 474
第二b级	197	197	199	199
汇丰旗下其他主要公司总计				
第一级	77 958	88 281	74 239	90 579
第二a级	7 899	7 899	6 240	6 240
第二b级	1 003	1 003	226	226

注：英国汇丰流动资金集团包括四个法律实体：英国汇丰银行有限公司（包括所有海外分行及就财务报表目的而由英国汇丰银行有限公司综合入账的特设企业）、玛莎金融服务有限公司（Marks and Spencer Financial Services plc.）、汇丰私人银行（英国）有限公司 [HSBC Private Bank（uk）ltd.] 及汇丰信托公司（HSBC Trust Company）。

专栏 10.2 汇丰银行的利率风险报告

··

　　下表展示了汇丰集团2017年12月31日的利率风险状况，描述了在利率平行移动冲击情况下，各币种净利息收入的变动。资产负债管理委员会以该利率风险报告为依据评估当前集团的利率风险水平，决定是否调整利率风险管理策略。

对孳息曲线瞬时变动的净利息收益敏感度（12个月）

利率移动冲击	货币					
	美元 （百万美元）	港元 （百万美元）	英镑 （百万美元）	欧元 （百万美元）	其他 （百万美元）	总计 （百万美元）
平行上移25个基点	227	179	147	50	203	806
平行下移25个基点	-287	-305	-181	8	-160	-925
平行上移100个基点	845	711	600	412	731	3 299
平行下移100个基点	-1 444	-1 425	-631	31	-732	-4 201

（六）会议议程

资产负债管理委员会议程为各家银行根据情况自行制定。专栏9.3为此类会议提供了一个模板。

专栏10.3 资产负债管理委员会议程示例

1. 开场白

2. 讨论上次拟定事项进展

3. 审查资产负债管理委员会月度报告

4. 宏观经济分析

5. 资本战略部署：更新资本配置结构建议（资本管理负责人）

6. 市场利率：当前货币市场利率分析及利率风险管控（利率负责人）

7. 流动性资金面：全行和金融市场流动性情况（资金负责人）

8. 汇率：汇率波动影响分析（外汇负责人）

9. 投票表决提案

10. 下次会议的日期

日期：11月25日星期三

时间：15：00

位置：董事会会议室

出席：

首席财务官（主席）　　　首席执行官

资产负债管理主管　　　　企业银行业务主管

市场风险主管　　　　　　货币市场主管

产品控制主管　　　　　　金融机构业务主管

首席风险官

附件：

会议纪要（第2项）

资产负债管理委员会报告包（第4项）

未来的组织将面临波涛汹涌的变化，必须进行不断改变和调整。现代管理最主要的任务是应对变化。

——弗里蒙特·卡斯特（Fremont E.Kast）|
美国西雅图华盛顿大学教授、管理学家

第十一章
资产负债管理政策制度体系和
策略实施

危机逐渐袭来的时间可能会比我们想象的要长很多，但一旦来临，它发起进攻的速度，又有可能比我们想象的快很多。这是因为人们对自己不想看见，不想听见的事物会有一种强烈的排斥情绪。因此，我们需要有一套机制来确保事前规划好的每一步都能得到执行。银行的政策制度体系是银行员工的行为准则，也是实现特定时期银行战略的行动准则。政策是大方向、大目标，制度是行为规范，是具体的准则。政策范围优先于制度，策略则是在政策制度的大框架下，根据形势变化而制定的行动方案。

一、资产负债管理政策制度体系

资产负债管理工作涉及银行多个职能部门，因此，有效的资一个完整的资产负债管理政策制度体系一般包括哪些层级的制度？具体又包含哪些内容？

产负债管理需要建立在各部门充分沟通和合作的基础上。资产负债管理政策制度能够使各级管理人员在一个共同的知识基础上相互交流，为其提供清晰的日常工作指引，从而使员工能有效地贯彻执行银行的资产负债策略，开展各项资产负债管理工作。

资产负债管理政策制度通常由基本政策、一系列制度（或子政策）以及相关操作规程三层政策制度体系组成（见图11.1）。其中，资产负债管理政策是银行开展资产负债管理业务的基本指引，主要阐明资产负债管理的依据、目标、原则、治理结构、组织实施等内容。这一高层次政策有一套更为详细的制度（或子政策）进行支持，通常包括流动性风险管理制度、银行账簿利率风险管理制度、汇率风险管理制度、内部资金转移定价管理制度、资本管理制度、资产负债管理委员会工作规则等。

流动性风险管理制度为银行流动性管理提供基本指引，涵盖流动性管理原则、目标、治理架构及职责分工、管理机制、指标体系、压力测试、应急计划等内容。旨在通过建立科学、完善的流动性风险管理制度体系，对流动性风险实施有效的识别、计量、监控和报告，确保全行在正常经营环境或压力状态下，能及时满足资产、负债及表外业务引发的流动性需求，履行对外支付义务，有效平衡资金的效益和安全，并以此为基础，加强分支机构、附属机构和各业务条线的流动性风险管理和监测，有效防范集团整体流动性风险。

银行账簿利率风险管理制度为银行账簿利率风险管理提供基本指引，涵盖银行账簿利率风险管理原则、目标、治理架构及职责分工、管理机制、指标体系、压力测试等内容。目的是在银行内部建立一套完善的管理机制来防止由于市场利率水平和结构的变动导致银行账簿整体收益和经济价值遭受损失。在面临较大利率风险，临近或即将触发内部限额指标的情况下，银行应通过表内资产负债调整或表外衍生品对冲将风险控制在合理的范围内。

汇率风险管理制度为汇率风险的识别、分析、计量和监测提供了一套完善的指引。

资本管理制度的目的是建立有效的资本约束机制，保持适宜的资本总量和结构，约束风险资产过度扩张，持续满足监管要求，确保安全运营，以实现银行价值最大化。内部资金转移定价政策为内部定价管理提供指引，涵盖内部定价的原则、目的、使用范围、定价方法、定价组织实施等内容。资产负债管理委员会工作规则主要阐明资产负债管理委员会的工作职责、组成、委员的权利和义务、工作程序、决议执行等内容。

在上述政策制度之外，为具体指导员工执行上述政策和制度，开展日常工作，通常会制定详细的操作规程，如流动性风险管理操作规程会说明计算每一个流动性指标时的数据来源、数据存储、报表处理过程、结果报送对象及时间要求等。

资产负债管理相关政策制度以及操作规程由资产负债管理职能部门负责起草，报资产负债管理委员会批准。政策运行过程中，应根据外部市场环境的变化、监管要求的更新和内部业务策略的发展趋势不断修订完善，一般至少每年度重检一次。资产负债管理政策和下设各个制度（或子政策）以及操作规程需按照重要档案管理规定处理，由指定部门和业务人员维护。相关政策、制度以及操作规程的修改和更新必须及时并通知相关部门。

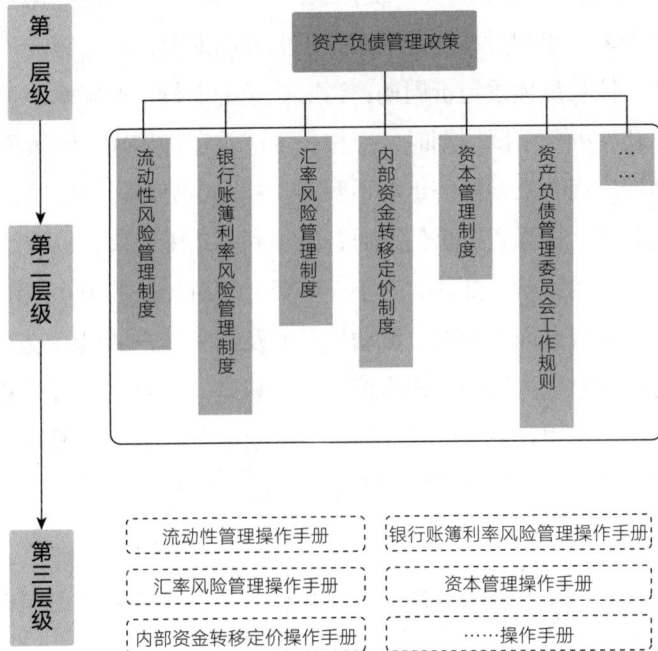

图 11.1　资产负债管理政策制度体系示例

资产负债管理策略包括哪些内容？应如何制定每一种具体策略？

二、资产负债管理策略

通常来说，银行资产负债管理职能部门实际操作的依据就是银行的资产负债管理策略。在银行统一的风险偏好框架下，银行的资产负债管理委员会通常会按年发布银行的资产负债管理策略，并根据形势变化按一定频率修正（通常为每季度）。该策略应具有动态性和灵活性，并能够适应营运条件的变化。策略通常包括以下内容：宏观经济的整体状况、资本管理、资产管理、负债管理、内外部定价管理、流动性风险管理、银行账簿利率风险管理和汇率风险管理、报表（资产负债表和利润表）的模拟建模情况[①]等。

以报表（资产负债表和利润表）的模拟建模情况为例。在作出具体的资产负债决策前，应该判断影响决策的主要宏观变量走势情况。首先，在当前银行多币种经营的现状下，因不同货币的利率走势并不一致，应先区分币种逐个进行分析，制定分币种策略。其次，在分析制定单币种策略时，需根据当前宏观经济运行情况、货币政策目标及相关市场信息判断货币政策走向，进而判断利率走向。最后，需要结合银行自身的风险偏好、存量的资产负债结构等情况，动态修正未来的资产负债策略。一般而言，当宏观经济上行，通胀率处于相对高位，利率处于上升周期时，应缩短资产重定价周期、拉长负债重定价周期；当宏观经济下行，通胀率处于相对低位，利率处于下降周期时，应拉长资产重定价周期、缩短负债重定价周期。而当宏观经济走势不明朗，利率走势难以判断时，较合适的策略则为加强资产负债配对，减小利率错配缺口，以减低收益受利率波动的影响。此外，对于一些资金相对短缺的中小型银行而言，因短期资金面的影响，流动性趋紧及利率抽升的风险较高，在关键时点较合适的策略为逐步缩小资金缺口，以防范流动性风险和利率风险。在银行的实际操作中，通常会由资产负债管理职能部门根据银行的资产负债管理策略实施具体管理行为。

---

① 模拟建模是度量银行假设的利率变化或账户本身的结构变化对银行账簿以及利润水平潜在影响的一种方法。首先，根据当前宏观情景，构建"基础"的资产负债表和利润表；其次，评估未来可能的特定情景对资产负债表的影响；最后，评估未来可能的特定情景对利润表的影响。

> 流动性是个懦夫，遇到麻烦就会消失。
>
> ——巴顿·比格斯 | 摩根士丹利前首席全球策略师

第十二章
流动性风险管理

　　潮水退去，水落石出。显然，每一家金融机构，无论规模大小，都必须了解它正在承担的风险，以及如何控制和减轻这些风险。流动性是指商业银行在不引起无法接受的损失的情况下，应对资产增长和履行到期债务的能力。流动性风险是指商业银行虽然有清偿能力，但无法及时获得充足资金或无法以合理成本及时获得充足资金以应对资产增长或支付到期义务的风险。从基本内涵来看，有清偿能力将流动性风险与清偿风险区分开来；突出成本概念，可以获取资金但需付出额外成本仍然属于流动性风险；强调支付义务，义务范围高于债务，未能支付非法定义务也可能带来声誉风险。从产生原因来看，流动性风险主要来源于资金流不匹配（主要表现为资产负债新增规模不匹配，存在资金缺口或者资产负债期限不匹配，借短放长）和其他风险派生（信用风险、市场风险、操作风险、声誉风险、IT风险等均可能引发流动性风险）。从主要特点来看，流动性风险突发性强，传染性高，破坏力大，会对商业银行的盈利及资本造成不利影响，在极端情况下银行可能倒闭，堪称"最致命的风险"。而借短放长期限错配的经营模式导致流动性脆弱是银行的天生缺陷。因而，商业银行的流动性风险备受监管当局关注。未雨绸缪胜于亡羊补牢。总的来讲，流动性风险管理的主要目标就在于以合理成本确保支付安全与监管达标。

一、流动性风险管理的重要性

（一）流动性风险是银行董事会和监管当局最为关注的风险

借短放长是银行的普遍经营模式，因而不可避免面临流动性风险。纵观商业银行经营史，从英国巴林银行、美国伊利诺伊银行到硅谷银行、北岩银行、日本振兴银行、中国海南发展银行等，虽然问题的起因各有差异，但无一不是最终流动性不足而导致危机，不得不由政府救助或破产。商业银行需要充分了解其他风险与流动性风险如何产生互动，才能够全面识别和管控流动性风险。因此，流动性风险是银行经营者和监管者最为关注的风险。

（二）金融危机后流动性风险管理重要性进一步提升

一是监管机构意识到监管力度需要加强。流动性风险往往来自一些"灰犀牛"事件[①]，并非难以预料的"黑天鹅"，监管力度加强有助于降低流动性风险。二是确立了流动性监管与资本监管几乎并驾齐驱的重要地位，监管机构意识到即使资本充足，银行仍有可能因流动性风险而陷入困境。资本强调清偿能力，核心是风险需要资本覆盖；流动性强调现实的偿付（支付）能力与时间维度的现金流匹配，核心是以优质流动性资产覆盖流动性风险。危机后的国际金融监管改革将流动性覆盖率和净稳定资金比例两

> 巴塞尔委员会专门提出治理流动性风险，流动性风险管控已然成为商业银行经营管理的核心内容之一。你知道为什么流动性风险管理如此重要吗？

---

① "灰犀牛"这一概念是由美国学者、古根海姆学者奖得主米歇尔·渥克（Michele Wucker）于2013年1月在达沃斯全球论坛上提出的，根据他所著《灰犀牛：如何应对大概率危机》一书，"黑天鹅"比喻小概率而影响巨大的事件，而"灰犀牛"则比喻大概率且影响巨大的潜在危机。

项指标作为全球统一的流动性监管标准。其中，流动性覆盖率要求银行的短期现金流缺口需要有足够的流动性资产支持，净稳定资金比例要求银行长期资产需要有足够的长期或稳定负债支持。

（三）成熟市场条件下的银行流动性风险管控难度更大

1. 负债稳定性降低，增加了银行负债端流动性管理的压力。负债的不稳定性主要表现在两方面：一是客户可选择的投资理财产品多样，为追求更高利率，客户资金可以频繁地在存款、基金、债券及各类理财产品之间转换，影响了银行客户存款的稳定性；二是由于利率充分市场化，银行具备完全自主的定价权，资金定价的竞争将会影响客户资金的流动，增加银行负债的不稳定性。

2. 利差收窄会加剧银行资产负债期限错配和高风险偏好。在成熟市场条件下，由于竞争的充分性，资金利差一般低于管制市场水平。为应对利差收窄给银行收益带来的压力，银行会更倾向于扩大资产负债的期限错配程度，短借长贷。同时出于盈利压力，银行更愿意将贷款投放给愿意支付高利率的借款人以获取高收益，高风险资产占比将会增加，对风险较低的借款人产生挤出效应，形成风险偏好的逆向选择。

3. 资金的自由流动使得区域流动性更容易受到全球市场因素的影响。在完全市场化环境中，区域流动性受全球政治、经济因素影响明显，给区域内银行的流动性管理带来压力。区域市场资金进出完全自由，这对银行业的流动性管理提出了更高要求，需要银行管理人员具备高度的市场敏感性，及时把握市场信息，提早作出研判，稳妥部署流动性管理涉及的资金组织和资产安排。

4. 对国际化经营的银行集团来说，面临的流动性监管成本更高。国际化的商业银行分支机构分布于全球各地，虽然各分支机构面临着不同国家监管要求，但在监管理念上，银行业的流动性监管均为首要的监管目标，特别是成熟市场的监管机构，一般均执行全球最为严格的流动性监管标准。突出表现在：一是将表内表外业务全部纳入流动性监管，实施全方位、多指标的监管。二是强调对集团流动性风险的整体监控。三是重视流动性压力测试结果的应用。四是强调监管协作。如果某一国家或地区分支机构被当地监管机构提出监管意见，该银行集团在其他国家或地区的监管机构一般会同时跟进。这些都相应增大了银行的监管成本。

二、商业银行流动性风险管理的治理架构

风险管理均有其运作机制，商业银行的流动性风险管理体系是怎样的？具体职责范围如何？

一分预防，胜似十分治疗。流动性风险是银行多种风险的综合反映，管理上需要跨部门协作。为保证管理架构的有效运行，银行应成立集团层面的领导协调机构，并建立完善的协同机制。银行的董事会需要决定及清楚说明流动性风险类别及程度，银行在正常及受压情况下流动性风险的可承受水平。在制定业务策略及政策方面，银行的高级管理层应设有流程，以计量流动性成本、收益及风险，并将有关成本、收益及风险分摊于各项业务活动中，确保业务开展与银行的流动性风险偏好一致。银行的流动性风险管理由决策、执行和监督三个体系组成。

（一）决策体系

一般由董事会授权高级管理层下设的相关专门委员会组成（如资产负债管理委员会），负责审批流动性风险管理策略、政策和程序，确定流动性偏好。专门委员会要有效代表董事会履行流动性风险管制的职能，有关委员会的成员应包括资产负债管理部门、风险管理部门、金融市场业务部门及其他影响流动性风险状况的业务部门，确保设有适当的组织架构管理流动性风险。高级管理层应采用适当的系统与工具，以识别、计量、监测、控制及报告流动性风险，确保有内部制度对流动性成本、收益及风险作出适当分配或定价。流动性风险管理程序应接受独立检讨及审核，以确保在面对不断转变的经营环境所带来的新风险与挑战时仍持续有效。

（二）执行体系

一般由承担资产负债管理、风险管理、资金管理、财务会计和运营管理等流动性管理相关职责的部门组成，需要负责流动性风险的计量、控制、缓释和报告，拟定流动性风险计量指标，建立流动性风险的监测体系及预警机制；持续监控优质流动性资产状况；监测流动性风险限额执行情况，及时报告超限额情况；组织开展流动性风险压力测试；拟定流动性风险应急预案并定期测试和评估，及时发现、汇报、防范和化解流动性风险，并在内部定价等相关制度中充分考虑流动性风险因素。

（三）监督体系

一般由承担审计、内控与法律合规等职能的部门或第三方外包机构组成，负责流动性风险监测分析，监督管理架构运行的有效性，定期检讨流动性风险管理程序，以确保其健全、准确及合理。检讨应由具备有关技术与专门知识的独立人士（如内部或外聘审计师）进行。高级管理层应及时而有效地处理检讨过程中发现的任何弱点或问题。图12.1为银行流动性风险管理的治理架构示例。

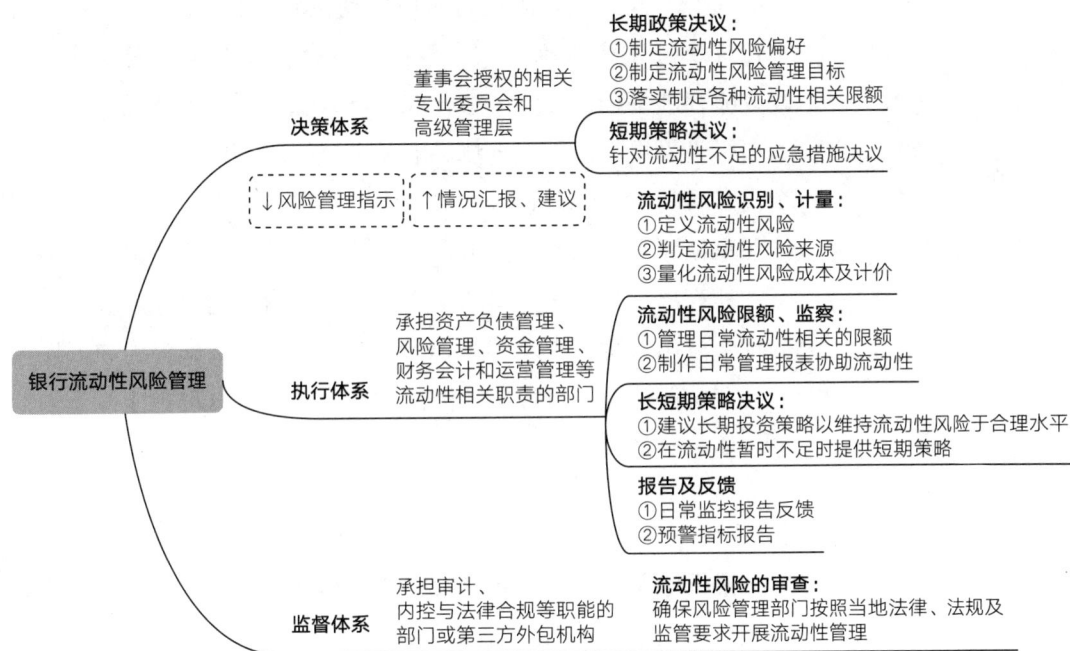

图 12.1　银行流动性风险管理的治理架构示例

三、商业银行流动性风险管理的管理对象

流动性风险管理的目标是为了确保银行在正常经营环境或压力状态下，能及时满足资产、负债及表外业务引发的流动性需求，履行对外支付义务。为达到此管理目标，银行首先要识别流动性管理对象，其中包括强化现金流分析和日间流动性管理，提高融资来源的多元化和稳定程度，及时监测分析优质流动性资产变化，确保未来一段时间内日常和压力状态下的支付安全，密切关注重要币种的流动性风险及其他类别风险对流动性风险的影响，以下为流动性风险管理的主要对象。

（一）现金流管理

银行应建立现金流测算和分析框架，有效计量、监测、控制正常和压力情景下未来不同时间段的现金流缺口。现金流测算和分析应涵盖资产和负债的未来现金流以及或有资产和或有负债的潜在现金流。为实现精细化的现金流管理，银行应将资金头寸分为基础头寸、可控头寸和不可控头寸。基础头寸与可控头寸之和为储备头寸。基础头寸指超额准备金。可控头寸包括有明确到期日的债券、同业往来等银行可以主动控制现金流的投融资业务；不可控头寸主要包括个人存款、单位存款、同业活期存款、贷款、缴存准备金、分红、缴存代理财政性款项、表外承诺、理财等银行难以主动控制现金流的业务。银行对可控头寸按日计算各个设定时间窗口的现金流入和流出；对不可控头寸的未来现金流按照审慎原则、以历史数据、行为模式为基础，开展客户行为分析，计算出正常和压力情景下在一定时间窗口内一定的置信区间的现金流出，每日头寸摆布要满足储备头寸（基础头寸和可控头寸之和）能覆盖不可控头寸流出的原则，一旦出现不能覆盖的情形，要及时融入资金，防范风险。

（二）融资管理

银行应建立并完善融资策略，提高融资来源的多元化和稳定程度。分析正常和压力情景下未来不同时间段的融资需求和来

流动性风险与市场风险、非市场风险紧密联系，涉及多个方面，我们需要重点关注哪些内容和要素？

源；加强负债品种、期限、交易对手、币种、融资抵（质）押品和融资市场等的集中度管理，集中度应考虑以下特性：资产、产品、市场或工具的类别；发行人、交易对手或资金提供者的性质、期限、币种、地理位置等。

银行应尽可能维持分散而稳定的资金来源，以应付不同期限的流动性需求，并确保可随时进入相关市场。银行应采取适当措施以促进与资金提供者的关系，加强在资金市场的参与程度，以及定期评估其迅速筹集资金的能力。除此之外，银行应致力积累及维持足够的稳定及较长期的资金，以支持其业务运作，并且分析其资金结构及评估在正常及不利情况下每项资金来源的稳定性，例如某些类别的资金来源（如同业借款、批发性资金、经电子银行渠道融入的存款）较传统零售资金更为波动。银行应避免过度依赖由其他金融机构提供的备用信用额度作为主要资金来源，并要理解在受压情况下，该额度可能会被终止。存款基础庞大的银行应对不同类型存款的稳定性进行精细化分析，考虑相关合约及行为模式特点（如存款保险涵盖程度，计值货币，零售、批发或私人银行客户等存款人的性质），定期监察其稳定存款的趋势及水平和持续评估其对大额资金提供者（或存款人）依赖的风险水平。为此，银行的信息管理系统应包括方便监察从大额资金提供者处取得资金数额的定期报告。该报告应综合银行从每个大额资金提供者（包括合计时会成为大额资金提供者的一组关联的资金提供者）取得的所有资金。银行也应监察过去从该等资金提供者取得的资金数额，例如过去12个月的最高、最低及平均结余。

（三）优质流动性资产管理

银行应持有充足的优质流动性资产，确保其在压力情景下能够及时满足流动性需求。优质流动性资产应为无变现障碍资产，包括在压力情景下能够通过出售或抵（质）押方式获取资金的流动性资产等；优质流动性资产的规模和构成应根据流动性风险偏好，考虑压力情景的严重程度和持续时间、现金流缺口、优质流动性资产变现能力、业务经营币种结构等因素审慎确定，确保优质流动性资产的多元化，避免资产类别、发行机构及币种等过于集中，并定期测试其套现能力。总体而言，优质流动性资产应具备以下特性：低风险、估值容易及具确定性、结构简单、与高风险资产的相关性低、存在活跃及具规模且波动性低的市场、在完善及认可交易所上市（如属上市资产）、以可兑换货币计价。

（四）内部资金往来管理

在管理与集团内部相关的流动性风险时，银行应了解集团其他机构面对的流动性问题对其流动性状况的影响。例如，银行可能需要向遇到流动性问题的集团机构提供支持；而在紧急情况下，其他集团机构提供给银行的资金可能会被撤走。同时，当集团其中一家机构出现流动性问题，在信誉受到连锁影响下，可能导致整个集团面对流动性压力。银行在评估资金需求时（尤其在受压情况下），应考虑提供给集团机构的任何贷款或流动性承诺（如明确担保或在有需要时可以取用的贷款安排），以及对集团机构提供的资金撤走做好准备。银行应分析集团机构的流动性状况如何影响其本身的流动性，如银行须依赖集团机构提供资金支持，应采取措施识别和考虑可能受到法律、监管或其他方面的限制，避免过度依赖集团内资金。为有效监察系统内机构的风险，银行集团总部应建立程序以综合不同地区的多个系统的数据，了解集团整体的流动性风险承担情况，以及每个地区的法律及监管制度，包括处理倒闭银行、存款保险及中央银行运作架构与抵押品政策的安排，并设有程序，当出现个别地区的系统性压力事件时，在容许转拨流动性与抵押品资源的情况下，对受影响的集团机构分配流动性与抵押品资源。

（五）融资抵（质）押品管理

银行应拥有随时作为抵押品且可通过抵押（如回购协议）的方式获取资金的资产，降低流动性风险。因此，银行在其流动性风险管理程序中，应分配充足资源以有效管理抵押品，计算所有抵押品的持仓状况，包括当前已用作抵押品的资产相对所需抵押品的金额及可用作抵押品的无产权负担的资产，按法律实体、地区及货币风险承担来监察可供动用的抵押品水平，评估有关资产在有抵押借款市场是否获得主要对手方及资金提供者接受，确保就每类资产备有妥善的法律文件，从而有效作出抵押以获取流动性。银行应能准确追踪持有每项抵押品的法律实体及实际地点（托管机构或证券交收系统），以及监察在有需要时如何迅速调动该等资产。银行应分散其抵押品来源，以避免过度集中于任何特定资金提供者或市场，以应付不同期限的预期及意料之外的借款需求，以及已抵押资产因应保证金要求被追加的可能性，包括即日、短期及长期的结构性流动性需求。银行应有足够的系统以监察即日、隔夜及长期的抵押品使用情况的变动，并要考虑在机构本身及市场整体受压情景下的能力限制、价格的敏感度、扣减率及抵押品要求。

（六）即日流动性管理

银行应加强日间流动性风险管理，确保具有充足的日间流动性头寸和相关融资安排，及时满足正常和压力情景下的日间支付需求。除直接参与支付及交收系统外，银行若提供代理及托管银行服务，也可能产生即日流动性风险。即日流动性风险管理面对的一项主要挑战是，银行的日间现金流入及流出的金额与时间均存在不确定性，除了由于客户或交易对手的资金动向不可控外，银行可能受制于规管支付及交收系统的规则。即使在正常情况下，银行的每日总现金流出都可能远超过即日不同时间的总现金流入或净隔夜结余，因此其现金流入及流出在时间上的差异可能会引起即日流动性短缺，使银行必须借入即日资金、为资金的流出作出排序以应付关键支付项目，或借入额外的隔夜资金（如在营业日终结前尚未收到某些预期流入现金）。为降低即日流动性风险，银行应建立大额资金走回款预测预报、评价和成本分摊机制，按日汇总计量客户预期跨行走款、回款情况，每日日初根据日初头寸和预期走回款情况，在充分考虑非预期冲击的情况下匡算当日可用头寸，在确保安全的基础上，确定当日融资交易规模、期限等策略。此外，于日间及时监测业务行为变化，计量日间各个时点现金流入和流出的规模、缺口，实时监测账面资金变化对日间流动性头寸的影响，持有充足的抵押品，必要时可通过管理和使用押品来获取日间流动性，确保支付安全，并且及时监测日间信用额度、可用押品对日间流动性头寸的影响。即日流动性风险管理需要前台与后台部门合作，银行必须指派合适的人员，处理在紧迫时间内需要作出的决定（如应付截止交收时间）。如银行依赖代理或托管银行进行支付及交收活动，则银行应确定有关安排能让其在不同情况下按时履行到期支付义务及管理即日流动性风险。

四、商业银行流动性风险管理的管理工具和方法

（一）指标体系与限额管理

商业银行需要借助管理工具并采用特定的管理方法来进行流动性风险管理，具体内容如何？监管的主要关注点有哪些？

银行应运用一系列流动性指标，以计量及分析流动性风险，使银行管理层了解其日常流动性状况及结构性流动性错配情况，以及抵御受压情况的能力。指标体系应具备以下功能，包括确保银行符合法定流动性规定、预测银行的未来现金流，并识别在正常及受压情况下，不同期限的潜在资金缺口及错配，评估银行的资产负债表结构及业务活动的潜在流动性风险，包括可能因内含期权及其他或有风险承担或事件而引起的流动性风险、评估银行获取资金的能力，以及其受制于或集中利用个别主要资金来源的程度，识别银行受外币流动性相关变化影响的程度。流动性指标可分为监管指标和银行内部管理指标。

1. 监管指标。监管指标是监管要求的红线，例如流动性覆盖率和净稳定资金比例均属于法定指标，是由巴塞尔委员会制定的国际标准。其中：

流动性覆盖率（LCR）是用于确保银行持有充足的无变现障碍的优质流动性资产，以满足压力情景下的30天期限的流动性需求，确保30天内流动性冲击对其业务经营不造成影响。LCR计算公式如下：

$$流动性覆盖率 = \frac{优质流动性资产}{未来30日资金净流出} \qquad （12.1）$$

净稳定资金比例（NSFR）是作为流动性覆盖率指标的补充。这一指标的设定，是为了保证银行持有稳定资金以支持其长期限业务的发展，降低期限错配。这一指标鼓励银行通过结构调整或减少短期融资的期限错配，增加长期稳定资金来源，促进银行选择更长期的结构性资金来源以支持资产负债表内、表外风险暴露和资本市场业务活动。NSFR计算公式如下：

$$净稳定资金比例 = \frac{可用稳定资金}{所需稳定资金} \qquad （12.2）$$

银行业为符合流动性覆盖率和净稳定资金比例等流动性监管要求，一般需要通过以下方式调整资产负债结构，但也因此面临较高的流动性监管成本。一是缩短资产期限，降低期限错配，但短期资产的收益率一般低于长期资产。二是拉长负债期限，同样可降低期限错配，但长期负债的成本一般高于短期负债。三是加强流动性资产投放，但流动性资产（如国债、央票）一般收益率较低，甚至低于银行的资金成本。其他符合流动性资产要求的债券（如投资级企业债），虽然收益高于国债和央票，但在监管指标的计算上为此类债券设有上限，即使银行持续购入也不一定能改善指标。四是加大存款吸收力度，存款的流出系数较其他品种的负债低，特别是零售存款，因此存款的竞争往往更激烈。

部分地区的监管机构因应银行业务规模和特点，对法定指标进一步细化。比如，国务院银行业监督管理机构根据银行资产规模拟定不同银行所需实施的法定要求。流动性覆盖率、净稳定资金比例适用于资产规模在2 000亿元（含）以上的银行。优质流动性资产充足率适用于资产规模小于2 000亿元的商业银行，该指标与流动性覆盖率相比更加简单、清晰，便于计算，较适合中小银行的业务特征和监管需求。流动性匹配率则适用于全部商业银行，其计算较简单、敏感度较高、容易监测，可对潜在错配风险较大的银行进行有效识别。

$$优质流动性资产充足率 = \frac{优质流动性资产}{短期现金净流出} \times 100\% \quad （12.3）$$

$$流动性匹配率 = \frac{加权资金来源}{加权资金运用} \times 100\% \quad （12.4）$$

再如，以中国香港特别行政区为例，自2015年起，香港金融管理局对银行流动性风险实施分类管理，根据系统重要性、业务性质和复杂性等因素把银行归类为1类和2类机构，1类机构需要实施更严格的监管指标（流动性覆盖率和净稳定资金比例），2类机构则实施较宽松的要求（流动性维持比率和核心资金比率）。中国内地和香港地区的流动性监管指标比较情况见表12.1。

其中，流动性维持比率（LMR）主要规定银行需要持有足够的流动资产覆盖一个月内的资金缺口，其计算公式为"流动资产"除以"限定债务（经扣减后）"，法定监管要求为不低于25%，由金管局指定的2类机构实施。流动资产主要包括流动性债券、存放于金管局的结余、现钞、黄金、一个月内到期出口汇票和一个月内到期债务（扣减项）。限定债务主要包括一个月内到期净拆入、存款及其他负债、未提用的贷款承诺和一个月内到期的合资格贷款还款（扣减项）。

核心资金比率（CFR）主要规定银行需要限制中长期（半年以上）的资产负债期限错配。其计算公式为"可用核心资金"除以"所需核心资金"，法定监管要求为不低于75%，由金管局指定的2A类机构实施。可用核心资金主要包括资本金（含营运资金）、存款和剩余期限6个月以上的负债。所需核心资金主要包括剩余期限6个月以上的资产（但不含符合LMR要求的流动资产）、固定资产、表外负债和衍生品盯市亏损。

$$流动性维持比率 = \frac{流动资产}{限定债务（经扣减后）} \times 100\% \quad （12.5）$$

$$核心资金比率 = \frac{可用核心资金}{所需核心资金} \times 100\% \quad （12.6）$$

表12.1　中国内地和香港地区的流动性监管指标比较

监管机构		监管指标		监测指标
巴塞尔委员会		LCR、NSFR		合同期限错配、融资集中度、可用的无变现障碍资产、与市场有关的监测工具
银保监会	1类机构	LCR、NSFR、流动性比例和流动性匹配率		流动性缺口、流动性缺口率、核心负债比例、同业融入比例、最大十户存款比例、最大十家同业融入比例、超额备付金率、重要币种的流动性覆盖率和贷存比
	2类机构	优质流动性资产充足率、流动性比例和流动性匹配率		
香港金管局	1类机构	LCR、NSFR		集中度、中/长期资金比例、核心存款比例、存贷比、掉期资金比例及期限错配比例等
	2类机构	二A类机构	LMR、CFR	
		其他二类机构	LMR	

注：银保监会规定的 1 类机构指的是资产超过 2 000 亿元人民币的商业银行；2 类机构是资产低于 2 000 亿元人民币的商业银行。

2. 内部管理指标。在监管指标之外，银行应设定一系列内部管理指标，多维度识别流动性风险。内部流动性指标主要包括以下类别：

（1）融资集中度类指标。主要用于监测当前负债来源的种类、期限、交易对手等占比情况，以评估当前商业银行对某种或者某类负债的依赖程度，对各类期限的资金的依赖程度，以及对融资的交易对手的依赖程度。具体指标可以包括最大及前十大同业交易对手比例、前十大存款客户集中度、主要负债在总负债中占比、30天内到期的同业融资占比、90天内到期的同业融资占比、同业剩余拆借能力等。

（2）流动性缓冲指标。主要用于衡量商业银行当前具有的优质流动性资产水平。具体指标包括备付金率、流动性债券占比、流动性比率、流动性缓冲资产规模等。

（3）存贷比指标。与其他资产相比，贷款的流动性较差，而客户存款则是稳定性较好的负债。设定存贷比的流动性监测指标，是通过测算商业银行贷款与存款之间的比率，要求商业银行的贷款资产要有适当的稳定性较好存款提供资金支持。存贷比是一个标准化的指标，也是银行常用的流动性指标。它也是衡量银行及其分支机构"自主持续发展能力"的指标。通常来讲，高于100%的存贷比是资产过度扩张的警示信号，当然，低于70%的存贷比意味着流动性过度充裕，以及潜在较低的资金收益率。虽然存贷比能够较好地衡量客户存款资金对银行贷款运用的贡献，但是，这个指标不能用来进行预测，而且也无法分析资金的期限、集中度和波动性。所以，仅用存贷比来衡量流动性风险是不够的，必须将存贷比和其他流动性指标结合起来加以考虑。[①]

$$存贷比 = \frac{客户贷款}{客户存款} \times 100\% \qquad (12.7)$$

（4）现金流缺口。现金流缺口，是指商业银行在当前流动性状况下，未来各个期限段内流动性供给需求之间的净额，这一指标反映了商业银行未来潜在的流动性风险。如果这一缺口为正，表明在该期限段内，流动性需求小于流动性供给，在该期限段内流动性充裕，产生流动性风险的可能性小。如果这一缺口为负，则表明该期限段内，流动性需求大于流动性供给，存在现金流缺口，需要融资解决流动性缺口，降低流动性风险。一般来讲，商业银行会根据银行业务期限的实际情况，划分各个期限段，计算各期限段内的现金流缺口以及累计现金流缺口（见表12.2）。

---

① 1994年2月，中国人民银行发布了《关于对商业银行实行资产负债比例管理的通知》（现已废止）（银发〔1994〕38号），规定贷款占存款的比例不得超过75%。1995年《中华人民共和国商业银行法》将该指标定为法定指标。这是个为限制银行盲目放贷的措施，但这个措施同时也存在一些弊端，比如银行在月末或季末高息吸收存款，引发市场利率巨大波动，所以，自2015年10月1日起，监管部门取消了存贷比指标的强制地位，转为非强制性观测指标。进而使用存款偏离度指标，指的是月末或季末银行存款偏离度不得超过3%，也就是说月末或季末的存款总额不得超过银行当月日均存款的103%。

表12.2　现金流缺口表示例

日期	流入（＋）							流出（−）									当天现金流	累计现金流
	拆入	拆出	债券投资	存款证	外汇掉期	贷款	定存	拆入	拆出	债券投资	存款证	外汇掉期	贷款	活期存款	定存	表外承诺		
9月1日																		
9月2日																		
9月3日																		
9月4日																		
9月5日																		
9月6日																		
9月7日																		
9月8日																		
9月9日																		
9月10日																		
9月11日																		
9月12日																		
9月13日																		
9月14日																		
9月15日																		

（5）期限错配比率。期限错配净额是指在同一时段（七天或一个月）内到期的资产及负债的净额，而错配比率是错配净额与总负债的比率。该指标用于监控各时间段内的现金流错配情况。商业银行同时计算全币种和单一重要币种的错配比率。

$$期限错配比率（7天或1个月）= \frac{（7天或1个月内到期资产 - 7天或1个月内到期负债）}{总负债}$$

$$\times 100\% \tag{12.8}$$

（6）追踪集团内贷款及借款的指标。用于衡量商业银行当前资产负债表内，集团内部的借款或贷款占比水平。在日常监测过程中，要防止该指标过高，以避免在集团内发生流动性风险时，风险在系统内部蔓延。

$$系统内拆出占比 = \frac{系统内拆出总和}{总资产} \times 100\% \tag{12.9}$$

$$系统内拆入占比 = \frac{系统内拆入总和}{总负债} \times 100\% \tag{12.10}$$

（7）货币错配指标。银行应设定掉期资金比率或掉期资金规模等指标，以反映运用特定类别金融工具（如货币掉期）填补个别货币的资金需求情况。

$$分币种掉期资金比率 = \frac{分币种掉期资金净额}{分币种总负债} \times 100\% \tag{12.11}$$

此外，银行需要对当前负债中主要负债币种进行鉴别和流动性监测。对于重要币种（在总负债中占比超过5%的币种）需要对该币种的流动性状况进行重点关注，并需要及时监测该币种的负债来源稳定性及其他方面的流动性管理。

3. 限额及警戒线。银行应按照监管要求、业务规模、性质、复杂程度、流动性风险偏好和外部市场发展变化情况，对每项流动性指标设定流动性风险限额。在限额管理方面，为减小触碰内部限额的概率，银行应增设警戒线，作为一个预警信号，及时采取措施，避免指标超出限额，有效控制流动性风险。一旦指标超出限额，相关业务人员应向管理层报告，尽快采取缓释措施，降低银行流动性风险。对于监管法定指标，除了制定相应的内部警戒线和限额外，银行一般对有关比率进行动态预测，预测除了综合考虑资产负债到期情况，也要合理假设未来业务的开展情况，确保监管达标。此外，流动性指标和限额可以按重要性分为A、B、C三级。A级是需要经董事会或其授权委员会审批并定期向董事会报告的核心限额，B级是需要由高级管理层/ALCO审批并定期向高级管理层报告的限额指标，C级是部门层面进行日常风险监控所设置的限额指标，其限额设置水平及监控频率与银行的管理模式、管理能力及管理信息系统的支持程度相一致。

（二）压力测试

银行除了需要监察在正常业务情况下的流动性状况外，应根据严峻但可能发生的情景定期进行压力测试，流动性风险压力测试是指通过定量化方法，分析潜在风险因素及事先假设的小概率极端事件发生对银行资金来源和资金运用的影响，测度极端情况下银行流动性状况及承受短期和中长期压力情景的流动性风险控制能力，识别在受压情况下的潜在流动性压力来源，评估其在不利情况下，从资产与负债取得足够流动性应付资金需求的能力，同时考虑资产负债表外承诺及其他或有负债所引起的潜在流动性需求，预测潜在风险因素和极端事件对流动性的影响。开展流动性压力测试的程序主要包括：确定压力测试对象及承压指标、设定压力情景、设置情景参数、测试结果运用等方面。

1.压力测试对象及承压指标。一般而言，压力测试分三种，一是一般流动性压力测试，指多个风险要素同时发生，用于评估银行是否可以在压力情况下保持每天的净现金流为正数（度过一定期限的生存期，如1个月）；二是即日流动性压力测试，它与一般压力测试区别在于其受压时间为每天的每一个时档（如1小时），银行需要评估在压力情况下是否可以保持每个时档均实现净现金流入；三是反向压力测试，一般的测试是预设压力参数，但反向测试则指定一个参数进行调整，直至压力增加至一定程度时，使累计净现金流出现负值，用于衡量单个重要风险因素或单个不利事件的发生，对银行的风险暴露和银行承受风险能力的影响。除此之外，出现市场剧烈波动等情况时，要结合外部经营环境变化、监管部门和集团要求，提高压力测试频率，或针对未来可能发生的压力情景进行临时性、专门性压力测试。

2. 设定压力情景。在压力情景的设定方面，一般会包括银行自身受压情景、市场整体受压情景以及合并情景（同时出现以上两种情景）。在银行自身受压情景下，银行会出现资产质量问题、偿债能力问题、信用评级被下调、挤兑、到期负债不能叙做、市场不利传言等。在市场受压情景下，市场整体流动性紧缩，可动用的有抵押及无抵押借款来源严重收缩，一些原本属高流动性的市场同时出现市场流动性骤减的情况，交易对手可能出现违约、需要大幅折让才能出售资产，市场结算出现问题等。在合并情景下，除了考虑上述因素外，市场上受影响的金融机构将较多，可能面对较长时间的客户存款流失情况。银行要在相关资产市场流动性降低及市场普遍需要流动性的情况下出售大量资产或就大量资产进行回购交易，因此出售资产的折扣率可能更高。在各压力情景下，银行需要设定最短的压力持续时间，一般为1个月，并评估在1个月内，银行的净现金流入是否可以持续保持正数。在设计受压情景时，银行应考虑与其业务活动、产品或资金来源相关的特定风险及以往显著受压期间相关市场经验和银行自身经验，例如2008年的国际金融危机。

压力情景的假设需要包含内部风险因素、外部风险因素和其他因素。内部风险因素主要包括存款的流失、贷款的逾期或者形成坏账，银行间无担保承诺方面主要包括银行间的批发性融资中融入机构偿付能力变弱、融出机构流动性出现问题、市场资金紧张引发市场混乱及银行间同业市场存在逆向选择问题，潜在的融出机构不确定融入机构的信用质量、表外信用承诺等业务、延迟付款导致的清算僵局风险等；外部风险因素主要包括商业银行所在地、集团所在地以及全球的宏观经济状况、监管当局的货币政策、存款保险计划、央行最后贷款人政策、支付清算系统、汇率政策及其他外部环境导致的流动性风险因素；其他流动性风险因素主要包括集团内债券债务情况（如果流动性资产和负债主要集中于集团内部，将增加银行流动性风险，集团个别实体资金链断裂将迅速蔓延至系统内各家机构）、银行声誉及新业务拓展计划等。从国内外的监管要求上来看，流动性压力程度通常分为三个等级，分别是轻度、中度和重度流动性压力冲击。流动性冲击力度由轻到重逐渐递增。

3. 设置情景参数。银行在制定压力参数时，应对表内和表外项目制定合适假设，定期重检参数设置的有效性。资产方面，应包括有关现金、流动性资产（如债券、证券投资）、可供出售贷款（如住宅按揭贷款）或资产组合；其他缺乏流动性或非有价资产（如无法迅速出售的贷款、银行物业、在附属公司或联系实体的投资，以及特定分类信贷）。制定有关参数时，银行综合考虑资产于受压情景时的市场流动性、资产的信用质量、期限、品种等因素。同时，应评估在受压情况下的预期亏损或价格折让水平，以及执行交易与进行交收所需的时间，例如出售贷款一般资金回笼的时间较长及对账面值需要作出较高扣减。就资产所产生的合约现金流（如同业拆出到期、贷款到期等），银行应按实际情况评估资金回笼时间及金额，客户贷款到期是否需要叙做等问题。负债方面，银行应考虑其资金来源的可靠性及稳定性，以及评估资金是否于压力初期时迅速撤走。一般而言，零售资金较为稳定，批发类机构会迅速作出反应并提走资金。银行应考虑在受压情况下影响不同类别负债的稳定性，制定合适的流失率，其中客户存款的流失率需要考虑的因素较多，例如，存款金额、存款是否受保障、存款品种（如存款属于支薪账户，一般而言较为稳定）、存款人类别（评估零售、小商户、大企业、私人银行及金融机构客户的存款稳定性）、存款人是否与银行有其他业务关系、某类别存款的行为模式（如以往续期情况）。表外项目方面，在压力期间，银行给予客户的贷款融通、信用证或担保的提取金额可能大幅增加，加快资金流失。银行应评估在正常业务情况下该等贷款承诺、信用证及财务担保被动用的水平，然后估计在压力期间现金流出的增幅。另外，如银行依赖其他机构提供的已承诺信贷安排或担保，应评估在受压情况下的流动性影响。如银行已订立附有触发条款的短期融资交易、衍生工具或其他合约，应评估在压力期间该等交易或合约对其流动性状况的影响，包括在发生事故的情况下（如信用状况恶化、衍生工具持仓市值或相关资产价格下跌），交易对手可能向银行追加抵押品的可能性。

4. 测试结果运用。压力测试主要运用于商业银行的未来流动性管理政策的制定和商业银行的战略调整中。通过分析压力测试结果，识别潜在的流动性风险点，制定出一套完备的流动性风险应对策略，以达到流动性风险缓释目的，措施可包括限制银行的流动性风险承担、获取更多长期融资、调整资产负债组成、扩大银行的流动性资产规模，以应对不同压力测试情景。同时，流动性压力测试结果，可并入银行的策略性业务规划、流动性风险管理程序（包括流动性风险偏好及内部流动性风险额度的设定）及应急融资计划内。有关压力情景分类、假设及压力测试的应用请参见图12.2。

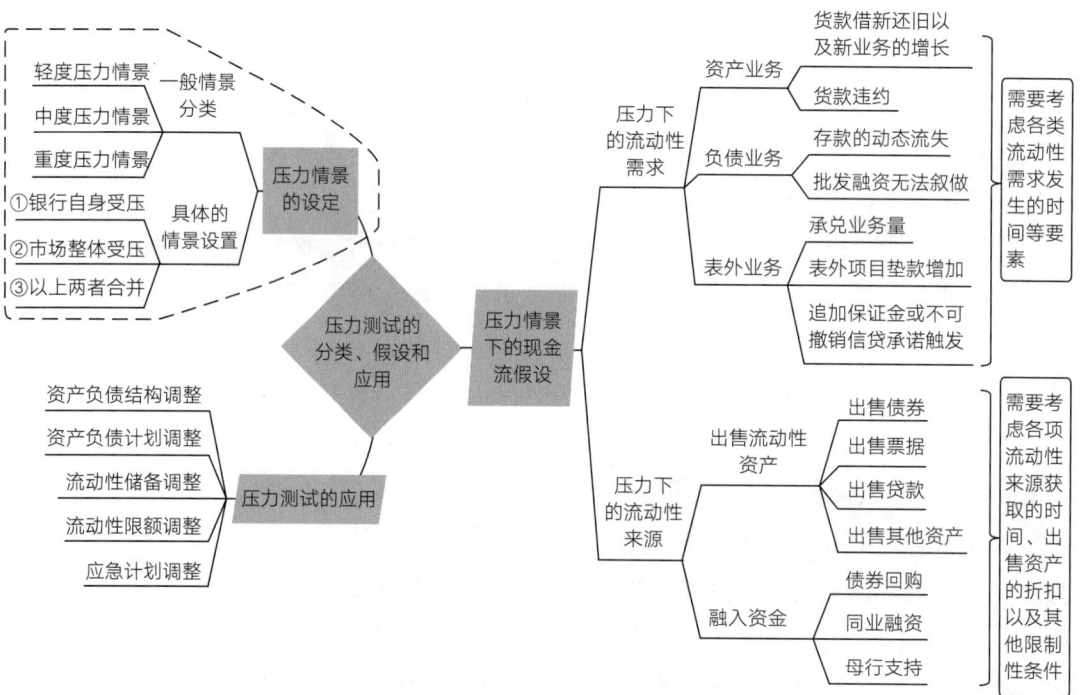

图 12.2　压力测试的分类、假设和应用

（三）应急融资计划

每家银行应设有正式的应急融资计划，以清楚列明其处理紧急情况的策略。有关紧急情况包括流动性短缺的严峻程度超越银行根据自身受压、市场整体受压及合并压力情景进行的压力测试所估计的水平。银行应根据业务规模、性质、复杂程度、风险水平、组织架构及市场影响力，充分考虑压力测试结果，制定一系列政策、程序及行动计划，缓减流动性压力事件，并且清楚订明职责，以及有清晰的启动与上报程序，定期进行演练及更新应急融资计划，确保计划的可操作性。应急融资计划应包括以下内容：

1. 角色与责任。应急融资计划需要明确银行各部门和单位的管理角色、责任及内部程序，包括专责委员会及各部门的分工、上报及优先处理程序，明确采取哪些行动、谁能采取有关行动，以及启动各项行动的时间及方法、负责实施应急计划的小组成员的姓名、所在地点、联系方式及其替补人员。

2. 压力事件的分级分类。银行可按压力程度把流动性压力事件分成3个等级，分别为轻度压力、中度压力和严重压力，每个等级有其对应的预警指标进行监察。轻度压力代表银行流动性压力渐趋紧张，但没有即时的流动性风险。可能发生的流动性事件包括但不限于流动性监管指标低于警戒线、无法通过流动性压力测试等；中度压力代表银行正面临流动性风险，无法以合理成本履行对外支付义务。可能发生的流动性事件包括但不限于流动性监管指标低于内部限额、流动性临时中断、信用评级大幅下调或出现重大声誉风险事件、客户存款大幅减少、不良资产比率大幅上升、交易对手减少融资金额、部分交易对手违约等；严重压力代表银行处于中度压力并且采取应急融资措施后，仍然不能有效缓解流动性压力，来自市场或银行自身引起的流动性压力进一步增加。可能发生的流动性事件包括但不限于以上流动性事件的压力进一步增加、集团内其他机构出现流动性危机等。

3. 预警指标。预警指标为一套可随时运用的内部指标或市场指标，用于早识别流动性风险或潜在资金需求，及时采取缓解措施。预警指标是判断银行是否处于轻度压力、中度压力和严重压力的一个参考，每个压力情景均有对应的预警指标和预警水平，由专责部门定期向管理层汇报。预警指标可属质化或量化，由银行根据自身风险及业务开展情况制定，可包括但不限于资产快速增长、负债波动性显著上升、资产或负债集中度上升、负债平均期限下降、批发或零售存款大量流失、批发或零售融资成本上升、难以继续获得长期或短期融资、期限或货币错配程度加剧、多次接近内部限额或监管标准、表外业务、复杂产品和交易对流动性的需求增加、银行资产质量、盈利水平和总体财务状况恶化、交易对手要求追加额外抵（质）押品或拒绝进行新交易、代理行降低或取消授信额度、信用评级下调、股票价格下跌、出现重大声誉风险事件、市场资金价格大幅上升，市场资金异常紧张。

4. 应急启动条件。当一定数量的预警指标达到预警水平，不代表需要自动启动应急计划，但银行应召开管理层会议讨论是否需要采取缓解措施。即使没有预警指标达到预警水平，但如流动性管理部门认为银行正承受较大的流动性压力或出现一些难以量化的流动性风险，也可以在综合考虑银行的流动性情况后，提议召开管理层会议讨论银行是否需要采取对应的缓解措施。

5. 缓解措施。银行应根据不同的压力状态制定适当的缓解措施，列明所有可动用的潜在资金来源（如流动性资产变现、市场融资及向央行寻求支持等）、预计金额、可靠程度、应在何种情况下启动，以及每个融资方案所需的执行时间。

6. 应急演练。银行应确保缓解措施的有效性及可操作性，特别是计划所列明的应急融资来源是否可动用。演练应核实出售某些资产或以某些资产进行回购交易的能力，或定期提取信贷安排的能力、确保角色及责任有适当安排、证明现金及抵押品是可转拨的（尤其跨境及跨机构的转拨）、检视必要的法律及操作文件，以能在短时间内执行计划。

7. 信息披露。银行应制订信息披露计划，确保在压力期间及时向内外部传递清晰及一致的信息，巩固内外部对银行的整体信心。内部沟通应涵盖雇员及集团内机构。外部各方应包括监管机构、客户、债权人及利益关系人（如市场人士、代理银行、托管机构、主要对手方及客户等）。上述各方的行动可能会对银行的信誉及流动性状况造成重大影响，因此有效的沟通极为重要。

有关应急融资计划的主要内容请参见图12.3。

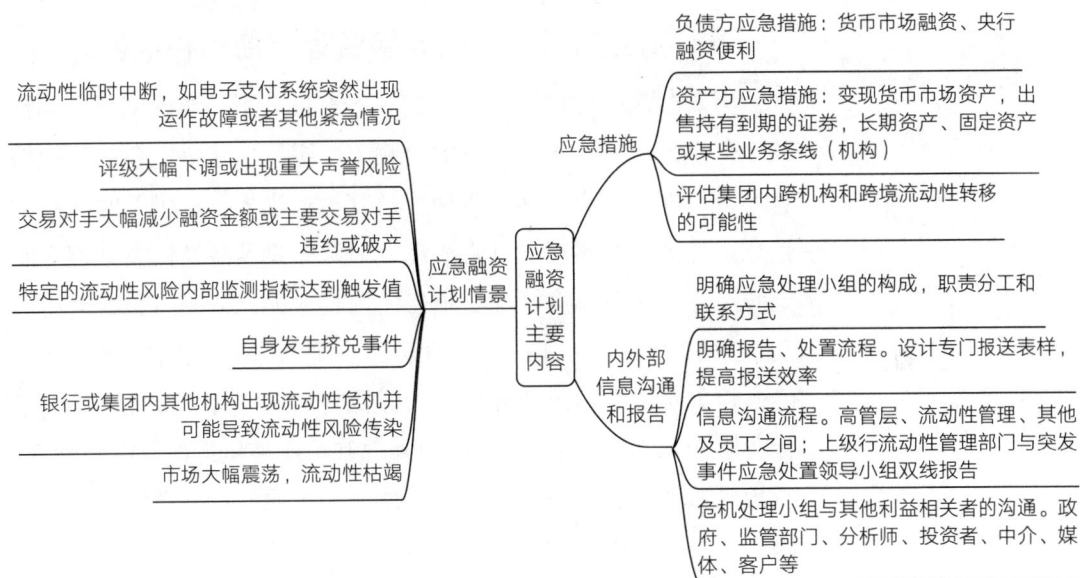

图 12.3 应急融资计划主要内容

银行除了需要完备的应急计划外，一般还会制订恢复计划。过往的金融危机显示，全球各地银行为应对严峻压力事件所作的准备及规划并不足够。在不少案例中，银行低估了业务持续经营所承受的风险，应变规划也不够周全或详尽。为确保金融机构能够作出更好准备，金融稳定理事会所有成员地区均须遵守有关恢复计划的规定，通过本身的行动迅速应对严峻压力及恢复运作。恢复计划内容应包括启动恢复行动的触发条件、一系列的恢复方案、有关恢复方案的影响和成效的评估、执行恢复方案的主要措施和流程（包括参与启动和决策的主要管理层人员）以及制定沟通策略。

虽然恢复计划内容与应急计划内容近似，但仍有一定区别：一是恢复计划的目的在于帮助金融机构恢复持续经营，迅速提升其流动性及资本水平，避免对其他金融体系造成连锁影响，而应急计划则主要用于填补流动性短缺。二是恢复计划面临的压力情景比应急计划更严峻，因此恢复计划中的触发指标（启动条件）较应急计划的预警水平更为严格，但应注意触发指标与预警指标之间要保持连贯性，不应发出相互矛盾的信号。三是恢复计划中融资方案的选项较应急计划多，有关信息披露的要求更严格。

五、商业银行流动性风险管理的监测和报告

为监察流动性风险，银行应制定汇报准则，明确汇报流动性风险信息的范围、方式、对象及频率。银行应建立完备的管理信息系统，向董事会、高级管理层及其他适当人员提供及时准确的信息，有效支援银行的日常流动性风险管理及持续监察其遵守既定政策、程序及额度情况。报告的内容应能充分支持银行运用流动性风险管理工具评估流动性需求及管控不同范畴的流动性风险，例如报告期内流动性风险指标执行情况（含内部风险管理指标和限额）；报告期内各项资金来源和运用整体情况及结构分析；压力测试情况、应急预案及测试情况；采取的管理举措及取得效果；下一阶段流动性状况预测、应关注问题和拟采取的措施；加强流动性风险管理的工作建议。当流动性风险指标水平超出既定额度时，管理人员应适当向管理层汇报有关违反流动性风险额度的情况，明确有关汇报机制及制定对应的缓解措施。表12.3为银行日常的流动性风险管理报表模板。

表12.3　银行流动性风险指标报表示例

类别	风险指标		指标管理要求		
			法定要求	警戒线	内部限额
监管指标	流动性覆盖率（LCR）		≥X%	≥X%	≥X%
	净稳定资金比例（NSFR）		≥X%	≥X%	≥X%
期限错配缺口	期限错配比率	7天错配比率	—	≥X%	≥X%
		1个月错配比率	—	≥X%	≥X%
流动性缓冲资产	优质债券市值相对一个月内到期净负债		—	≥X%	≥X%
集团内流动性	系统内拆出资产占比		—	≤X%	≤X%
	系统内拆入负债占比		—	≤X%	≤X%
货币错配	主要币种掉期资金上限		—	≤X亿元	≤X亿元

续表

类别	风险指标		指标管理要求		
			法定要求	警戒线	内部限额
融资集中度	同业融资比率	30天同业融资比率	—	≤X%	≤X%
		90天同业融资比率	—	≤X%	≤X%
	银行集团占总负债比率	单一银行集团占总负债比率	—	≤X%	≤X%
		前5大银行集团占总负债比率	—	≤X%	≤X%
	同业拆入余额占同业拆入能力比率		—	≤X%	≤X%
	单一交易对手负债占剩余拆借能力比率		—	≤X%	≤X%
	主要资金来源占比		—	≥X%	≥X%
资产负债结构	全币种和分币种贷存比率		—	≤X%	≤X%
压力测试	现金流压力测试		—	—	能够实现净现金流入

对外披露方面，银行应按监管机构要求定期报送监管报表，并于年报中向投资者披露流动性风险管理状况。对于重大流动性风险事项，银行应及时向监管机构报告，如作为集团内的分支机构，还需向集团总部报告，报告内容包括对重大流动性风险事件进行描述、风险分析和应对处理。

六、银行流动性风险管理的发展趋势

（一）实施全口径流动性风险管理机制

全口径流动性风险管理不仅着眼于表内资产负债业务，还要综合考虑各类表外业务对流动性的潜在影响。不仅要考虑记账货币的流动性风险，同时要考虑所有经营币种的组合流动性风险。不仅要关注整个集团的流动性风险，也要关注某个机构、区域的流动性风险。一是要建立涵盖表内外业务的流动性风险管理机制，将表外业务和其他创新业务所产生的敞口及时纳入整体风险管理框架；二是建立全口径的动态现金流计量模型，将表内外业务对未来现金流的影响纳入流动性风险计量，分析现金流错配净额，及时发现资金缺口，防范过度依赖短期流动性供给；三是建立流动性集中度限额控制机制，对不同币种的资产负债，按照币种、期限、交易对手等维度设立集中度限额，防止由于资产负债过度集中引发流动性风险；四是建立集团层面的境内外流动性风险协调管控机制。跨境流动性风险管理，由于涉及不同国家地区监管政策差异，需要集团层面建

随着管理经验的丰富和科技进步，商业银行的流动性风险管理水平不断提升，未来的着力点又是哪些？

立相应的协调管控机制。比如，建立境内外经营主体间的资产买卖机制，以便于市场大幅波动时，相关主体能够及时售出或买入资产，增强对流动性风险的防御能力。

（二）进一步丰富流动性风险管理手段

成熟市场条件下的流动性管理，远较管制市场下复杂，需要创新丰富管理手段。一是流动性缓冲管理。建立流动性缓冲资产负债组合储备和配置机制，建立同业流动性管理合作框架，增强市场融资能力和应急能力。巴塞尔委员会提出的流动性覆盖率和净稳定资金比例，实际上分别明确了短期、长期的流动性缓冲要求，即短期看，优质流动性资产储备要能够覆盖压力状态下1个月内的净流出；长期看，1年期以上长期资金运用要有足够的稳定资金来源支持。二是压力测试管理。要提高流动性压力测试的主动性、适应性，提升测试频次、范围，压力测试情景要求更为细致全面。强调压力测试结果的应用，除满足监管要求外，要通过压力测试分析自身承受流动性压力事件的能力，防范未来可能出现的流动性危机，并提高在流动性压力情况下履行支付义务的能力。三是日间流动性管理，即头寸管理。头寸管理是商业银行流动性风险的重要环节和风险点，需要有适时动态的监测分析系统，实现适时监测、适时预警、适时调拨。既要有静态头寸的计算，又要有动态头寸的预测，设置可控头寸、不可控头寸协调管控机制。比如当1个月内可控头寸的净流入小于或远大于当月不可控头寸时，要对当月现金流进行调节，确保头寸的合理适度。

（三）提升流动性风险管理的自动化水平

适应全口径、多指标、及时性的流动性管理要求，必须要有相应的管理系统作为支持。系统建设内容应包括资产负债错配管理、头寸管理、风险指标计量、压力测试等。由于流动性风险管理不仅需要会计信息的支持，还需要各类交易信息的支持，比如流动性覆盖率的计算，需要大量客户信息和相关模型支持，非常复杂，需要流动性风险管理系统建立与财会系统、交易系统及有关管理系统的接口，用于获取相关信息。

> 鉴于利率的不确定性，金融中介机构在管理其利率风险方面面临着重大挑战。
>
> ——唐纳德·科恩（Donald Kohn）| 曾任美联储副主席[1]

第十三章
商业银行的银行账簿利率风险管理

利率风险指因利率的不利变动而引致损失的风险。银行开展存款、贷款、买卖证券、衍生产品交易等活动均可使其承受利率风险。承担过度的利率风险会对银行的盈利及资本状况构成较大威胁。因此，监管机构都会要求银行制定适当程序，以及时与全面识别、计算、监测及管理其所承受的利率风险。利率风险分别存在于银行账簿和交易账簿内。由于交易账簿利率风险主要属于市场风险范畴，因此，本章重点讨论通常由银行资负职能部门负责的银行账簿利率风险管理。

一、银行账簿利率风险的识别

要妥善管理利率风险，首先要能清晰地识别利率风险，具

---

[1] https://www.federalreserve.gov/newsevents/speech/kohn20100129a.htm.

体而言就是根据利率风险特征对风险来源、影响方式等进行识别。银行账簿利率风险是指银行未划入交易账簿的相关表内外业务形成的利率风险头寸而带来的风险。银行账簿利率风险的识别指根据银行账簿风险特征对风险来源、影响方式等进行识别。

利率风险是如何产生的，如何对其进行识别？可以从哪些角度评估利率风险对商业银行的影响？

（一）利率风险来源

根据巴塞尔委员会在2016年4月发布的《银行账簿利率风险监管标准》，银行账簿利率风险的来源主要有缺口风险、基准风险和期权风险三类。

1. 缺口风险。指利率变动时，由于不同金融工具重定价期限不同而引发的风险。利率变动既包括收益率曲线平行上移或下移，也包括收益率曲线形状变化。由于金融工具的重定价期限不同，利率上升时负债利率重定价早于资产利率重定价，或利率下降时资产利率重定价早于负债利率重定价，银行在一定时间内面临利差减少甚至负利差，从而导致损失。缺口风险是银行最常见的利率风险。缺口风险对银行的业务影响重大，有些银行可能会主动在资产负债表内承受一定的缺口风险，作为改善盈利的策略之一。但当利率波动时，这种风险便可能影响银行的收益及经济价值。

2. 基准风险。指银行收取利息和支付利息的资产负债业务，尽管重定价期限相同或相近，但由于两类利率的变动之间存在不完全的相关性，因而产生了基准风险。例如，中国香港银行业的按揭业务所收利息是以银行港元最优惠利率（Prime Rate）确定，而港元资金成本以银行同业拆息HIBOR为定价基准，当HIBOR上升而最优惠利率维持不变时，银行净利息收入和经济价值均会因两者点差收窄而受影响。再如，中国的银行存款利率是参考央行基准利率确定，而贷款利率以LPR（贷款基础利率，Loan Prime Rate）定价，当前者不变而后者下降时，银行净利息收入会因两者点差收窄而受影响。

3. 期权风险。指银行持有期权衍生工具，或其银行账簿表内外业务存在嵌入式期权条款或隐含选择权，使银行或交易对手可以改变金融工具的未来现金流水平或期限，从而形成的风险。期权风险成为越来越重要的一种利率风险来源。期权性风险可分为自动利率期权风险和客户行为性期权风险两类。自动利率期权风险来源于独立期权衍生工具，或金融工具合同中的嵌入式期权条款（如浮动利率贷款中的利率顶或利率底）。对于这类期权，如果执行期权符合持有人的经济利益，则持有人会选择执行期权，因此称为自动期权。客户行为性期权风险来源于金融工具合同中的隐含选择权（例如借款人的提前还款权，或存款人的提前支取权等）。利率变化时，这类选择权有可能会影响到客户行为，从而引起未来现金流发生变化。以存款为例，当利率上升时，客户存款的市场价值便下降，客户因此可能提走存款，改以较高利率存入同一银行或另一银行。例如，由于中国近年数次下调存贷款利率，部分企业纷纷"借新还旧"，提前偿还未到期贷款再转借较低利率的贷款，以降低融资成本。目前中国对于客户提前还款的行为较少有政策性限制，期权性风险在国内商业银行渐渐增大，银行会因重新发放的贷款利率低于原贷款利率，导致净利息收入减少。

（二）利率风险的影响

利率风险对银行的影响可从盈利及经济价值这两个不同但又相互补充的角度来评估。

1. 盈利影响。这是从会计学角度来评估利率风险的影响，也是传统分析利率风险影响的方法。分析的重点是利率变化对应计项目或报告盈利的影响。盈利的减少甚至亏损可能会影响银行的资本充足率，并减少市场对该机构的信心。盈利的各组成部分中，净利息收入对银行的整体盈利相当重要，并与利率的变化有直接且明显的关系。此外，利率变化也可能影响服务收费及其他非利息收入的银行业务。如贷款管理费、资产证券化计划等业务的非利息收入，也可能对市场利率的变化非常敏感。由于净利息收入是大部分银行的主要收入来源，实务当中，通常关注对银行短期（通常一年以内）净利息收入影响。

2. 经济价值影响。这是从经济学角度来评估利率风险的影响。经济价值代表了按照市场利率折算资产、负债及表外业务的预计净现金流量的现值。相对而言，经济价值变动的评估更能全面显示利率变动对银行的长远影响。

根据《巴塞尔资本协议Ⅲ》的相关内容，交易账簿利率风险属于市场风险范畴，为第一支柱的风险，银行需要计提监管资本。而银行账簿利率风险为第二支柱风险，商业银行需自行开展内部资本充足评估（具体见图13.1）。巴塞尔委员会发布的《银行账簿利率监管标准》，给定了6个利率冲击场景和计算框架，要求银行在每个利率冲击场景下得出的经济价值变动结果不应高于其一级资本的15%。若银行账簿利率风险承担超过其一级资本的15%，监管机构将对其应用额外的监管资本或采取其他监管行动。

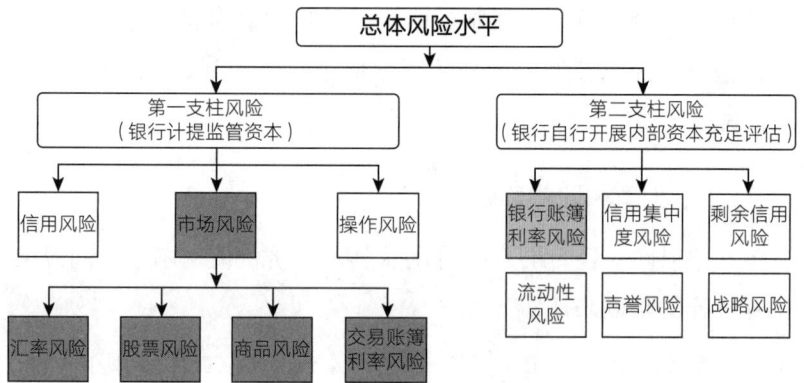

图 13.1　利率风险的资本要求

鉴于银行账簿利率风险对盈利及经济价值的影响，银行需要建立与全行系统重要性、风险状况和业务复杂程度相适应的银行账簿利率风险管理体系，加强对银行账簿利率风险的识别、计量、监测、控制和缓释，并定期对银行账簿利率风险管理流程进行评估和完善。

二、利率风险计量

银行账簿利率风险的主要计量方法包括缺口分析、久期分析、净利息收入（NII）模拟、经济价值（EVE）模拟等。银行账簿利率风险计量包括本行承担风险的具有利率敏感性的银行账簿资产、负债以及相关的表外项目。计量的风险来源包括缺口风险、基准风险和期权性风险等。其中，期权性风险包括自动期权风险和客户行为性期权风险。用缺口及市场利率曲线数据分析衡量银行账簿经济价值对利率变动的敏感性。基于缺口数据结果，并通过设定在不同假设情景或历史情景下各币种在不同期限的收益敏感度因子变化幅度，评估银行在利率变动或压力测试下的经济价值影响。

（一）缺口分析

首先需要识别出划入银行账簿的利率敏感性资产、负债及表外业务，然后按照重定价剩余期划分至不同期限，例如隔夜、2天至1个月、1个月至3个月等，并将每个期限的利率敏感性资产减去利率敏感性负债及加上表外业务风险头寸，计算出每个期限的缺口。缺口为正时，利率上升会增加银行的净利息收入，因为利息收入的增长大于利息支出的增长。缺口为负时，利率下降会增加银行的净利息收入，因为利息收入的降幅小于利息支出的降幅。缺口为零时，银行净利息收入可在一定程度上免受利率变动的影响。

我们可以采用的利率风险计量和分析方法都有哪些？各种计量方法的特点是什么？

表13.1　利率变动对银行净利息收入的影响

敏感性缺口	利率变动方向	利息收入		利息支出	净利息收入
正	上升	增加	>	增加	增加
	下降	减少	>	减少	减少
负	上升	增加	<	增加	减少
	下降	减少	<	减少	增加
零	上升	增加	=	增加	不变
	下降	减少	=	减少	不变

缺口分析法简单易操作，是利率风险管理的一种重要工具。商业银行可以结合自身对利率走势的判断，动态调整分析期间内的利率敏感性缺口，以降低所面临的利率风险。但是，缺口分析也存在一些不足之处，如重定价区间的选择将会影响银行的缺口方向；只能计量利率平移情景下的缺口风险，不能计量利率非平行移动的缺口风险、基准风险和期权性风险；只从收益角度考虑了利率变动的影响，忽略了对银行经济价值影响的评估；不能计量新业务和策略调整下的利率风险等。图13.2为银行的利率风险缺口示例，该图主要反映每个重定价期限的利率敏感性缺口的分布。如图13.2中显示一个月内美元重定价净资产为66亿美元，若短期内（一个月内）美元利率大幅波动上升，则对净利息收入有利；反之，若短期内（一个月内）美元利率大幅波动下降，则对净利息收入不利。

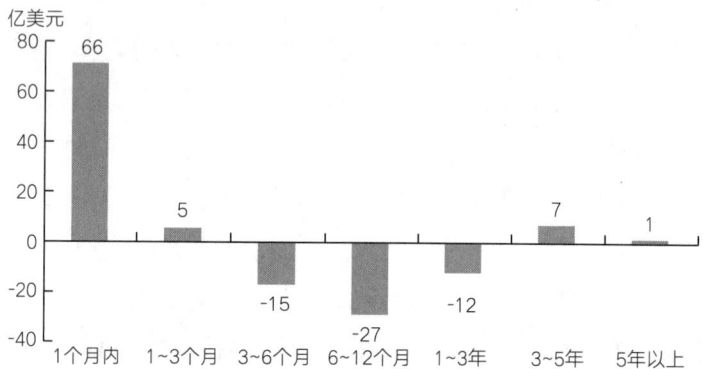

图 13.2　利率风险缺口示例

（二）久期分析

久期能计量利率风险对经济价值的影响，即能够对利率变动的长期影响进行评估。进行久期分析，首先需要识别出划入银行账簿的利率敏感性资产、负债及表外业务，计算银行每笔资产和负债的久期，然后根据每笔资产和负债在总资产和总负债中所占的比重，就可以计算银行所有资产和负债的加权平均久期。而久期缺口是指银行资产的加权平均久期和负债的加权平均久期的差额。与利率敏感性缺口主要用来分析利率变动对银行净利息收入的影响不同，久期缺口主要被用来分析利率变动对银行净值的影响。久期缺口为正时，利率上升银行的经济价值下降，久期缺口为负时，利率上升银行的经济价值上升，银行可结合对利率走势的预判，动态调整久期缺口。但久期分析也存在一些不足，如不能计量利率非平行移动的缺口风险、基准风险和期权性风险，也不能计量新业务和策略调整下的利率风险等。

$$久期缺口 = 资产久期 - 负债久期 \times \frac{总负债}{总资产} \qquad （13.1）$$

其中，$\frac{总负债}{总资产}$为调节数，相当于总资产与总负债间加权平均的概念。

例如，某银行的资产负债组合只有两笔交易（假设均为到期付息），分别向同业拆出6个月1 000万元并同时向同业拆入3个月资金900万元。该银行的资产久期约为$\frac{6}{12}=0.5$，负债久期约为$\frac{3}{12}=0.25$。因此，该银行的久期缺口为

$$久期缺口 = 0.5 - 0.25 \times \frac{900}{1\,000} = 0.275$$

表13.2　利率变动对银行净值的影响

久期缺口	利率变动方向	资产净值		负债净值	银行净值变动
正	上升	减少	>	减少	减少
	下降	增加	>	增加	增加
负	上升	减少	<	减少	增加
	下降	增加	<	增加	减少
零	上升	减少	=	减少	不变
	下降	增加	=	增加	不变

（三）净利息收入模拟

净利息收入模拟分析是国际领先银行从收益角度进行利率风险计量重要方法之一。净利息收入模拟是以利率敏感性缺口为基础，通过设定在不同假设情景或历史情景下各币种及档期的收益敏感度因子变化幅度，评估银行在利率变动及压力测试下的净利息收入的冲击。收入模拟能准确计量利率变动对收益的影响，可

以与预算和业务策略相结合，也可以计量缺口风险、基准风险和期权性风险。但需要基于大量的假设，假设的合理性直接影响收益模拟的准确性。

例如，某银行的资产负债组合只有两笔交易，分别向同业拆出6个月1 000万元并同时向同业拆入3个月资金900万元。当利率平行上移1%，其后维持一年不变，资产端未来一年净利息收入增加 $1\ 000 \times 1\% \times (1-6/12) = 5$ 万元（前6个月净利息收入不变，同业拆出重定价后剩余6个月净利息收入增加5万元），负债端未来一年净利息收入减少 $900 \times 1\% \times (1-3/12) = 6.75$ 万元（前3个月净利息收入不变，同业拆入重定价后剩余9个月净利息收入减少6.75万元），因此资产负债组合未来一年净利息收入减少 $6.75-5 = 1.75$ 万元。

（四）经济价值模拟

经济价值模拟以缺口数据为基础，通过设定在不同假设情景或历史情景下各币种及档期的利率折现因子变化幅度，评估银行在利率变动或压力测试下的经济价值变动。经济价值模拟能准确计量利率风险对经济价值的影响；也可计量缺口风险、基准风险和期权性风险。但也需要基于大量的假设，假设的合理性直接影响经济价值模拟的准确性。图13.3为四种不同利率风险计量方法的比较。

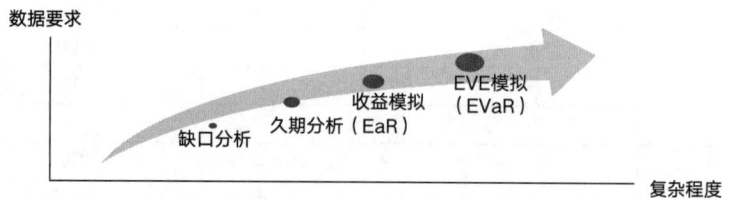

风险种类	1.缺口分析	2.久期分析	3.收益模拟	4.经济价值模拟
短期利率风险	可以	不可以	可以	不可以
长期利率风险	可以（标准框架法）	可以	不可以	可以
缺口风险	部分（受限）	部分（受限）	可以	可以
基准风险	部分（受限）	部分（受限）	可以	部分（受限）
期权风险	不可以	不可以	不可以	可以

图 13.3　四种不同计量方法的比较

经济价值的计算是基于终值（FV）与现值（PV）的关系：

$$FV=PV \times (1+r_T)^T \qquad (13.2)$$

其中，T 为期限，r_T 为按照复利计息、期限为 T 的利率。

以上公式中利率的复利频率一般是一个月、三个月、六个月、一年等标准期限，而巴塞尔委员会的利率风险计算框架中则使用了连续复利的利率（Continuously Compounded Interest Rate），即假设期限 T 内利息的复利频率趋于无限大。在使用连续复利的利率时，上述公式变为

$$FV=PV \times e^{r_T T} \qquad (13.3)$$

相反地，

$$PV=FV \times e^{-r_T T} \qquad (13.4)$$

$e^{-r_T T}$ 就是折现因子（Discount Factor），即将未来（T 时点）的现金流折现为现值的系数。

$$df_T=e^{-r_T T} \qquad (13.5)$$

例如，某银行的资产负债组合只有两笔交易，分别向同业拆出6个月1 000万元并同时向同业拆入3个月资金900万元。假设3个月和6个月利率分别为2%和3%，则3个月的折现因子为 $e^{-rT}=e^{-2\% \times 0.25}=0.995012$，6个月的折现因子为 $e^{-3\% \times 0.5}=0.985112$，资产负债组合经济价值 $=1\,000 \times 0.985112 - 900 \times 0.995012 = 89.60071$ 万元。当利率平行上移1%，3个月的折现因子为 $e^{-r_{new}T}=e^{-(2+1)\% \times 0.25}=0.992528$，6个月的折现因子为 $e^{-(3+1)\% \times 0.5}=0.980199$，资产负债组合新的经济价值 $=1\,000 \times 0.980199 - 900 \times 0.992528 = 86.92342$ 万元。因此，经济价值变化 $=86.92342 - 89.60071 = -2.67728$ 万元。

三、压力测试

利率风险压力测试是银行一项重要的风险管理工具，有助于银行测算在严峻的压力环境下的净利息收入及经济价值变化，评估银行能否承受相关损失。利率风险压力测试的主要目的是测试

> **?**
>
> 压力测试是评估风险程度的工具，那么如何进行利率风险的压力测试？应如何设定各种压力情景？

银行在利率风险压力情况下的风险承担，通过对压力测试结果作出评估，考虑是否需要采取补救或缓释风险措施，例如表内调整资产负债分布，或进行表外对冲策略。

银行需要建立完善的利率风险压力测试框架，包括清晰的目标、合理的计算方法及明文记录背后假设。银行设计利率情景时需考虑情景是否合理，足够多元化以评估平行及非平行缺口风险、基准风险及期权性风险。银行也需进行反向压力测试以涵盖威胁持续经营或偿债能力的事件。

（一）利率风险压力测试情景

利率风险压力测试情景可分为基本情景、监管指定情景和历史情景。另可设基准利率波动情景。

1. 基本情景。最基本的情景为假设各币种利率平行移动同一幅度。例如各币种同时平行上移/下移50点、100点或200点。

2. 监管指定情景。巴塞尔委员会在2016年4月发布的《银行账簿利率风险监管标准》中，要求商业银行应该分别计算六个利率冲击情景对银行经济价值（EVE）的影响，并要求银行在每个利率冲击场景下得出的经济价值变动结果不应高于其一级资本的15%。若银行账簿利率风险承担超过其一级资本的15%，监管机构将对其应用额外的监管资本或采取其他监管行动。六个利率冲击场景分别是：利率平行上移、利率平行下移、曲线变陡峭、曲线变平缓、短期利率向上移动及短期利率向下移动。前两者为平行移动情景，巴塞尔委员会对每个币种设定了不同的平行移动幅度，考虑到每个币种的利率走势可能不一致，这个设定对比基本情景（假设各币种平行移动同一幅度）更为现实化。后四者为非平行移动，需根据巴塞尔委员会提供的公式计算每个情景下每个期限的移动幅度。以上情景已包含平行及非平行移动，以及负利率情景，丰富了压力测试利率情景设置。银行应采用六个利率冲击情景下对应的EVE的最大损失作为银行账簿利率风险对银行影响程度的衡量指标。监管机构一般要求银行衡量六个利率冲击情景对银行经济价值影响外，还要求银行衡量在利率平行上移和平行下移情形下对净利息收入的影响。图13.4为巴塞尔委员会2016年发布的银行账簿利率风险的经济价值影响的计量框架。

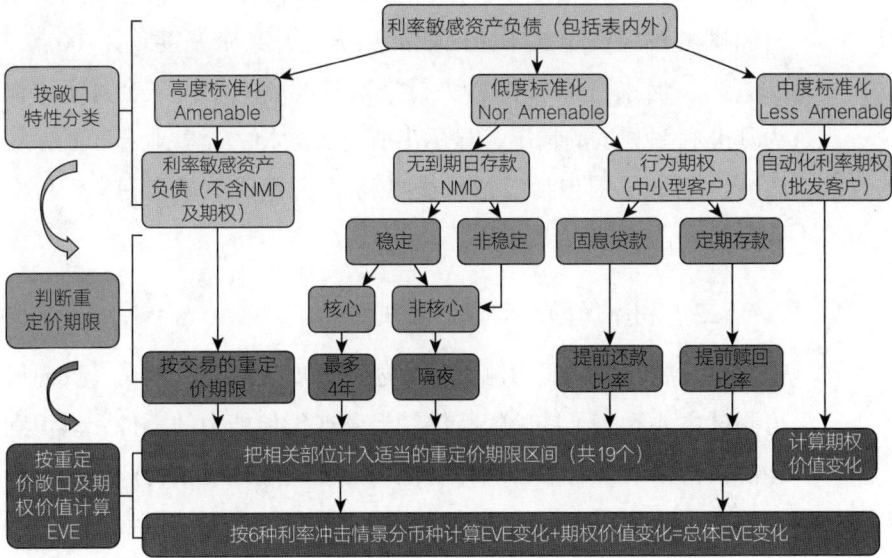

图 13.4 银行账簿利率风险的经济价值影响的计量框架

3. 历史情景。选取一些发生重大事件的历史时段，假设利率曲线重复该时段的变动。例如，1997年亚洲金融危机，"9·11"恐怖袭击，2008年国际金融危机，2011年欧债危机，2015年8月人民银行调整人民币中间价报价方式等。

4. 基准利率波动情景。由于银行资产负债业务有可能面临基准利率不同的情况，因而基准利率的波动是利率风险的来源之一，如果相关业务规模较大，可能是银行主要潜在利率风险来源之一。因此，压力测试也需要考虑该种基准利率波动的情景。以中国香港为例，香港银行受基准利率风险影响的业务主要是以银行优惠利率定价的业务，包括按揭贷款业务，因其所收利息是以银行优惠利率确定，而银行的资金成本则以同业拆息作为准则。所以若后者上升，但前者维持不变，或是两者移动方向或幅度不一致，便将会影响银行的净利息收入。

再以中国境内为例，银行个人住房贷款业务所收利息参考央行贷款基准利率确定，而对于存贷比高的银行，部分贷款业务需以银行间同业拆入资金为支持，其资金成本以同业拆息作为准则。所以当同业拆息上升，而央行贷款基准利率维持不变，或是两者移动方向或幅度不一致，便会影响银行的净利息收入。压力测试可模拟资金成本（同业拆息）上升某个幅度（如100点，200点），但银行优惠利率/央行贷款基准利率维持三个月不变作为基准利率测试的情况，显示出所持有的相关贷款业务净息差的改变。测试范围包括以银行优惠利率/央行贷款基准利率定价的业务。

（二）利率风险反向压力测试

在开展一般的压力测试外，还应开展反向压力测试。反向压力测试主要涵盖了威胁银行继续经营或偿债能力的事件，以识别即使银行采取现有的管理行动但仍可能发生的对银行产生不利影响的个别或多项金融或非金融事件。反向压力测试通常由一项已知的压力测试结果，例如违反监管资本比率限额、净利息收入降至零等，逆向追溯引致该结果的事件。由于不同银行的业务模式及风险点不同，因而反向压力测试的情景也会有所不同。反向压力测试对于评估某些范畴的风险尤其有帮助，例如未经历过严峻压力测试的新产品等。

近年来，反向压力测试逐步应用到银行利率风险管理等领域。银行在开展反向压力测试时，应制定合适的触发点（如最低资本监管要求、净利息收入降至零等），并定期进行反向压力测试，向银行管理层汇报反向压力测试结果。

四、利率风险的管控

利率风险管控工具一般包括风险偏好、限额管理和风险控制与缓释等。

（一）风险偏好

利率风险偏好是根据利益相关者对银行的期望和约束、外部经营环境以及银行实际，为了实现策略目标，有效管理风险，在银行风险承受能力范围之内，对银行愿意承担的风险类型和风险水平的表达，并配合设定相应的风险偏好指标。一般利率风险偏好有"进取""稳健""审慎"等类型。

（二）限额管理

银行可实施不同种类的银行账簿利率风险限额，以监控利率风险，包括缺口限额、久期限额、经济价值敏感度限额及收益敏感度限额等。限额设定应考虑的因素包括银行的资本状况、风险承受能力、业务发展需要、预算盈利目标、利率走势等。除全币种限额外，银行应设立主要货币限额，而通常某币种表内资产占表内总资产超过5%，则被视为主要货币。为加强管控，银行通常在限额之下审慎设置警戒线，并在接近限额时，提前预警，为相关部门采取控制和缓释预留空间。如遇超额情况，银行利率风险管理部门应作出解释并提出调节方案，银行风险管理部门负责向有关部门和管理层汇报超额情况及原因。

利率风险的管控工具包括哪些？利率风险限额又有哪几种？银行采用何种方法可以缓释利率风险？

1. 缺口限额。设立（重定价）缺口限额的目的，是控制特定时间段内资产负债重定价不平衡的规模或数额。对每个期限的重定价缺口设定一个限额，每个期限的重定价缺口的绝对值不得高于该期限限额。由于银行的业务普遍以一年及以内为主，通常短期限（一年及以内）的缺口限额较大，而长期限（一年以上）的利率风险较高，因此长期限的缺口限额一般较小，以控制长期限错配风险。

缺口限额是限制银行重定价风险的有效方法，并且是向高级管理层及董事会反映银行风险状况简单而有效的方法。

2. 久期限额。设立资产久期、负债久期、久期缺口限额的目的，是控制银行重定价错配风险。与缺口限额不同，久期限额从整个资产负债表的角度去计量及控制利率风险，同时也更宏观反映银行承受的利率错配风险。

3. 经济价值敏感度限额。经济价值敏感度是指利率平行移动1个基点对经济价值的影响，分析重点是利率波动对银行资本状况构成的不利影响。经济价值敏感度限额可有助于银行控制经济价值的影响，确保银行有足够资本承受利率波动可能带来的盯市价值损失。

4. 收益敏感度限额。收益敏感度是指利率平行移动1个基点对未来一年净利息收入的影响，分析重点是利率波动对银行盈利构成的不利影响。收益敏感度限额可有助于控制银行净利息收入受利率变化的影响。

5. 压力测试限额。银行应设定压力测试限额，有助于控制在最不利的压力情景下银行净利息收入或经济价值受利率变化的影响。

（三）风险控制与缓释

利率风险控制与缓释的手段包括表内调整和表外对冲。

1. 表内调整。指通过调整资产、负债的业务规模、期限结构及利率结构，确保银行账簿利率风险敞口按照期望的方向发展。表内调整的方式包括：

（1）调整资产组合。通过减持、调整既有投资或增持投资，改变债券固浮息占比、投资久期、重定价期限结构。通过制定并适时调整贷款年度目标、投向结构以及行业或客户集中度，改变贷款固浮息占比、贷款平均期限、贷款重定价期限结构。通过调整票据规模和价格，改变票据余额、期限结构。

（2）调整负债组合。通过发行金融债、次级债、可转债等方式，优化负债期限结构。通过调控结构性存款、协议存款规模以及大额存单发行总量、期限结构等，优化负债期限结构。

（3）运用管理工具。通过调整贷款定价模型中的重定价周期调节系数，加强利率风险策略传导。通过调整FTP利率风险调节参数，加强利率风险策略传导。

2. 表外对冲。指运用衍生工具，构造一个与原有风险敞口相反的头寸，用于部分或全部冲减原有风险敞口。表外对冲工具包括但不限于利率掉期、利率期权、利率顶（CAP）、利率底（FLOOR）、远期利率协议、利率期货。银行的对冲或风险计划应事先获得董事会或专业委员会（如资产负债管理委员会）的批准。

表内调整和表外对冲这两种利率风险管理方式各有优劣。表内调整的优势在于不包含交易成本，但表内调整需要银行对利率走势有较强的分析和预判能力，并且银行并不总能按自身的意愿来适时调整资产和负债的结构。此外，这一调整方式的时效性较差，需要较长的调整过程。表外对冲的优势在于可以短时间内快速对风险敞口进行调整，但对冲需要成本，且需要准确量化利率风险，制定最佳和有效的对冲策略。对于风险敞口较大、需要快速改善且具备表外对冲环境的利率风险，可采用表外对冲策略。

五、利率风险的监测和报告

银行应对利率风险相关限额执行等情况进行实时或定期监督，及时全面了解当前承担的利率风险水平和变化趋势。其中，敞口、收入的利率敏感度和经济价值的利率敏感度等指标应按日监测，并发送给与此相关的部门，压力测试则可按季或按月等频率开展，相关报告需呈送资产负债管理委员会委员及高级管理层。当发生任何超限额的情况时，利率风险主管部门还必须向高级管理层汇报相关情况，并提出应对措施建议。表13.3为银行账簿利率风险监控报表示例，该表主要监控银行的重定价缺口在不同利率情景下对净利息收益及经济价值的影响。

> **?**
> 如何进行利率风险的监测和报告？

表13.3　银行账簿利率风险监控报表示例

重定价期限	净敞口	收益角度		经济价值角度								基准风险	
		利率平行上移对未来一年净利息收入的影响	利率平行下移对未来一年净利息收入的影响	当前的EVE	EVE的变动（平行上移）	EVE的变动（平行下移）	EVE的变动（陡峭）	EVE的变动（变平缓）	EVE的变动（短期利率上升）	EVE的变动（短期利率下降）	利率改变持续时间	管理利率和固定利率不变，其他利率平行上移	管理利率平行下移，其他利率维持不变
隔夜											1		
2天~1个月											3		
1~3个月											6		
3~6个月											12		
6~9个月													
9~12个月													
1~1.5年													
1.5~2年													
2~3年													
3~4年													
4~5年													
5~6年													
6~7年													
7~8年													
8~9年													
9~10年													
10~15年													
15~20年													
超过20年													
期权													
总计													
报告日的一级资本													
EVE影响占一级资本的比率													

六、领先实践的银行账簿利率风险管理

鉴于银行账簿利率风险对盈利及经济价值的影响，银行需要按照监管要求，建立与银行系统重要性、风险状况和业务复杂程度相适应的银行账簿利率风险管理体系，加强对银行账簿利率风险的识别、计量、监测、控制和缓释，并定期对银行账簿利率风险管理流程进行评估和完善。风险政策框架包括风险策略、风险偏好、限额体系。银行账簿利率风险管理涉及银行多个部门，因而一个完善的管理架构是保障有效管理的基础。银行账簿利率风险管理架构一般由决策体系、执行体系和监督体系组成。其中，决策体系包括董事会、高级管理层及其下设的委员会；执行体系包括承担利率风险的业务单位以及利率风险管理相关部门；监督体系包括内控审计部门。

> 领先实践的利率风险管理架构是怎样的？由哪几部分组成？

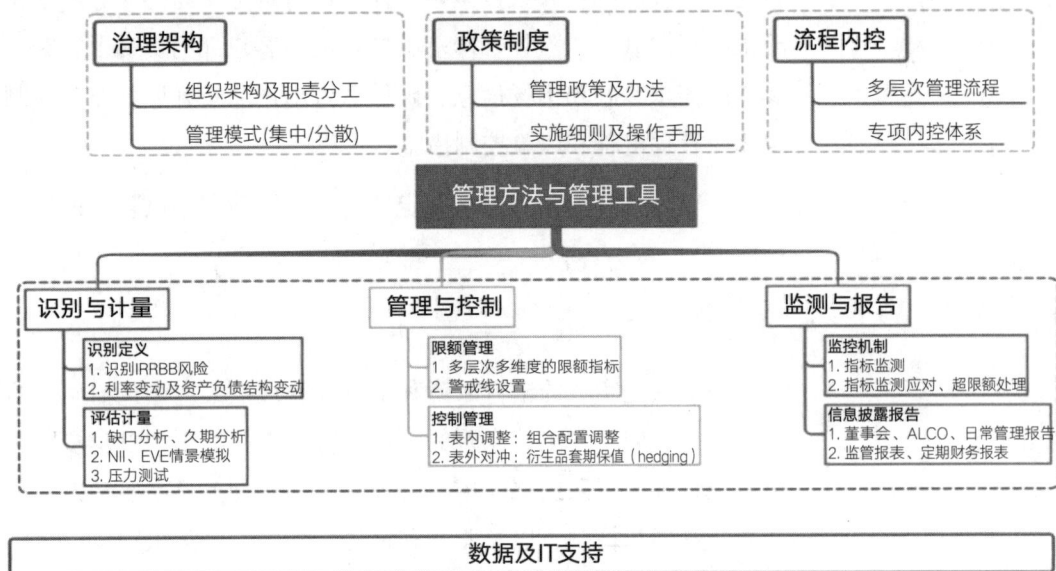

图 13.5　领先实践的银行账簿利率风险管理架构

（一）治理架构

1.决策体系。决策体系包括董事会、高级管理层及其下设的委员会；董事会对利率风险管理的有效性承担最终责任，董事会可以授权下设的专业委员会（一般为风险管理委员会）履行其银

行账簿利率风险管理的部分职责；高级管理层及其下设的专业委员会（一般为资产负债管理委员会）承担银行账簿利率风险管理的实施责任。风险管理委员会负责审议银行账簿利率风险偏好，审批银行账簿利率风险限额及调整事项。资产负债管理委员会负责银行账簿利率风险管理政策、制度和策略；定期听取银行账簿利率风险情况报告；审议与银行账簿利率风险有关的资产、负债决策事宜；监察银行主要货币的利率水平。

2. 执行体系。利率风险管理部门（如资产负债管理部）负责银行账簿利率风险识别、计量、监测、控制和缓释；拟定银行账簿利率风险管理策略、政策和流程；向前台部门发起通过表内外调整策略控制银行账簿利率风险的具体指令；推动银行账簿利率风险管理系统建设及持续优化等。金融市场部门负责分析市场利率走势、提出融资和投资策略，控制银行资金交易类业务所承担的银行账簿利率风险在合理范围内。前台客户部门负责了解客户及产品需求，收集市场信息，确保引入新产品及开展新业务前制定相应管理流程和风险控制措施。

3. 监督体系。审计部需要定期对银行账簿利率风险管理进行审计。

（二）管理流程

一个领先实践的银行账簿利率风险管理框架应该包括明确的组织架构和职责分工、完善的政策制度和实施细则，以及多层次严谨的管理流程和内部监控。管理方法和管理工具主要是识别与计量、管理与控制，以及监测和报告。其中，风险识别及计量是框架中的重要部分。管理与控制包括多层次多维度的限额指标和警戒线设置。控制管理包括表内调整和表外对冲。监测和报告包括指标的监测和报表，超限额处理和向管理层汇报。另外，数据及系统支持是一个完善管理框架的基础。

在致力于预测汇率逾半世纪之后，我对于自己在此一领域的能力深感谦卑。

——格林斯潘 | 美国联邦储备委员会前主席

第十四章
汇率风险管理

汇率市场瞬息万变。汇率风险通常归于市场风险之下，指因汇率的不利变动而引致损失的风险。商业银行进行自营外汇交易、代客外汇交易没有对冲、外币资产负债业务、外汇衍生品交易等活动而产生外汇敞口，因而承担汇率风险。如商业银行承担过度的汇率风险，将对其盈利及资本充足率水平构成较大威胁，因此，商业银行需要妥善管理汇率风险。

一、汇率风险的识别

商业银行汇率风险来源于交易账簿和银行账簿活动形成的外汇敞口。在汇率风险管理实践中，通常将汇率风险分为结构性汇率风险和交易性汇率风险两类，分别进行管理。商业银行一般由风险管理职能部门负责管理交易性汇率风险，资产负债管理职能部门负责管理结构性汇率风险。

结构性汇率风险一般是因为资产与负债之间的结构不平衡产生的外汇敞口而引致的风险，如对海外附属机构及关联公司的股本投资，给海外分支机构拨付的资本金或营运资金，在海外的固定资产及物业的投资，将海外分行没有汇回的盈利或所汇回的盈利入账，资产与负债所属货币种类不平衡或资本与资产币种不同等。结构性汇率风险通常不会出现急速变化。因此，结构性敞口一般不应作为交易或获利用途。结构性汇率风险一经设定，不应随意改变，如不应随意将计入交易性外汇风险的敞口改为结构性外汇风险敞口。如表14.1所示，某银行集团资产负债所属货币种类不平衡而存在的外汇敞口属于结构性敞口（表格中的数据均为假设数据）。

> **?** 交易性和结构性汇率风险是汇率风险的两大种类，这两类风险有什么特点？

表14.1　银行集团的资产负债币种匹配情况示例　　　　　　　　　单位：万元

项目	本集团				
	××年××月××日				
	人民币	美元（折人民币）	港元（折人民币）	其他币种（折人民币）	合计
现金及存放中央银行款项	2 500 600	9 808	1 053	980	2 512 441
存放同业及其他金融机构款项	290 257	42 050	12 644	17 282	362 233
拆出资金	177 547	44 888	629	316	223 380
以公允价值计量且其变动计入当期损益的金融资产	161 347	7 683	9 422	103	178 555
衍生金融资产	2 017	1 297	1 064	447	4 825
买入返售金融资产	814 620	—	—	—	814 620
发放贷款和垫款	5 818 485	303 166	25 757	6 003	6 153 411
可供出售金融资产	713 066	34 596	1 896	5 945	755 503
持有至到期投资	1 305 811	2 618	135	232	1 308 796
应收款项类投资	608 187	—	405	2	608 594
其他金融资产	69 293	1 848	1 237	246	72 624
金融资产合计	**12 461 230**	**447 954**	**54 242**	**31 556**	**12 994 982**
向中央银行借款	−66	—	—	—	−66
同业及其他金融机构存放款项	−597 957	−183 054	−1 787	−1 554	−784 352
拆入资金	−52 846	−60 904	−17 569	−18 402	−149 721
以公允价值计量且其变动计入当期损益的金融负债	−157 940	−671	−9	−125	−158 745

续表

项目	本集团				
	××年××月××日				
	人民币	美元 （折人民币）	港元 （折人民币）	其他币种 （折人民币）	合计
衍生金融负债	−1 781	−1 874	−1 246	−613	−5 514
卖出回购金融资产款	−7 631	—	—	—	−7 631
吸收存款	−10 671 998	−146 899	−21 561	−22 477	−10 862 935
发行债券	−150 885	—	—	—	−150 885
其他金融负债	−230 159	−19 367	−22 281	−1 077	−272 884
金融负债合计	−11 871 263	−412 769	−64 453	−44 248	−12 392 733
净敞口	589 967	35 185	−10 211	−12 692	602 249

交易性汇率风险是指银行为交易目的、未能立即进行对冲交易的客户交易或因为业务需要而引致的风险，最常见的是自营外汇买卖持仓与代客结售汇过程中持有的未平盘外汇头寸风险。交易性外汇风险的产生和变化都非常迅速，因此通常需要设定交易限额进行管控，需要计提资本。

根据巴塞尔委员会《资本协议市场风险补充规定》，对于汇率风险而言，银行所有币种头寸都要满足资本要求，但在一定程度上允许银行剔除结构性敞口，但结构性敞口必须按照市场价值计价。目前大部分监管机构如中国香港金管局允许银行在计提资本时只计算交易性敞口部分，不包括结构性敞口部分，但要求银行必须严格管理结构性敞口，并需定期向香港金管局报告结构性敞口数据，当结构性敞口有大幅波动的情况，需及时向香港金管局解释说明。中国的处理方法相近，根据《商业银行资本管理办法（试行）》（银监会令2012年第1号），商业银行可以不对结构性外汇风险暴露计提市场风险资本，即容许商业银行在计算市场风险资本计提时自行决定是否包括结构性敞口。

二、汇率风险的计量

汇率风险的计量方法主要包括外汇敞口分析、敏感性分析、风险价值（VaR）等。

（一）外汇敞口分析

当前存在的汇率风险计量方法有哪些？每种方法的优缺点又是什么？

外汇敞口分析是银行较早采用的汇率风险计量方法。一般而言，商业银行在计算外汇敞口时，应将涉及类似外汇风险的交易包括在内，例如持有的黄金敞口。在进行外汇敞口计量分析时，银行应当分析单币种的外汇敞口和各币种敞口折成报告货币的总敞口，以反映银行分币种及整体汇率风险承担。其中，在计算单货币的外汇敞口时，应包括该货币的资产与负债、未到期现货及远期交易、期货合约和期权等的多头头寸与空头头寸形成的敞口。计算总敞口时，需要把非报告货币的敞口进行汇总。外汇敞口汇总主要有三种方法：净敞口法、总敞口法和短敞口法（见表14.2）。

1. 净敞口法（Net Aggregate Position，NAP）。净敞口法即银行各种外币多头头寸形成的敞口与空头头寸形成的敞口相减后的绝对值。当外汇敞口组合中的货币汇率变动高度相关时，多头头寸与空头头寸呈现负相关，所形成的汇率风险可以相互抵消，在这种情况下适合采用净敞口进行汇总。但该种方法有可能低估了银行面临的实际外汇风险，是一种较为激进的方法。

2. 总敞口法（Gross Aggregate Position，GAP）。此种方法下，银行各种外币多头头寸形成的敞口和空头头寸形成的敞口不是相互抵消，而是相加。当外汇敞口组合中的货币变动完全不相关时，多头头寸形成的敞口和空头头寸形成的敞口之间彼此独立，形成的汇率风险就不能相互抵消，只能累积。在这种情况下，适合采用总敞口法进行汇总。采用此方法使计算出的汇率风险敞口数值偏大，其结果趋于保守，估计的风险程度较高，可促使运用者及早采取防范措施。

3. 短敞口法（Shorthand Aggregate Position，SAP）。又称为短边法，即在银行各种外币多头头寸形成的敞口与空头头寸形成的敞口两者间取数值较大者，该方法较为中性。该方法最早由英国银行监管当局提出，后被广泛采用。

表14.2　外汇敞口汇总计算表

币种	多头	空头	净敞口	总敞口	短敞口
美元	20 000				
欧元	10 000				
澳元		-8 000	=多头空头抵消	=多头+空头的绝对值	=Max（多头，空头）
港元		-2 000			
英镑	5 000				
合计	35 000	–10 000	25 000	45 000	35 000

　　目前，巴塞尔委员会在计算汇率风险资本要求时采用的计量外汇总净敞口的方法即短敞口法。原中国银保监会和香港金管局在要求银行报告汇率风险敞口时，均采用短边法。在填报下面的汇率风险敞口表时，首先计算单货币的敞口头寸。单货币敞口=即期净敞口+远期净敞口+期权敞口=（即期资产–即期负债）+（远期买入–远期卖出）+期权敞口。然后把多个货币敞口头寸综合汇总，得出总敞口。表14.3为某银行集团汇率风险敞口的报告表样。

表14.3　银行集团汇率风险敞口报告表样

币种	境内分支机构外汇风险敞口							风险敞口净额				内部敞口额度
	即期资产	即期负债	远期买入	远期卖出	调整后的期权头寸	敞口头寸 =A-B+C-D+E	结构性资产（负债）	海外分行	附属公司	合计敞口	合计结构性资产（负债）	
1. 美元USD												
2. 欧元EUR												
3. 日元JPY												
4. 英镑GBP												
5. 港元HKD												
6. 瑞士法郎CHF												
7. 澳大利亚元AUD												
8. 加拿大元CAD												
9. 黄金												
10. 其他净额为多头的外币												
11. 其他净额为空头的外币												
12. 外币总敞口												

（二）敏感性分析

　　外汇敞口敏感性分析指测量影响外汇敞口的单个风险因素或几项关系密切的因素出现小幅度变动时对银行利润或经济价值产

生的影响。外汇敏感性分析主要基于外汇敞口计算其敏感度，即外汇敞口的利润或经济价值受汇率变动（如汇率上升/下降 1%）影响。敏感性分析可以帮助银行量化及控制外汇风险，通过计算外汇敞口受风险因素变动的影响，结合银行自身对市场走势的判断，可帮助银行估算外汇敞口可能受到的损失，并制定适当的风险控制和缓释措施。这一方法简单易行，但对汇率之间的相关性考虑不够。表14.4为假设报告币种为人民币的某商业银行开展的外汇敞口敏感性分析示例。

表14.4　银行开展外汇敞口敏感性分析示例

币种	外币对人民币汇率上涨/下降	税前利润变动（百万元人民币）	
		2018年12月31日	2017年12月31日
美元	+1%	-150	-50
	-1%	150	50
港元	+1%	200	30
	-1%	-200	-30
欧元	+1%	180	10
	-1%	-180	-10

（三）风险价值

如第二章所述，风险价值（VaR）是指在正常的市场环境下，金融资产在给定的置信水平下在未来一段时间内的最大损失。在实践中，风险价值分析主要针对交易账簿进行，而银行账簿汇率风险相对稳定，交易频率低，一般不使用VaR方法来计量分析银行账簿的汇率风险。

三、汇率风险的压力测试

汇率风险压力测试是银行一项重要的风险管理工具，是指通过汇率变动的小概率事件，对外汇敞口的潜在损失进行模拟，从盈利能力、流动资金水平和资本充足率等方面来评估抵御压力情况的能力。汇率风险压力测试的主要目的是帮助银行审视某一特定风险敞口或全行风险状况在压力情景下的变化，为制定风险应对策略和应对措施提供参考，给管理层在设置风险偏好和风险承受程度时以指引，判断出银行所承受的风险是否符合自身所订的偏好和承受度。

压力测试至少应涵盖银行有汇率风险敞口的主要货币。在设定压力情景时应考虑个别币种的汇率大幅变动，包括流动资金突然大幅减少的情况。同时，压力情景需要反映不利事件对具有线性及非线性价格特征（如期权）的外汇敞口的影响。通常，压力测试情景的选择需要考虑银行面临的汇率风险敞口的币种分布、风险特点等因素。一般可分为假设情景和历史情景。假设情景可包括部分国家意外实施外汇或资本管制，个别货币突然贬值或升值，主要业务假设及参数出现变动等情景。历史情景可包括但不限于以下情景，假设汇率重复该时段内的变动："9·11"恐怖袭击；1997年亚洲金融危机；2008年全球债市下跌；2009年全球债市下跌；2011年欧债危机；第一阶段次贷危机；第二阶段次贷危机；2013年中旬人民币利率急升；2015年8月中国人民银行调整人民币中间价报价方式；2017年初人民币利率因流动性紧张而急升。

汇率风险压力测试应定期开展，如每月开展一次。通过将压力测试结果与事先设定的压力测试内部限额和警戒线进行比较，评估银行所面临的汇率风险是否可控。若测试结果超越预先设定的警戒线，风险管理职能部门需立刻与相关业务部门商讨有关应对策略，并将压力测试结果和应对策略向风险管理委员会成员汇报。此外，在评估资本是否足够、制定有关业务策略、设定限额等工作时，均应考虑压力测试结果。

> **?**
> 汇率风险压力测试具有重要的作用，其原则是什么？应如何设定各种压力情景？

四、汇率风险的管控

汇率风险管控工具是控制汇率风险的主要手段，一般包括风险偏好、限额管理和敞口对冲等。

（一）风险偏好

汇率风险偏好是根据利益相关者对银行的期望和约束、外部管控汇率风险的工具包括哪些？如何进行限额管理和敞口对冲？

经营环境以及银行实际，为了实现策略目标，有效管理风险，在银行风险承受能力范围之内，对银行愿意承担的风险类型和风险水平的表达，并配合设定相应的风险偏好指标。一般汇率风险偏好有"进取""稳健""审慎"等类型。

（二）限额管理

银行应根据其风险偏好、风险承受能力、盈利目标、具备的专业知识、风险管理水平、系统支撑等因素，建立不同类型（如敞口限额、汇率敏感度限额、风险值限额等）、多种层次（如管理层、部门主管、交易员）的汇率风险限额，并严格执行限额管理，确保汇率风险控制在合理范围内。限额应至少每年重检一次，或在某些货币的波幅突然不寻常加剧情况下及时进行检讨。鉴于限额是限制亏损风险的方法，因此，主要限额应涵盖综合风险，即包括海外分行、分支机构及附属公司所面临的汇率风险。

通常，汇率风险限额可以分为数量限额、敏感性限额、止损限额、压力测试限额几类，主要的内部限额如下：按日设定止损限额及预警限额、按月设定止损限额及预警限额、按年设定止损限额及预警限额；期权限额（如delta、gamma、vega、rho）；所有交易对手的结算风险限额；风险价值（VaR）；敏感度限额，如DV01等；压力测试限额；部分限额可分产品、币种、期限进一步细化。

（三）敞口对冲

敞口对冲是直接调整敞口规模的汇率风险管理手段，包括表内对冲和表外对冲。

表内对冲通常可以通过以下形式：一是进行外汇资产负债匹配管理，即通过外汇资产、负债在时间、币种及利率等方面的配对管理，降低汇率风险。二是将可支配的未分配外汇利润敞口结汇平盘，并于需要时进行平盘。三是对外汇注资、外汇营运资金、H股IPO等外汇资本进行结汇平盘。

　　表外对冲是指通过对外汇即期、远期、掉期、互换及期权等外汇衍生产品在银行的资产负债表外建立外汇衍生交易头寸，使其与已持有的外汇敞口规模相等而方向相反，从而在汇价变动时利用表外项目的盈利抵补表内项目的损失，以达到对冲汇率风险的目的。汇率风险表外管理工具的选择是一个重要且复杂的过程，需要准确量化汇率风险，制定最佳和有效的保值策略，并对保值方案进行不断优化，对保值效果进行跟踪和评价。

五、汇率风险的监测和报告

　　银行应对汇率风险相关限额执行等情况进行实时或定期监督，及时全面了解当前承担的汇率风险水平和变化趋势。其中，交易账簿汇率风险变化迅速，应实时监测，而结构性汇率风险相对稳定，因此可以定期如按月进行监测。当发生超限额的情况时，汇率风险主管部门必须向高级管理层汇报相关情况，并提出处置建议。汇率风险监测报告工作应遵循下述原则：

> 编制汇率风险监测报告的原则是什么？

　　（一）准确真实

　　风险数据应准确可靠，风险报告应能准确反映风险数据及相关风险状况。

　　（二）清晰实用

　　风险报告应简明扼要，兼具可理解性与全面性，对详细数据、定性讨论、解释说明和建议结论等各部分内容进行合理布局，对风险数据以及新形势作出明确阐释。

　　（三）及时高效

　　风险报告的生成和报送频率应满足使用者需求，符合风险报告的性质，适应风险变化，并能够满足在压力/危机情景下生成报告的时效性要求。

　　（四）前瞻适用

　　应对关键市场变量及其对银行的影响进行预测和情景模拟，

以便报告使用者掌握银行资本和风险未来走势。应确保风险报告的风险覆盖范围、统计解释是适当的，且在整个银行集团内部不同机构间具有可比性。风险报告体系、报告内容的深度和广度应与银行业务复杂程度、内部管理相匹配。

六、领先实践的汇率风险管理

领先实践的汇率风险管理架构如何？

鉴于外汇风险对银行盈利和资本充足率均可能构成较大威胁，因此，银行应建立起一套完备的汇率风险治理架构以有效管理其面临的汇率风险。

在决策层面，董事会对汇率风险管理的有效性承担最终责任，董事会可以授权下设的专业委员会履行其汇率风险管理的部分职责；高级管理层及其下设的资产负债管理委员会承担汇率风险管理的实施责任，资产负债管理委员会负责设定汇率风险管理制度。

在执行和监督层面，银行还应建立起由业务部门、风险管理部门、内控合规部门及内部审计部门组成的汇率风险管理三道防线，各司其职，分工协作。其中，各业务部门是汇率风险的承担部门并构成第一道防线。汇率风险管理部门（包括资产负债管理部门）承担汇率风险的第二道防线职责，具体负责汇率风险的识别、计量、监测、报告、控制和缓释等工作。该部门应独立于业务经营部门，并直接向高级管理层报告。内控与法律合规部门和内部审计部门是第三道防线，对第一、第二道防线汇率风险管理的履职情况及有效性进行再监督和评价。

做生意，只要减价谁都会，但那不是经营，必须找到一个临界点，就是客户愿意接受、乐意购买的最高价格。

——稻盛和夫 | 商业实业家

第十五章
定价管理

科学、高效的内外部定价管理体系是影响商业银行息差水平，进而影响财务表现的关键因素，因此内外部定价管理是商业银行经营管理的重要内容，也是商业银行的核心竞争力之一。

一、内部资金转移定价管理

内部资金转移定价（Funds Transfer Pricing, FTP）是商业银行内部资金中心与业务经营单位按照一定的规则以全额有偿的方式转移资金，达到核算业务资金成本和收益等目的的一种内部定价方式。这里的"内部"不是银行与客户间，而是银行内部之间。"资金中心"指虚拟的资金计价中心，而不是我们通常见到的实体资金交易部门。"一定规则"指的是根据资金的期限和利率属性确定的定价方法。"全额有偿"指对每一笔附息业务或占用资金的业务在其发生的当天根据其期限和利率属性逐笔计价。"核算资金成本和收益"，一方面指FTP价格对负债来说是收益，对资产来说是成本，因此，实施FTP的目的是要核算清楚负债带来了多少收入，资产占用了多少资金成本。另一方面指内部资金提供方将资金以FTP价格卖给资金中心获取利差收入，内部资金使用者从资金中心以FTP价格获取所需资金，付出资金成本。

（一）形成背景

内部资金转移计价的形成背景是什么，又有哪些主要的功能？有哪几种主要的定价方法？

起源于国外的内部资金转移定价理论最早产生于发达国家的大型跨国企业。大型跨国企业在其发展过程中，各分公司资金余缺不平衡，有些分公司资金短缺需要融资，有些分公司资金富余造成闲置，跨国公司总部将这些资金进行集中管理，将资金从资金富余的分公司有偿转移到资金短缺的分公司，对降低融资成本起了很大的作用。而且随着经济全球化的发展，内部有偿转移的模式在实践中被发现能够更好引导资金向优质业务发展，并有助于将风险集中管理、内部消化，于是关于跨国企业内部资金转移定价的研究开始发展起来。

在没有实施资金转移定价的情况下，商业银行负债类业务在财务上是不计算收益率的，多采用规模考核的方式，比较原始粗放。利息收入的实现主要依赖于资产类业务，基本是无偿使用筹资部门吸收的负债来开拓资产业务。而自20世纪80年代，美国开始全面推行利率市场化，1980年，美国政府决定分六年逐步取消对定息存款利率的上限要求。银行业利率风险加大，美国银行（Bank of America）首次采用FTP进行内部资金成本收益核算和利率风险管理，随后FTP理论逐渐被全球的商业银行运用于经营管理中。商业银行的主营业务是通过资金的调拨产生盈利，对资金成本和收益的管控尤为重要，FTP可体现资金的隐性收支，因此是商业银行优化资源配置，激励业务发展的重要管理工具。商业银行内部资金转移定价体系是指商业银行内部资金中心与业务经营单位按照一定规则全额有偿转移资金，从而达到核算各业务单元资金成本或收益、分离利率风险等目的的一种银行内部的资金管理模式。它是核算总分行各项业务资金转移成本收益的最清晰、最有效的业务管理模式。

FTP的真正意义远不止为银行提供一个资金转移定价的数字，一个科学有效的FTP体系是建立在银行明确本行FTP定义、目标、原则、方法、组织、流程的基础上的，即制定一个稳定的指导全行FTP定价与执行行为的内部资金转移定价政策，以明确银行FTP定价管理框架和基本做法（见图15.1）。

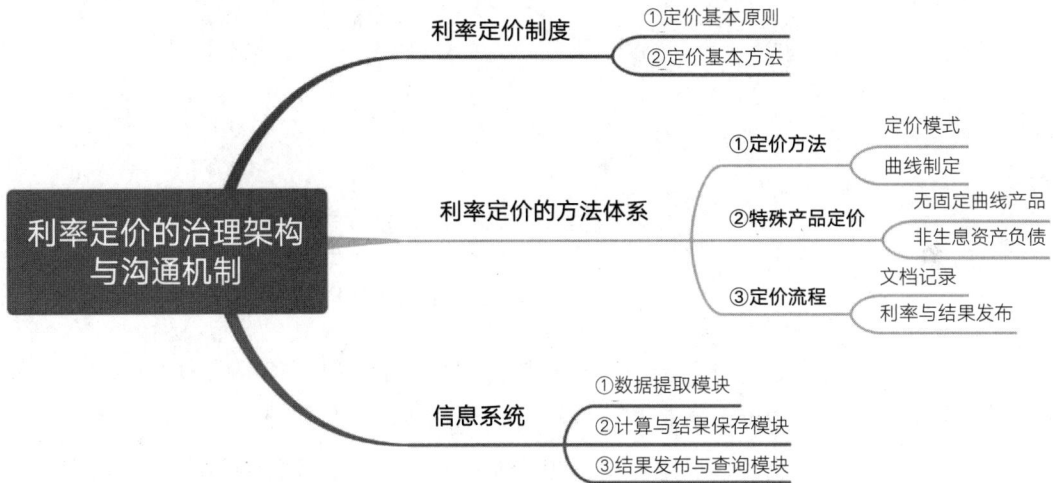

图 15.1　FTP 管理体系

（二）FTP概念

1. FTP定义。FTP是指资金在银行内不同部门、不同产品、不同分支机构之间流动的价格。银行内部资金中心（司库）与各利润单位之间按照确定的规则全额有偿转移资金。资金使用方从资金中心以FTP价格获取所需资金，支付资金成本；资金提供方将资金来源以FTP价格卖给资金中心，获得利差收入，即FTP减去负债实际利率（见图15.2）。

2. 主要功能。从国际商业银行的实践经验来说，FTP是一种能够将绩效考核、风险管理、资源配置和产品定价结合起来的最直接和有效的方法，银行也建立并实行符合自身实际发展的FTP

体系。由于FTP定价体系要求资金集中管理，因此与资金相关的利率风险、流动性风险等也相应集中到资金中心，使商业银行能够对其进行专业化的统一管理，大大提高了商业银行风险管理的效率。

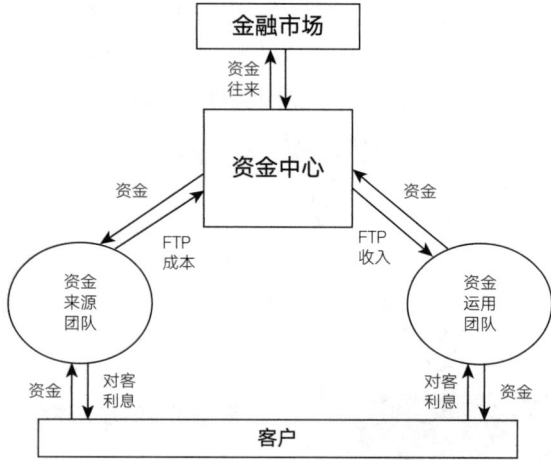

图 15.2　资金流与 FTP 运作流程

（1）公平绩效考核。FTP充分体现了各部门为银行提供资金的价值贡献和取用银行资金的成本，以及承担产品对应的利率和流动性风险。由于银行业务规模庞大，不能对资金来源和运用进行逐笔配对，因此使用FTP对全行收益进行分割，可以客观计算客户、客户经理、产品和部门等维度的净利息收入。这样一来，可以客观衡量他们的贡献度以用于绩效考核，并辅助管理层作出资源配置的决策。

如对于某一家银行来说，零售业务部门主要以存款为主，因此客户收益为负，公司业务部门主要以贷款为主，因此客户收益为正。如果没有FTP，零售业务出现亏损，不利于激励业务部门吸收存款，而公司业务则没有考虑资金成本，容易产生盲目扩张。因此，通过引入FTP体现存款贡献以及贷款资金成本，使零售和公司业务部门均能公平计算收益。

（2）集中化利率风险。通过设立FTP可把利率风险从业务部门分离出来，集中在司库进行统一管理。业务部门每笔交易的收益率已在叙做时锁定，降低因市场利率浮动引致的盈利波动，从而专注于业务拓展。利率风险集中后，司库可以整体监控银行利率风险敞口和风险水平，通过中央化的资金管理手段，提升利率风险管理的专业度，确保银行流动性保持充裕。由于司库承担利率和流动性风险，因此一般有资金的集中与配置的正价差作为风险补偿和缓冲。

假设银行仅有两笔本金相等的交易，在当前利率环境下一个月定存对外利率为-1%（成本以负数表示），FTP为1.75%，定存净息差为0.75%；三年定息贷款对外利率为3%，FTP为-2.25%，贷款净息差为0.75%；司库息差为0.5%；全行息差为2%（见图15.3）。

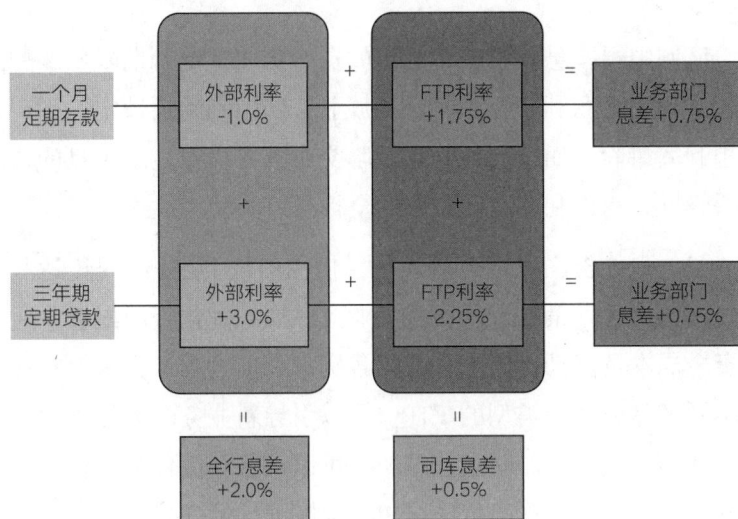

图 15.3　集中流动性风险至司库（情景 1）

假设一年后，市场利率上升1.5%，一个月定存对外利率上升至-2.5%（成本以负数表示），FTP也上升至3.25%，定存净息差为0.75%不变；三年定息贷款对外利率为3%不变，FTP为-2.25%不变，贷款净息差为0.75%不变；司库息差为-1%；全行息差为0.5%（见图15.4）。

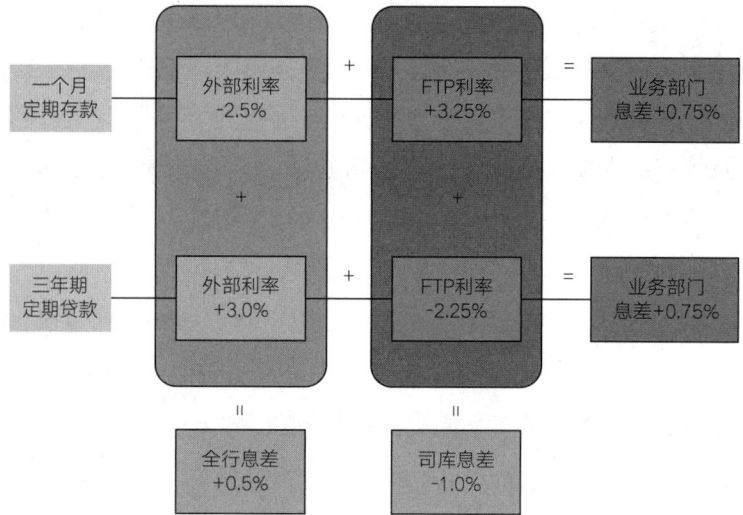

图 15.4　集中流动性风险至司库（情景 2）

该例中司库息差反映了承担的资产负债重定价期限不匹配的风险。说明市场利率变动时，存放业务部门利差被锁定，不需要承担利率风险，而全行的利率风险交由具有操作金融工具的司库统一管理，承担利率波动带来的全行息差波动。

（3）引导资产负债合理发展。使用FTP向业务部门传达和落实资产负债管理策略，从而引导业务发展，优化资源配置。通过将资金成本及流动性风险分配至各资产负债相关产品，针对性调节不同产品或客户类型的 FTP，可以引导新业务的增长规模及速度，从而实现灵活的时点管理，也可以调整和优化银行资产负债结构，达成目标的资产负债结构，确保银行可持续健康发展。

如全行基于战略发展考虑，在一段时期内重点鼓励某项业务，如在季末时点需要加大吸收1个月至3个月的定存，就可以通过调整对应FTP价格扩大该项产品的内外部点差，引导业务部门重点发展该项业务。

（4）提供定价参考。在对外定价的制定过程中不仅考虑同业竞争、客户关系和客户整体收益等因素，从而使最终定价体现银行的实际资金成本和收益，以保障银行整体利益。在特定情况下如激烈的同业竞争，拓展策略性客户等，对外定价有可能出现偏离FTP的情况，使用FTP也可以量化其影响。

如一笔三年期固定利率贷款，业务部门在向客户报价时，首先取得FTP价格作为资金成本（假设为4%），在此基础上，按外部定价管理方法，加上风险成本、管理成本、经济资金成本、税务成本等成本项（假设为1%），形成该笔贷款的盈亏平衡点（合计为5%），产品定价只要在该水平之上即可盈利，在获得一定收益率（假设为1%）前提下，考虑客户关系、综合收益和同业竞争等因素（-0.5%），形成该笔的外部定价（5.5%），其中FTP成本是贷款价格的主要决定因素。

（三）主要FTP定价方法

1. 定价模式。FTP常见的定价模式包括：

（1）原始期限匹配法。针对具有明确期限的业务，根据其期限确定FTP价格，即在业务发生的当天，将该业务期限所对应的FTP收益率曲线上的利率作为该业务的FTP价格。由于有同样原始期限的定息和浮息产品，流动性风险特征相同，但利率风险特征不同，考虑这一利率属性，原始期限匹配法对于浮息业务使用基准利率加点差的方式，基准利率参考重定价期限，点差参考原始期限厘定，从而把流动性和利率风险从业务单位转移至司库。

（2）重定价期限匹配法。根据重定价期限确定FTP，价格在重定价周期内保持不变，在下次重定价时，重新根据上述原则确定下一个重定价周期的FTP价格。该方法仅通过重定价期限体现利率风险，而没有计入流动性风险，即没有考虑同一重定价期限但原始期限长短不同的贷款对流动性要求的区别。现行监管规则通常要求银行加强资产负债原始期限匹配，防范流动性风险。因此，银行在使用重定价期限确定FTP价格基础上，需要再计算流动性成本，涉及较多的主观判断和人为因素。

（3）现金流定价法。针对本金分期偿还业务，把本金分成若干份，针对每一份采用原始期限匹配法进行定价，获得每一份本金的FTP价格，再将每一份本金的FTP价格加权平均得到最终的

FTP价格，在重定价周期（浮动利率型业务）或原始期限（固定利率型业务）内保持不变。

（4）指定利率法。适用于所有业务。对某类业务直接指定一个利率作为FTP价格，这个价格可以是一段时间内固定不变的，也可以是根据一定规则（如跟踪市场收益率曲线上的某个点）而发生变化的，主要用于无固定期限的业务（利率或现金流情况不明确的业务）。

（5）行为模型法。另外，也可以根据历史数据推算客户的提前结清和还款行为模型，从而设定FTP期限参数，适用于无明显期限的业务如储蓄存款，或有明显还款行为的业务如按揭等。

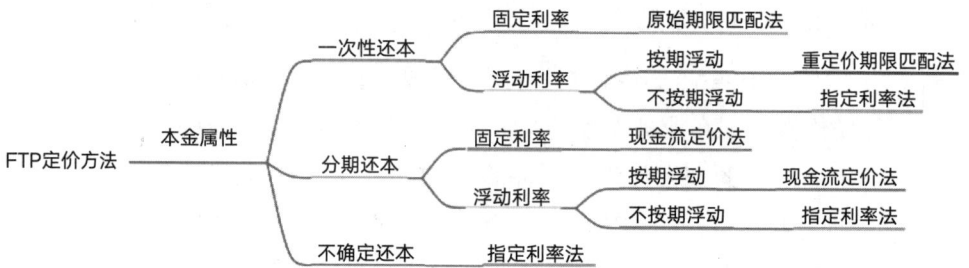

图 15.5　FTP 定价规则

对于一项具体业务，其FTP定价方法是由业务的本金属性和利率属性共同决定的。原始期限匹配法、重定价期限匹配法、现金流定价法均基于期限匹配的定价原理，需要获知每笔业务准确的本金及利率属性，对基础数据的质量要求较高。现金流定价法专门针对本金分期偿还业务，指定利率法针对本金属性和利率属性不明确的业务。对于有明确本金和利率属性的存贷款业务，由于原始期限匹配法可以分离利率风险和流动性风险，并有效反映实际融资成本和机会投资收益，给新发生业务明确的定价参考，因此被银行广泛采用。

2. FTP曲线制定方法。FTP曲线的制定方法主要有两种：

（1）市场利率参考法（Market Benchmark Linked Method）：使用市场利率如同业拆借利率、国债利率等构建FTP曲线。该方法提供厘定FTP利率的客观基准，但在市场流动性不高的情况下，不能够准确反映银行的实际融资成本。

（2）期限匹配边际资金法（Matched Maturity Marginal Method）：参考银行在金融市场上的边际资金运用收益和边际资金来源成本厘定FTP曲线。该方法可以通过匹配期限分离利率风险和流动性风险，并有效反映实际融资成本和机会投资收益，给新做业务明确的定价参考，因此被银行业广泛采用。

采用期限匹配边际资金法时，有时候也会结合银行的实际情况进行调整。一是流动性约束，如当流动性紧张时，银行可能需要吸收更多的存款来支撑贷款投放；二是信用风险调整，如对信用等级比银行高的客户发放贷款需要考虑优质资产对银行资产组合风险的正面影响；三是合约期限与有效期限不一致，使用合约期限未能体现其实际的流动性风险；四是融入融出价差，从而体现交易成本和市场波动因素。

3. 流动性成本。根据监管机构对流动性管理的指引，FTP定价需要充分反映流动性成本。流动性成本的分配可通过期限匹配和FTP调整等方式实现。2007年美国次贷危机爆发后，巴塞尔委员会分析指出金融危机爆发的一个重要原因是银行业未能认识到业务经营中潜在的流动性风险本质。为加强银行业的风险管理，各国监管机构纷纷出台与流动性风险相关的监管规定，包括指出内部定价管理需要考虑流动性成本。

2008年巴塞尔委员会发布的《流动性风险的稳健管理和监管准则》第四条指出，银行需要在所有重要业务（包含表内和表外）的内部定价、绩效考核和新产品审批流程中引入流动性成本收益和风险，从而统一每条业务线对银行整体产生的风险承担和流动性风险暴露[1]。香港金管局发布的监管政策手册《稳健的流动性风险管理制度及管控措施（LM2）》要求认可机构"将流动性成本与风险妥善分配于业务活动及产品，从而避免出现承受风险

---

[1] Basel Committee on Banking Supervision，Principles for Sound Liquidity Risk Management and Supervision，Principle 4.

诱因的错配以及承受过大的流动性风险"。《商业银行流动性风险管理办法》（中国银保监会令2018年第3号）第十一条要求"商业银行应当在内部定价以及考核激励等相关制度中充分考虑流动性风险因素，在考核分支机构或主要业务条线经风险调整的收益时应当考虑流动性风险成本，防止因过度追求业务扩张和短期利润而放松流动性风险管理"。

将流动性与FTP相结合不仅有助于满足监管要求，降低流动性风险，还有利于银行优化内部资金管理。

（四）市场化和非市场化FTP的差异

市场化和非市场化FTP的差异主要体现在：

1. 形成因素。非市场化利率由央行对利率进行直接行政管制，对银行存贷利差形成保护，主要体现政策导向，决定者为央行。而市场化利率以供求关系决定市场的资金价格，实际上把利率的决策权交给金融机构，其根据资金状况和对金融市场动向的判断来自主调节利率水平，体现了银行之间的竞争关系，主导因素变得更为复杂，也促进了银行提高自身利率的管理水平。

2. 波动性。以在岸人民币市场为例，在非市场化利率条件下，银行一般使用存贷款基准利率作为FTP基准利率，中国人民银行对存贷款基准利率的调整频率较低，截至2019年4月，存贷款基准利率仍使用人民银行于2015年10月24日起执行的利率表。而市场化利率可反映最新的市场利率水平，如上海银行间同业拆借利率（Shibor）、银行间资产质押回购加权利率（R）、存款类金融机构质押回购加权利率（DR）等。因此市场化FTP较非市场化FTP的波动性较大，也较为贴近市场情况。

3. FTP功能。在利率完全市场化的环境里，FTP曲线主要依据公允的市场收益率曲线结合银行的实际资金成本构建。而在非市场化情况下，存贷款定价被动执行管制利率或仅在小范围内浮动，如存款试行管上限放开下限的政策时，银行可能为了争夺存款而普遍执行上限利率。在与贷款利率管下限存在明显利差的背景下，银行缺乏建立市场化内部定价机制的迫切性，而FTP对存贷款利率定价也缺乏指导作用，不能起到调整资产负债结构的作用，主要用于内部考核。

由此可见，市场化利率形成因素更为复杂，波动性更强，市场化利率条件下的FTP机制功能更为完整，也会对银行自身的定价管理有更高的要求。

专栏 15.1 香港银行业内部定价的特点

特点一：市场化定价程度更高以更准确地反映银行的成本和收益

在中国境内，由于长期以来存在的"利率二元制"特点，客观上造成了存贷市场和资金市场的割裂，商业银行为此普遍制定了两类FTP曲线，即存贷款业务适用的FTP曲线和市场化业务适用的FTP曲线。市场化业务FTP曲线已普遍采用市场利率作为定价基准，但存贷款FTP曲线仍主要基于央行存贷款基准利率构建，市场化程度较低，不能及时反映银行成本和收益的变动。而香港银行业所有的计息资产和付息负债的内部定价均采取市场利率作为定价基准。业务量最大的港元和美元一般采用Hibor和美元Libor加减点差的定价方式。其中，与外部定价类似，浮动利率FTP同样要区分不同的重定价周期。例如，对于合同期限为1年期，但具有不同重定价周期的港元浮息融出业务，FTP价格为1M Hibor+112BP/2M Hibor+102BP/3M Hibor+93BP。而对于离岸人民币、欧元、英镑、日元等业务量较少的币种，为了防止客户在同一家银行的不同币种之间进行套利，一般采用美元FTP价格与各币种的掉期隐含利率计算确定。

特点二：实行全币种全额资金计价以更好地发挥FTP的各项功能

由于外币业务在境内银行业整体的资产负债中占比较低，且境内仍有较为严格的外汇管制，客户的套利空间较窄。出于管理简便等考虑，大部分银行外币业务的内部定价仍采取上存下借的差额资金管理模式。但是香港作为国际金融中心，各币种可自由兑换，资金可自由进出，多数银行实行的是全币种的全额资金计价模式，这固然会大幅增加FTP定价管理工作的难度，但却能更好地发挥FTP在剥离利率风险、引导产品合理定价、优化银行资源配置及调控银行业务战略等方面的作用。

特点三：与流动性和利率风险管理的融合更深以更好地应对银行所面临的各项风险

在我国境内，存贷款业务占据了银行资产负债的绝大部分比例，但由于央行的存贷款基准利率调整频率很低，LPR改革后，也仅是每月报价一次。因此，相应的存贷款FTP曲线调整频率也不高，主要是依据央行的存贷款基准利率及LPR调整、银行的资产负债发展策略及实际变动、司库年度预算、可比同业的FTP价格调整幅度等因素进行调整，对流动性风险和利率风险的考虑相对较少。在香港，由于银行采用市场化方式筹资及资金可自由进出，银行所面临的流动性风险更大。而由于港元实行联系汇率制，港元的利率周期紧随美元变动，银行所面临的利率风险也更高。这迫使银行在FTP定价过程中会更多地考虑全行在流动性管理和利率风险管理方面的需要。例如，对于会恶化银行相关流动性监管指标的业务品种，银行会在FTP中单独征收流动性成本。同时也会结合对利率周期的判断，通过及时调整FTP价格，对资产负债的期限结构调整进行策略引导，以降低银行所面临的利率风险。

特点四：对金融市场交易相关业务能力的要求更高以提高FTP定价的科学性和精确性

由于我国境内的存贷款利率长期管制，包括利率互换、利率期权等在内的利率衍生品交易并不活跃，因此相关衍生产品在FTP定价中应用较少。但随着LPR形成机制的完善，参照LPR定价的资产规模在不断扩容，市场上挂钩LPR的利率互换和利率期权的交易量也在显著提升，这客观上要求FTP定价人员能熟练运用利率衍生品来辅助进行内部定价。而香港作为国际金融中心，金融衍生品市场发达，FTP定价管理人员能熟练运用相关金融市场产品来协助定价。例如，利用利率互换将固定利率FTP报价转换成不同重定价周期的浮动利率报价；利用外汇掉期隐含利率将美元FTP报价转换成非美币种的报价；利用期权计算靠档计息类存款所隐含的提前支取权利的价值等。

二、外部定价管理

产品和服务的定价能力已经成为一家商业银行核心竞争力的重要组成部分。一个完整的定价管理体系应包括定价管理目标、定价管理模式、定价策略、定价授权、定价监测、定价后评价等内容。

（一）外部定价管理目标和模式

1. 管理目标。商业银行在外部定价过程中，产品定价的本质是银行经营目标与客户行为偏好间的博弈，旨在达到一种动态的量价险平衡关系。因此，合理的定价管理应包含三个目标：一是建立清晰的客户策略，即在客户精细化管理的基础上，将合理的价格给到对应的客户；二是客观真实地反映基于业务的资金成本与贡献，通过引入科学合理的FTP机制作为定价参考，有效向业务部门传导经营目标；三是使用科学化的绩效管理和灵活可变的竞争策略，需要平衡成本控制与业务拓展。定价管理目标围绕商业银行资产负债管理的总体目标制定，平衡资产负债配置、流动性要求、利润增长、客户策略等管理目标，从而形成在新增存贷款规模、净息差、客户收益等指标多方均衡下的外部客户定价。

2. 定价模式。外部定价模式逐步发展，可大致分为基准利率加点法、成本加成法、风险定价法和客户综合定价法。

基准利率加点法主要应用于管制利率时期，银行不需要考虑自主定价问题，产品定价以最终定价结果和绝对利率值为目标，

外部定价管理的目标是什么？都有哪几种外部定价模式？应如何制定具体的存贷款定价策略？如何进行定价的监测和后评价？

采用基准利率加点差的方式确定外部定价，管理模式简单粗放，也无构建定价模型和定价系统的必要。

成本加成法是以商业银行金融产品的单位总成本加上一定比率的预期利润来确定金融产品价格的定价方法。随着利率市场化改革推进，尤其是贷款业务利率管制的逐步放开，商业银行开始探索针对单笔业务定价的自主定价方法和定价模型，成本加成法通过对商业银行各项成本的清晰核算，确保目标利润的实现，同时为商业银行提供控制产品成本以提高竞争力的手段。

风险定价法是以经济资本回报率为目标的定价方法。随着银行越来越重视风险管控，而风险计量水平逐步提高，在成本加成法的基础上引入经济资本回报的概念，例如使用风险调整后的资本收益（RAROC）进行贷款定价，从而量化风险成本，反映资金创造的风险调整后利润，强调资本的实际使用效率。

客户综合定价法指考虑客户综合收益进行单笔业务的精细化定价方法。若仅局限于单笔业务的定价，忽视了与客户长期关系及其他业务收益，在利率市场化激烈竞争的环境下，容易因价格偏高而在市场上失去竞争力，也不利于向"以客户为中心"的综合化经营转变。近年来，越来越多的商业银行开始采用基于客户综合回报的客户关系定价法，统筹考虑客户与本机构所有业务的整体风险收益水平，定价管理模式走向市场化、系统化、精细化和模型化。若客户群较为庞大，定价也可基于客户分层，使用客户的静态资料，包括行业、风险评级、规模和区域等，结合一定的专业判断进行精细化定价。

举例来说，客户分层可基于客户的基本信息（所属行业、营业收入等）、客户与银行的关系（持有产品数量和规模等）、客户风险信息（主权评级、债券评级等）、价格和经济性信息（收入、价格、EVA、RAROC等）进行分层，旨在令客户价格信息可比。除了客观划分外，分层通常会结合一定的专业判断，如公司发展前景等。另外可识别重点客户和潜力客户（重点客户指符合银行战略定位，且已经和银行开展多产品业务合作的客户；潜力客户是指有较大的银行业务需求，但尚未建立密切银行关系，或尚未有较大的业务需求，但有机会快速成长的客户）。通过在某一分层内进行横向比较，可获得关于利润率水平和交叉销售的参考，如某一分层综合贡献排名在10%~30%的客户中，80%有一年期无抵押贷款，扣除风险底线后平均利润率为1%，则1%即可作为整个客户分层针对此类贷款的参考利润率。

（二）存贷款定价策略

1. 存款定价策略。存款定价分为挂牌利率和差异化定价利率两种，针对这两种类型存款定价，应用不同的定价策略。

挂牌利率方面，根据银行发展阶段不同，可采用挂牌利率策略。一是被动跟随挂牌策略，锁定竞争银行，对其挂牌利率进行加减点调整，虽然执行层面简单快速，但受竞争对手策略的影响，缺乏定价主动性，在新的市场条件下容易受到竞争对手价格的冲击。二是激进挂牌定价策略，以远高于竞争对手的挂牌利率获取新客户和资金，如西班牙的桑坦德银行（Santander Bank）在20世纪80年代市场利率自由化的大背景下首创"超级账号"，将价格提高到市场同业的两倍以上，实现市场份额的大幅上升。这个策略具有极大局限性，长期使用会吸引过多利率敏感型客户，容易引发同业的"价格战"，提高资金成本。三是金字塔定价策略，降低挂牌利率，节省的利息支出用于重点客户的获取和维护，可降低平均存款利率支出，可更为精准投放资源以获取客户和资金，该策略需要持续定向活动以挽留和获取价格敏感型客户，需要较强的客户敏感度分析能力。

差异化定价利率方面，可考虑的策略有：一是批量的差异化定价规则，例如针对区域、规模、行业和渠道等维度的定价差异化。结合自身资产负债管理和存款策略实际，银行制定一条或几条"量价险曲线"，默认给予规模大的存款以"更优惠"的价格。二是定向的、目标清晰的定价推广。定向定价推广的成功来源于清晰的客群和目标定位，准备充分的推广计划，以及前台业务部门的执行力。相应的事前分析、事中执行、事后监督的管理机制也可有助于定向定价推广的优化。三是针对客户的"一对一定价"，此方法具体分析某一个客户对于银行的综合贡献，同时考虑客户的"价格敏感度"，在此基础上给出相应报价。"一对一定价"需要银行对自身客群的价格敏感度有一定的数据积累和理解，同时需要建立相应的定价分析"量化模型"，并在试点和实践的过程中不断完善。

2. 贷款定价策略。科学贷款定价的核心是成本核算、风险溢价和利润率的制定，本质上是成本加成法。成本核算包括资金成本、运营成本、资本成本和风险成本。

资金成本方面，FTP主要体现了资金成本和流动性溢价，这是信贷业务最主要的成本之一，由于FTP用于内部绩效考核，也会对业务部门产生导向作用，调控资产业务的发展。

运营成本方面，产品定价主要考虑运营成本中的直接成本部分，即和业务开展直接相关的成本，如销售人员薪酬，营销费用等。间接成本指不同业务部门共同承担的成本，一般为固定支出，如办公楼租金，高级管理层薪酬等。若包括间接成本容易导致价格竞争力下降，将令间接成本的业务分摊基数更小，不利于业务拓展。

资本成本方面，它通常由银行内的基本计算模型决定，包括：一是监管资本法，按照产品类型使用风险资本系数，与监管报表的资本计算口径一致，便于与业务部门的沟通和理解；二是经济资本法，体现了业务风险和所需风险资本的联系，但较为复杂。

风险成本方面，它是贷款差异化定价的最主要维度。信贷业务本质是经营风险，因此需要对客户进行风险识别，要求合理的风险溢价。风险成本可参考风险评审部门认定的主体评级和债项评级，这代表银行对具体客户和业务的风险判断。在确定评级后，银行需要通过风险违约率和违约损失率对风险进行量化。

另外，出于客户精细化管理的需要，可以考虑业务对其他银行产品，如存款、贷款和其他中间业务收入带动后进行优惠利率调整，从而提高业务竞争力，维护客户关系，并提升客户的综合利润贡献。基于客户关系的综合定价策略需要识别重点和潜力客户，明确客户需求和议价能力，参考同类型客户定价水平，从而计算差异化定价。

（三）定价管理

1. 定价授权管理。由于各地区经济发展水平差异较大，市场竞争程度不同，各分支机构的管理水平不一，为了避免发生不计成本的存款上浮及不顾收益的贷款下浮的无序竞争情况，商业银行应对存贷款利率定价实行分层授权管理。

从授权对象来看，可包括前台业务部门和分支机构两个维度。对业务部门的定价授权属于横向维度，对分支机构的定价授权属于纵向维度。业务部门和分支机构应在本级定价授权范围内确定存贷款的执行利率。

按照权责对等的原则，利率授权还应绑定具体的定价管理目标，如存贷款收付息率及同业排名、存贷款市场份额等指标。相关定价管理目标的落实情况将作为后续授权调整的重要依据。

2. 定价监测。商业银行应建立起一套完备的存贷款利率监测分析体系，前台部门和各级分支机构应从期限、产品、客户、机构等维度，对辖内存贷款定价执行结果进行监测、督导和通报。监测的内容包括但不限于存贷款新发生业务利率、利率浮动幅度、存贷款付息率、授权执行情况及超授权审批情况等，并要密切关注市场上可比同业的存贷款利率执行情况。

3. 定价后评价管理。商业银行应建立起一套科学的存贷款定价后评价机制。对存贷款定价的合规性、效益性及前台部门和各级分支机构的定价管理水平进行整体评价。合规性是指检查前台部门和各级分支机构的定价行为是否符合相关的利率管理政策法规及利率授权规定。效益性是指评价客户综合回报水平的变化。对客户综合贡献低于平均水平且持续下降的客户，应重新调整定价方式和定价水平。相关的效益评价指标可以使用风险调整后的资本回报率和经济增加值等。此外，还应对前台部门和各级分支机构的定价管理目标的落实情况进行评估，对未完成定价管理目标要求的前台部门和经营单位应适度收紧授权，对定价管理目标完成较好的前台部门和经营单位可适度扩大授权。

专栏 15.2　香港银行业外部定价特点

特点一：可使用多种基准利率以提高定价的灵活性

境内银行的存贷款定价，参照的基准利率相对单一。存款端以央行存款基准利率为定价基准上浮确定。2019年8月，中国人民银行决定改革完善贷款市场报价利率（LPR）形成机制，贷款端开始采用LPR加减点差确定。而香港的商业银行在港元的资产和负债端均可采用Hibor或者港元最优惠利率（Prime Rate）作为定价基准。其中，港元最优惠利率主要用在个人及小微企业相关产品的定价上，法人业务一般采用Hibor作为定价基准。而在个人按揭贷款业务中，银行通常以Hibor和最优惠利率（Prime Rate）两者作为定价基准，即银行同时提供"P-点差"与"Hibor+点差"两种定价方式供客户自由选择。其中，"Hibor+点差"的定价方式一般选择一个月期的Hibor作为定价基准，并以"P-点差"作为价格上限，防止客户的房贷利息在利率上行周期上涨过高。因为港元最优惠利率一般较为稳定，而Hibor则会及时反映市场资金面的变动，所以"P-"与"Hibor+"这两种定价方式的选择实际上反映了客户对未来利率变动趋势的预期。此外，与境内的贷款报价利率（LPR）不同，香港市场上并没有一个统一的港元最优惠利率，而是由各家银行自行制定并使用。目前，香港市场上的港元最优惠利率有5%、5.25%、5.375%和5.5%四档。

特点二：报价形式更为多样化以满足客户不同的需求

香港银行对客报价时，如采用最优惠利率作为定价基准，报价形式为"P-点差"[①]；如采用Hibor作为定价基准，在固定和浮动利率定价方式下有不同的报价形式。其中，固定利率的报价既可以是一个固定值，也可以是"Hibor±点差"，Hibor为起息日对应的最新值。而浮动利率的报价则要区分不同的重定价周期。例如，一笔合同期限为1年期的浮动利率双边贷款，对客报价形式为1M Hibor+122BP/2M Hibor+112BP/3M Hibor+103BP，即选择不同的重定价周期将对应不同的点差。

特点三：让渡给客户的选择权更多以增强对客户的吸引力

香港利率市场化的实现，除了促使银行在定价上展开激烈的竞争外，也迫使银行不断让渡客户的选择权以招揽客户。以银团贷款为例，为满足客户利率风险管理的需要，银行一般会赋予客户较大的重定价期限选择权。例如，在合同签订时就明确了浮动利率贷款在不同重定价周期下的加点幅度，并且客户有权在每个重定价日重新选择重定价周期。这样，客户便可以结合自身对利率走势的判断，在每个重定价日重新选择重定价周期及对应的价格。而在境内，重定价周期一旦选择一般不可轻易更改。再如，对于浮息定价的贷款业务，银行普遍会允许客户提前还款而不收取罚息，这其实也是给客户提供了一个选择权。

特点四：精细化定价程度更高以实现银行收益的最大化

境内的法人贷款，一般能根据客户等级、贷款金额、客户综合贡献等因素进行差异化定价。但个人贷款因为金额较小，在客户等级、贷款金额等维度进行差异化定价的程度较低。并且客户无论是采取等额本息、等额本金还是按月结息到期还本等不同的还款方式，利率一般并无差异。而香港的银行业在上述维度进行差异化定价的程度较高。以个人贷款为例，香港的银行一般会根据客户等级、贷款金额及期限给予不同的定价水平，并将个人分期贷款和循环贷款划分成两类不同的贷款类别。分期贷款的偿还方式为等额本息，已偿还的本金不可再次提取。而循环贷款可以随时支取，根据提取金额按日计息，且已偿还的本金可再次提

[①]　因为最优惠利率的价格较高，所以一般在其基础上减点定价。

用。循环贷款的定价大幅高于分期贷款且一般会收取年费。以渣打银行为例，同样是贷款20万港元，期限1年，分期贷款的年利率最低可至1.98%。而循环贷款的年利率则高达11.81%，且要收取贷款额的1%作为年费。循环贷款的高溢价反映了银行给予客户的选择权价值及对在货币时间价值方面损失的弥补。

特点五：广泛使用现金及现金等价物以实现产品的综合定价

在境内，为防范银行在吸收存款时进行恶性竞争，人民银行和银监会早在2014年便发文[①]明确，严禁商业银行通过返还现金或有价证券、赠送实物等不正当手段吸收存款。而香港因为已实现完全的利率市场化，银行在外部定价上拥有充分的自主权且银行主体自身的财务约束性较强。香港银行业在产品的定价中，除了利率因素外，还广泛采用现金回赠、超市券回赠、实物回赠、飞行里程奖励等非利率定价要素进行产品的综合定价，这种定价方式在零售产品上使用尤其广泛。

特点六：资产负债联动定价以实现成本和收益的匹配

境内银行的产品创新较为缺乏对资产和负债的通盘考虑。例如，存款产品的创新较少考虑与资产端的协同，这就会造成负债成本的上升和成本收益难以匹配的问题。而香港的银行在进行产品创新时会更多地考虑资产和负债的协调可持续发展。例如，部分银行会提供存款挂钩按揭类的产品，在按揭供款期间，港元还款账户的存款利率等于按揭利率，可赚取比一般港元定期存款更高的利息。除了借款人本人外，客户还可再指定两至三个直系亲属（父母、配偶、子女）的账户以享受该高息存款利率。银行会按每日未偿还按揭金额的一定比例（一般是50%）限定所有指定账户可享受高息存款利率的存款上限，超过的部分执行一般的储蓄利率。

---

① 《中国银监会办公厅、财政部办公厅、人民银行办公厅关于加强商业银行存款偏离度管理有关事项的通知》（银监办发〔2014〕236号）。

将资本投入银行就像把一桶啤酒给了一个醉鬼。你知道这意味着什么，但是你却无法知道他烂醉如泥之后会撞向哪堵墙。

——克里斯·马腾（Christopher Fildes）|
《观察家文稿》，1995年8月。[①]

第十六章
资本管理

银行资本是指商业银行自身拥有的、可永久支配的资金，由自有资本和借入资本两部分组成。资本对于银行而言，具有特殊的意义，它关乎社会公众对银行的信心，更关乎金融体系乃至社会的稳定。银行资本是商业银行的发展基础，约束着商业银行资产的扩张规模和速度，同时也是衡量银行风险承受能力的重要指标。当前，世界各主要国家监管机构都对银行资本提出了明确的监管要求并逐渐趋严，资本管理已成为商业银行经营管理的核心内容之一。作为经营信用的特殊企业，商业银行通过吸收社会资金并承担对应风险取得收益，这一特性决定了银行的高杠杆性，只有拥有足够的资本才能维持正常的运营并防范风险。资本充当

---

① 克里斯·马腾. 银行资本管理——资本配置和绩效测评[M]. 王洪，漆艰明，等，译. 北京：机械工业出版社，2004：1.

着银行最终的风险防线或缓冲器，在保证银行的生存和发展中起到生死攸关的作用。资本管理就是指对银行资本的科学测量和合理配置，资本的有效管理是实现银行价值最大化的先决条件。

一、银行资本的来源与功用

（一）银行资本的来源构成

作为国际银行业实践的主要准则，《巴塞尔资本协议》规定的资本概念是各国监管机构的主要参考。按照《巴塞尔资本协议Ⅲ》的规定，银行资本可分为核心资本和附属资本。

1. 核心资本。商业银行的核心资本由权益资本和公开储备构成，具有永久性、免费性和止损性三大特征。其中，权益资本主要由普通股和非累积优先股构成。

（1）普通股和非累积优先股。普通股指在经营管理和盈利及财产的分配上享有普通权利的股份，代表满足所有债权偿付要求及优先股东权益后的剩余索取权，是银行资本的基础，也是银行监管机构和评级机构关注的重点。非累积优先股指当银行于某年度内不能如数支付优先股股息时，对于其所欠部分不能要求补发的优先股。普通股和非累积优先股是商业银行资本中最稳定、质量最高的部分。

（2）公开储备。通过保留盈余等方式在银行财务报表上反映的储备数额称为公开储备，属于银行核心资本。公开储备一般由留存盈余和资本盈余（如股票发行溢价）等组成。其中，留存盈余也被称为保留盈余或未分配利润，是由银行内部来源形成的盈余，即尚未动用的银行税后利润部分；资本盈余也称股本盈余，是商业银行在发行股票时采用溢价发行方式，导致投资者缴付的出资额超过按面值所确定的应缴纳的股本金额所形成的盈余，即溢价收入。

2. 附属资本。商业银行的附属资本也称二级资本，主要由非公开储备、重估准备、普通贷款损失准备、混合资本工具及长期次级债务等组成。

（1）非公开储备。非公开储备又称隐蔽储备，是指银行将部分保留利润用作非公开的储备。由于各国的法律和会计制度不同，巴塞尔委员会提出的标准是，在该项目中，只包括虽未公开，但已反映在利润表上并为银行监管机构所接受的储备。由于非公开储备缺乏市场监管，信息的披露程度较低，没有足够的透明度，不包括在核心资本成分中，仅属于银行附属资本的一种。

（2）重估储备。为反映某些资产的真实市场价值，银行会对其价值进行重估，这就是重估储备。重估储备的形式有两种，一是对银行房产的账面价值进行重估；二是银行具有隐匿价值的资本增值，如有些银行将部分股票持有额划入其资产负债表，但由于股价以历史成本计价，这势必会引起其真实价值与记账价值相差甚远。

（3）普通贷款损失准备。商业银行的主要盈利模式就是信贷利差，因而对普通贷款计提损失的准确估计十分必要。普通贷款损失准备是为防范和抵减形成普通贷款坏账损失而储备的资本，其特点就是抵御银行坏账损失。

（4）混合资本工具。混合资本工具起源于20世纪90年代初西方国家发行的信用优先股。混合资本工具是由公司发行的混合要求权工具，它兼有债务和股权两者的属性，通常附有特殊的期权条款。在银行正常运营期间，混合型资本工具和银行普通债务工具相似；但在市场不景气期间，它就变得和权益工具相仿，可以抵减资本损失，缓解银行面对的风险压力。自1993年世界上第一只信用优先股发行后，截至20世纪90年代，这种信用优先股占到所有新发行优先股的70%以上。2004年，巴塞尔新资本协议明确了商业银行二级资本中混合资本的各项规定，于是发行混合资本工具"名正言顺"地成为各国商业银行提高资本充足率的最佳选择。

（5）长期次级债务。银行对长期次级债务的持有者作出承诺，允许其在将来可以将债务转换为银行股票。长期次级债务是银行附属资本的一项重要来源，可以代替部分银行资本的职能，帮助商业银行降低融资成本提高流动性。

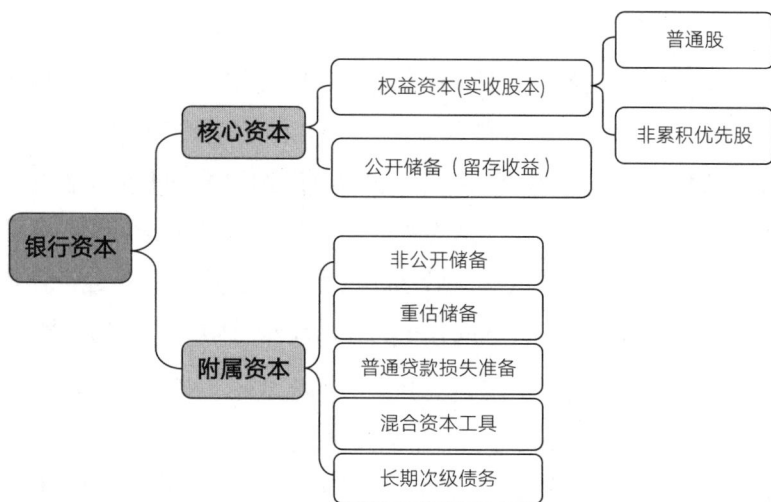

图 16.1　商业银行资本构成示意

（二）银行资本的功能作用

在商业银行日常运营及长期发展中，银行资本扮演着极为重要的角色，是银行开业和运营的必要条件，是不断拓展业务的重要保证。主要表现为以下几点：

1. 资本是银行从事经营活动的基本保障。一是充足的资本是银行申请开业的基本要求。从世界范围来看，各国银行业基本都实行特许经营制，而在监管当局的审批内容中是否拥有足够的资本是能否获准经营的首要条件。由于银行业在经济中的特殊地位及其高杠杆经营特征，对银行的注册资本金要求往往较高，同时获准经营的业务范围和形式也与其注册资本金息息相关。二是银行资本是商业银行日常运营的前提条件。对于新开业银行来说，需要拥有足够资本支付土地、房屋、设备等初始支出；而对处于经营过程中的银行则需要资本金支持业务发展，提高营业效率和服务水平。

2. 资本是银行安全和风险的缓冲器。一是银行资本可以缓解流动性风险。银行作为经营风险的机构，在正常经营过程中，通常会持有一定的期限错配缺口，即负债平均期限短于资产平均期限。而资本作为银行的长期稳定资金，相对延长了资金来源的平均期限，降低了期限错配程度，缓解了银行的流动性风险。二是资本是风险的第一承担者，资本的多少直接影响商业银行承担风险的能力，它是弥补客户损失的首要补充来源，是商业银行防止破产的最终防线。资本的重要功能在于能够用来补偿商业银行未来不可预见的损失，并在商业银行发生偿债能力不足或破产清偿的情况下，对债权人的利益提供必要的保护。所以，银行资本又称为债权人的保护伞，使其遭受损失的可能性降低。

3. 资本可以提升银行的市场认可度，增强公众信心。一是巴塞尔委员会实施统一的资本监管标准，为银行同业比较提供了可能性，为银行业务参与者认识银行风险水平提供了渠道。而资本作为银行的风险承担者，是市场对银行认可度的一种衡量指标，对维持市场形象起着关键作用。二是充足的资本也向借款人表明商业银行的财务实力，使其相信即使在困难时期也能够满足其合理的贷款需求，一定程度上增强公众对商业银行稳健运行的信心。根据英国《银行家》杂志（*The Banker*）的相关统计，截至2018年末，全球1 000大银行一级资本总额合计8.29万亿美元，高于2017年末的8.23万亿美元，达到2010年低谷后的最高值，一级资本与总资产比值从2010年的5.14%提高到2019年的6.75%。一级资本是衡量商业银行业务发展能力和风险承受能力的重要指标，也是全球银行1 000强排名的重要基准。

4. 资本可作为银行优化资源配置的基础。很长一段时期以来，商业银行一直以实现利润最大化为经营目标。因此，商业银行在经营中普遍存在"规模冲动"和"速度情结"，如果不及时改变这种片面、盲目注重规模扩张的惯性思维和经营取向，势必给银行业的稳定经营埋下隐患。因此，最低资本比例的监管要求可以防止银行为追求盈利无限扩张资产规模，避免银行过度将资产投向高风险、高收益的业务，促使银行注重通过资产质量的提高和改善来增加银行的盈利，强化资本对资产扩张的约束功能。

5. 资本是监管部门监管银行的重要抓手。为保障银行业的安全稳健和公平竞争，维护存款者和投资者的利益，通常对商业银行等金融机构实行较一般工商企业更为严格的监督管制。有关资本管制的要求主要包括：创办商业银行必须拥有的最低资本；设立分支机构的最低资本；资本与资产的比例等。通过资本充足性的规定，可以约束商业银行的经营行为，控制银行业风险，是监管部门监督管理商业银行经营状态和风险承受能力的有效指标。

二、认识银行资本的三个维度

随着银行资本管理的理论与实践发展，商业银行内部资本衍生出三种意义不同但又相互联系的资本，分别是会计资本、监管资本和经济资本。

（一）银行资本的三个维度

1. 会计资本。又称为"账面资本"，主要是指商业银行资产负债表中的所有者权益，在数值上等于资产负债表中的资产项与负债项的差值部分，代表银行所有者对其资产拥有的经济利益。会计资本反映银行具有的资本水平，是资本的真实反映。会计资本的变化反映股东实际收益的变动，未与银行所面临的风险产生联系，不具有承担风险的意义。会计资本主要包括股本、资本公积、盈余公积、一般风险准备、未分配利润和少数股东权益。

2. 监管资本。是商业银行为了满足监管当局要求而必须持有的资本，是"法定资本"。一般来讲，监管资本是从监管当局的角度出发，对银行实行资本管理的强制性外部约束，用于覆盖一定置信水平下银行面临的主要风险带来的损失。该项资本用于在非预期损失出现时，抵御风险和保障银行的持续运营，进而保证金融市场的稳定运行。监管资本的资金通常来源于商业银行自身拥有的或长期支配使用的资金，其中会计资本是监管资本的主要来源。所以根据监管规定，银行持有会计资本要高于监管资本。

3. 经济资本。根据国务院银行业监督管理机构的定义，经济资本又称为"风险资本"，是具有统计学意义的一个概念。它描述了在一定的置信水平上（如99%）和一定时间内（如一年），为了弥补银行的非预计损失所需要的资本，置信水平由银行风险偏好决定。银行面临的损失包括预期损失和非预期损失，前者通过提取准备金弥补，后者通过经济资本来覆盖。经济资本是一种

银行资本管理中，通常涉及会计资本、监管资本和经济资本三个不同的概念。三类资本各有什么特点，相互间又有什么联系？各自发挥的作用是什么？

虚拟资本，在数额上与银行经营所承担的非预期损失相等，它是通过计量各类风险的非预期损失，并依据一定的加总规则计算出来的资本需求。经济资本是落实资本约束要求，实现资本管理目标的内部管理工具。通过建立经济资本的配置和传导机制，引导银行调整优化资产结构，有效控制业务风险，科学评价经营绩效，从而实现防范风险和创造价值的最终目标。经济资本具有内生性和虚拟性特征，其计量基础是风险与资本相匹配，将利润、风险和资本三者统一考虑，随着风险管理技术的演进和银行风险环境的变化，经济资本已成为当今国际领先银行经营管理的核心内容。

（二）三种资本的区别与联系

从上述介绍可以看出，三种资本存在明显的不同（见图16.2）：一是从应用角度来看，会计资本是从财务、资金管理者以及股东的角度去看银行资本，它是监管资本和经济资本的供给方；监管资本则是监管当局要求商业银行持有的资本；经济资本是银行管理者从管理的角度重视的银行资本，主要用来降低银行非预期风险损失带来的冲击。二是经济资本与会计资本具有显著区别，会计资本是实际具有的资本，而经济资本则是"虚拟资本"。三是经济资本与监管资本均用于防范风险发生，但缓释风险的方式互不相同。经济资本是银行内部通过控制非预期损失来控制风险的动态方式；而监管资本则是通过银行资本充足率测算，以监管和控制商业银行的风险，是一种静态的方式。因此，两者的统计口径不一致，导致数量上也可能不一致。

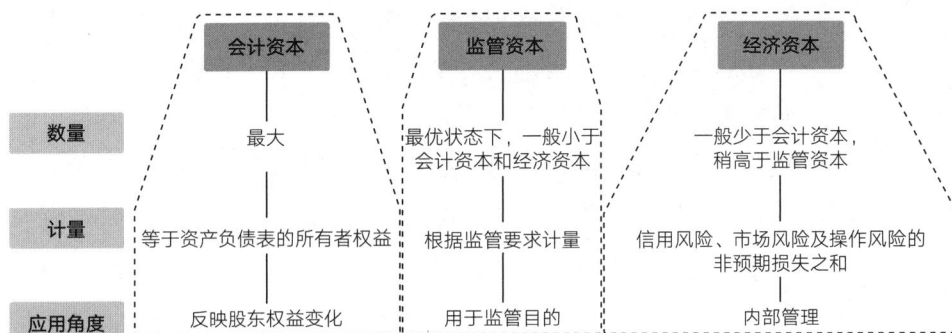

	会计资本	监管资本	经济资本
数量	最大	最优状态下，一般小于会计资本和经济资本	一般少于会计资本，稍高于监管资本
计量	等于资产负债表的所有者权益	根据监管要求计量	信用风险、市场风险及操作风险的非预期损失之和
应用角度	反映股东权益变化	用于监管目的	内部管理

图 16.2　三类资本的区别与联系

尽管银行三种资本形成的基础不同，数量和具体构成也不相同，但三者之间也有内在的联系。主要包括以下几点：

1. 会计资本应大于等于经济资本。一是从资本大小关系的逻辑分析来看，利用排列组合原理，会计资本、监管资本和经济资本之间的大小关系共有6种情况（见图16.3）。但图中的情况4、情况5、情况6表明会计资本小于监管资本，这与监管规定"会计资本必须大于监管资本"相悖，所以，这三种大小关系是不存在的；情况3表明经济资本大于会计资本，即银行承担的非预期损失大于银行的自有资本，同样不符合实际；情况2表明经济资本小于监管资本，这表明银行承担的风险损失低于监管机构允许的水平，也不是银行的最优选择。

根据以上分析，图16.3中情况1为银行三类资本大小的最优状态，即会计资本＞经济资本＞监管资本。

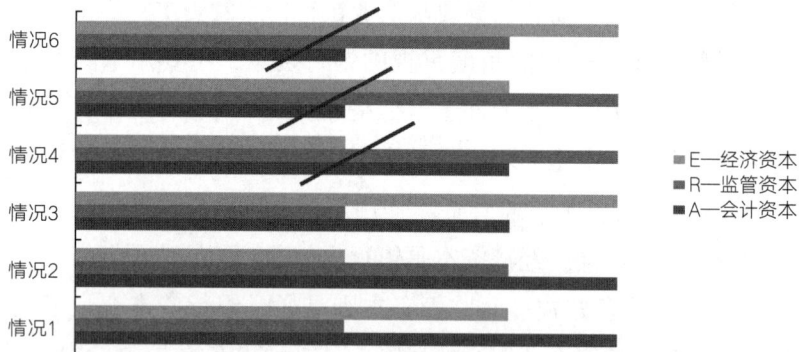

图 16.3　三类资本的数量关系

二是从稳健经营角度来看，银行会计资本虽然不直接与银行实际承担的风险挂钩，但实际经营中，银行会计资本承担各类风险损失带来的最后清偿责任。当银行面临破产时，其实际付出的也必然是账面实际存在的会计资本，其中品质最高的资本股东权益首先承担清偿责任。这也说明了在实践中也遵循会计资本应大于等于经济资本这一规律。

2. 监管资本逐步向经济资本靠拢。由于经济资本是银行实际承担风险的直接反映，监管机构也日益重视监管资本能够敏感地反映银行实际情况，逐步重视发挥银行风险度量的作用，把监管资本的计算依据建立在银行实际风险状况上。因此，监管资本有逐渐向经济资本靠拢的趋势。

3. 经济资本是会计资本和监管资本的重要参考。经济资本为管理者提供与会计资本和监管资本的对照，不仅为银行管理者保持合理的会计资本提供了参照系，也为监管部门确定适度的监管资本要求提供了参考。现代商业银行管理者，要清楚认识银行自身可用资本与实际面临风险之间有多大的距离，更要同时满足自身运行所需的经济资本要求和监管部门对资本充足率的要求。

4. 三种资本动态平衡的重要意义。基于以上区别和联系，处理好各种资本的平衡已成为银行管理的重要工作，国际领先银行不仅通过转换系数在三类资本之间建立了关联机制，而且通过积极的资本管理来达到各类资本之间的动态平衡，建立一个有效运行的，优化全行资源配置的资本分配体系，以保持合理和充足的资本水平和结构，抵御风险并提高资本回报。

三、监管资本国际标准的演进历程

监管资本是商业银行风险管理的核心内容，其意义在于通过约束资本充足率，降低商业银行的破产概率，提高商业银行承担风险的能力和公司治理水平，增强银行业的抗冲击能力。商业银行资本监管制度兴起于20世纪初期，初期资本监管主要体现在资产配置和监管方式上，包括建立存款保险制度等。20世纪70年代后，随着全球金融风险的逐步显现，各监管当局认识到银行资本对于抵御风险和危机的重要作用，逐步采取措施建立并加强资本监管。

（一）《巴塞尔资本协议》实施前的发展历程

20世纪80年代前，如何设立衡量银行资本充足性指标成为银行资本管理的重点，但这些指标并未成为监管标准，同时各国对此也没有达成一致。这一阶段的判断指标体系尚不成熟，忽略了不同资产面临风险的实际差异等重要影响因素，监管意义不大。

> 巴塞尔委员会对银行资本的监管要求不断完善，这一认识过程是如何演变的，其背后体现的监管目的是什么？中国对于银行资本的监管又是怎样的？

1981年，美国联邦银行监管机构按照规模大小将银行分为跨国银行、区域银行和社区银行，对于第一类银行实行逐个监察，对后两类分别设定资本与资产比例不低于6.5%和7%，并于1985年进一步要求所有银行该比例不得低于6%，从而在美国境内形成了统一的资本监管标准。与此同时，法国、德国等也开始实施以风险为基础的资本监管制度，但不同国家的监管指标差异性明显。加之此时日本银行业迅速扩张，而日本银行业由于政府保护，导致设定的资本充足率远低于美、英等国，从而引发其他国家对其抗风险能力及全球银行业公平竞争环境的忧虑。因此，美国凭借其政治及经济地位联合其他国家将建立统一客观的国际资本标准提上日程。

（二）《巴塞尔资本协议》与监管资本国际标准

《巴塞尔资本协议》制定了国际银行业第一个统一的资本标准，促使银行提高了安全系数，从而达到加强国际银行体系健全和稳定的目标，清除了国际银行间不平等竞争的根源。1988年7月，国际清算银行在瑞士巴塞尔召开英国、美国、法国、日本等12个西方主要工业化国家中央银行行长会议，正式签署并公布了《巴塞尔资本协议》。《巴塞尔资本协议》对国际商业银行的资本成分及定义、各类资产的风险权重及计算标准作了统一规定，提出了衡量商业银行资本充足率的最低标准，使对商业银行资本充足性的管理在国家间具有了可比性，被认为是保证国际银行业公平竞争和稳定的划时代文献，成为一份公认的国际间银行公约。

1.《巴塞尔资本协议Ⅰ》与银行监管资本。1988年7月，巴塞尔委员会通过了《巴塞尔资本协议Ⅰ》，以对银行的资本实施监管，明确要求银行根据自身实际信用风险水平持有一定数量的资本，为世界各地监管当局提供了统一的资本监管框架，使全球的资本监管总体趋于一致。

在《巴塞尔资本协议Ⅰ》中，资本监管的主要内容包括：一是将资本划分为一级资本和二级资本。银行必须维持与银行业务及交易活动相关的一级资本和二级资本，并分别设定最低限额。

要求一级资本储备占银行资本的50%及以上。二是交易银行需要额外的三级资本。监管机构根据银行风险资产增加要相应提高监管资本，从而保证银行有足够的资本储备，维持银行的偿付能力。三是最低资本要求是基于合格资本和储备分配，由银行董事会批准并指定，旨在防范银行业务特定性质的风险。四是明确规定银行资本与风险加权资产比率不得低于8%，其中核心资本与风险加权资产之比不低于4%。

《巴塞尔资本协议Ⅰ》提出了一套资本监管架构，但仍显现出多方面不足：一是协议中涵盖的风险种类少，范围小。《巴塞尔资本协议Ⅰ》及1996年公布的补充协议虽然提出了计提信用风险和市场风险资本的方法，但没有提出计提操作风险、法律风险等其他风险资本的方法。虽然考虑到表外项目风险，但覆盖范围也很小。而随着银行经营范围的逐步扩大，这些风险对银行的破坏力越来越大。二是《巴塞尔资本协议Ⅰ》确定的资产风险权重较为笼统，忽略了同类资产信用等级也可能不同的实际情况。

2.《巴塞尔资本协议Ⅱ》与银行监管资本。2004年6月，巴塞尔委员会公布了《巴塞尔资本协议Ⅱ》，也被称为新资本协议，重点强调自我监管。该协议主要目标是解决银行资产敞口风险、违约相关性和操作风险问题，银行需要持有足够的监管资本，《巴塞尔资本协议Ⅱ》主要有以下改进。

一是扩大了监管资本计提的覆盖范围。风险管理的范围扩大到涵盖信用风险、市场风险、操作风险等，对操作风险明确规定配置资本准备金。在资本充足率的要求上延续了核心资本充足率不低于4%、资本充足率不低于8%的规定，同时在计算资本充足率的分子项中引入三级资本。

二是提出创新性的风险计量方法。针对信用风险的计量，《巴塞尔资本协议Ⅱ》规定可以采用标准法和内部评级法，内部评级法有初级法和高级法两种。其中，标准法增加了50%和150%两个风险权重等级，改进了关于政府债权、银行债权和企业债权风险权重的规定；内部评级法利用违约概率、违约损失率、违约敞口表示风险权重，对风险的敏感度比标准法更高，《巴塞尔资本协议Ⅱ》鼓励银行使用内部评级法计提监管资本。针对操作风险的计量，《巴塞尔资本协议Ⅱ》规定可以采用基本指标法、标准法和内部评级法。

三是强化全面监管方式。《巴塞尔资本协议Ⅱ》提出监管当局应由单一的资本要求向最低资本要求、外部监管和市场约束三大支柱转变，三者互相补充、互相支撑。第一支柱最低资本要求主要内容包括资本充足率的要求与《巴塞尔资本协议Ⅰ》中保持一致；提出三种方法计算信用风险，分别是标准法、基础内部评级法（IRB）和高级IRB方法，在银行采用的标准法不足以计量风险时，可以采用内部评级法；继续强化监管资本，将信用风险、市场风险和操作风险均纳入资本监管范围。第二支柱外部监管要求包括强调问题出现时的早期干预；通过银行主导的内部资本充足评估程序，确保银行有科学可靠的内部评估方法和程序；同时对银行的经济资本提出明确要求，银行的经济资本要与其业务的风险偏好和策略相匹配；并强调在过程中使用压力测试。第三支柱市场约束强调银行应更多披露资本分配方式和所承担的风险水平等信息，披露的主要项目包括《巴塞尔资本协议》适用的集团实体、资本工具的条款和条件、构成一级资本工具清单、一级和二级资本总额、风险（包括信用、市场和操作风险）的资本要求、银行对不同风险的评估方法以及风险管理职能的结构及其运转方式。

尽管《巴塞尔资本协议Ⅱ》进一步强化全面的监管方式，但在其实施过程中仍暴露出以下问题：一是核心资本吸收损失的能力有所下降，核心资本包括普通股、高质量优先股和创新型资本工具，后两种核心资本构成吸收损失的能力较普通股弱，但随着业务发展其占比越来越高，使监管资本质量大幅下降。二是监管资本主要从微观层面监管单个金融机构，对宏观系统性风险关注不足，忽略了风险的传染性，因此，国际金融危机爆发时许多大型银行遭受重创。三是存在监管套利行为，部分银行利用资产证券化等手段转化资产属性，降低风险加权比重，从而降低监管资本数量，但银行资产实际的总风险并没有发生变化。四是资本监管放大了银行体系的顺周期性。银行体系自身的顺周期问题历来是金融稳定的不确定因素，而资本监管则将顺周期因素进一步放大。在良好的经济形势下，信用风险较低，此时监管对资本要求同样较低；而当经济衰退时，银行业则面临更加强硬的资本监管要求，更高的资本监管要求与增加新资本的难度叠加在一起，银行业只能减少信用敞口，从而加速经济衰退，或者有碍于经济复苏。

3.《巴塞尔资本协议Ⅲ》与银行监管资本。2007年美国次贷危机爆发，继而蔓延至全球，严重冲击全球经济。巴塞尔委员会和各国监管当局重新反思协议的不足，前后分两个阶段，历经九年时间完成了第三版巴塞尔协议（以下简称《巴塞尔资本协议Ⅲ》）。第一阶段《巴塞尔资本协议Ⅲ》颁布实施后，暴露出第一支柱计量标准不统一、内部模型套利等导致资本充足水平降低，第二支柱监管难度加大导致监管有效性不足，第三支柱信息披露不透明导致市场约束力减弱等问题，致使《巴塞尔资本协议Ⅲ》备受质疑。因此，巴塞尔委员会在杠杆率、交易对手、信息披露等方面对监管构架进行了补充，并以平衡"简单性、可比性和风险敏感度"为目标修订了风险资产计量方法，于2017年12月7日通过了《巴塞尔资本协议Ⅲ》最终版，并计划于2022年1月1日起实施。这标志着后金融危机时代国际银行监管架构改革已彻底完成。

（1）《巴塞尔资本协议Ⅲ》第一阶段。2010年12月，巴塞尔委员会发布第三版巴塞尔协议，即《巴塞尔资本协议Ⅲ》第一阶段。《巴塞尔资本协议Ⅲ》第一阶段关于监管资本的主要内容有以下几个方面：

一是继续强化银行的资本要求。重新定义了一级资本的范围，增加了普通股一级资本、总一级资本充足率和总资本充足率的最低要求。在最低资本要求，即最低资本充足率维持8%不变的基础上，加上了2.5%的银行资本留存缓冲和0至2.5%的"逆周期资本缓冲"，对系统重要性银行提出了1%的附加资本要求，所以，系统重要性银行和非系统重要性银行的资本充足率分别不得低于11.5%和10.5%。其中，资本留存缓冲由扣除递延税项及其他项目后的普通股权益组成，这一留存缓冲的目的在于确保银行持有缓冲资金用于在金融危机时期"吸收"损失；逆周期资本缓冲针对最低资本充足率，在经济繁荣时期增加超额资本充足要求，即动态调整资本充足率，以备在经济萧条期应对资本充足率下滑的情况。

二是增加了杠杆率的限制。巴塞尔委员会认为，金融危机期间，因为银行在经济上行周期普遍提高财务杠杆率，但持有流动性资产相对不足，导致在去杠杆过程中，资产价格大幅萎缩，加剧了危机的影响。在《巴塞尔资本协议Ⅲ》中，引入了无风险基础上的资本结构计量标准，即最低杠杆率，要求一级资本最低比例为3%。

三是增加了流动性风险监管要求。巴塞尔委员会研究发现，在经济上行周期，银行更多倾向于持有较少的流动性资产，这直接导致在经济紧缩周期，资产难以变现，中小银行纷纷倒闭。为此，《巴塞尔资本协议Ⅲ》增加了流动性监管要求，设定了两个结构化流动性指标，分别是流动性覆盖率和净稳定资金比例。其中，流动性覆盖率要求银行必须持有高质量的流动性资产，以抵消一段时间的（通常是30天）在压力情景下的资金流出；净稳定资金比例则要求银行应持有一定量的长期稳定负债来源，优化银行资产负债表的期限结构（详细内容见第十二章）。

四是设定压力测试标准，以应对金融危机中暴露出的金融体系监管不足问题。压力测试主要关注点在情景分析。通常设定情景为历史发生场景或者假设场景，基于此场景，对银行的抵御风险水平进行验证，衡量资本充裕程度。

五是计提资本覆盖范围更加全面，对交易账簿的资本要求、资产证券化风险暴露以及交易对手信用风险等都提出了具体的要求，更加重视银行体系的稳定性管理。

尽管《巴塞尔资本协议Ⅲ》第一阶段从资本质量和资本要求等方面进行了一系列改革，并引入了流动性、杠杆率等指标，但对国际银行监管架构主要组成部分的风险资产计量方法，并未进行有效改革，仍沿用了《巴塞尔资本协议Ⅱ》的计量方法，且金融危机中展现出来的部分监管问题也没有被完全、有效纳入国际银行监管架构，导致不断受到国际社会质疑。因此，巴塞尔委员会经研究，开始了后金融危机时代国际银行监管架构第二阶段的改革。

（2）《巴塞尔资本协议Ⅲ》最终版（以下简称"最终版"）。2017年12月7日，巴塞尔银行委员会通过了《巴塞尔资本协议Ⅲ》最终版，并计划于2022年1月1日起实施，这标志着后金融危机时代国际银行监管架构改革已彻底完成。《巴塞尔资本协议Ⅲ》最终版主要优化完善了以下内容：

① 优化信用风险标准法（以下简称新标准法）。

● 重新划分资产类别。最终版将之前的13个类别调整为14个，进一步细化信用风险暴露分类。变动主要有三类：一是将现行的住房抵押债券和商业房地产抵押债券调整为房地产风险暴露，并进行单列；二是取消了现行的高风险类债券，同时将其中的次级债、股权和其他资本工具风险暴露进行单列；三是突出了银行或抵押贷款机构发行的、受法律特别监管的担保债券风险暴露和币种错配特定风险暴露的风险权重。

● 完善风险驱动因子。最终版通过嵌入风险驱动因子、细化风险权重进一步提升了新标准法的风险敏感度。例如房地产风险暴露，由之前单一的风险权重调整为根据多风险驱动因子综合确定风险权重，主要的风险因子包括抵押房地产状态、债务人、贷款抵押率及还款来源等，并设置了多个档次和更为细化的风险权重。

● 提高部分敞口风险权重。结合业务实际，最终版对表外贷款承诺转换系数进行了调整，将贷款承诺转换系数由现行的0、20%、50%三档调整为10%和40%。其中，将可随时无条件撤销贷款承诺及一年以内不可撤销贷款承诺转换系数由现行的0、20%分别提高至10%和40%，一年以上不可撤销贷款承诺转换系数由现行50%调整为40%。尽管转换系数有增有减，但整体看提高了过度授信敞口的风险权重。

● 调整股权、次级债及其他资本工具的风险权重。最终版调整了未在监管资本或风险资产中扣除的股权、次级债及其他资本工具的风险权重。其中，次级债风险权重由现行的100%调整为150%；股权风险权重将现行的金融机构股权、工商企业股权类别调整为投机性未上市股权400%、其他股权250%；其他资本工具的风险权重为150%。

● 提升对银行的尽调要求。一是提高对银行债权的尽调要求。最终版规定了外部信用风险评级法与监管规定法[①]不同评级的风险权重。二是提高对公司贷款风险暴露的尽调要求。一般性公司贷款风险暴露方面，使用外部信用风险评级法评级时，使用银行必须进行尽职调查，并适度根据调查结果上调风险权重，不允许下调。专项贷款风险暴露方面，若允许使用外部评级，则根据债项本身评级确定风险权重，而不能通过发行人评级确定；同时，银行必须尽职调查，确保外部评级真实客观。

② 优化信用风险内部评级法（以下简称内评法）。

● 对不同风险暴露的适用模型范围进行了调整。对银行、其他金融机构，以及合并报表收入超过5亿欧元的大中型企业风险暴露，不允许采用高级内评法，只允许采用初级内评法。对权益类风险暴露只能采用标准法；并表收入不超过5亿欧元的公司和零售风险暴露，由于历史数据及违约样本充足，则延续了之前的规定。

● 增加并调整部分内评法风险参数最低值。最终版对银行内评法的违约概率（PD）、违约损失率（LGD）等风险参

---

① 最终版要求，不允许使用外部评级或没有外部评级时，可以采用监管规定法。

数的最低值进行了调整。在违约概率（PD）方面：合格循环零售敞口违约概率的最低值由3%提升到10%，其余债项风险暴露违约概率的最低值由3%提高到5%。违约损失率（LGD）方面：初级内评法下，公司债券无担保风险暴露最低违约损失率由45%下调至40%，同时对金融机构债权和公司债权的风险暴露的违约损失率最低值进行了下调；高级内评法下，对公司债权和零售债权的各类风险暴露均设置了最低违约损失率。

③ 优化操作风险标准计量法。

● 简化计量方法。最终版将现行的基本指标法、标准法、高级法三种方法统一为标准计量法，降低了各银行操作计量方法的差异性，增强计量结果的可比性，大大提高可操作性。

● 提高标准计量法的风险敏感度。标准计量法下，操作风险取决于业务规模指数、资本边际系数及内部损失乘数三个因素，相较现有计算方式增强了操作风险与业务规模及管理水平的关联性。

④ 优化杠杆率监管架构。

为进一步降低金融机构"大而不能倒"的道德风险，强化杠杆率的底线作用，最终版对杠杆率进行了修正，允许在风险敞口的计算中扣减贷款准备金，同时提高了全球系统重要性银行的杠杆率最低要求，即全球系统重要性银行的杠杆率最低要求=一般银行杠杆率最低要求+全球系统重要性银行附加资本充足率×50%。

⑤ 调整资本计量底线要求。

《巴塞尔资本协议Ⅲ》第一阶段的监管架构中，为确保内评法下风险资产计量结果的合理变动，沿用了《巴塞尔资本协议Ⅱ》中1.06的调节因子，即按照内评法要求计算的信用风险资产需乘以1.06的调节因子；同时为增强模型法下风险资产总额与标准法的可比性，沿用了《巴塞尔资本协议Ⅱ》中资本计量底线。

但从执行情况及效果来看，这一方式有较大缺陷。因此，最终版重新制定了标准法的永久性资本计量底线：取消了内评法下信用风险1.06的调节因子，同时要求银行使用模型法计量的风险资产总额不得少于最终版下标准法的50%，并设置了五年过渡期（前四年每年递增5%，最后一年递增2.5%），直到2027年1月1日，最终不得少于72.5%，从而限制银行通过模型法减少资本计提，同时确保银行计量结果的稳定性和可比性。

（三）中国资本监管管理要求

中国的资本监管于20世纪90年代起步，受巴塞尔资本协议的影响，中国监管机构开始逐步意识到资本监管对商业银行风险防范和经营安全的重要性。

1.《商业银行法》对监管资本的规定。1995年，中国颁布《商业银行法》，首次以法律形式明文规定中国商业银行资本充足率不得低于8%，核心资本充足率不得低于4%。《商业银行法》开启了中国商业银行资本监管的先河，提出资本监管概念，使中国商业银行的经营活动得以规范化。1998年，中国人民银行结合中国商业银行的发展现状，改进了资本充足率的计算方式。

2.《商业银行资本充足率管理办法》对监管资本的规定。2004年2月，中国银监会修订出台了《商业银行资本充足率管理办法》，参照《巴塞尔资本协议Ⅰ》和资本补充协议的相关内容修订了相关管理要求。该法案的实施标志着中国资本监管制度开始走上标准化道路，缩小了中国与国际银行业在资本监管上的差距。

3.《商业银行资本管理办法》对监管资本的规定。2009年，中国银监会出台《商业银行资本充足率监督检查指引》，提出应对商业银行资本充足率的达标情况持续监督，提出要求商业银行不断完善自身资本充足率的评估方法。《巴塞尔资本协议Ⅲ》出台后，银监会于2011年制订了《关于中国银行业实施新监管标准的指导意见》，并于2012年发布了《商业银行资本管理办法（试行）》（以下简称《资本办法》），这一办法的实施标志着中国监管机构对商业银行资本监管水平的全面提升。

　　金融危机的一个重要教训就是金融发展不能脱离实体经济。中国金融业应避免重走发达国家金融过度创新、虚拟经济自我膨胀以及经济发展"空心化"的老路。《资本办法》的推出有助于更好实现银行服务于实体经济这一基本要求。[①]《资本办法》全面引入《巴塞尔资本协议Ⅲ》确立的资本质量标准及资本监管最新要求，涵盖了最低资本要求、储备资本要求和逆周期资本要求、系统重要性银行附加资本要求等多层次监管要求，促进银行资本充分覆盖银行面临的系统性风险和个体风险。《资本办法》采用分层结构，共包括正文和17个附件，正文包括十章，180条。正文总体符合《巴塞尔资本协议Ⅲ》的资本监管框架，突出总体性、原则性和制度性要求；附件包括支持正文的具体技术性要求，包括风险暴露分类、信用风险内部评级法监管要求、市场风险内部模型法监管要求、操作风险高级计量法监管要求，以及其他风险的资本计量方法，如专业贷款、交易对手信用风险和资产证券化风险暴露等（重点内容见图16.4）。

重点内容	具体要求
建立分层次的资本充足率监管要求	第一层次为最低资本要求，核心一级资本充足率（5%）、一级资本充足率（6%）和资本充足率（8%）； 第二层次为储备资本要求（2.5%）和逆周期资本要求（0~2.5%）； 第三层次为系统重要性银行附加资本要求（1%）； 第四层次为第二支柱资本要求，包括针对特殊资产组合的特别资本要求和针对单家银行的特定资本要求，即通常情况下，系统重要性银行和非系统重要性银行的资本充足率分别不得低于11.5%和10.5%
强化资本工具的损失吸收能力	一是按照《巴塞尔资本协议Ⅱ》规定，重新定义各类资本工具的合格标准，特别是提高了债务资本工具的损失吸收能力； 二是调整了资本扣除和调整项目，对未并表金融机构的资本投资按大额少数资本投资和小额少数资本投资分开处理；按照《巴塞尔资本协议Ⅲ》的规定，调整少数股东资本计入规则； 三是遵循《巴塞尔资本协议Ⅲ》的规定，对国内已发行的不合格资本工具给予10年过渡期，以缓解对其资本充足率的影响； 四是取消了核心一级资本占比不低于75%的监管要求
提升资本监管要求的审慎性和风险敏感性	操作风险：将操作风险纳入资本监管框架，明确在第二支柱框架下原银监会可以根据单家银行操作风险事件发生概率和损失情况，提高操作风险资本要求； 信用风险：一是明确银行账簿和交易账簿中交易对手信用风险的资本计量方法；二是对远期资产购买、远期定期存款及证券、商品和外汇清算过程中的或有风险暴露提出资本要求； 市场风险：取消市场风险资本计提门槛，即所有银行都应计提市场风险； 计量方法：允许商业银行运用信用风险内部评级法、市场风险内部模型法和操作风险高级计量法计提相应资本要求，并对高级计量法的申请、核准以及定性定量要求予以明确

图16.4　《资本办法》重点内容

[①]　姜建清. 银行足迹——亲历金融改革的思考[M]. 北京：中国金融出版社，2018：683.

重点内容	具体要求
调整信用风险权重法下各类资产的风险权重	一是对境外主权和银行债权的风险权重，以债务人的外部评级为基础； 二是取消了对境外和国内公共企业的优惠风险权重，确定了国内公共部门实体的范围及其债权的风险权重； 三是对工商企业股权风险暴露不再采用简单的资本扣除方法，而是区分不同性质的股权风险暴露，给予不同的风险权重； 四是小幅上调了对国内银行债权的风险权重； 五是对符合对象标准、额度标准和分散化标准的微型企业和小型企业债权的风险权重从100%下调到75%； 六是下调对个人贷款的风险权重（从100%下调到75%）； 七是在符合《巴塞尔资本协议》规定的前提下，将符合持卡人、额度标准和管理要求的未使用信用卡授信额度的信用转换系数确定为20%
增强资本充足率监管的有效性和可操作性	对商业银行分类标准和分类方法进行较大修改，依据资本充足率水平将商业银行分为四类： 第一类：满足全部四个层次资本监管要求的银行； 第二类：满足前三个层次资本监管要求（最低资本要求、储备资本和逆周期资本要求、附加资本要求），但未达到第四个层次要求（第二支柱资本要求）的银行； 第三类：仅满足最低资本要求的银行； 第四类：未达到最低资本要求的银行
合理安排资本充足率的达标过渡期	实现长期目标与短期目标的统筹兼顾，根据国内银行资本充足率水平，《资本办法》于2013年1月1日开始实施，商业银行应在2018年末前达标

图 16.4 《资本办法》重点内容（续）

综合来看，中国商业银行监管资本的进程紧跟《巴塞尔资本协议》的发展步伐，通过监管标准与国际标准并轨，鼓励中国商业银行在盈利较多时将部分盈利转化为监管资本，用于抵补银行未来可能面临的损失，督促商业银行不断提升风险及资本管理能力和水平。

四、商业银行资本管理实践

在现代商业银行监管框架下，资本直接决定了银行的业务发展能力和市场生存能力。为适应日趋复杂的世界经济环境，进一步树立资本、效益和风险综合平衡的经营理念，发挥资本在业务发展中的引领作用，促进业务持续、健康、快速发展，实现银行价值最大化，商业银行要根据监管要求和自身发展战略规划，制定完善的资本规划，建立有效的内部资本管理机制，不断完善以内生性资本补充为主、外源性资本补充为辅的资本补充方式。

（一）资本规划

1. 基本原则。一是对标监管，确保各级资本充足率满足监管要求；二是覆盖风险，资本充足率应设置一定的安全边际和缓冲区间，保持合理、稳定的资本充足率水平；三是平衡收益，注重平衡资本充足性与资本回报的关系，平衡银行发展需要与股东回报要求，加强资本精细化管理，不断提高资本使用效率，提升资本回报水平；四是及时补充，以保持充足的资本水平和较高的资本质量为目标，多渠道、多方式补充资本，支持发展战略实施，增强抵御风险能力，满足监管要求。

2. 考虑因素。一是宏观经济形势错综复杂，面临严峻挑战和不确定性。主要发达国家货币政策趋于收紧，新兴市场面临资本流出压力，全球贸易保护主义持续抬头，各经济体间的贸易摩擦升级，商业银行盈利性和资产质量均会受到一定冲击和影响，金融监管与防控风险任务加重。二是全球监管要求日趋严格。金融危机后，全球监管机构对于商业银行资本充足率要求日趋严格，宏观审慎监管体系对于资本充足水平的要求进一步提升，未来商业银行将面临不断提升的资本需求。商业银行要预留充足的资本缓冲以应对未来监管要求的持续提升，逐步提升资本实力和资本充足率水平。

3. 主要内容。商业银行要在进一步做好资本补充的同时，着力在资本节约上下功夫，持续完善资本管理配套机制建设，疏通资本传导机制，提升传导应用效果。

（1）资本补充规划。保持充足的资本水平对商业银行发展具有重要意义。为确保达到资本充足率目标，商业银行要不断完善资本补充方式，积极开展创新资本工具，拓宽资本补充渠道，不断优化资本结构。一是内生性补充要以利润留存为主，持续保持充足的资本水平。商业银行要进一步优化业务结构和经营模式，不断提升盈利能力和资本回报水平，持续增强资本的自我积累能力；要根据稳健审慎的经营策略，在监管框架下充分计提各项准备，在提高风险抵御能力的同时，进一步提高资本充足水平；要制定合理的利润分配政策，在保证股东利益的前提下，适当留存利润，增强内生性资本积累。二是外源性补充要积极创新资本补充工具，形成多元化的资本补充机制。商业银行要根据监管规定和市场情况，积极研究创新资本工具，适时、适量通过外部渠道补充各级资本，以满足业务发展和推动战略目标的实现，形成多元化的资本补充机制，持续完善融资结构。

（2）资本节约规划。商业银行要积极推进"轻资本"的发展模式，调整资产负债结构、客户与业务结构，提升非息收入占比，有效管控资金成本和运营成本，统筹协调资本实力与资产规模，综合平衡资本充足与资本回报。一是在合理确定资产规模增长速度的前提下，不断优化资产结构，转变规模扩张的外延式发展模式，实现由"速度型效益"向"质量型效益"的转变，引导、约束表内外资产业务合理发展，推进战略转型，按照风险与收益最优配置原则稳健发展。二是积极进行业务调整优化，鼓励资本节约型业务发展模式，优先发展综合收益较高、资本消耗较低的业务。在业务发展中适当提高风险缓释水平，减少资本占用；保持贷款平稳增长，改善投资结构；加强表外业务风险资产的管理以经济资本约束风险资产增长，实现资本水平与风险水平合理匹配。通过将资本约束贯穿于业务营销、产品定价、资源配置、绩效评估等经营管理全过程，进一步提升资本使用效率，促进银行资本、收益和风险平衡。

（3）资本管理规划。一是加强资本预算管理，将各年度资本充足率目标纳入年度预算体系，实现资本充足率目标从资本规划到资本预算、配置、考核的有效传导，并强化资本监测与预警机制，确保资本充足率水平满足监管要求，并达到商业银行自身资本规划目标。二是优化资本配置与考核，传导资本约束意识。积极倡导资本节约理念，引导经营机构进行业务调整优化，并鼓励资本节约型业务产品创新，逐步实现"轻资本"发展模式。通过优化资本配置方案，加强对经营机构的主动管理力度，提高资源配置效率，确保以有限的资本资源支持本行业务发展。同时，加大资本考核力度，提高资本指标在整个考核体系中的占比，加大对逐笔业务和单个客户的资本成本计量，不断提高商业银行的全员资本节约意识。三是加强内部资本充足评估（ICAAP）流程建设，确保充分识别、计量、监测和报告主要风险状况，确保资本水平与面临的主要风险及风险管理水平相适应，资本规划与经营状况、风险变化和长期发展战略相匹配。四是加强资本压力测试，确保具备充足的资本水平，以应对不利的市场条件变化。制定完善资本应急预案，明确压力情况下相应政策安排和应对措施，确保满足计划外的资本需求。

（二）内部资本充足率管理

商业银行内部资本充足率是以经济资本为标尺，传导监管资本管控要求，确保资本充足率达标。内部资本充足率管理是以银行价值最大化为目标，涵盖银行经营管理各个过程的一套复杂严密的体系，主要抓手是对经济资本的管理。经济资本是实施资本充足率管理的传导手段；是落实资本管控，确保资本充足率达标的有效手段；是实现风险定价的重要工具，实施价值管理的有效途径。

总的来说，经济资本管理的核心内容包括经济资本计量、以经济资本为基础的资本配置及其相关绩效考核三部分，各个构成部分相互影响、相互推动，相辅相成。经济资本计量及其相关绩效评估和考核的结果，将对经济资本配置形成综合影响。经济资本配置的结果，可以影响甚至改变经济资本计量及其相关绩效评估和考核的结果，是促进商业银行改善资本结构的重要参考。资本管理的实践应用，可以帮助商业银行实现经济资源的有效配置，同时在信贷决策、业务转型以及业绩考核等方面发挥重要作用（见图16.5）。

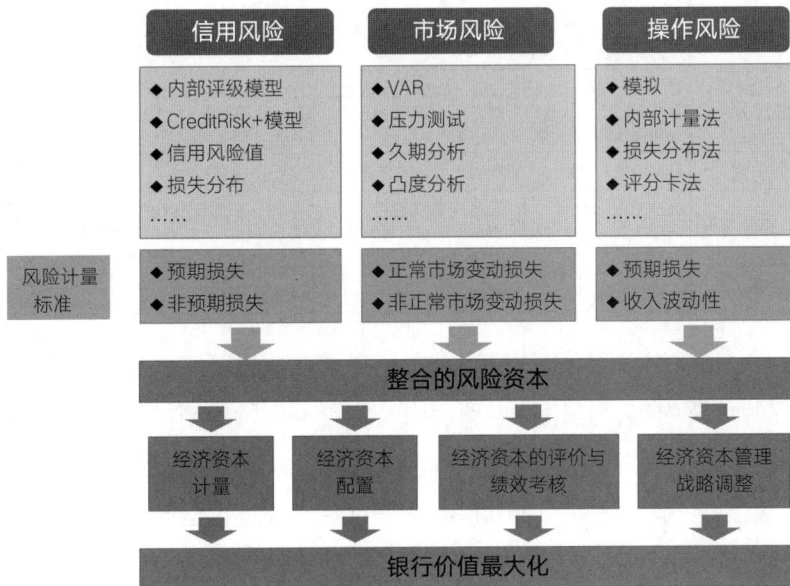

图 16.5　银行经济资本管理框架

1. 经济资本计量。经济资本计量是指运用各种技术模型精确计量在给定置信水平下和给定风险期限内覆盖银行非预期损失所需的资本。经济资本计量覆盖信用风险、市场风险、操作风险和对商业银行有实质性影响的其他风险。一般来说，信用风险经济资本计量范围包括承担信用风险的所有资产和业务，以及虽不承担信用风险，但纳入信用风险加权资产计量范围的以资抵债资产，计量方法包括模型法、系数法等。市场风险经济资本计量范围包括汇率风险、商品风险以及交易账户中的利率风险，计量方法包括内部模型法和标准法。操作风险经济资本计量范围包括银行各分支机构承担的所有操作风险，计量方法包括标准法、高级计量法等。基于审慎性考虑，各大类风险之间使用简单加总法对经济资本进行汇总。在计量信用风险、市场风险、操作风险经济资本时，应充分考虑大类风险内部的风险相关性特征，设定适当的相关性参数（见表16.1）。

表16.1　经济资本的计量方法

	方法	参数	公式	备注
信用风险	内部评级法	计量基数、违约概率（PD）、违约损失率（LGD）、有效期限（M）等	$C_A=\sum P\times\alpha$，其中 P 为相似的资产组合，α 为经济资本系数	一般模型法不可计量的采用内部评级法
	模型法		$C_A=\left[LGD\cdot N\left[\dfrac{G(PD)}{\sqrt{G(PD)}}+\sqrt{\dfrac{R}{1-R}}\cdot G(0.999)\right]-PD\cdot LGD\right]$	模型法一般适用于非低风险、存在评级且资产未逾期业务
市场风险	标准法	债券种类，外部信用评级，到期期限	$C_A=\sum$ 市场类风险经济资本，包括利率风险、汇率风险、期权风险和其他市场风险	计算非预期损失，适用于交易账户的特定利率风险
	内部模型法	一般VaR与压力VaR转化为资本要求时需要的乘数因子	$C_A=\max\{IMCC_{t-1}+SES_{t-1};\ mc\cdot IMCC_{avg}+SES_{avg}\}$ 其中 $IMCC$ 为一般内部模型的资本需求，SES 为压力下资本需求	商业银行一般采用内部模型法
操作风险	指标法	总收入	$C_A=\alpha\times GI$，其中 α 为乘数因子，GI 为总收入	指标法、标准法和高级法的计算复杂度逐步提升，在计量过程中，一般将操作风险区分为低频高冲击事件和高频低冲击事件
	标准法	利息收入、非利息收入、利润等	$CA=BIC\times ILM$，其中 BIC 为各业务类别过去3年的平均总收入乘以边际乘数，ILM 为该银行平均历史损失的加权系数	
	高级法	内部损失、外部损失	没有统一框架	

2. 经济资本配置。经济资本配置是商业银行实施经济资本管理的重要内容，是银行主动运用经济资本进行战略指导和业务决策的体现。经济资本配置是指以限额的形式将经济资本配置总量分解到各分支机构、部门和产品等对象，并进行动态监控和适时调整的过程。其中，经济资本配置总量是指根据经济资本供给总量（账面资本）和资本充足率目标，按照保持适度经济资本缓冲

的要求，合理确定的可分配的经济资本。银行应建立商业性配置和战略性配置相结合的经济资本配置机制，将经济资本优先配置到经济资本回报率高、经济增加值增长快、贷款经济资本系数低的分支机构、部门和产品上。当经济形势、市场环境发生重大变化，宏观经济政策出现重大调整或出现重大风险事件时，可根据经济资本总量平衡情况，适时对配置对象的经济资本限额进行调整。

3. 经济资本评价。经济资本评价是指通过建立以风险调整后的资本回报率（RAROC）和经济增加值（EVA）为核心的指标体系，对各分支机构、业务部门和产品维度的经营绩效进行考核评价，属于银行的绩效衡量范畴。从绩效评价的角度，将各种不同的风险、不同的交易通过经济资本这个统一的标准进行比较，衡量银行各个部门、各笔交易风险调整后的盈利能力，揭示其对银行整体价值创造的贡献水平，为银行整体发展战略中的资本预算、激励和薪酬方案的制定奠定了基础。

专栏 16.1　国际领先银行经济资本管理实践

20世纪90年代中后期，"经济资本"概念被国外的先进银行引入业绩管理体系中，这使风险管理在银行的使用中具有了实质性突破。因此，在资本约束下，一套风险量化管理体系通过经济资本指标融入银行管理体系中。

（1）美国银行。1993年开始，美国银行开始设计和实施以经济资本管理为核心的银行业绩评价体系。评价体系建立伊始，每个部门具体占用公司资源的数量便被经济资本准确反映出来，这就使风险能够在美国银行不同部门之间得到横向对比，有限资源在不同银行部门之间的调配得以实现。

（2）汇丰银行。汇丰银行秉持审慎的资本管理原则，确保资本增长与各主要分支机构风险加权后的资产增长相匹配。一是设定远高于一般监管要求的资本结构目标，不仅形成有效的风险缓

资本管理涉及范畴较广，国际领先银行在资本管理实践中，重点关注了哪些方面？它们又是如何管理资本的？

冲，而且有利于银行树立良好的市场形象，并通过维持充足的资本基础来支持业务发展。二是积极寻求不同业务部门和集团之间风险资本平衡，寻求资本构成与资本投资之间的平衡，从而构建一个审慎的资本管理体系。三是建立内部资本充足评估模型，对于监管资本、经济资本进行每日监测。对于经济资本评估，汇丰银行不断探索适合自身风险特征的风险度量模型，定期采用一系列情景分析与压力测试对银行资本充足程度进行判断，并建立一套标准程序来收集、评估、分析、报告整个集团范围内的风险事件。四是根据经济资本计量结果确定银行整体及业务单位风险偏好体系，为每个业务线配置经济资本提供基准，强化经济资本在集团内部的运用。

（3）摩根大通银行。摩根大通银行在经济资本管理与风险管理方面作出了很多开创性的尝试。一是信用风险经济资本管理方面，作为信用计量模型（Credit Metrics）的创始者，其对于信用风险的识别与测量有一套完整的体系。在实务中，银行针对消费者业务和批发业务分别使用不同的模型来评估所遭受的非预期损失，并计量所需要的经济资本。对于消费者组合主要使用信用评分法，而对于批发组合主要采用风险评级法作为测量方法。二是市场风险经济资本管理方面，摩根大通认为单一的工具不能准确测量出各个种类的市场风险损失大小，从而运用一系列的工具组合来计量，包括非统计风险计算方法（敏感性分析、情景分析等）、VaR模型、经济价值压力测试、风险收益压力测试等方法。三是操作风险经济资本管理方面，早在2005年摩根大通自主开发了操作风险管控系统（Phoenix），整合了对风险的识别、监测、评估及报告几大程序，使防范以及处理操作风险与损失变得更加高效和容易。

专栏16.2　中国大型商业银行经济资本管理实践

2001年，中国商业银行开始引入"经济资本"概念，尝试建立经济资本理论与实践相结合的新型管理体系。《商业银行资本充足率管理办法》的颁布，对中国商业银行提出了明确的资本充足率监管要求。2005年，银监会颁布了《商业银行市场风险管理指引》，首次提出经风险调整后的收益率，并对其作出了比较翔实的说明和介绍。《巴塞尔资本协议Ⅲ》出台后，银监会于2011年制订了《关于中国银行业实施新监管标准的指导意见》，并于2012年发布了《商业银行资本管理办法（试行）》，这一办法的实施标志着我国监管机构对商业银行资本监管水平的全面提升。随着这些法规的颁布实施，中国商业银行纷纷开始经济资本管理的研究与实践，逐步确立了以资本管理为核心的风险管理理念。

（1）中国工商银行。中国工商银行在设计了经济资本配置的过渡性方案以后，于2006年在全行范围内确立经济资本管理体系。工商银行通过计算各类产品的贡献量和产品经济资本回报率，调整产品线的布局。同时，通过测算EVA和RAROC来实现经济资本的全面绩效评估。

（2）中国农业银行。中国农业银行于2005年引入经济资本管理理念，旨在着力提高经济资本管理对银行固本增效的导向性、经营战略的支撑性和宏观形势的适应性，推动全行业务结构不断优化，配置效率持续提升，进一步提高全行业务发展的质量和效益。农业银行通过资本补充、资本节约和资本管理配套机制优化三方面的工作，有效推动资本充足率稳步提升；通过建立经济资本、信贷计划和效益回报的联动配置和动态调整机制，不断提高资源配置效率；通过完善经济资本评价机制，加大经济资本在价值分析、贷款定价、资产组合管理等方面的实际应用，加快引导分行自主平衡收益和风险，自觉优化资源配置。

（3）中国银行。中国银行于2004年正式引入经济资本管理。2006年，中国银行自行设计并开发了经济资本配置管理信息系统，初步实现了对境内分行经济资本指标的控制、分析指导与考核。2007年，中国银行修订了经济资本的管理体系，对全辖各级管理者进行了培训和绩效考核指标导入。2009年，中国银行发布《关于进一步加强经济资本管理的通知》，调整了部分表外项目的风险参数，扩大了经济资本的计量范围，加强了辖内的经济资本考核，增强了各级机构的资本约束意识。

（4）中国建设银行。作为国内最早实施经济资本管理的银行，中国建设银行早在2001年就引入了"经济资本"概念，并于2002年初步确定了经济资本分配办法。但当时主要是事后计量各分行的经济资本，无法进行经济资本的配置和预算管理。2004年，中国建设银行实施《经济资本预算管理暂行办法》，初步确定了基于标准法的经济资本预算管理。后来在《经济资本计量方案》中规定采用内部评级法对绝大多数风险敞口的经济资本占用情况进行客观计量，用VaR方法分别计量信用风险和市场风险，以标准法计量操作风险。

（三）永续债

永续债作为一种兼具股票和债券双重特性的混合资本证券，距今已有数百年历史。在《巴塞尔资本协议Ⅲ》框架下，永续债已经成为金融市场上商业银行补充其他一级资本的重要工具，能够有效提升金融服务实体经济和抵御风险的能力。

1. 永续债定义。

无固定期限资本债券（Perpetual Bonds，以下简称永续债）是指没有明确的到期时间或者期限非常长（一般超过30年）的债券。永续债券一般以3年或5年为一个计价周期，在一个计价周期内该债券的利率锁定为一固定水平，发行人按该利率水平向投资者支付利息，在债券的每个计价周期末，发行人有权选择是否将债券赎回。永续债也被称为"债券中的股票"，因为永续债发行人没有固定的还本期限，而且在永续债的每个付息日，发行人也可以自行选择将当期利息以及已经递延的所有利息，推迟至下一个付息日支付，且不受任何递延支付利息次数的限制，也不被视为违约行为。

2. 永续债特点。

一是清偿顺序。永续债一般为次级债务，当发行人面临破产重组等经营状况时，其偿还顺序一般排在债务工具及可转换债券之后，优先股及普通股之前。二是期限及赎回条款。永续债没有明确的到期时间或者时间非常长。实务中，永续债一般都设有赎回条款，即发行人在条款约定的时间点或者时间段内拥有按某种价格赎回永续债券的权利。比如，发行结束3年、5年或10年以后开始设置发行人赎回权。三是票息和利率重置条款。永续债的票息水平一般高于同级别的信用债，而且多数永续债设置了所谓的"利率调升条款"，即到达赎回期选择不执行赎回条款的发行人，一般需要在下一个赎回期内支付更高的利率，也就是我们提到的利率调整机制。利率的调升起到促使发行人赎回债券的作用，也是大部分永续债并没有真正"永续"的主要原因。四是利息延迟支付。由于永续债的利息收益普遍高于普通债券，且发行方的信用评级一般较高，因此发行人对利息支付的时点有较大的决定权，既可自主选择在当期付息或延期至下一到期日付息且延期次数不限，也可约定为在一定条件下免除利息。但发行人在付息时需严格按照清偿顺序派息，即在付息给永续债持有人前不得派息给优先股及普通股等清偿顺序靠后的融资工具。五是会计属性划分。永续债根据其设定条款一般被认定为权益类工具，计入所有者权益表中的"其他权益工具"科目。在降低企业负债率的同时，有效避免了对股东权益的稀释。六是股息推动和停发机制。永续债的发行人向清偿顺序相同或靠后的证券派息时，必须先保证永续债付息。永续债利息未获全额清偿前，清偿顺序相同或靠后的证券亦不得派息。七是违约条款。除有明确期限产品的到期偿付外，无任何事项（如票息推迟等）可构成发行人在永续债券项下的违约。

3. 永续债发展现状。

（1）发行永续债的优点。商业银行发行永续债是促进经济金融良性循环的重要着力点。一是有利于商业银行特别是非上市银行补充一级资本。相较于其他一级资本补充形式，永续债发行相对容易，可以为商业银行补充一级资本带来更为方便且成本相对可控的新途径。永续债由于期限较长，可以解决商业银行长期资金来源问题，促使银行业务和资产规模有序扩张。通过尽快补充商业银行资本，可多倍撬动信贷增长，加大银行对实体经济的支持力度。二是有利于进一步优化商业银行资本结构。永续债能有条件计入权益，可在一定程度上降低银行自身杠杆率，对防范系统性金融风险起到积极作用。三是发行主体范围更为广泛。与同样补充其他一级资本的优先股相比，优先股的发行主体是上市银行，永续债对发行主体并无特别规定，且在银行间市场发行，对市场的冲击相对较小。

（2）境外永续债发展现状。相较国内，境外永续债市场经过多年发展更趋完善，相关的永续债监管、政策法规也比较成熟。关于永续债的最早记录是荷兰水务管理机构于1648年发行的永续债，至今仍在付息。18世纪，为筹措英法战争所需资金，英国政府发行了没有到期期限的债券以缓解财政压力。2008年国际金融危机促进了境外商业银行永续债的发行，最初主要是为了满足商业银行补充资本的需求，之后在此基础之上进行创新，永续债的发行主体也更加多元化。从全球永续债发行情况来看，境外永续债有两个发行规模快速增长时期，第一个时期是2008年国际金融危机前后；第二个时期是2013—2015年《巴塞尔资本协议Ⅲ》的执行缓冲期。这两个时期，全球永续债均出现了较为明显的规模发行增量，而且永续债的发行主体也以商业银行补充附加一级资本（Additional Tier 1）为主。目前，永续债已经发展成为国际债券市场上较为成熟的品种，发行主体涵盖了金融机构、大型企业和政府机构。其中，银行是最大的发行主体，占比约50.1%，其次是非银行金融机构，占比约20.9%，政府机构占比0.2%，大型企业等其他发行主体合计占比28.8%。

（3）境内永续债。中国永续债从行业统计角度看，工业企业发行的永续债占比约为50%，其次是非银行金融机构、公共事业、材料以及能源行业。2018年之前，中国商业银行永续债发行依然处在空白状态。这主要是因为，一是中国商业银行在金融危机之前资本充足率水平较欧美商业银行要高，金融危机给中国金融行业带来的冲击总体可控，并没有急切补充资本金需

求。二是此前中国商业银行普遍采用定增和发行优先股方式来
补充资本金，并且商业银行使用永续债补充资本并没得到监管
机构的确认。

2018年以来，中国经济面临下行压力有所增加。商业银行作
为间接融资的主体，支持实体经济的最主要方式就是通过贷款投
放满足企业的融资需求。此外，在社会融资结构调整中也要求商
业银行"非标回表"，通过扩大贷款规模来弥补非标融资下降对
社会融资规模扩张的制约，从而更好地支持实体经济。扩大信贷
投放的基本条件就是银行具有充足的资本金，为了确保满足实体
经济持续增长的信贷需求，同时也考虑到表内信贷将在一定程度
上承接表外资产回表、留存利润增速放缓等，商业银行在一定程
度上需要不断地补充资本。在这一背景下，发行永续债补充银行
资本金重新进入监管机构及银行业的视野。2018年2月，中国人
民银行公告〔2018〕第3号提出资本补充债券含有"无固定期限
资本债券"，并提出鼓励符合条件的商业银行使用"无固定期限
资本债券"补充资本金，这标志着监管机构批准了商业银行永续
债的发行，监管绿灯向商业银行亮起。为支持永续债，相关部门
出台了一系列支持政策，原中国银保监会扩大了保险机构投资范
围，允许其投资永续债等资本工具；中国人民银行创设了央行票
据互换工具（CBS），并将合格的银行永续债纳入央行担保品范
围。2018年3月，银监会、人民银行、证监会、保监会及国家外
汇管理局联合发布《关于进一步支持商业银行资本工具创新的意
见》，指出将推动修改有关法律规定，研究完善配套规则，为商
业银行发行无固定期限资本债券、转股型二级资本债券、含定期
转股条款资本债券和总损失吸收能力债务工具等资本工具创造有
利条件。2018年12月25日，国务院金融稳定发展委员会办公室
召开专题会议，研究多渠道支持商业银行补充资本有关问题，推
动尽快启动永续债发行。2019年1月24日，中国人民银行发布公
告决定创设央行票据互换工具（CBS），同时将主体评级不低于
AA级银行永续债纳入MLF、TMLF、SLF和再贷款的合格担保品
范围。同时，中国银保监会发布《关于保险资金投资银行资本补

充债券有关事项的通知》，允许保险资金投资银行发行永续债。在政策支持下，国内商业银行永续债的发行明显提速。2019 年1月，中国银行发行了中国首笔银行永续债，发行量为400亿元。其后，工行、农行、中行、交行等多家银行也陆续发行永续债。此外，仍有一批商业银行披露拟发行永续债的计划。商业银行的永续债发行持续升温，预示着永续债可能会成为未来银行补充资本金的主要工具。

资产负债表是T形的，管理就像"走T台"，一边是资产，一边是负债。你必须要平衡资产和负债，平衡收益和风险，还必须平衡当前和长远。除此之外，还要平衡银行的经济功能和社会功能。

——姜建清 | 中国工商银行原董事长[①]

第十七章
资产负债组合管理

资产负债组合管理是对资产负债表进行积极的管理，具体包括资产组合管理、负债组合管理、资产负债匹配管理。事实上，从资产组合管理，到负债组合管理，再到资产负债组合管理，资产负债组合管理体现了对主动性和前瞻性管理方法、价值创造目标、风险控制因素、资本约束和回报机制的重视，代表着后危机时代资产负债管理的发展方向。

一、资产组合管理

资产组合管理以资本约束为前提，在测算资产组合风险回

---

① 姜建清. 银行足迹——亲历金融改革的思考[M]. 北京：中国金融出版社，2016：956.

报与优化资本配比结构的基础上，通过规划、调控资产总量和结构，确保资产组合的风险调整后资本回报率（RAROC）最大化。

（一）发展背景

20世纪60年代以前，由于市场中投资机会及品种较少，社会闲散资金运用渠道单一，大部分选择存放银行。因此银行不担心资金来源问题，同时，银行存款的种类、利率以及绝大多数其他负债的利率都受到严格管制，银行主动负债管理意愿不强。当时银行关心的焦点是如何使资金获得最大收益，认为银行的利润来源主要是资产业务，能够主动加以管理的也是资产业务，因此，资产组合管理便成为当时银行业普遍重视的管理问题。商业银行也主要通过加强资产组合的管理来实现经营目标。

（二）主要原则和方法

不同资产收益率不同，风险承担也不尽相同。因此，银行在评价和比较不同资产时，不能仅以收益率作为标尺，而应同时考虑其风险。在资本约束的前提下，比较常见的是选择资产的风险调整资本回报率作为比较基准，即优先选择风险相同但收益率较高的资产，以此来调控资产结构，提高风险调整资本回报率。

基于上述方法，在进行资产组合管理时，首先需要对不同的业务线资产进行风险调整资本回报率评估。然后根据RAROC季度表现变化，在可接受的基础上进行资产结构发展重点的调整。再以RAROC的变动趋势作为资产调整的主要基准。一般而言，RAROC较大的行业鼓励其发展，确定较高的贷款增速和较多的贷款增量，RAROC较小的行业适当压低增速。根据RAROC指标的优化能提供决策参考，但需要加入专家判断和结合银行实际对结果进行调整。例如，虽然债券投资和住房抵押贷款的RAROC最高，但对于商业银行来讲，在现实经济环境中，不可能把所有的资产向这两项资产转移（不可能大幅降低或放弃RAROC低的对公贷款）。

> **？** 资产收益率与风险承担通常是相对应的，为了平衡资产收益和风险承担，银行应怎样配置资产组合？

（三）实施步骤

在进行资产组合管理时，可以构建相关的资产组合分析模型，在行业、客户、区域、产品、期限等维度对商业银行资产进行组合。具体如下：

1. 数据采集。数据采集包括计算RAROC的各项业务数据，主要包括经济资本系数、平均贷款余额、加权平均生息率、贷款占比等。数据采集的标准是，以最新的业务数据采集为主，在数据采集不到位时，以准确的近似测算代替。

2. 数据建模。在数据建模模块，需要根据实际需要，设定约束条件。选择的函数应使信贷资产区域组合的存量和增量的RAROC最大；根据资产组合管理的风险分散原理，函数设置的基本原则是RAROC较大的区域在增长率上给予更大空间，RAROC较小的区域会适当压降增长率。

3. 数据分析。数据分析模块，主要进行业务数据的分析。包括区域分类、收益水平划分、风险等级划分、客户种类划分等。并根据最终目标要求，对这些数据的相关性等进行分析。

4. 资产最优组合选择。根据设定的约束条件，求解资产最优组合。在单目标（约束条件下收益最大化或收益确定条件下风险最小化）组合规划中，绝对的最优解可能不存在，但是可以根据既定目标进行选择。

二、负债组合管理

负债组合管理以平衡资金来源和运用为前提，主动加强负债管理，优化负债结构，降低负债成本，保持负债成本与流动性的平衡，有效支撑资产业务的发展。

（一）发展背景

20世纪60年代以后，战后经济的飞速发展使得客户对于贷款的需求超过存款的自然增长，商业银行普遍缺乏可贷资金，于是纷纷把寻找资金的新来源作为业务重点，努力扩大资金的来源，满足贷款的需求。随着银行之间的竞争加剧，越来越多的银行开始关注负债方，希望通过扩大资金来源和控制资金成本来提高银行的盈利水平，负债组合管理随之被银行重视。

（二）负债的主要类型及特征

目前负债类型主要有存款、同业拆借、发行债券、向央行借款等。其中，存款因存款的期限和金额等均由客户决定，银行相对被动，因而称为被动型负债；而同业拆入、发行债券、向央行借款等则因负债的金额、期限等均由银行自主决定，因而称为主动型负债。

> 负债支撑着银行的资产业务发展，提供流动性支持。在实施负债组合中，银行对于不同种类的负债主要考虑是什么？

不同类型负债的稳定性及资金成本特点均有所不同，银行应以流动性控制为约束，合理降低资金成本，多发展稳定性高且成本低的负债，控制稳定性低且成本高的负债。一般而言，活期存款的稳定部分、同业往来清算资金等负债稳定性高，成本相对低，是银行重点拓展的资金来源；活期存款中的不稳定部分成本低，但稳定性也低；长期限的定期存款和长期限的发债融资虽然稳定性高，但成本也高，如未来需要提高流动性，则需要适当承担相对高的成本；同业拆入等主动型负债则通常稳定性低，成本高，该类负债通常是作为其他负债的补充，即有流动性需要或者需要补充资金缺口时才主动融入（见图17.1）。

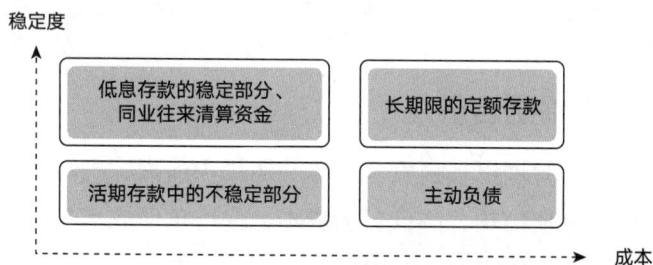

图 17.1 从成本和稳定性维度观察负债

（三）主要原则和方法

负债组合管理在实践当中就是要从负债来源、区域、客户等多个维度进行管理，达到流动性风险可控、成本可控、规模合理和符合监管要求的目标。在负债组合管理中，需要遵循的原则为：

1. 重点发展稳定性存款。稳定性存款是流动性安全保障的前提，是为资产业务提供资金支持的可靠负债来源。

2. 合理配置使用同业拆入资金。同业拆入资金在解决流动性应急情况方面，有较大的优势，但是因其利率的敏感性强，稳定性弱等特点，决定了其应作为商业银行的短期资金来源。

3. 在流动性风险可控前提下，降低负债成本。在负债组合管理过程中，应注意将付息率与稳定性相结合。例如开拓新的负债产品，既可以保证客户可活期支取，同时对沉淀资金提供高于活期利率的价格，以最大限度地扩大活期存款的沉淀率。

4. 负债组合管理要充分考虑约束条件。负债组合管理过程中，同样也要以商业银行的发展战略、区域发展趋势、国家宏观调控政策为约束条件，进行合理配置。

三、资产负债匹配管理

资产负债匹配管理立足资产负债表管理，在资产组合管理和负债组合管理的基础上，以流动性指标、资本充足率和资产负债相关项目的关联关系等为约束条件，进行资产负债匹配管理分析和计划预测，主要以经济资本配置为基础，以缺口管理为中介指标，以FTP调整、资本成本和考核导向为杠杆，推动银行资产负债结构优化。

（一）发展背景

20世纪70年代中期以后，随着布雷顿森林体系的瓦解，以及各国央行对利率管制的逐步放松，市场利率大幅上升，负债组合管理在负债成本及经营风险上的压力越来越大，商业银行单靠资产组合管理或负债组合管理均难以协调资产和负债项目在期限、利率、风险和流动性方面的搭配，尽可能使资产、负债达到均衡，以实现"安全性、流动性和盈利性"的统一。因此，银行开始加强以资产和负债协调平衡为主的资产负债匹配管理。

21世纪以来，随着金融市场自由化进程不断加快，国际金融市场波动日益加剧，金融产品和金融服务种类不断增加，商业银行面临的金融风险也日益多样与复杂，尤其是2007年，美国次贷危机发生，金融机构为了维持资产负债结构的平衡大力收缩信贷和流动性，造成流动性过剩在旦夕之间蜕变为信贷紧缩，全球范围内的金融危机爆发。在这种情况下，商业银行资产负债匹配管理更加注重全面、动态和前瞻的综合平衡管理。

（二）主要原则

商业银行资产负债匹配管理应在风险承受范围内，兼顾流动性的合理安排，通过合理配置资产和负债的总量和结构，实现效益最大化的管理。具体原则如下：

1. 期限结构对称原则。期限结构对称原则，指的是资产的期限结构与负债的期限结构要在一定程度上对称，即短期资产由短期负债支撑，长期资产同样有长期负债的资金来源。依赖于短期资金来源支撑长期资产，虽然可以获取较多的收益，但流动性风险较高。反之，以长期限的资金来源支持短期资产，通常来讲，收益会受到较大影响。

2. 发展速度对称原则。发展速度对称原则，指的是商业银行的资金运用应由资金来源的流转速度来确定。资金来源的高效流转，可以提供源源不断的资金流，又可以极大提高资金运用程度，获取较高收益水平。

3. 平衡性原则。资产负债的匹配管理，是促进商业银行的"安全性、流动性和盈利性"的协调统一。流动性是平衡安全性和盈利性目标的杠杆支点。高收益的目标，则意味着高风险，安全性降低，流动性下降。在资产负债匹配管理中，要做到三性平衡。

4. 风险分散化原则。"永远不要把所有的鸡蛋放在同一个篮子里"是分散风险的最佳比喻。在资产负债匹配管理中，则需要在资产配置和负债配置过程中，采用多样化原则，丰富资产种类，多样化融资来源，避免资产和负债过于集中，从而达到分散风险的目的。

（三）主要方法

根据资产负债匹配方式的不同，当前资产负债匹配管理的方法分为资金池法、资产分配法、线性规划法。

1. 资金池法。在资金池法中，商业银行将所有的资金来源集中，汇聚成"资金池"，根据资产业务的发展，按需将资金配置于资产运用，资产与负债的匹配，是通过FTP进行动态调整的。该种方法，实现简单，但过于强调资产管理，而忽略了不同的资金来源具有不同的流动性特性，对流动性风险考量过于简单。

2. 资产分配法。资产分配法运用于资产负债匹配情况下，是在资金池法的基础上，增加了流动性管理的要素约束。按照流动性水平的差异，该分配方法将资金来源进行分类，形成多个"流动性—收益率"中心，如将活期存款、定期存款中的短期部分等资金来源形成短期资金池，将短期资金池的资金运用于短期资产。这些中心之间相互独立，形成了多个资金池。资金来源的期限与资金运用的期限具有一定的对称性，短期资金来源对应于短期资金运用，长期资产则需要长期负债或资本金支持。

这种方法以流动性为中心，解决了流动性问题。割裂的资金池尽量避免了流动性风险，但也降低了银行的盈利水平。因为在这种分配方式中，短期限的资金来源只分配给短期资产，而在实际应用中，短期资金只是体现在合约上的期限较短，实际上短期资金有较高的沉淀率，形成相对较长的资金来源。

3. 线性规划法。资产负债匹配采用线性规划方法，通过建立数据模型，在约束条件下，求得最优解。该种方法，是以风险管控、监管要求等为前提，利用历史数据，通过建立目标函数，在约束条件下，获得资产与负债的结构匹配。其步骤为：

首先，数据建模。确定目标函数，目标变量、中间变量及系

银行应该采用何种方式获得风险承担和收益的动态平衡？当前的主流做法如何？

数；该函数有最优解，可控且与目标变量具有相关性。

其次，历史数据整理。包括资产和负债的行业收付息率、资金成本、区域状况、风险水平等。

再次，明确约束条件。约束条件可以为资本、战略目标、流动性风险等。

最后，求解。运用数据模型，求最优解，该最优解就是资产结构、负债结构等。

虽然线性规划法可以将风险、安全和盈利协调，通过最优解的形式，力求达到三者的平衡。但是在实现环节较为复杂，需要较多的数据建模和业务管理，而规模较小的银行一般管理的目标更侧重于前台业务的拓展，管理较为简单粗放，且专业人员也侧重于前台部门，所以对于较小的银行来讲，该方法可能不太适应。但在中大型银行中，该方法运用较为普遍。

例如：某商业银行有5 000亿元资金来源，目前考虑投资债券解决流动性问题，但是由于债券评级问题，不同类型的债券的流动性和收益水平不相同。评级最高的债券，为一级流动性资产，其他为二级流动性资产，在合格的流动性资产中，二级资产占比不高于40%。当前，一级和二级流动性资产的债券收益率分别为5%和8%。那么运用线性规划法，在假设其他要素均相同的条件下，求解最优资产组合。

首先，数据建模。将收益作为目标变量Y，一级资产种类债券数量为X_1，二级资产种类债券数量为X_2，则$Y=0.05 \times X_1+0.08 \times X_2$。

其次，考虑约束条件。$X_1/X_2 \geqslant 1.5$；$X_1, X_2 \geqslant 0$；$X_1+X_2 \leqslant 5\,000$。

最后，在线性规划方法下求解。得出结果$X_1=3\,000$亿元，$X_2=2\,000$亿元，获取收益Y=310亿元。

（四）主要步骤

资产负债组合管理的第一步是确定未来特定时间段内的市场走势和宏观经济情况。然后业务部门（例如存款部门和贷款部门）需对其本业务的未来发展方向、规模、种类和结构作出判断，形成基本业务计划。资产负债管理部门根据银行的风险偏好，以资本配置约束为基础，以可承受的适度缺口匹配度为前提，实现风险调整后的盈利能力优化。资产负债组合管理的结果将直接用于对业务部门的资本配置和绩效考核，也会对贷款的期限和结构的调整和发展战略起到引导作用。图17.2为资产负债组合管理的六个关键领域，资产组合管理和负债组合管理前文已讲述，因此下面着重介绍资产负债匹配管理、经济资本分配和绩效考核、基于RAROC的资产组合调整。

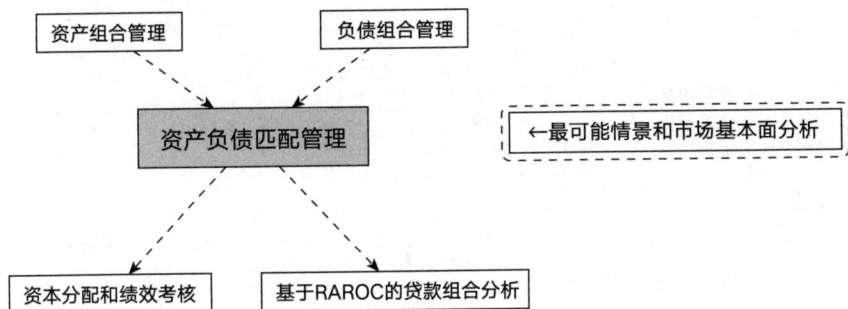

图 17.2 资产负债组合管理的六个关键领域

1. 资产负债组合管理。主要运用资产负债缺口指标进行资产负债组合匹配管理，主要缺口指标包括利率敏感性缺口、合约剩余期限缺口和久期缺口等。

2. 经济资本分配与考核。经济资本管理是资产负债组合管理的核心内容和基本手段。在科学计量信用风险、市场风险和操作风险等风险的基础上，向分支机构、业务单元、部门、产品等分配和配置经济资本，充分覆盖风险，并以经济资本限额约束风险资产增长，贯彻资本约束要求，引导调控业务发展，促进提高资本回报率水平。

3. 基于RAROC的组合调整。根据按期限（通常为季度性）变化的分产品组合的经风险调整后的资本收益率来调整资产负债的总量和结构，实现调整、优化资产负债组合的目的。调整手段包括FTP调整、资本成本调整、考核指标调整等。

四、资产负债组合管理的应用

领先实践的资产负债组合管理的基本框架主要包括，模型建立、总量编制、组合管理、资产负债表预测、验证和结果输出六个方面（见图17.3）。

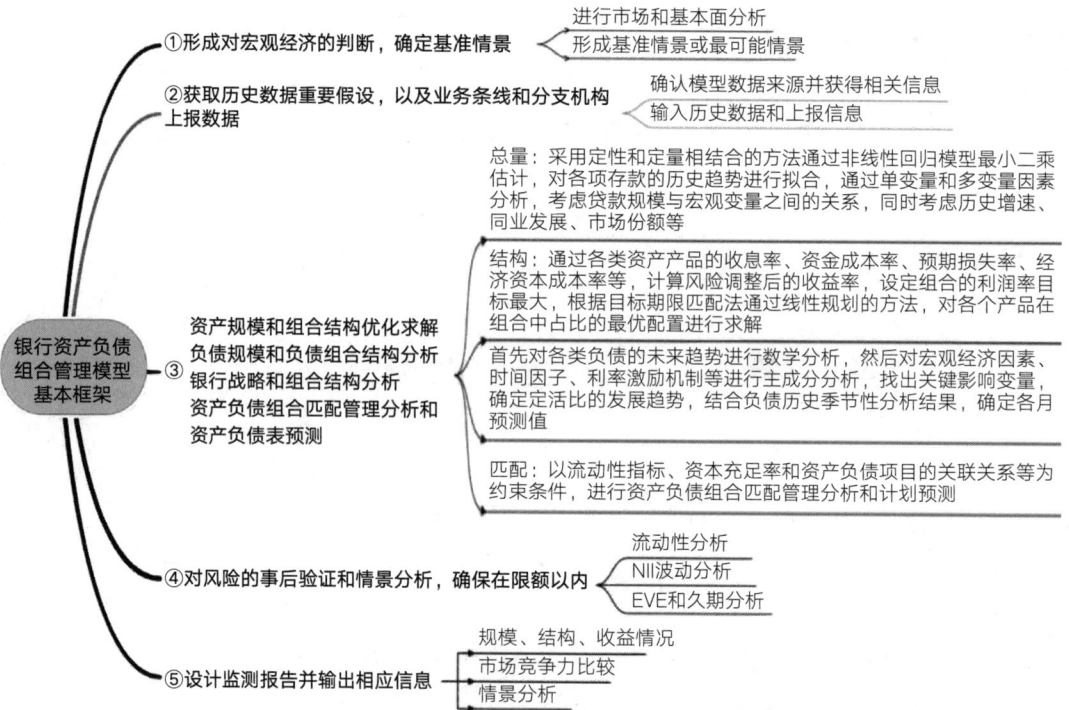

①形成对宏观经济的判断，确定基准情景
　　进行市场和基本面分析
　　形成基准情景或最可能情景

②获取历史数据重要假设，以及业务条线和分支机构上报数据
　　确认模型数据来源并获得相关信息
　　输入历史数据和上报信息

银行资产负债组合管理模型基本框架

③资产规模和组合结构优化求解
负债规模和负债组合结构分析
银行战略和组合结构分析
资产负债组合匹配管理分析和资产负债表预测

总量：采用定性和定量相结合的方法通过非线性回归模型最小二乘估计，对各项存款的历史趋势进行拟合，通过单变量和多变量因素分析，考虑贷款规模与宏观变量之间的关系，同时考虑历史增速、同业发展、市场份额等

结构：通过各类资产产品的收息率、资金成本率、预期损失率、经济资本成本率等，计算风险调整后的收益率，设定组合的利润率目标最大，根据目标期限匹配法通过线性规划的方法，对各个产品在组合中占比的最优配置进行求解

首先对各类负债的未来趋势进行数学分析，然后对宏观经济因素、时间因子、利率激励机制等进行主成分分析，找出关键影响变量，确定定活比的发展趋势，结合负债历史季节性分析结果，确定各月预测值

匹配：以流动性指标、资本充足率和资产负债项目的关联关系等为约束条件，进行资产负债组合匹配管理分析和计划预测

④对风险的事后验证和情景分析，确保在限额以内
　　流动性分析
　　NII波动分析
　　EVE和久期分析

⑤设计监测报告并输出相应信息
　　规模、结构、收益情况
　　市场竞争力比较
　　情景分析

图 17.3　银行资产负债组合管理模型的基本框架示例

（一）资产负债匹配的建模

资产负债组合平衡理论知识繁多，在实践中应如何运用？

资产负债匹配的建模旨在构建一个在约束条件下能够有最优解的模型。通常情况下，商业银行需通过多次组合以模拟完成最优方案。在建模过程中，立足于银行的资产负债表管理，将资产负债的计划、流动性风险水平、银行账簿利率风险和资本充足率管理纳入资产负债组合模型中。

（二）总量编制

总量编制主要进行时间区间内的资产负债计划总量制定，根据商业银行的战略要求和对未来的市场预测，采用定量和定性相结合的方法，确定银行的贷款总量、存款总量和投资总量等业务的发展目标。对于贷款和投资总量，需要根据商业银行的资本水平，利用资本充足率公式倒推出该时期资本可承受的资产总量，再根据商业银行战略目标和监管要求，最终确定资产总量。而对于存款总量，则需要银行根据宏观经济形势、市场份额、战略发展要求，通过定量和定性分析方法，确定存款总量。

（三）组合管理

组合管理模块涉及资产组合、负债组合以及战略组合。其中，战略组合是商业银行为了配合战略发展需要，确定要开展的业务。资产组合以近期资产业务数据为基础，计算不同业务的平均合同期限、平均剩余期限、市场份额、资本占用、风险调整后的净收益率等，根据约束条件，通过线性规划的方式，取得资产组合的最优解。负债组合则是根据对未来宏观经济形势的判断和以市场份额等数据为基础，采用回归分析方法，进行负债组合模拟。

（四）资产负债表预测

资产负债表预测是以资产组合和负债组合为基础，通过目标规划实现对资产负债表中各项业务发展情况的预测。在目标规划过程中，需要设定约束条件。这些约束条件包括且不限于：资本充足率、存贷比、流动性指标情况、备付金比例等。

（五）验证

验证模块主要是以预测的资产负债表各项业务发展情况为基础，验证预测的资产负债情况是否符合监管要求，是否符合商业银行的战略要求，检验是否能够满足内部管理的需要。一般该项验证包括且不限于：流动性储备情况、资本充足率、NII波动分析和银行的资产负债结构分析等。

（六）结果输出

结果输出模块是在以上模块顺利运行的基础上，形成资产负债预测表、利润表和限额监控表等。

五、利率市场化进程中美国商业银行资产负债管理转型借鉴

（一）负债业务发展

在整个20世纪70年代，美国市场的利率大幅提高，联邦基金年均利率从5.02%一路上升至13.27%，而由于受到最高存款利率限制，银行平均存款利率仅由2.39%升至6.92%，其提升的幅度远远小于市场利率的变化。在这种情况下，银行的吸存能力受到削弱，传统存款在负债中的占比呈现持续下滑。

从20世纪70年代末开始，随着利率市场化进程的推进，美国商业银行纷纷采取措施吸收存款以保障流动性，主要体现在以下几个方面：

1. 提高利率以稳定存款。在利率市场化推进下，政府取消了对利率的管制，银行竞争激烈，各家银行纷纷采取提高存款利率的方式以争取资金来源，因此，银行存款利率的弹性在不断增强。联邦存款保险公司（FDIC）公布的数据显示，20世纪80年代以来，美国商业银行存款占负债比重下滑的态势有所缓解，在很大程度上起到了稳定存款的作用，从而减少了流动性风险（见图17.4）。

从美国的利率市场化进程中我们能吸取哪些经验来实施资产负债的组合管理？

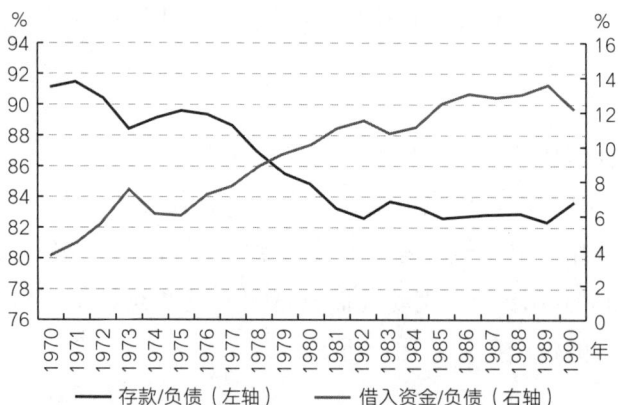

图 17.4　利率市场化前后美国商业银行负债结构变化

2. 调整负债结构。为了应对流动性压力，商业银行纷纷调整

负债结构。一是增加主动负债占比。传统商业银行负债中的核心存款是低成本资金，而融资性负债的资金成本则普遍比较高。1991—2005年，美国商业银行核心存款占资产的比重由59%下降到47%，而包括可转让定期存单（CDs）、次级票据和信用债券等在内的主动性负债占资产的比重则由30%提高到36%。到次贷危机前，欧美商业银行对主动负债的依赖远远超过传统的存款，这种高度依赖主动负债尤其是短期负债的资产负债管理模式为次贷危机埋下了隐患。二是调整居民存款期限结构。从FDIC公布的数据来看，居民存款期限结构在利率市场化后发生了显著的变化，储蓄存款占比明显增加（1980年占比仅为16.9%，到1987年上升至41.0%）。虽然储蓄存款占比的增加提高了资金成本，但存款更加稳定也在一定程度上降低了流动性风险（见图17.5）。

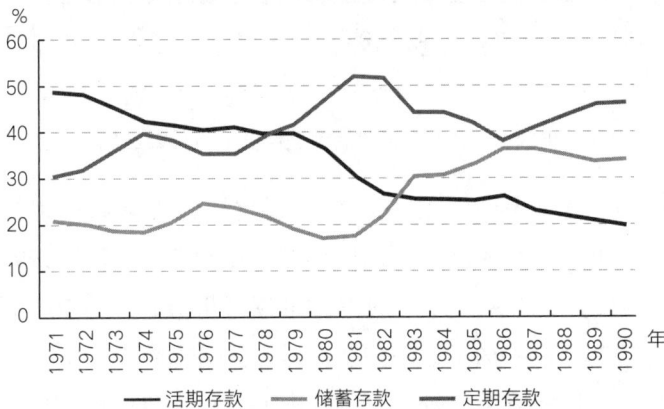

图 17.5　利率市场化前后美国银行业存款期限结构的变化

（二）资产业务发展

在利率市场化的初期，美国商业银行存款利率上升的速度快于贷款利率，资金成本提高，资产结构短期内无法调整，从而造成利差收窄，并对净息差产生了负面影响。但从整个利率市场化期间存贷利差和净息差的数据来看，在存贷利差收窄的同时，净息差总体保持了平稳增长。在此期间，美国商业银行主要采取的措施可以归结为以下两个方面：

1. 提高风险偏好。面对利差收窄的趋势，商业银行更倾向于高利率贷款。对优质大客户来说，贷款利率上升导致其更多进行直接融资，因而银行不得不提高风险偏好、寻求高风险贷款客户。美国商业银行在1979—1990年房地产贷款占比由26.1%增至39.8%，与此同时，资产质量下降，长期房地产贷款与短期存款期限不相匹配，利率风险加大，这也是引发次贷危机的主要原因之一（见图17.6）。

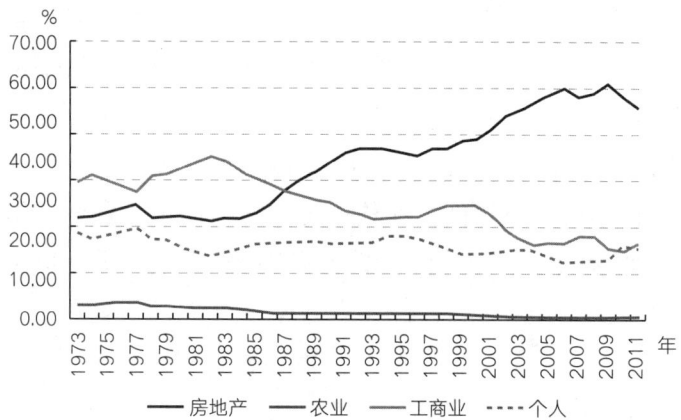

图 17.6　利率市场化后美国商业银行贷款结构

2. 提高生息资产占比。利率市场化后，美国商业银行贷款在资产中的占比持续提高，由1970年的51.2%上升至1990年的60.6%；生息资产在资产中的占比也逐渐上升，由1970年的80%上升至1990年的87%（见图17.7）。与之不同的是，我国商业银行资产结构长期以来比较单一，其中五大行生息资产在资产中的占比均值为97%。

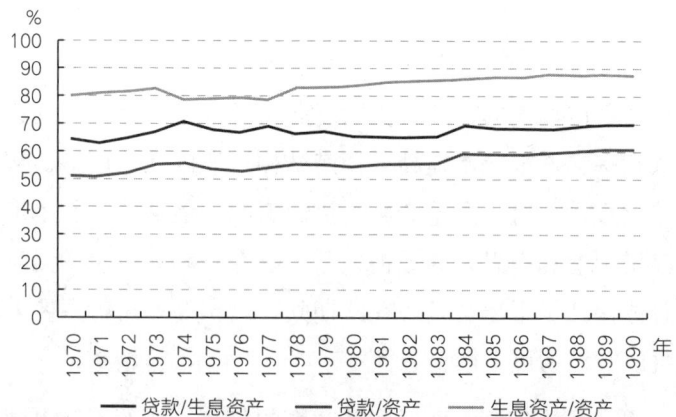

图 17.7　利率市场化前后美国商业银行资产结构

（三）金融产品创新

20世纪70年代以来，由于利率市场化进程加快，美国的商业银行在进行资产负债结构调整的同时，不得不寻求资产负债业务以外新的盈利增长点。加之期权期货市场、资本市场、外汇市场的蓬勃发展，美国主要商业银行不失时机进行了表外业务和存贷款服务等方面的创新和发展，这些创新或提高了银行的利息收入，或为银行带来了大量的非利息收入。创新的内容主要包括：（1）创设和从事金融衍生品交易，如金融期货、期权、利率互换、货币互换、远期利率协议等；（2）为客户提供贷款承诺、备用信用证等（见图17.8）。

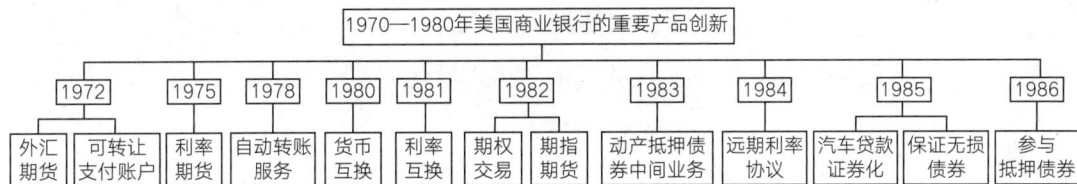

图 17.8　1970—1980 年美国商业银行的重要产品创新

（四）资产负债组合管理

从20世纪70年代末开始，通货膨胀和利率市场化造成的利率频繁变动使得银行筹资成本很不稳定，可转让定期存单等高利率存款的出现使得筹资成本高涨。在这样的情况下，单靠负债管理或单靠资产管理都难以达到"安全性、流动性、盈利性"的均衡。为此，美国主要商业银行采用了资产负债组合管理，把流动性管理放到资产负债两方面，通过对资产负债结构的调整，达到总量平衡、结构对称。20世纪90年代以来，建立以"资本约束"为核心的资产负债组合管理成为商业银行新的价值坐标，并推动全面风险管理理论和工具取得了革命性的进展。

六、中国香港银行业在利率市场化进程中的资产负债管理转型借鉴

中国香港2001年全面进入利率市场化时代。利率市场化对银

行净息差管理、利率风险管理、定价管理、流动性管理等领域都产生了重要影响。目前，香港银行业已建立了一套较为成熟的利率市场化条件下的资产负债管理体系。

（一）香港利率市场化进程和影响

中国香港银行业在利率市场化的转型过程中，给银行带来哪些主要影响？我们可以从中获取哪些经验？

1. 利率市场化进程。香港的贷款利率一直未有限制。香港外汇银行公会（1981年被香港银行公会取代）在1964年制定了存款利率协议对存款利率进行管制。自1994年起香港开始逐步放开存款利率限制，1994年10月撤销1个月以上定期存款限制，1995年1月撤销7天至1个月存款利率限制，1995年11月撤销7天定期存款利率限制，2000年6月撤销7天以下定期存款利率限制，2001年7月撤销储蓄和活期存款利率限制，至此全面取消存款利率管制，标志着香港利率市场化进程顺利完成。

2. 对银行业的影响

（1）净息差初期收窄后，逐渐趋于稳定。从利率市场化完成初期情况来看，由于商业银行存款利率上升速度普遍快于贷款利率，资金成本提高，而资产结构短期内无法调整，从而呈现出显著的净息差缩窄走势。香港地区从1994年的2.33%下降至2005年的约1.75%。从利率市场化的中长期影响来看，为应对传统业务净息差收窄带来的盈利模式冲击，商业银行加快优化资产负债结构，提升金融创新能力和服务水平，深入推进综合化经营改革和经营战略转型，净息差稳定在合理区间。从香港地区看，净息差自2011年以来一直保持稳定，且随着市场环境好转、市场利率上升等因素而呈现温和上涨势头（见图17.9）。以2017年为例，香港银行业平均净息差水平，较上年提升6个基点达到1.4%。其中，净息差水平居香港银行业前两位的分别是恒生银行和汇丰银行，其2017年净息差分别提升9个基点和13个基点，达到1.94%和1.88%。

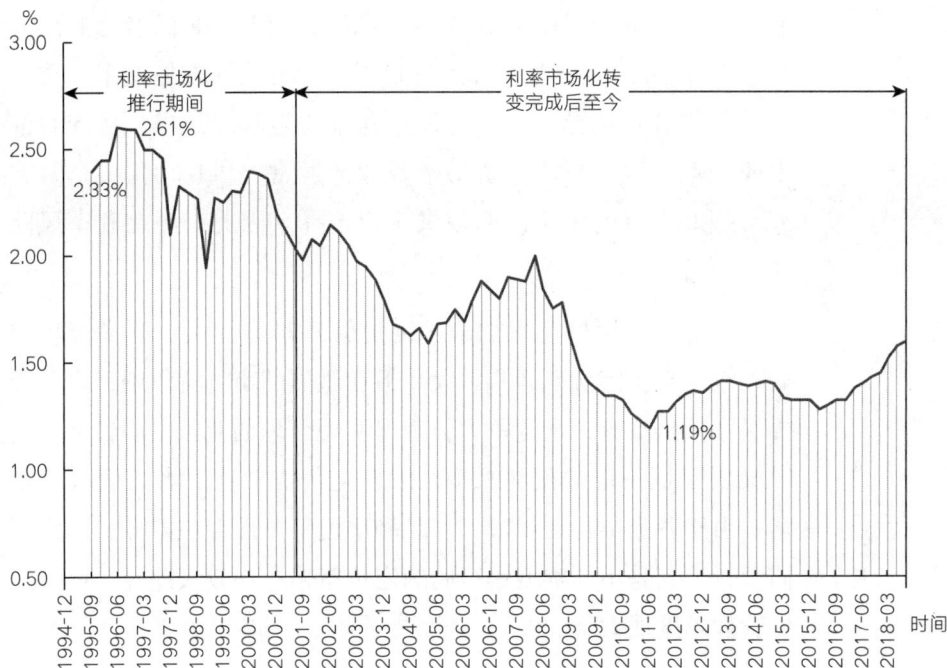

图 17.9　1994 年起香港银行业净息差走势情况

（数据来源：https://www.ceicdata.com/zh-hans 和 https://www.hkma.gov.hk）

（2）负债稳定性降低，流动性管理难度加大。利率完全市场化后，银行具备完全自主的定价权，资金定价的竞争将会影响客户资金的流动性，增加了负债的不稳定性。尤其在实施《巴塞尔资本协议Ⅲ》的流动性覆盖率和净稳定资金比例后，由于客户存款在上述指标计算中具有较好的计算系数，部分银行为确保相关流动性指标达标，会大幅提高存款定价来增加客户存款，因此进一步增加了负债的不稳定性。如同样期限同样类型的客户存款，不同银行定价差异在50个基点左右是常见现象。香港金管局在对银行流动性压力测试进行检查时，尤其关注不同情景下客户存款流失率的设定是否足够审慎。

（3）利率波动加大和定价模式多样化，潜在利率风险增加。一是利率市场化后，利率容易受市场因素影响而波动。如通常在季末时点，利率会大幅提升。二是银行业务普遍使用市场基准利率（Libor/Hibor）定价，Libor/Hibor波动给银行带来较大利率风险。截至2018年12月，香港认可机构有约38 000亿港元的美元资产以Libor作为参考利率，有34 000亿港元的港元资产以Hibor作为参考利率。三是资产业务又通常提供多个重定价期限供客户选择。为满足客户利率风险管理需求，目前香港银团贷款、双边贷款、贸易融资业务通常提供1个月、2个月、3个月和6个月的重定价期限供客户选择。因此，潜在利率风险加大。

（4）银行价格竞争加剧，定价管理难度加大。利率市场化后，银行自主定价空间非常大。但在激烈的市场竞争中，定价既要保证价格具有一定竞争力，确保实现合理的业务发展目标，同时又要保证一定的盈利水平，因此定价需要在二者之间取得平衡。由于各家银行在规模、产品和渠道等方面存在差异，因此不同银行尤其是不同类型银行间的定价策略存在较大差异，使得定价管理难度加大。

（二）中国香港银行业应对利率市场化的资产负债转型措施

1. 多元化经营，提高非利息收入占比。为应对利率市场化带来的净息差收窄情况，香港银行业在调整优化资产负债结构、强化定价管理尽量提高净息差之外，也积极拓展多元化收入来源，提高非利息收入占比。目前资产管理及保险业务均为香港银行业重要的非利息收入来源。以直接参与保险业务为例，香港的银行保险是综合化经营的典范，主要通过银行投资控股保险公司，形成股权纽带涉足保险业，保险公司为银行提供多元化的金融服务保障，银行为保险公司提供丰富的客户资源及便捷的销售渠道，最终实现双赢。比如，汇丰集团旗下有汇丰保险，中银香港旗下有中银保险，东亚银行旗下有东亚人寿等。以汇丰银行为例，其保险业务收入占营业收入的比重已由1998年的不足5%大幅上升至2017年的22%，成为银行收入的重要来源之一。

2. 加强定价管理，灵活定价。一是紧盯市场，内外部定价多以市场利率为基准。在香港，银团贷款、双边贷款和贸易融资等资产业务，银行通常采用Libor/Hibor加点差的形式报价，即便是固息业务也有采用该种形式对外报价的。例如，一笔一年期固息港元贸易融资业务对外报价为12个月Hibor+40BP，意味着该笔固息业务的执行利率为起息日对应的12个月期的Hibor加上40BP。二是可同时提供固息和基于不同重定价期限的浮息报价方式，满足不同客户的利率风险管理需求。例如，合同期限是1年期的港元双边贷款，可提供固息报价，也可提供不同重定价期限的浮息报价，如1M Hibor+81BP/2M Hibor+65BP/3M Hibor+49BP，即该笔浮息业务，当重定价周期是1个月时，报价是1个月Hibor加上81个基点；当重定价周期是2个月时，报价是2个月Hibor加上65个基点；当重定价周期是3个月时，报价是3个月Hibor加上49个基点。三是外部定价规则通常由前台部门自主管理，给予前台部门较高的定价空间和弹性。四是可将现金奖励回馈与利率结合定价。这在零售业务定价中非常常见。例如，中银香港推出的"易达钱"个人贷款，会按照贷款金额的分档给予客户500~2 000港元的现金回馈。又如，渣打银行针对成为其"Premium"理财的新客户推出了一系列港元存款现金奖励计划。

3. 加强对利率走势预判，多管齐下防控利率风险。一是香港银行通常多币种经营，不同币种利率走势不一，因此，需要分币种判断利率走势，管控各重要币种利率风险，从而控制整体利率风险。香港金管局要求各银行在实践中将在总资产中占比超过5%的币种列为重要币种，来分币种管控利率风险。二是加强表内资产负债结构调整和表外利率风险对冲，调整利率风险敞口，防范利率风险。香港衍生品市场发达，美元、港元等主要币种资产一般都可以通过利率掉期等产品改变利率形态，调整重定价期限。三是加强利率风险监控。利率波动对银行净利息收入和经济价值均产生影响，因此银行需要将相关影响控制在可承受范围之内。目前香港银行一般按照自身的风险偏好，均设有利率波动的净利息收入敏感度和经济价值敏感度限额指标，并按日监控。同时，也会定期开展利率风险压力测试。

4. 加强流动性风险管理。一是日常管理中需要考虑负债稳定性。香港金管局要求各银行建立行为模型评估负债稳定性，从而合理计算其流动性贡献和银行资金缺口等。二是加强资产负债期限匹配。既要控制短期资金缺口，同时要加强中长期资产负债期限匹配。三是开展压力测试，确保银行能应对各类压力事件带来的影响。

七、中国人民银行宏观审慎评估与商业银行内部宏观审慎评估

2008年国际金融危机后，各国监管当局在原有货币政策框架和微观审慎监管的基础上，开始建立宏观审慎监管体系，中国人民银行也于2010年启动宏观审慎监管，并于2011年开始建立差别准备金动态调整和合意贷款管理机制。2016年，为进一步完善宏观审慎政策框架，防范系统性风险，中国人民银行正式将差别准备金动态调整机制和合意贷款管理机制升级为宏观审慎评估（MPA）体系。MPA从原来单一的资本指标，拓展为以宏观审慎资本充足率为核心，兼顾量价险、平衡表内外的综合指标体系，更加全面地对商业银行经营状况进行综合评估，要求银行根据自身资本水平决定广义信贷增长，实现信用扩张与资本承受能力之间的动态平衡。此外，MPA还将宏观调控的对象从原来的狭义贷款，拓展为广义信贷，基本上囊括了银行表内外信用投放渠道。并从事前的行政指导转为事后评估和经济调节。随着时间推移，宏观审慎管理内涵不断丰富，有明显的问题导向特征，如相继将跨境流动、房地产、表外理财等纳入指标体系，更好地引导了经营机构稳健经营和高质量发展。部分经营管理水平较高的商业银行借鉴了MPA的先进理念和方法，内化为内部宏观审慎评估(IMPA)体系，从而更好地贯彻和传导中央的各项决策部署和央行的宏观调控举措，落实银行的经营战略，实现高质量可持续发展。

（一）中国人民银行宏观审慎评估体系

1. 参评机构类型。MPA将被评估机构分为3类，第一类是全国性系统重要性机构（N-SIFIs），目前主要为大型商业银行，共

19家。第二类为区域性系统重要性机构（R-SIFIs），一般为各省资产规模最大的商业银行，多数省份资产规模最大的商业银行为城市商业银行，也有个别是农村商业银行。第三类为普通机构（CIFIs），即除前两类以外的机构。

2. 指标体系。MPA指标包括资本和杠杆情况、资产负债情况、流动性、定价行为、资产质量及经营情况、跨境融资、信贷政策执行等七大类共16项指标，包括定性及定量指标（见图17.10）。

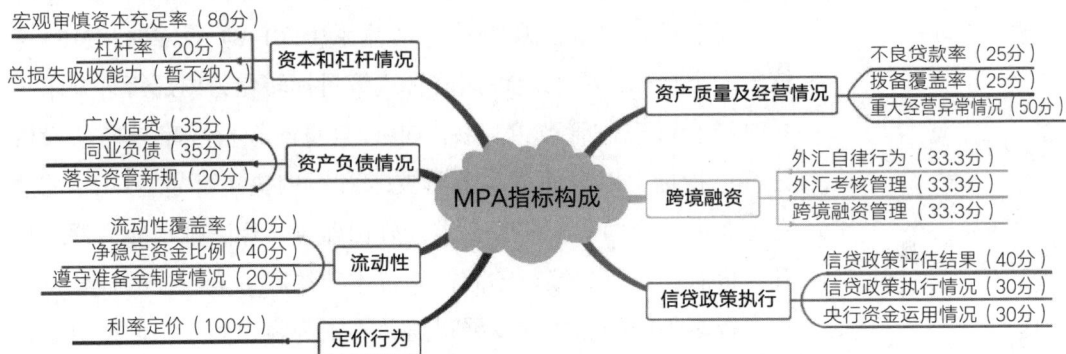

图17.10　MPA七大类指标构成及分值

需要指出的是，上述考核指标及权重不是一成不变的。自MPA创设以来，人民银行根据经济形势发展和宏观调控需要，将更多的金融市场活动和金融产品纳入MPA考核范畴，并对相关指标及参数进行调整和优化。例如，2017年将表外理财对应的资产纳入广义信贷，以更全面地反映银行的信用扩张；2018年将同业存单纳入同业负债占比指标，以引导金融机构加强流动性管理，降低对批发性融资的依赖程度；疫情期间，为鼓励金融机构增加贷款投放，增加了贷款同比多增的指标等。

3. 评估方法及应用。MPA将参评机构分为A、B、C三档。七大类指标均为优秀的机构（优秀线为90分）可分为A档。资本和杠杆情况、定价行为、资产质量及经营情况中任意一项不达标，或资产负债情况、流动性、跨境融资、信贷政策执行中任意两项及以上不达标（达标线60分）的分为C档，除A档和C档以外的机构为B档。

MPA按照每季度的数据进行事后评估，同时按月进行事中事后监测和引导。人民银行对不同档次金融机构执行差别准备金利率。其中，A档上浮10%，B档按基准利率执行，C档下浮10%。此外，人民银行还把评估结果与再贷款、金融债券、大额存单、优先股和二级资本债发行资格、银行间市场部分资质等挂钩，进一步强化MPA的约束力。

（二）商业银行内部宏观审慎评估体系

商业银行内部宏观审慎评估体系（IMPA）通常对接MPA考核各大类指标，将宏观审慎监管政策目标转化为内部管理要求，同时结合微观监管政策目标和银行自身的经营战略导向新设部分特色指标，以全面落实监管要求和行内决策部署。IMPA的建立，有助于全面落实监管要求，确保监管达标，推动MPA评级提升，也有助于引导银行牢固树立资本节约和价值回报的理念，坚持走资本集约的高质量发展道路，不断为客户和股东创造更多价值，并从总量、结构、价格、风险等维度统筹平衡表内外各项业务发展，提高银行整体价值创造水平。以A银行为例，其IMPA考核体系概括如下：

1. 参评机构类型。A银行的IMPA考核针对一级分行开展，各一级分行可参照总行的考核方法对下穿透考评。

2. 指标体系。A银行的IMPA指标体系全面对接人民银行MPA考核体系和框架，同样设置了七大类指标，但在各大类指标下，除了设置MPA中包含的指标外，还结合微观审慎监管要求和银行自身的经营特点及战略导向设置了一些其他指标，具体的指标和权重根据外部监管和内部管理需要进行设定和动态调整请参见图17.11。

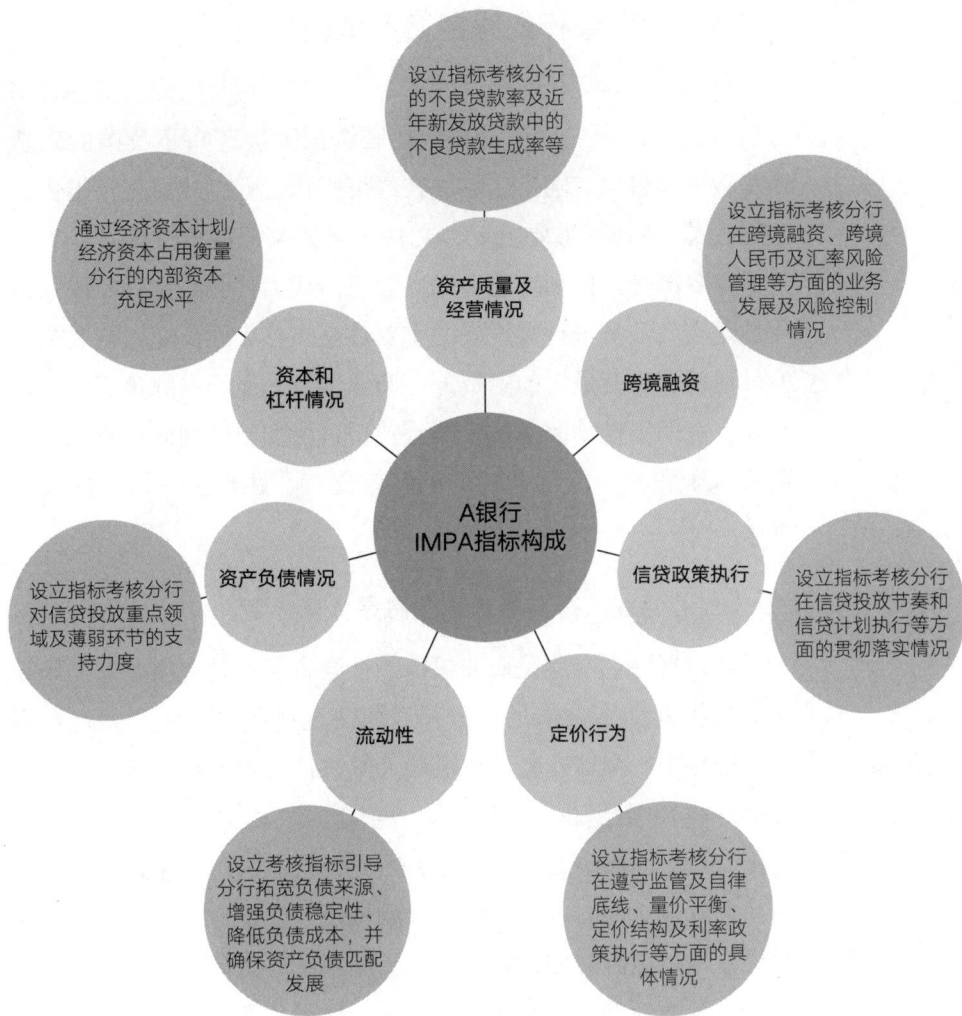

图 17.11　A 银行 IMPA 考核指标体系

　　3.评估方法及应用。IMPA与MPA类似，定期对各参评机构的执行情况进行打分，并根据打分结果将各参评机构分档，实施分档激励约束，奖优罚劣。以A银行为例，在IMPA考核体系下对考核结果达标的经营主体按评级档次给予不同标准的收益奖励，对考核结果不达标的经营主体加计经济资本成本，暂停部分业务的开展并收紧利率授权和转授权权限。这种用经济奖惩取代原有单一行政指令的做法兼顾了原则性与灵活性、管理效率与经营效益，加大了对经营主体的激励约束力度，强化了评估结果对业务经营的指导作用。

八、商业银行的绿色资产负债管理

当前，气候变化问题严峻，大力发展绿色金融成为世界各国的焦点。习近平主席于2020年在联合国大会宣布了我国的碳达峰及碳中和目标。随后，中央在经济工作会议、政府工作报告、"十四五"规划等重要会议和文件中对国家经济可持续发展工作做了重要部署，推动绿色金融发展逐步成为社会共识。发展绿色金融是实现经济可持续发展的重要战略支撑，而商业银行是绿色项目建设和运营最大的融资方。商业银行积极开展绿色资产负债业务，有助于推动商业银行经营转型，增加新的利润增长点，拓宽收入来源，为绿色金融提供有效支持，践行商业银行的社会责任。

（一）商业银行发展绿色金融是大势所趋

1. 发展绿色金融是商业银行的社会责任和转型需要。气候变化对人类社会影响举足轻重，气候变化造成的风险更是迫在眉睫。近年来，全球变暖导致极端天气事件发生的频率显著增加，当前，联合国已宣布全球进入"气候紧急状态"。如何应对气候变化，是全球面临的时代课题。因此，发展绿色金融是商业银行的社会责任。同时，发展绿色金融也是商业银行自身转型的内在需要，绿色金融将创造巨大的融资需求，可为商业银行在激烈的竞争中开辟新的业务蓝海，也能更好地满足有绿色转型或绿色意识客户的需求。

2. 发展绿色金融已成监管重点。香港金管局推出了绿色和可持续银行体系"三阶段"监管路线图。欧洲央行将气候风险因素纳入审慎监管框架，英国审慎监管局和德国联邦金融监管局要求银行将气候风险纳入内部资本充足评估程序（ICAAP），法国审慎监管局启动第一批"自下而上"的气候风险试点评估，澳大利亚金融管理局鼓励银行采用国际框架评估气候风险和进行信息披露。

3. 绿色标准和指引日益完善。（1）绿色标准。在各国绿色标准不统一的情况下，为协助国际投资者识别不同国家的绿色产品，加快绿色金融业务发展，国际可持续金融平台（IPSF）发布了共同绿色分类目录（Common Ground Taxonomy，CGT）。CGT是一套可对比中国及欧盟两套绿色分类方法的研究，把两套分类方法的优点和差异，通过对比简单地显现出来。整套共同分类目录涵盖5个情境：一是两套标准有明确重叠，二是欧盟的标准更加详细及严格，三是中国的标准更详细及严格，四是存在一定程度的重叠，五是没办法对比或者两者之间存在显著差别。CGT处于不断完善的过程中，其中2022年版本包含了中欧绿色分类目录共同认可的72项对减缓气候变化有重大贡献的经济活动。（2）绿色框架和指引。G20财长和央行行长会议发布了G20可持续金融路线图，为在全球层面引导市场资金支持绿色发展提供了重要指引。为促进金融机构的绿色金融业务有序开展，世界各地监管机构也制定了各项政策制度和指引，如香港金管局为打造国际绿色金融中心，相继发布了《绿色及可持续银行业白皮书》《绿色和可持续金融资助计划》等。

（二）商业银行的绿色资产业务

越来越多的证据表明，绿色资产对商业银行具有积极的影响，其中之一便是提高客户的忠诚度，强烈的客户忠诚度将提高客户的终身价值和降低服务成本。因此，大力拓展绿色资产成为商业银行焦点话题。银行的绿色资产主要是指商业银行投资于发展绿色产业的相关贷款或债券投资类资产，在投资方向有别于其他资产。当前，绿色信贷是国际绿色金融市场规模最大的品种。

1. 绿色资产特性。绿色资产在资金投向上具有较为严格的审定，这是区别于商业银行其他资产的主要特性。目前，绿色资产投向主要集中于绿色经济、低碳经济和循环经济等三大领域，聚焦可再生能源、清洁交通、可持续水资源与废水处理、绿色建筑、污染预防及管控、能源效率、生物资源和土地资源可持续管理及循环经济等多个行业的项目，如图17.12所示。

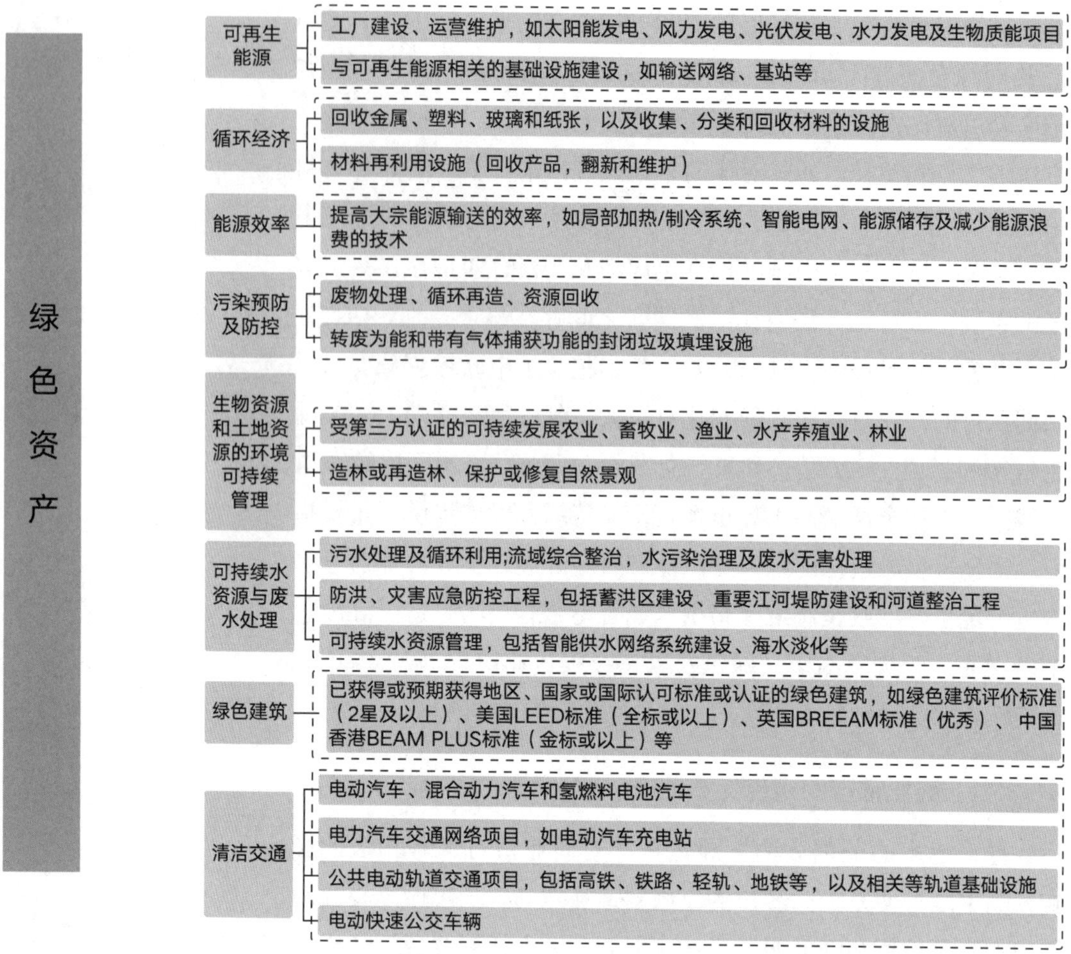

图 17.12　绿色资产各行业示例

2. 绿色贷款的贷款流程。由于绿色资产具有严格的资金投向审定，因此，绿色贷款有别于普通贷款，在贷前和贷后均要遵循严格的流程，具体如下：

贷前阶段工作主要为申请者填写申请表，提交认证材料等，具体包括：申请者填写绿色贷款申请材料及提交证明文件；检查文件的完备性，准备进行贷前初审；向审查员提交文件；初步审查；申请者补充提交文件；评审员提交评审报告；批准或拒绝该绿色贷款申请。

贷后阶段工作主要为妥善保存绿色贷款资金运用记录，形成对募集资金的管理机制，以此为依据提交年度报告。具体包括：申请者根据贷款的资金使用记录编写报告；准备贷后评审；提交所需材料及文件；审查年度报告并进行初步评审；审查提交信息的准确性、环保成效、相关性、完整性、一致性和透明性后，提交验证报告；公布验证报告并更新申请者的报告状态。

（三）商业银行的绿色负债业务

商业银行的绿色负债是指商业银行筹集用于投资绿色项目的资金。目前，商业银行的绿色资金来源包括绿色债券（含存款证）的发行和绿色客户存款，其中绿色债券发行是主要的资金来源。根据彭博社新能源数据，2021年全球绿色债券市场加速发展，全年发行量达到6 210亿美元。据气候债券倡议组织（CBI）预测，2022年末全球绿色债券年度发行量将突破1万亿美元。

1. 绿色债券。绿色债券主要是指筹集的资金用于绿色资产投放的债券。当前，绿色债券可以按照资金用途和关键指标两种划分方式进行分类。按照资金用途来划分，发行人需要将募集资金投向相应主题项目，如绿色项目、可持续发展项目或社会责任项目等。如按照关键指标衡量绿色债券，则发行人发行的绿色债券需要达到特定的关键指标，如发行人对投资者的承诺等。

对于商业银行来讲，发行绿色债券用于绿色资产，不仅可以践行社会责任，推动社会的可持续发展，而且由于绿色债券开拓了新的投资者群体，部分项目的认购倍数相比一般高级债券发行项目高，有利于发行人在定价时更为灵活。

2. 绿色债券的发行步骤。根据国际资本市场协会《可持续发展债券指引》中确定的绿色债券原则和社会责任债券原则，绿色债券的发行较普通债券在发行环节和准备文件上较为繁杂，主要表现为：

（1）发行绿色债券的四大核心因素。绿色债券的发行框架包括募集资金使用、项目评估和筛选流程、募集资金管理和债后报告等四大因素，每个因素所做主要工作如下：

①募集资金使用。在此环节中，主要是识别和确认合格的绿色项目或资产，发行绿色债券的资金可以运用于新的资本支出或现有资产，即资金可以用于新的绿色项目，同样适用于绿色项目的再融资。

②项目评估和筛选流程。通常由拥有强大环境知识基础的组织机构进行项目的独立审查，确保发行债券投资的项目是用于改善环保的，增加投资者信心。审查机构一般将拟发行绿色债券投资类别的绿色资质和资金追踪及报告程序作为重要的评估对象，设计一个正式的过程进行项目筛选。

③募集资金管理。商业银行应在内部构建用于追踪募集资金的机制和流程，并确定未分配资金的使用办法，充分披露募集资金的使用情况，增加透明度。

在此环节中，商业银行在募集的资金管理上要做到：发行绿色债券募集到的资金必须用于专门的项目；内部的监控机制能够确保资金在用于非绿色项目时能够被发现；投资的项目价值必须大于或等于发行绿色债券价值。

④债后报告。商业银行至少每年一次就募集资金的使用情况向投资者进行说明，并确保资金仍用于绿色项目。一般包括审计报告或银行授权人员签署的报告，阐述绿色债券对投资者及相关利益方产生的相关效益等内容。

（2）发行绿色债券需要准备的文件。在发行绿色债券准备文件方面，发行绿色债券需要准备的文件主要包括绿色框架、债券文件、外部认证和债后报告等。其中绿色框架主要介绍发行人对绿色债券原则四大支柱的承诺；债券文件是在定价补充文件和/或募集说明书中的资金用途部分说明筹集资金将用于绿色框架中的合格绿色项目；外部认证则是为绿色债券框架获取外部认证，确认框架符合绿色债券原则（如第二方意见）；债后报告是发行人就募集资金的使用及其项目影响力编写的报告。

3. 绿色存款。绿色存款是商业银行吸收客户的存款，该项存款通常用于绿色贷款，为参与绿色市场的企业经营活动提供资金支持，推动企业吸收的绿色存款用于可持续绿色经济活动。目前，相对于商业银行发行的绿色债券，绿色存款规模较小，是绿色资产资金来源的补充。但随着绿色概念的逐步深入，绿色资金来源将会逐步扩大，绿色客户存款也将成为商业银行用来支持绿色资产的主要资金来源之一。

（四）绿色资产负债管理

商业银行是绿色金融最直接的参与者，是绿色项目最主要的投资者。商业银行开展绿色资产负债业务，是助力可持续发展、改善社会民生、实施国家环境与气候行动的重要举措。商业银行可通过完善顶层设计，将绿色发展理念融入治理架构，制定绿色资产负债发展战略和计划，给予绿色业务适当政策倾斜等措施，引导绿色资产负债业务有序增长，助力社会可持续发展。

1. 绿色资产负债规模管理。商业银行在制定发展战略规划时，应加大政策倾斜力度，拓宽绿色资产客户基础，增加客户黏性，提升绿色资产的产品创新力度和吸引力，积极配置绿色资产，提升绿色资产占比；绿色负债应该以绿色资产增长为契机，积极创新绿色负债产品，增加绿色负债产品的多样性，提高绿色负债的客户吸引力，提升绿色负债规模，推动绿色资产负债协同发展。

2. 绿色资产负债的定价管理。在绿色负债定价方面，对于绿色债券的发行，商业银行应积极参与绿色债券报价，加大对准入名单中绿色债券报价的支持力度，提升绿色债券市场活力；对于绿色客户存款，商业银行可制订绿色存款计划，设计具有定价吸引力的存款产品，增加绿色客户存款规模。在绿色资产定价方面应有所倾斜，积极引导外部市场及内部前台部门开展绿色信贷，为绿色项目开拓市场。

3. 绿色金融的经济资本配置。为促进绿色金融的发展，加大绿色产业扶持力度，商业银行在资本配置方面，可对绿色资产进行适当的倾斜，提高绿色资产的风险承受能力。

4. 数字化转型服务绿色资产负债管理。绿色项目涉及较多的环境和社会风险信息，需要加强与外部的系统对接和数据共享。因此，商业银行应推动金融科技与绿色金融的融合发展，多渠道采集和引入环保、用能、舆情事件等数据，加强在信息共享、统计报送、风险防控等方面的应用，不断提升数字化转型服务绿色资产负债发展的能力。

以习近平新时代中国特色社会主义思想为指导，全面贯彻《中共中央关于制定国民经济和社会发展第十四个五年规划和二〇三五年远景目标的建议》要求，立足新发展阶段，贯彻新发展理念，服务构建新发展格局，坚持以人民为中心的发展思想，深化金融供给侧结构性改革，以数字化转型推动银行业保险业高质量发展，构建适应现代经济发展的数字金融新格局，不断提高金融服务实体经济的能力和水平，有效防范化解金融风险。[1]

第十八章
资产负债管理系统建设

资产负债管理囊括预算、流动性、利率、汇率、FTP和经济资本等方面，涉及海量数据，数据的提取、整理、分析和测算均需要自动化处理。金融市场的波动性增强进一步给商业银行在资产配置、流动性风险管理、利率管理等方面带来诸多挑战。靠手工操作进行资产负债管理，不仅存在较大操作风险，占用大量人力资源，也无法做到精细化管理，必须有完善的系统支撑。此外，随着经济形势的日趋复杂，监管政策逐渐趋严，监管报送范围和报送频次逐渐扩大，这些监管要求在控制银行体系风险方面

---

[1] 《关于银行业保险业数字化转型的指导意见》（银保监办发〔2022〕2号）。

发挥了积极的作用，同时也给商业银行带来了巨大的合规压力。比如，在中国香港，2016年香港金管局先后修订了资本充足比率（CA-B和CA-G）、流动性风险（LM-1和LM-2）和利率风险（IR-1）监管制度，新增了净稳定资金比例（NSFR）、核心资金比率（CFR），以及银行账簿利率风险管理（IRRBB）等指标的计量、监控和报送要求。再如，原中国银保监会也发布了相关标准，并修订了《商业银行流动性风险管理办法》《商业银行银行账簿利率风险管理指引》等流动性风险、利率风险相关领域的指引及管理办法。为此，通过有效系统建设实现资产负债管理的自动化、智能化和精细化势在必行。

一、系统框架和构成内容

系统框架决定了系统的可延展性和功能布局，应该如何构建资产负债管理系统的系统框架？系统框架应该提供哪些主要的功能？

通常资产负债管理项目是为了适应内外部金融环境及法规的变革，在可容忍的风险条件下，不断调整资产负债组合和资金管理及运用方式，以实现银行三性平衡的目标。一是在明确界定司库资产负债范围基础上，实现对司库的资产负债预算编制、收支预测自动化处理；二是实现对资产负债久期、利率敏感性缺口、流动性缺口的自动实时监测，提升司库对流动性、利率、汇率风险的管控能力；三是实现流动性相关比率的每日监测分析报告，实现多币种、单币种的适时压力测试；四是实现FTP的自动化动态管理，能够基于资金价格、流动性成本和管理控制需求等因素，进行动态调整。其系统框架一般如图18.1所示，主要包括资产负债组合管理、利率风险管理、流动性风险管理、资金转移定价（FTP）、资本管理和数据处理六部分。系统建设的目标应是构建一个全面和集成的应用平台，通过运用多种分析工具和技术对各类市场风险进行计量和管理，科学制定内部资金转移价格及定价策略，为全行资产负债管理提供决策支持信息。

（一）资产负债组合管理

资产负债组合管理是指按一定的策略进行资源配置，来实现银行"安全性、流动性和盈利性"的目标组合。该模块提供组合分析功能用于支持资产负债组合的动态管理，主要内容包括情景设置（根据市场和宏观经济形势，设置选择配置情景和参数）、模型计算（以流动性等指标为约束，根据存贷款业务规模和结构进行资产负债匹配管理分析和计划预测）和分析报告（包括资产负债余额、存贷款到期日报告）等。

（二）流动性风险管理

流动性风险管理一般包括现金流计量分析、压力测试和流动性指标监测，主要对正常情况下和压力情景下的现金流量进行预测和缺口分析，并对流动性指标进行监测，并对超出阈值的指标进行预警。主要包括现金流计量分析、压力测试、流动性指标监测预警和流动性风险报告等。

（三）利率风险管理

利率风险管理主要是根据《巴塞尔资本协议Ⅲ》新的利率风险标准，建立符合监管要求的情景分析机制和主要产品的客户行为分析模型，包括利率敏感性、久期和客户行为分析，以及收益模拟和经济价值模拟等。收益模拟是通过设置不同的利率情景，模拟未来收益或净利息收入的分析方法；而经济价值模拟是对银行在不同利率情景下的经济价值进行模拟，以计量银行整体经济价值影响变动对利率变动的敏感性。

（四）汇率风险管理

通过外币资产负债头寸、外币资金期限、外币定价及汇率、压力情景测试等一系列方案配置，实现外汇风险敞口管理及流动性管理，并形成相关风险报告。

（五）资本管理

资本管理主要根据银行战略规划，建立资本管理体系和制度，包括对内部资本充足率的计量、监测、分析和评估，对经营机构的经济资本配置方案的管理，定期评估银行资产业务变动情况、资本占用和回报情况，从而达到调整银行资本总量和结构的目标。主要功能包括：经济资本占用分析、资本结构分析、资本回报率分析，以及按条线按产品等资本配置及监测。

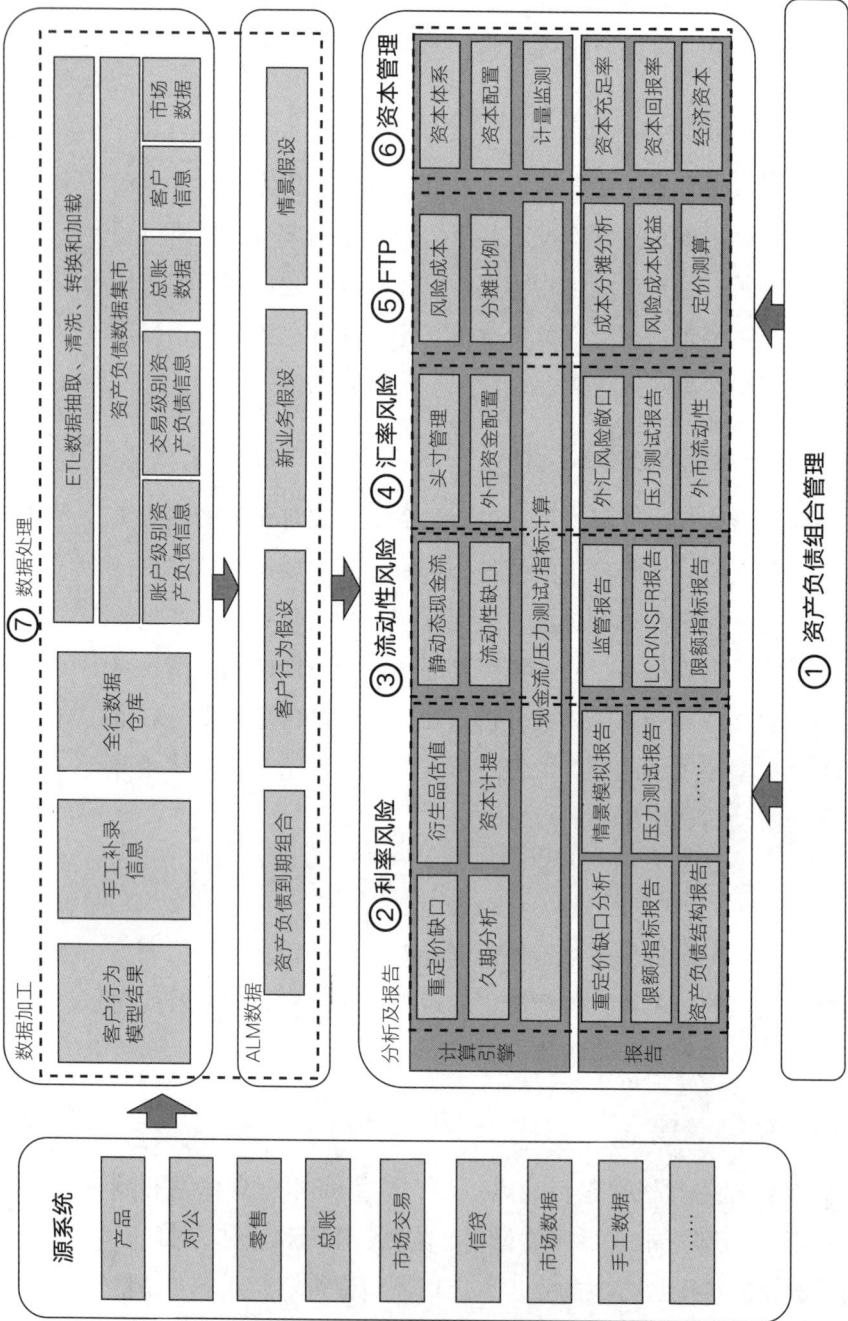

图 18.1　资产负债管理系统框架示例

（六）资金转移定价（FTP）

FTP是内部收益的计量、分配和管理过程，其核心是按照一定规则给予不同业务产生的资金供给或需求相应的资金价值，从而影响其收益或成本，其作为重要调控手段应用于银行的各类业务和绩效考核。该模块主要包括FTP核算、分析和考核，以及设置利率曲线、调整点规则、定价维度、业务分类方法和制定计价规则等。

（七）数据处理

在整体资产负债管理系统建设中，数据处理是实施阶段最重要的环节，直接影响框架中流动性管理、利率风险管理、汇率风险管理、资本管理和FTP管理五大部分。数据处理包括数据质量的检查、基础数据处理，以及数据聚合规则、映射规则的设定和缺失数据补录等。

二、实施方法

资产负债管理系统建设的路径与一般信息系统建设路径类似，都是要首先明确业务目标和实施内容，再对其进行分析，确定实施方法，其后通过系统设计、开发和测试，最终投产运行，并持续优化和运行维护。但也有不同之处，由于资产负债管理系统是基于模型对已有数据分析和再加工，因此对上游数据的一致性、完整性和有效性要求更加严格，同时由于要根据监管要求随需而变，因此对系统的灵活性、鲁棒性①和高效性也提出了更高的要求。

好的系统设计能够给用户带来较好的使用体验，对于资产负债管理系统的设计和研发，会涉及哪些环节？又适合采用何种流程？

（一）需求定义和分析

好的需求和对需求进行恰当的理解是系统建设成败的基础。在这个阶段，应对银行资产负债管理未来应具有的业务能力进行梳理，形成资产负债管理的目标业务能力框架。业务能力框架应全面覆盖所有业务功能和非业务功能，包括业务功能及内容，作用及流程，当前系统支撑情况，系统期望目标及相关数据，最终形成《业

---

① 鲁棒性是英文"Robustness"的音译，也称健壮性、强健性，它是系统在一定参数（结构、大小）变动下，维持某些性能的特性。

务需求规格说明书》和《非功能性需求规格说明书》^①。在需求规格说明书的基础上，从数据需求、计量模型、业务功能、操作流程以及报告展现等方面对需求进行分析，并列出优先级，做好实施计划。

（二）实施方式选择

1. 实施方式。在系统建设时，需要根据自身的业务能力、技术能力、同业实施方式和市场已有产品等情况，选择自身的实施方式。主要有三种：一是自主开发，从需求的分析到系统设计、编码、测试和投产都由行内的科技人员自行研发。优点是可控程度高，后期运行维护和再开发容易，但缺点也是明显的，实施周期长，投入资源大，成本高，而且系统将会在不断试错的过程中成长，存在一定的风险。二是联合开发，就是寻找有实施经验的外部资源与银行内部资源一起进行开发。优点是可解决自身业务或技术对资产负债管理系统研发经验不足的问题，但缺点同样是实施周期长，资源投入大，同时项目执行的复杂度和沟通成本大幅增加。三是外部采购，就是采购市场上已有的产品，通过简单开发和参数化配置满足自身需求。优点是实施周期短，可快速满足业务和监管要求，缺点是后期的需求变化难以快速实施。由于资产负债管理系统的复杂性和专业性，大部分银行都会选择联合开发或外部采购的实施方式。

2. 产品选型。市场上活跃着多种成熟的资产负债管理系统产品，可满足大部分银行当前监管达标的需要。即便如此，在市场环境的复杂变化使监管要求也在动态更新的大背景下，银行资产负债管理系统的建设需要更具有前瞻性的系统选型。因此，在选型时需要从过往实施经验、数据处理与质量控制能力、静态分析及计量能力、动态分析及计量能力、管理应用能力、产品配置与升级维护能力、系统性能、费用八个方面进行考察。目前市场上的主流产品包括Oracle的OFSA、IBM的Algo、Moods的Fremat、FIS的Ambit Focus和KamaKura的KRM（见图18.2）。

---

① 非功能性需求是指依据一些条件判断系统运作情况的要求，而不是针对系统特定行为的需求，包括安全性、可靠性、互操作性、易用性、可移植性、可重用性和可扩展性等。

产品/属性	☑ 优势	☒ 劣势
Oracle-OFSA	1.有自身特征的金融数据模型OFDM 2.资产负债管理与FTP、盈利性分析、预算控制功能模块的集成 3.有较好的数据质量检查和处理机制 4.数据库技术较强	1.管理会计功能较强，动态现金流分析及模型功能相对较弱 2.行为模型的支持功能相对有限 3.使用ORACLE数据库 4. ALM客户案例之前大多集中在城商行和农商行，这两年开始有大行的实施案例
IBM- Algo	1.具有自己的技术专利MtF 2.支持用户编辑计量公式 3. ARA报表功能较强、对限额监控支持较好	1.客户行为模型支持相对有限 2.境内实施团队流失严重、主要靠中国台湾团队实施
Moodys-Fermat	1.风险模型的数据采集和设计考虑较全面 2.支持正常情景下和压力情景下的行为模型 3.灵活可编辑的数据聚合处理规则 4.存量业务结构的自动分析	1.只支持ORACLE数据库 2.国内还欠缺大行的实施案例
FIS- Focus	1.动态分析中业务量模型和期限模型丰富 2.内置的市场历史数据库MDA 3.国内ALM实施案例及客户类型最多、包括大行案例 4.对BASEL监管要求的响应速度较快	1.技术架构基于WINDOWS平台和SQL SERVER数据库 2.产品自带的报表功能较弱或需要单独付费购买 3.对WEB访问方式的支持依赖第三方软件
Kamakura-KRM	1.开发了自己独有的行为模型及期限结构模型 2.技术架构比较开放 3.多线程数据处理方式	1.国内客户案例较少 2.目前与国内厂商合作拓展市场，在本土的开发实施团队还处于建设中，相对薄弱

图 18.2 产品比较说明

在选型过程中，主要通过确认厂商名单、现场演示沟通、POC[①]验证评估和招标确定厂商四个步骤。

（三）系统设计和开发

1. 功能架构和数据架构确定。资产负债管理系统与常规的信息管理系统相比有以下几个特点：一是大量使用各类交易的历史数据，且算法繁多；二是要求保留大量中间计算结果和场景用于对比分析；三是要求系统响应快速，数据展现方式多样等。因此，在功能架构上主要包括数据层（负责外围系统数据的接入、整合和加工，根据数据用途和数据层级进行存储）、计量层（进行各类模型计算，为应用层各模块提供统一使用接口）、应用层（系统的核心，将业务框架内容以模块化的形式设计，包括资产负债组合管理模块、利率风险模块、流动性风险模块、FTP模块等）、展

① POC，即Proof of Concept，是业界流行的针对用户具体应用功能的验证性测试，根据用户对采用系统提出的功能和性能需求的指标，在选用产品上进行真实数据的运行，以验证是否真的满足用户要求。

现层（向用户提供系统管理、配置、报表数据的查询和分析等）。在数据架构上主要包括数据接口层（负责对接上游系统数据、市场数据和补录数据等，并对数据清洗、转换和加工）、基础数据层（按照业务主题模式对数据进行重新组织，并建立各类产品、维度、指标、参数数据的实体存储结构）、逻辑加工层（根据各类业务逻辑对数据进行加工和计算，包括现金流分析、压力测试、久期分析、客户行为和压力测试等）、结果层（经过不同维度分析汇总后的结果表，支持用户查询分析）。在设计完成后，即可依次开始进行对数据接口、数据计算、业务逻辑和报表展现的开发，开发时可根据功能点间的依赖关系，选择并行或串行开展。

2. 数据源分析和质量检查。数据是资产负债管理系统的核心，在实施前需要全面梳理与核心风险业务对象相关的字段，用于满足资产负债管理、流动性管理、利率管理、汇率管理、FTP管理和资本管理等要求。业务数据范围包括历史头寸数据（总账、贷款、负债、外汇等）、公共数据（机构信息、货币信息、科目信息等）、市场数据（利率、汇率）、假设数据（利率假设、汇率假设、提前支取假设、提前还款假设等）。数据质量检查主要包括规则配置、规则部署、调度执行、数据质量核查报告生成等。检查规则主要有完整性检验（如记录数、校验加总、重复数据等）、一致性检验（如零值/空值、缺失数据的一致性检验、分类等）、代码取值检验（如行业、事件类型等）、业务规则检验（如会计结算日期与发生日期在交易之前等）。

3. 数据处理和模型映射。资产负债管理系统数据从源到目标通常需要较复杂的逻辑转换，经过源系统到接口模型层的映射，再经接口模型层到金融模型的映射。该阶段是整个系统建设的重点和核心，一般约占到整个系统建设工作量的60%，整个过程包括数据分析、数据映射、ETL（数据抽取、转换和加载）策略、ETL编码和ETL结果数据校验。数据分析是对数据源进行梳理和分析，其中对暂时不满足数据模型计量要求的数据，给出数据满足度的建议和处理方案。数据映射在对源数据和目标数据都有了一定认识后，根据产品标准接口文档编写源系统数据映射文档。ETL策略包括存储策略、全量/增量处理策略、批处理调度策略、ETL 结果校验策略和数据质量策略。ETL编码主要是实现ETL的策略和实现抽取、清洗、映射、转化的编码。ETL结果数据校验就是对ETL结果的完整性和正确性进行检查。

4. 系统配置和开发。在系统实施中关键配置包括情景设置、利率模型、业务量模型、客户行为模型和现金流计量等系统参数配置。在情景假设中提供利率预测模型、新业务预测模型和客户行为预测模型，并支持模型的组合处理。利率模型主要支持利率动态模拟和随机利率曲线波动模拟，动态模拟包括平滑模式、暗含变化、基点改变和曲线扭曲变化等方法，随机波动模拟包括历史数据模拟法、参数模拟法和蒙特卡罗模拟法。业务量模型包括目标增长率假设、目标期间平均业务量假设、目标业务量假设、滚存业务量假设等。客户行为模型包括两部分功能，一部分是用户自定义的客户行为模型（Behavior Pattern），支持对于无固定到期日产品的行为模拟；另一部分是客户行为模型（Prepayment），包括贷款的提前偿还和存款的提前支取，支持按特定时点的固定比例、反正切函数、多因子匹配等模型。现金流计量主要按不同时间窗口计算重定价缺口现金流和流动性缺口现金流，包括静态模拟和动态模拟，静态模拟是针对当前业务情况的变化模拟，如利率、到期日、重定价日、业务量等的模拟；动态模拟是针对未来业务情况的可能变化模拟，如市场利率预测、业务增长预测、产品定价、新产品属性的模拟。系统开发主要包括计量规则和报表的开发。计量规则开发包含计量业务元数据/技术元数据，业务规则开发，批处理开发等；报表开发包含报表数据加工，表样开发以及报表开发等。

5. 系统测试和业务验收。资产负债管理系统不仅涉及的数据源多，数据量大，压力测试场景多，运算逻辑复杂，因此给系统测试和验收带来相当大的难度。测试的整体流程包括测试清单制定、测试案例编写、指标手工计算、系统结果对比、差异反馈、系统修订六个步骤。在该阶段，一是要在项目初期就开始制订系统的测试计划，设计系统的测试用例；二是要与系统设计和开发人员一起对测试用例进行评审，确保测试用例的有效性；三是要做好缺陷管理，并进行分类和跟踪，主要包括数据缺陷、功能缺陷、运算缺陷和展现缺陷等；四是在非功能方面，进行系统的恢复测试和压力测试，以满足系统稳定性的要求。

（四）应用和运维

1. 系统应用。银行在建设资产负债管理系统过程中，无疑投入了大量资金、人力和物力资源，在系统上线应用初期，一般都能按照原有规划，帮助银行分析资产负债结构，处理各类敞口、重定价、现金流等重要指标，提供管理报表和监管报表，为管理层提供经营决策参考依据。但随着时间推移，部分功能可能因应用体验不佳、监管要求变化以及管理思路转变等因素，系统应用也有可能被逐渐淡化或不适用。因此，要发挥系统的最大价值，就需要结合当前的经营方式、市场环境、管理决策思路，对系统进行完善，不停地重复从需求定义、设计开发到测试投产的过程，以满足银行的应用。

2. 技术运维。技术运维主要是保证系统持续的稳定运行，包括每日系统头寸监测、产品体系监测、系统批量监测、大作业节点监测、历史数据备份、网络状态监测、访问日志监测等工作。

三、系统成败的关注点

（一）合作是基础，沟通是关键

在资产负债管理系统建设过程中，往往涉及众多参与方，包括银行内设的多个相关职能部门（资产负债管理部、科技部、财会部、风险部等），外部厂商的业务顾问、技术顾问等。因此，要顺利推进系统建设，必须要把握以下四点：一是要有一个明确的实施计划（见图18.3），并让每个项目组成员都了解，实施计划是项目经理指导和管控项目的基本工具，也是尽责确认和风险管控的基础。二是银行管理层要高度重视，履职部门要通过月度例会和重要里程碑会议将项目进度、遇到的问题和解决方案及时向管理层汇报。三是要做好任务分解和工作计划，厘清各方的责任边界，明确工作任务，并通过周例会的方式对各自的任务进度进行了解，并对其中的问题及时处理。四是项目组成员之间采用AB角的方式，保证项目推进连续，避免个人因素影响项目进度。

资产负债管理系统的设计涉及环节较多，我们应该重点关注哪些环节？

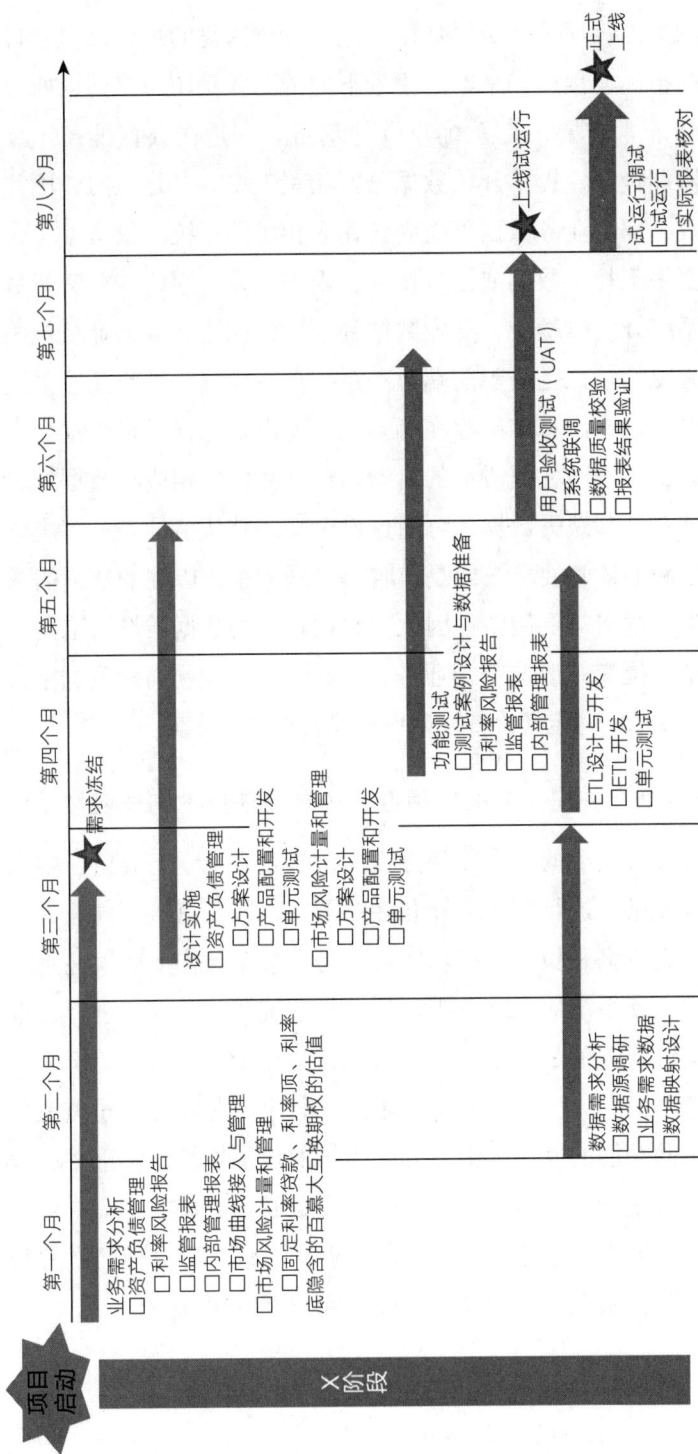

图 18.3 实施计划示例

（二）数据是基石，质量是关键

资产负债管理是一个以数据为主、计算繁复的过程，包括计算不同的指标、预测未来不同情景下的情况并做压力测试，所以数据质量非常重要，是系统建设的基石。一是在数据准备上，要提前协调资源，提早开始数据分析相关工作。二是在实施中往往会发现，部分业务数据可能尚未建立相应的系统，只有手工台账，需要手工补录数据或是直接调整报表结果。因此，在资产负债管理系统开发过程中，开发数据补录平台，建立数据补录规则是非常必要的。三是由于前端业务系统存在缺陷，导致某些关键信息缺失，造成计算结果存在偏差，因此需要完善质量数据自动校验功能，实现对数据质量的自动化检查并生成相应的数据质量报告，针对某些缺失数据，可通过设置临时默认值的方式解决。四是由于新的监管要求，或是监管口径的调整，以往的数据需求与报表生成逻辑需要调整，因此对数据缺失与数据质量缺陷问题进行总结，提交并改造前端业务系统，在录入交易时对数据字段进行强制要求，并定期检查以确保相关要求得以落实。

（三）既要关注业务的易用性，也要关注技术的适应性

一是要有灵活的报表展现方式。包括多维度动态分析、根据科目层次或维度进行在线上卷和在线下钻，以及直接面向业务人员的自定义查询和报表定义功能。二是在技术架构上要关注系统的开放性。新系统应在整个银行的信息系统架构之下来进行，以便今后同银行其他数据系统进行对接、整合工作，以避免产生新的"信息孤岛"。三是应注重系统的安全性。支持对不同类型用户设置不同功能的使用权限。四是系统的可扩展性非常重要，因为随着业务复杂性的增加、认识的提高以及业务量的扩大，对系统计算能力要求也会逐步提高，这就要求系统具有高性能的并行处理能力，在系统资源增加时，处理能力可以相应提高。

（四）做好知识转移，建设好自身的知识体系

一是业务知识的转移。在实施过程中，通过交流访谈、会议座谈的方式向业务顾问了解资产负债管理的先进理念和国际银行

的实践经验，并将其沉淀到自己的管理策略、制度和办法中。二是实施知识的转移。资产负债管理系统产品的实施过程，只是通过实施顾问帮助银行搭建基本的应用平台，在系统实际上线后，数据更新、模型参数调整、工作流变化等都需要银行根据自身的实际情况，自行对系统进行配置并实现，这就需要在实施过程中，最终用户充分参与，包括业务用户和科技人员，由实施顾问传授产品配置和调整的具体方法、工具的应用等，建立相关文档，形成知识库。三是产品知识的转移。对于产品的详细功能、业务流程、数据结构和管理维护等方面，同样需要在实施过程中，由实施顾问转移产品知识到最终用户，并形成相应的操作手册，以加强最终用户对产品的理解，提高应用能力。

下篇

案例讨论

前车之鉴，后事之师。

——中国谚语

回首越深邃，前瞻愈智慧。

——温斯顿·丘吉尔｜英国政治家、历史学家按时序纵向观察银行的资产负债表和利润表，可以清晰地了解一家银行经营战略的执行过程和战略发力点。横向比较银行的两张报表，则可以了解同一时期不同银行的战略选择，以及这些选择所形成的优劣势。

案例一
银行财务报表分析

本案例选取工商银行、农业银行作为中资银行代表，选择摩根大通银行作为美国银行代表，选择汇丰银行作为欧洲银行代表，通过比较代表性银行的财务报表，探索其资产负债结构与盈利模式的特点和逻辑关系。案例分析采用工商银行、农业银行、摩根大通及汇丰银行四家银行2021年年报数据分析。

一、资产负债表比较

（一）资产端结构比较

四家银行生息资产占比平均为88.7%，固定资产占比较低。从资产结构来看，工行、农行呈现出显著的信贷主导型资产结构特征，而摩根大通、汇丰的资产结构更加多元。工行、农行、摩根大通的生息资产比重差距不大，但汇丰生息资产比重较低，为73.3%。四行结构截然不同。工行、农行信贷资产占比分别为57.2%和56.6%，分别为其投资资产的2.16倍及2倍，占绝对主导地位；而摩根大通及汇丰的投资资产相对占比较高，摩根大通投资资产比重较信贷资产高6.6个百分点；汇丰投资资产比重仅较信贷资产低3.5个百分点（见表1）。

表1 样本银行资产端结构比较　　　　　　　　　　　单位：%

资产端结构	工行	农行	摩根大通	汇丰银行
现金及存放央行	8.8	8.0	0.7	15.1
信贷	57.2	56.6	28.4	35.4
拆放及存放同业	4.2	5.2	26.1	11.0
投资	26.5	28.3	35.0	31.8
其他资产	3.3	1.9	9.8	6.8
总资产	100.0	100.0	100.0	100.0
生息资产占总资产比重	94.0	97.1	90.2	73.3

数据来源：工行、农行、摩根大通及汇丰2021年年报。

（二）负债端结构比较

四家银行付息负债占比平均逾八成，权益资本占比较低。从负债结构来看，工行、农行负债主要来源是存款，存款主导负债即被动负债的特征极为明显。而摩根大通、汇丰的负债策略倾向于主动负债，对客户存款的依存度相对弱于两家中资行，同业存放及拆入、债务发行以及金融产品负债等主动负债合计占比分别达19.1%和24.6%（见表2）。

表2 样本银行负债及权益资本比较　　　　　　　　　单位：%

负债端结构	工行	农行	摩根大通	汇丰银行
总负债	90.7	91.7	92.1	93.0
其中：客户存款	75.2	75.4	65.8	57.8
同业存放及拆入	9.5	9.3	6.6	7.7
债务发行	3.1	5.2	8.0	2.7
金融产品负债	0.5	0.1	4.4	14.2
其他负债	2.5	1.7	7.3	10.6
权益资本	9.3	8.3	7.9	7.0

续表

负债端结构	工行	农行	摩根大通	汇丰银行
总负债及权益资本	100.0	100.0	100.0	100.0
付息负债占总负债比重	93.5	95.3	72.8	65.8

数据来源：工行、农行、摩根大通及汇丰2021年年报。

二、利润表比较

商业银行在资产负债结构上的差异导致盈利模式的不同，直观反映在利润表上。

（一）收益结构比较

比较来看，工行、农行收入结构呈现出典型的利息主导型收入特征，净利息收入贡献度分别高达80.2%和80.1%，显著高于摩根大通与汇丰。这一结构特征差异与前文所述资产结构差异相辅相成，证明了信贷主导的资产结构会导致利息主导的收入结构。

（二）非息收入结构比较

总体来看，工行、农行非息收入占比分别为19.8%和19.9%，而摩根大通、汇丰则分别高达57.0%和58.6%，差距显著。其中，手续费及佣金收入已成为摩根大通重要的创收来源，收入占比为39.6%。从手续费及佣金收入结构来看，工行、农行主要依靠结算与清算、理财、代理、银行卡等传统中间业务；而摩根大通手续费及佣金收入贡献度排前三的分别是资产管理、投资银行以及存贷款相关业务手续费。一方面，由于摩根大通投资管理类业务十分成熟，派生而来的资产管理、债券承销、投资咨询等中间业务也收效显著；另一方面，由于金融监管和消费理念的不同，美国银行业收费的自主性更强，例如，摩根大通存款账户相关手续费高达70.32亿美元，占其非息收入的10.1%。而对于汇丰银行来说，投资收益成为其重要的利润增长驱动器。工行投资收益贡献度仅为2.9%，而摩根大通及汇丰银行这一占比分别高达13.4%及14.0%，这也与其较高的投资资产占比息息相关。由此可见，不同的资产负债结构势必会导致截然不同的收益结构。

表3　样本银行收入结构比较　　　　　　　　　　　　单位：%

收入结构	工行	农行	摩根大通	汇丰银行
净利息收入	80.2	80.1	43.0	41.4
手续费及佣金净收入	15.5	11.1	39.6	20.5
投资收益	2.9	4.1	13.4	14.0
其他收入	1.4	4.7	4.0	24.1
营业收入	100.0	100.0	100.0	100.0

数据来源：工行、农行、摩根大通及汇丰2021年年报。

三、财报联动比较

运用比率分析法对资产负债表和利润表进行联动分析，可以帮助信息使用者整体把握银行的财务状况及经营业绩，更直观地展示经营效率及创利能力。其中，净息差（NIM）体现银行的核心获利能力；净资产收益率（ROE）、资产回报率（ROA）分别反映股东权益和银行资产的创利能力，是衡量商业银行经营绩效的重要指标。从可比指标来看，工行、农行的NIM均高于摩根大通及汇丰，呈现出显著的信贷主导型资产及典型的利息主导型收入特征。而工行、农行、摩根大通的ROE水平相对较高。

表4　样本银行财报联动分析指标情况　　　　　　　　单位：%

指标名称	工行	农行	摩根大通	汇丰银行
净息差（NIM）	2.1	2.1	1.6	1.2
资产回报率（ROA）	1.0	0.9	1.3	0.5
净资产收益率（ROE）	12.2	11.6	19.0	7.1

数据来源：工行、农行、摩根大通及汇丰2021年年报。

四、利用财报附注中披露的内容进行流动性比较分析

（一）流动性覆盖率比较

流动性覆盖率（LCR）是巴塞尔委员会提出的一项流动性管

理及监管的量化指标，其最低国际标准为不低于100%。该指标反映的是商业银行通过迅速变现无障碍优质流动性资产，以度过30天的流动性压力期间的能力。总体来看，工行、农行、摩根大通和汇丰银行的流动性覆盖率均超过100%，且在各季度间基本保持稳定。从各行的季度日均流动性覆盖率来看，汇丰银行的日均流动性覆盖率最高，工行与摩根大通的流动性覆盖率相对较低。这表明汇丰银行应对流动性压力的能力相对较强（见表5）。

表5　样本银行流动性覆盖率比较　　　　　　　　　　单位：%

时间区间	工行	农行	摩根大通	汇丰银行	四行均值
2021年第一季度	113.6	129.8	110.0	142.7	124.0
2021年第二季度	113.7	127.3	111.0	133.5	121.4
2021年第三季度	111.2	127.9	112.0	135.5	121.7
2021年第四季度	112.2	121.1	111.0	138.4	120.7

数据来源：工行、农行、摩根大通及汇丰2021年年报。

（二）资产负债到期缺口比较

总体来看，样本银行短期限的到期缺口为负缺口，长期限的到期缺口为正缺口，说明各家银行均依赖短期负债支撑长期资产，通过期限错配以获取较高收益。从各期限缺口来看，工行与农行的资产负债到期缺口基本一致。工行和农行在即期、1个月到1年期限内呈负缺口，其他期限段呈正缺口；而汇丰银行的活期存款占比远高于其定期存款占比，导致其即期偿还为负缺口，其他期限为正缺口。

表6　样本银行资产负债到期缺口比较　　　　　　　单位：亿元人民币

银行	无期限	已逾期	即期偿还	1个月内	1~3个月	3个月~1年	1个月~5年	5年以上	合计
工行	31 903		-142 626	-894	-4 157	-3 773	5 381	146 921	32 753
农行	22 798	227	-133 687	8 999	-6 633	-4 286	20 131	113 887	21 437
汇丰		—		-124 129	19 097	29 598	50 436	55 632	30 634

注：摩根大通年报中未披露资产负债到期缺口情况；美元对人民币汇率采用6.75。
数据来源：工行、农行、汇丰2021年年报。

五、分析结论

综上所述，银行资产负债结构与其盈利结构、业务结构、资本结构和风险结构等相辅相成，它从某种程度上体现出商业银行经营管理的各个方面。从报表分析比较可以看出，摩根大通、汇丰银行等处于发展的成熟稳定期，收入增速、经营效率等指标表现稳健，贷款、投资及表外业务配置均衡，收入更加多元。相较而言，工行、农行等中资银行仍处于发展期，经营效率较高，但资产负债特征仍以传统存贷款业务为主，收入模式以净利息收入为主。未来随着利率市场化改革的深入推进，中资银行可以在综合化经营转型、资产配置多元化，适度加大主动负债比例等方面继续有所加强，进一步调整和完善商业银行的资产负债配置与管理。

问题讨论 ❓

问题1：中资和外资银行有什么不同的优势，这些优势在其资产负债结构与盈利模式中是如何体现的？

问题2：零售银行、商业银行和投资银行在资产负债结构与盈利模式的差异主要体现在哪些方面？

问题3：中资银行如何转型，如何提升非利息收入在营业收入中的占比？

金融技术就像是一台时间机器，它可以让我们在金钱的维度上去量化未来，量化时间，有了金融，我们的思考和世界观在很大程度上改变。

——威廉·戈兹曼（William N. Goetzmann），

耶鲁大学金融与管理学教授

案例二
衍生金融工具避险与套期会计

一、套期会计在利率掉期中的应用

（一）套期组合和套期关系的构建

利率掉期（IRS）作为套期工具，债券投资作为被套期项目，两者构成套期组合，采用公允价值套期会计处理方法。建立套期关系及估值模型后，从价值波动的相关性、价值波动的风险因素等角度判断套期是否有效。在套期关系有效的前提下，IRS的估值变动和债券投资的公允价值变动在相同会计期间计入损益，从而减少估值波动对会计报表的影响。

（二）A银行的套期组合和套期会计

以A银行为例，截至2019年末A银行拥有953亿港元债券投资，其中固息债券并在IFRS9会计准则下计入"公允价值计量且其变动计入其他综合收益"的资产类别（在已被取代的IAS39会计准则下计入"可供出售"类别）占532亿港元。为降低利率风险，A银行将其中421亿港元的固息债券配对了利率掉期，令债券的固定利率转换成浮动利率（支付固息收取浮息）。同时采用了套期会计对冲市场利率变动对债券及利率掉期盯市损益的影响。

1. 2019年的情况。2019年利息轻微下跌，导致收取固定利息债券的公允价值在2019年上升5亿港元至年末的421亿港元，同时用于对冲的利率掉期的公允价值下降4.7亿港元至15亿港元。A银行使用套期会计，将被套期项目涉及利率风险相关的公允价值变动计入损益。5亿港元的债券浮盈可计入损益，并对冲利率掉期的公允价值变动（4.7亿港元浮亏），最终A银行当期利润表由4.7亿港元亏损变成0.3亿港元的浮盈。大部分债券及利率掉期的公允价值变动已被对冲。A银行若不采用套期会计，债券的公允价值变动只会计入储备，并不反映在银行当期损益。但当利率掉期的公允价值计入损益，最终利润表会出现4.7亿港元亏损。此会计处理上的不匹配，未能反映银行对冲的效果。由此可见，套期会计有效地减低了交易日与到期日间会计期间的损益波动。

2. 2020年的情况。2020年新冠疫情蔓延，触发美联储在2020年上半年大幅减息，利息下跌导致收取固定利息债券的公允价值在2020年上升17亿港元至年末的438亿港元，同时用于对冲的利率掉期的公允价值下降16亿港元至-1亿港元。A银行使用套期会计，最终当期损益影响为1亿港元浮盈。A银行若不使用套期会计，利润表会出现16亿港元的亏损。

3. 2021年的情况。2021年利息走势轻微下滑。利息下跌导致收取固定利息债券的公允价值在2021年上升4亿港元，至年末442亿港元，同时用于对冲的利率掉期的公允价值下降3.6亿港元至-4.6亿港元。A银行使用套期会计后，当期损益影响为浮盈0.4亿港元。A银行如若不采用套期会计，最终利润表会出现3.6亿港元亏损。

表1　A银行的债券投资和利率掉期的公允价值及损益

单位：亿港元

时间	可供出售类固息债券（被套期项目）		利率掉期（套期工具）		采用套期会计当期损益	不采用套期会计当期损益
	公允价值	期间公允价值变动	公允价值	期间公允价值变动		
2019年末	421	5	15	-4.7	0.3	-4.7
2020年末	438	17	-1	-16	1	-16
2021年末	442	4	-4.6	-3.6	0.4	-3.6

4. 公允价值套期会计核算。在没有使用套期会计情况下，套期工具（利率掉期）的公允价值变动计入当期损益。

以2019年为例，其会计分录为：

借：利率掉期公允价值变动损益（利润表）4.7亿港元

　　贷：利率掉期公允价值变动（资产负债表）4.7亿港元

另外，被套期项目（债券）以公允价值计量且其变动计入其他综合收益核算，其公允价值变动计入其他综合收益（公允价值变动储备）。会计分录为：

借：债券公允价值变动（资产负债表）5亿港元

　　贷：债券公允价值变动储备（所有者权益）5亿港元

若不使用套期会计，当期损益金额为4.7亿港元亏损。

银行采用套期会计后，套期工具（利率掉期）会计分录不变。而被套期项目（债券）方面，套期风险引起的变动计入当期损益，其他变动则计入其他综合收益（公允价值变动储备）。假设所有变动是与套期风险相关，会计分录为：

借：债券公允价值变动（资产负债表）5亿港元

　　贷：债券公允价值变动损益（利润表）5亿港元

从上可见，采用套期会计后，2019年的损益由原−4.7亿港元变更为0.3亿港元，有效降低了损益跨周期波动影响。

二、套期会计在货币掉期中的应用

（一）套期组合和套期关系的构建

货币掉期作为套期工具，资产负债组合作为被套期项目，采用现金流量套期会计处理方法。在进行套期有效性测试后，套期工具的损益分为有效和无效部分，分别进行会计处理。属于有效套期的部分，损益予以递延，计入所有者权益；属于无效套期的部分（扣除确认为所有者权益后的其他损益），计入当期损益。在被套期项目产生损益的会计当期，将套期工具确认为所有者权益的相关利润或损失转出，计入损益，以反映现金流量套期对损益的抵销或对冲效果。

（二）B银行的套期组合和套期会计

B银行在2020年1月发行了2年期5 000万元人民币存款证，同时，B银行将发行存款证收到的人民币款项，利用外汇掉期转换成等值美元（银行拆出人民币并拆入美元），并将拆入的美元放贷给银行客户。

根据会计准则，人民币存款证（银行负债）及美元贷款（银行资产）均以摊余成本计量。而B银行的记账本位币为港元，因此外币资产负债与记账本位币之间即期汇率浮动而产生的账面估值变动会在损益上反映（2020年为浮亏309万港元），同时货币掉期的公允价值变动也计入损益（2020年为浮盈196万港元）。若不使用套期会计，B银行2020年损益为-113万港元。

在采用现金流量套期会计的情况下，套期工具所产生的公允价值变动（有效部分）会递延并转入所有者权益（现金流量储备），以反映现金流量套期对损益的抵消或对冲效果。不同会计期间在采用套期会计后的净利润波动明显降低。

表2　B银行的资产负债组合和货币掉期的公允价值及损益　　　　　　　　单位：折合万港元

时间	资产负债组合(被套期项目)			货币掉期(套期工具)		不采用套期会计	有效部分递延到储备d	采用套期会计
	资产重估价值	负债重估价值	期间重估价值变动a	公允价值	期间公允价值变动b	当期损益c=a+b		当期损益e=a+b+d
2020年1月初始确认	5 639	5 639	—	—	—	—	—	—
2020年末	5 626	5 935	-309	196	196	-113	113	—
2021年末	5 657	6 132	-167	452	256	-20	20	—
2022年1月到期日	5 649	6 127	-3	478	26	-13	13	—
累计总账（2020—2022）	—	—	-479		478			—

在一般没有使用现金流量套期会计核算的情况下，银行的外币资产负债会根据汇率变动产生汇兑损益，以2020年为例，其会计分录为：

借：汇兑损益（利润表）309万港元

贷：资产（贷款） 13万港元

贷：负债（存款证） 296万港元

以上反映美元和人民币资产因即期汇率变化而产生的账面估值变动。

套期工具（货币掉期）部分，其公允价值变动计入当期损益。以2020年为例，会计分录为：

借：货币掉期公允价值变动（资产负债表）196万港元

贷：货币掉期公允价值变动损益（利润表）196万港元

若不使用套期会计，当期损益金额为-113万港元。

银行采用套期会计后，套期工具所产生的公允价值变动（有效部分）会递延并转入所有者权益（现金流量储备）。

借：货币掉期金融工具现金流量套期工具变动储备（所有者权益）113万港元

贷：货币掉期公允价值变动损益（利润表） 113万港元

从上可见，采用套期会计后，有关的当期损益有效部分将会被对冲。

问题讨论 ?

问题1：如何构建套期组合？

问题2：如何进行套期有效性测试？

问题3：在不同的套期工具情景下（利率掉期和货币掉期）如何开展套期会计核算？

> 人是背向坐于快速奔驰的车上，看不清未来，当下一闪而逝，犹如鬼影，过去是唯一清晰稳定可见部分。——福克纳，美国作家、诺贝尔文学奖得主

案例三
多情景下的资产负债策略分析

本案例通过分别模拟不同情景下各种资产负债策略对银行收益的影响，总结得出不同情景下银行应该采取的应对策略。

一、利率上行/下行时的情景模拟及应对策略分析

假设一家在利率完全市场化环境下运作的商业银行，其资产业务以美元和港元为主，主要是普通存贷款及债券投资。假设银行的资产/负债只有三个重定价周期：3个月、1年及3年，分别为银行的短期、中期及长期业务。假设目前银行的资产及负债期限匹配较好，而银行以总行营运资金支持部分业务，三个重定价周期的生息资产均比生息负债高，重定价缺口均为正数，具体的资产负债表结构如表1所示。假设每次加/减息幅度为0.25%。

表1　简化的银行资产负债表　　　　　　　　　单位：万港元等值

重定价周期	资产	负债	净资产
3个月	10 000 000	9 900 000	100 000
1年	2 000 000	1 995 000	5 000
3年	500 000	499 900	100

1. 利率走势情景假设。

情景1：利率上行，其中包括：

情景1.1：加息（步伐较慢）。假设第二年、第四年各加息一次（第一季度一次），之后利率维持不变。

情景1.2：加息（步伐较快）。假设第一年加息一次（第四季度一次）；第二年加息一次（第四季度一次）；第三年加息三次（第一季度、第二季度、第四季度各一次）；第四年加息四次（第一季度、第二季度、第三季度、第四季度各一次）；之后利率不变。

情景2：利率下行，其中包括：

情景2.1：减息（步伐较慢）。假设第二年减息一次（第一季度一次），之后利率维持不变。

情景2.2：减息（步伐较快）。假设第一年减息一次（第四季度一次）；第二年减息两次（第二季度、第四季度各一次）；第三年减息三次（第一季度、第二季度、第四季度各一次）；第四年减息三次（第一季度、第二季度、第四季度各一次）；之后利率不变。

2. 应对策略分析。

（1）应对策略的设定。

策略1：维持资产负债结构不变，资产及负债匹配较好。假设现有的资产/负债于下一重定价日由相似重定价特性的资产/负债替代。例如重定价于3个月后的贷款由另一重定价周期为3个月的资产所替代。

策略2：缩短资产重定价周期、拉长负债重定价周期。负债端方面，假设重定价3个月的负债中的25%重定价周期拉长至1

年。资产端方面，假设重定价3年期的所有资产以利率掉期将重定价周期缩短至3个月。

策略3：拉长资产重定价周期、缩短负债重定价周期。资产端方面，假设重定价3个月的资产中的20%重定价周期拉长至1年、5%重定价周期拉长至3年。负债端方面，假设重定价3年期的所有负债以利率掉期将重定价周期缩短至3个月。

（2）收益模拟。以下假设使用上述3个不同的策略，模拟各利率走势情景下的收益情况。表2显示各策略于不同利率走势情景下，相对于利率维持不变对净利息收入的影响。计算过程为：先模拟各情景未来5年的利率水平，计算每季度利率水平对比现在的增减幅度，最后根据各策略下在不同时点上的重定价缺口来计算利率情景对净利息收入的影响。

以上述情景1.1为例，第一年未开始加息，所以第一年的第二季度、第三季度、第四季度（共三季度）利率水平对比现在没有变化；由于第二年的第一季度加息一次，因此第二、第三年（共八季度）利率水平对比现在均增加0.25%；而于第四年的第一季度再加息一次后，第四、第五年（共八季度）利率水平对比第二、第三年再增加0.25%，对比现在则增加0.50%=0.25% + 0.25%。

假设使用策略1（维持资产负债结构不变），以表1的重定价缺口计算，有10亿港元净资产于3个月后重定价，其后19个季度（4.75年）的利率水平平均增加0.32% ($\frac{0 \times 3+0.25\% \times 8+0.50\% \times 8}{19} = 0.32\%$)，净利息收入增加约1 500万港元（100 000 × 0.33% × 4.75 ≈ 1 500万港元）；另有5 000万港元净资产于1年后重定价，其后4年利率水平平均增加0.38% ($\frac{0.25\% \times 8+0.50\% \times 8}{16}=0.38\%$)，净利息收入增加约75万港元（5 000 × 0.38% × 4 ≈ 75万港元）；最后有100万港元净资产于3年后重定价，其后2年利率水平平均增加0.50%（第四、第五年利率水平），净利息收入增加约1万港元（100 × 0.50% × 2 ≈ 1万港元）。净利息收入合共增加约1 576万港元。

假设使用策略2（缩短资产重定价周期、拉长负债重定价周期）。对比策略1，此策略下短期净资产有所增加，长期净资产有所减小。根据设定的管理策略，有约308亿港元净资产于3个月后重定价，净利息收入约增加46 125万港元（3 080 000×0.32%×4.75）；另有约247亿港元净负债于1年后重定价，净利息收入约增加-37 050万港元（-2 470 000×0.38%×4）；最后有约50亿港元净负债于3年后重定价，净利息收入约增加-4 999万港元（-500 000×0.50%×2）。净利息收入合共增加约4 076万港元。

假设使用策略3（拉长资产重定价周期、缩短负债重定价周期）。对比策略1，此策略下短期净资产有所减少，长期净资产有所增加。根据设定的管理策略，有约290亿港元净负债于3个月后重定价，净利息收入增加-43 499万港元（-2 900 000×0.32%×4.75）；另有约201亿港元净资产于1年后重定价，净利息收入增加约30 075万港元（2 010 000×0.38%×4）；最后有约100亿港元净资产于3年后重定价，净利息收入增加约10 000万港元（1 000 000×0.50%×2）。净利息收入合共减少约3 423万港元。

同理，依次逐个计算不同情景下各策略的收益情况。表2显示各策略于不同利率走势情景下，相对于利率维持不变对净利息收入的影响。

模拟结果显示，策略1在各利率走势情景下的收益情况的绝对值比其他两个策略低，原因是资产负债配对较好，利率错配缺口较小，因此，利率风险较低，收益情况受利率波动的影响更小。策略2在利率上升情况下（情景1.1及情景1.2）对收益情况有正面影响，原因是负债重定价较资产长，当利率上升时，资产端收入随利率上升增加而负债端仍锁定了较低的成本；反之在利率下降情况下（情景2.1及情景2.2）对收益情况有负面影响。策略3在利率下降情况下（情景2.1及情景2.2）对收益情况有正面影响，原因是资产重定价较负债长，当利率下降时，资产端仍锁定了较高的收入而负债端的成本随利率下降减小；反之在利率上升情况下（情景1.1及情景1.2）对收益情况有负面影响。

表2　不同利率情景下各长期资金策略的收益情况　　　　　单位：万港元

策略	情景1：加息		情景2：减息	
	情景1.1 加息(步伐较慢)	情景1.2 加息(步伐较快)	情景2.1 减息(步伐较慢)	情景2.2 减息(步伐较快)
策略1	1 576	5 741	-1 051	-6 329
策略2	4 076	36 803	-3 551	-39 250
策略3	-3 423	-34 257	3 949	35 544

二、案例：资金面紧张程度的情景模拟及应对策略分析

本案例假设一家在利率完全市场化环境下运作的商业银行，其资金较短缺，一般情况下均有一定的资金缺口，尤其是季度末。其业务以港元为主，主要是普通存贷款。其融入融出价差为零。

1.资金面紧张程度的情景假设。

一般而言，当市场资金较紧张时，短期限的资金成本会显著上升，反之当市场资金较宽松时，资金成本会较为平稳。参考港元资金成本历史走势设定以下3个情景，其中情景1及情景2模拟资金紧张时的情况，情景3模拟资金宽松时的情况。

情景1：季度末隔夜资金成本升幅显著高于其他期限。

假设资金成本上升幅度如下：隔夜上升335点子，一周上升125点子，两周上升80点子，三周上升35点子。具体资金成本走势参见表3。

情景2：季度末各期限的资金成本升幅的差异较小。

假设资金成本上升幅度如下：隔夜上升210点子，一周上升170点子，两周上升115点子，三周上升90点子。具体资金成本走

势参见表4。

情景3：季度末资金成本维持不变。

假设各期限资金成本于季度末当月维持不变。具体资金成本走势参见表5。

表3　资金成本在情景1的具体走势 　　　　　　　　　　单位：%

时间	隔夜	一星期	二星期	三星期
季末当月第一天	0.65	0.95	1.00	1.20
季末当月第二天	0.70	1.05	1.15	1.35
季末当月第三天	0.70	1.15	1.35	1.55
季末当月第四天	0.85	1.15	1.30	1.65
季末当月第五天	0.70	0.90	1.20	1.75
季末当月第六天	0.70	0.90	1.20	1.75
季末当月第七天	0.70	0.90	1.20	1.75
季末当月第八天	0.70	1.00	1.20	1.70
季末当月第九天	0.70	1.00	1.20	1.70
季末当月第十天	0.70	1.00	1.20	1.70
季末当月第十一天	0.75	1.05	1.20	2.60
季末当月第十二天	0.75	1.05	1.25	2.43
季末当月第十三天	0.80	1.10	1.45	2.48
季末当月第十四天	1.10	1.30	1.70	2.35
季末当月第十五天	1.10	1.30	1.70	2.35
季末当月第十六天	1.10	1.30	1.70	2.35
季末当月第十七天	1.20	1.55	1.60	2.38
季末当月第十八天	0.85	1.35	2.43	2.43
季末当月第十九天	0.70	1.20	2.48	2.48
季末当月第二十天	0.80	1.35	2.30	2.30
季末当月第二十一天	1.40	1.50	2.35	2.35
季末当月第二十二天	1.40	1.50	2.35	2.35
季末当月第二十三天	1.40	1.50	2.35	2.35
季末当月第二十四天	1.85	2.30	2.40	2.40
季末当月第二十五天	2.55	3.60	3.15	2.60
季末当月第二十六天	2.55	3.60	3.15	2.60
季末当月第二十七天	2.55	3.60	3.15	2.60
季末当月第二十八天	2.70	2.85	2.50	2.45
季末当月第二十九天	2.70	2.85	2.50	2.45
季末当月第三十天	2.70	2.85	2.50	2.45
季末当月第三十一天	4.00	2.20	1.80	1.55

表4　资金成本在情景2的具体走势　　　　　　　　　　　　　单位：%

时间	隔夜	一星期	二星期	三星期
季末当月第一天	1.30	1.20	1.50	1.65
季末当月第二天	0.90	1.30	1.60	1.70
季末当月第三天	0.70	1.05	1.35	1.60
季末当月第四天	0.60	0.90	1.20	1.35
季末当月第五天	0.50	0.80	1.10	1.25
季末当月第六天	0.50	0.80	1.10	1.25
季末当月第七天	0.50	0.80	1.10	1.25
季末当月第八天	0.55	0.80	1.05	1.35
季末当月第九天	0.55	0.80	1.05	1.35
季末当月第十天	0.55	0.80	1.05	1.35
季末当月第十一天	0.60	0.95	1.10	1.45
季末当月第十二天	0.90	1.10	1.20	1.50
季末当月第十三天	1.60	1.65	1.70	1.75
季末当月第十四天	1.80	1.80	1.70	1.70
季末当月第十五天	1.80	1.80	1.70	1.70
季末当月第十六天	1.80	1.80	1.70	1.70
季末当月第十七天	1.70	1.65	1.70	1.70
季末当月第十八天	1.80	1.75	1.80	1.85
季末当月第十九天	1.70	1.70	1.85	1.85
季末当月第二十天	1.65	1.80	1.90	1.90
季末当月第二十一天	1.85	1.95	2.05	2.10
季末当月第二十二天	1.85	1.95	2.05	2.10
季末当月第二十三天	1.85	1.95	2.05	2.10
季末当月第二十四天	3.50	3.20	2.80	2.75
季末当月第二十五天	3.50	3.20	2.80	2.75
季末当月第二十六天	2.00	2.30	2.35	2.40
季末当月第二十七天	3.00	3.05	3.00	2.60
季末当月第二十八天	3.40	2.90	2.65	2.55
季末当月第二十九天	3.40	2.90	2.65	2.55
季末当月第三十天	3.40	2.90	2.65	2.55

表5　资金成本在情景3的具体走势　　　　　　　　　　　　　单位：%

时间	隔夜	一星期	二星期	三星期
季末当月第一天	0.65	0.75	0.86	1.12
季末当月第二天	0.65	0.75	0.86	1.12
季末当月第三天	0.65	0.75	0.86	1.12
季末当月第四天	0.65	0.75	0.86	1.12

时间	隔夜	一星期	二星期	三星期
季末当月第五天	0.65	0.75	0.86	1.12
季末当月第六天	0.65	0.75	0.86	1.12
季末当月第七天	0.65	0.75	0.86	1.12
季末当月第八天	0.65	0.75	0.86	1.12
季末当月第九天	0.65	0.75	0.86	1.12
季末当月第十天	0.65	0.75	0.86	1.12
季末当月第十一天	0.65	0.75	0.86	1.12
季末当月第十二天	0.65	0.75	0.86	1.12
季末当月第十三天	0.65	0.75	0.86	1.12
季末当月第十四天	0.65	0.75	0.86	1.12
季末当月第十五天	0.65	0.75	0.86	1.12
季末当月第十六天	0.65	0.75	0.86	1.12
季末当月第十七天	0.65	0.75	0.86	1.12
季末当月第十八天	0.65	0.75	0.86	1.12
季末当月第十九天	0.65	0.75	0.86	1.12
季末当月第二十天	0.65	0.75	0.86	1.12
季末当月第二十一天	0.65	0.75	0.86	1.12
季末当月第二十二天	0.65	0.75	0.86	1.12
季末当月第二十三天	0.65	0.75	0.86	1.12
季末当月第二十四天	0.65	0.75	0.86	1.12
季末当月第二十五天	0.65	0.75	0.86	1.12
季末当月第二十六天	0.65	0.75	0.86	1.12
季末当月第二十七天	0.65	0.75	0.86	1.12
季末当月第二十八天	0.65	0.75	0.86	1.12
季末当月第二十九天	0.65	0.75	0.86	1.12
季末当月第三十天	0.65	0.75	0.86	1.12

2. 应对策略分析。

（1）应对策略的设定。

策略1：于季度末最后一周拆入一周资金，拆出隔夜。

策略2：于季度末最后两周拆入两周资金，拆出隔夜。

策略3：于季度末最后三周拆入三周资金，拆出一周。

（2）收益模拟。

假设使用上述3个不同的策略，模拟各资金成本走势情景下的收益情况。计算过程为根据各情景下的资金成本走势，分别计算每个策略于季度末最后一周/两周/三周的平均融出及融入利率，将两者之差乘以本金，计算出该策略的收益情况。

以上述情景1为例。假设使用策略1，于季度末最后一周拆入一周资金，拆出隔夜。融出利率为季度末最后一周的隔夜资金成本的平均值，于情景1为2.82%，而融入利率为季度末最后一周的一周资金成本，于情景1为3.60%，因此收益为1亿港元×（2.82% – 3.60%）× 1/52 = –1.49万港元。

假设使用策略2，于季度末最后两周拆入两周资金，拆出隔夜。融出利率为季度末最后两周的隔夜资金成本的平均值，于情景1为2.01%，而融入利率为季度末最后两周的两周资金成本，于情景1为2.43%，因此收益为 1亿港元×（2.01% – 2.43%）× 2/52 = –1.61万港元。

假设使用策略3，于季度末最后三周拆入三周资金，拆出一周。融出利率为季度末最后三周的一周资金成本的平均值，于情景1为2.00%，而融入利率为季度末最后三周的三周资金成本，于情景1为2.60%，因此收益为 1亿港元×（2.00% – 2.60%）× 3/52 = –3.45万港元。

同理，依次逐个计算不同情景下各策略的收益的情况。表6显示各策略于不同利率走势情景下的利息收入的影响。

表6　不同利率情景下各资金策略的收益情况　　　　单位：万港元

策略	情景1：隔夜资金成本升幅显著高于其他期限	情景2：各期限的资金成本升幅较一致	情景3：资金成本维持不变
策略1	-1.49	-0.05	-0.19
策略2	-1.61	2.96	-0.81
策略3	-3.45	3.07	-2.13

注：以上数据测算是基于本金1亿港元。

模拟结果显示各策略在不同情景下的效果差异较大。其中策略2及策略3在情景2下均出现较可观收益（每1亿港元本金的收益分别为2.96万港元及3.07万港元），但在情景1下均出现亏损（每1亿港元本金的亏损分别为1.61万港元及3.45万港元）。

上述策略的效果取决于季度末当月月中的资金成本走势。一般而言，各金融机构为保证季度末有足够的资金满足监管指标的要求，大多于季度末当月逐步争取拆入短期限跨季度末的资金，短期限资金需求增加导致各短期限的资金成本同时抽高。采取上述拆长放短的策略时，需要同时考虑拆入资金的成本，当拆出利率的升幅不足以覆盖拆入资金成本的上升时，便会出现亏损。而从情景3可见，若季度末各期限资金成本均维持不变，上述策略均出现亏损。因此，在一般情况下应采取缩小资金缺口，资产负债期限尽量匹配的策略。

问题讨论 ❓

问题1：为什么要应用情景模拟分析？

问题2：在加息和降息环境下，银行分别应采取何种资产负债管理策略？

问题3：在资金面紧张的环境下，银行应采取何种资产负债管理策略？

我们一定要注意风险，提高风险防范的能力极端重要。金融这个行业要特别强调与时俱进，强调风险意识，什么时候都不能自满。

——周小川，中国人民银行原行长①

案例四
三则流动性风险事件

一、伊利诺伊银行：高速扩张，信用风险事件引发流动性风险

美国伊利诺伊银行，是伊利诺伊州大陆公司（CIC）创办的一家具有上百年历史的银行，其规模曾位居美国银行业前十位。

伊利诺伊银行的危机根源，在于其信贷资产的盲目扩张。1978年，伊利诺伊银行为了做大做强，管理层实施加大资产投放策略，逐步增加工商业贷款份额，力求成为全美最大的工商业贷款银行。为了达到这一目标，伊利诺伊银行的信贷部门权限不断增大，信贷投放的审核越来越宽松，懈怠了贷后管理等环节，给未来出现坏账埋下了隐患。但伊利诺伊银行的做大贷款战略确

① 周小川.大型商业银行改革的回顾与展望 [J]. 中国金融，2012（6）：7.

实实现了，1978—1981年，其贷款年增速近20%。另外，在此期间，伊利诺伊银行的负债端，则是主要依赖不稳定负债，个人存款仅占其负债的10%左右。主要负债为大公司存款和货币市场资金。结果就是，伊利诺伊银行的存贷比远高于同业水平。

此次危机导火索为宝恩银行的倒闭。伊利诺伊银行是宝恩银行债券的持有者，持有量高达10亿美元。宝恩银行的倒闭，给伊利诺伊银行重重一击。其后，伊利诺伊银行之前埋下的隐患爆发，宽松的信用政策导致伊利诺伊银行的不良贷款急剧上升。1982年，其超过90天未还息的贷款占总资产的4.6%。盲目的扩张政策造成的恶果逐步显现，银行利润连年下滑，甚至出现了亏损。而不稳定性负债占比则逐步攀升，1983年达到53%。1984年，伊利诺伊银行流动性危机全面爆发，客户存款流失，货币市场负债到期后，交易对手拒绝展期。其他银行的存放资金逐步被回收。

1984年7月，联邦存款保险公司以控股80%的形式接管伊利诺伊银行，采取一系列措施使该银行渡过危机。

二、"钱荒"事件

每年6月是中国金融机构重要的考核月份，存贷款规模、重点监管指标考核等均在这一月份进行。2013年前5个月经济数据显示，中国经济面临下行压力，市场普遍预期人民银行会逐步推出货币宽松政策。而当时中央坚持稳健的货币政策，不搞大水漫灌，所以人民银行希望金融机构逐步降低杠杆，通过盘活存量方式解决流动性问题。金融机构与宏观经济调控的博弈产生。6月初，金融机构仍继续进行票据融资占位，在4日到7日，票据融资以日均700亿元的增长速度继续扩大规模，金融机构继续加杠杆，在此期间，利率逐步攀升。质押式回购隔夜利率在7日时已达到8.68%。6月8日这一数据升至9.61%，为上旬最高点，当月次高点。上旬结束后，重要金融机构的票据融资占当月新增贷款的70%，规模增至5 241亿元。金融机构与人民银行的博弈态势愈演愈烈。为继续贯彻执行稳健的货币政策，人民银行开始对重要金融机构进行"窗口指导"，劝说金融机构降低票据融资规模，

人民银行不再进行大规模资金投放。6月19日，国务院明确继续
执行稳健货币政策，并指出当前信贷规模过高。金融机构与人
民银行之间的博弈暂时告一段落。金融机构开始降低票据融资规
模，积极筹措资金。

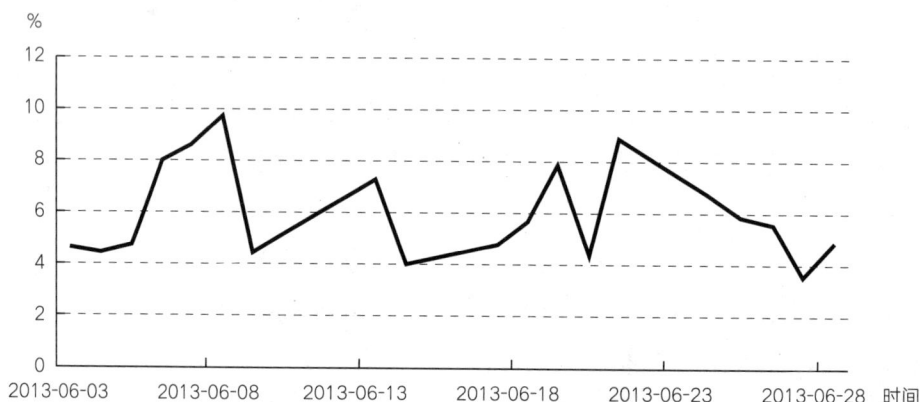

图1　2013年6月质押式隔夜回购利率走势

6月20日，美联储主席伯南克发表讲话明确释放退出量化宽
松政策（QE）信号，造成市场恐慌，金融市场动荡，全球股市
和大宗商品大跌，多个新兴市场货币大跌，中国外汇占款流失，
加剧了流动性紧缩。20日下午，21世纪网发布消息"中国银行
下午会出现资金违约"。这一报道后来被证实为虚假新闻。但这
则新闻在当时引爆了媒体圈，市场传言货币市场基金的赎回潮到
来，基金爆仓的消息也不断传出。市场一度出现抛售票据场面，
导致利率波动加大，市场出现资金荒。质押式回购隔夜利率飙升
至11.74%，而其他期限质押式回购利率也达到高点。1周和2周加
权利率分别为11.62%和9.26%。

在该流动性危机事件中，我们应该充分认识到：一是金融机
构要及时跟进货币当局和监管机构政策调整。依赖常规判断，结
果有可能是市场预期与判断背离，造成应对危机措施不充分。二
是在货币宽松时期，资产避免过度扩张，同时要保证有充足的优
质流动性资产。三是汇率波动，可能促使外汇占款流失，会加剧
金融机构的流动性风险。四是负面的虚假消息，可能会成为流动

性风险的导火索。

三、包商银行被接管

包商银行是我国一家大型的地方股份制商业银行，前身为包头市商业银行。2019年5月24日，中国人民银行、中国银行保险监督管理委员会联合发布公告，鉴于包商银行股份有限公司出现严重信用风险，为保护存款人和其他客户合法权益，依照《中华人民共和国中国人民银行法》、《中华人民共和国银行业监督管理法》和《中华人民共和国商业银行法》有关规定，中国银行保险监督管理委员会决定对包商银行实行接管，接管期限1年。包商银行的危机在2018年已现苗头。2018年4月28日，包商银行公告称"由于我公司预计4月30日前不能完成年度报告的审批程序，因此年报披露时间将往后延迟"，并将披露时间拟定于2018年6月30日前。然而，时至2018年6月28日，包商银行再度发布公告称"暂不披露2017年度报告"，理由则是包商银行"拟引入战略投资者，主要股东股权可能发生变动"。

包商银行危机是典型因信用风险引发流动性风险的案例。包商银行的大股东是明天集团，该集团合计持有包商银行89%的股权，由于包商银行的大量资金被大股东违法违规占用，形成逾期，长期难以归还，导致包商银行出现危机。

危机随着监管机构的妥善处理而化解，凸显了监管机构对缓解银行系统流动性风险的重要性。包商银行被接管后，实际上获得了国家信用，继续正常经营，各项业务照常办理。各类债权人权益都得到了维护，其中：520万个人储户和20余万个人理财客户已得到全额保障；债权金额在5 000万元及以下2.5万户对公和同业客户已得到全额保障；包商银行5 000万元及以下承兑汇票得到全额保障，5 000万元以上得到不低于80%保障。

问题讨论

问题1：流动性风险事件带给我们哪些教训与启示？

问题2：银行经营中的何种风险会引致流动性风险的爆发？

问题3：经济环境和宏观政策的变化对银行流动性管理会产生哪些影响？

信心是易逝品，当它开始蒸发，就会瞬间消失，而且一旦失去就很难找回。

——蒂莫西·F.盖特纳，美国经济学家，第75任美国财政部部长[①]

金融机构一般是通过借入短期资金（如接受存款、发行短期票据或从银行同业市场借款），来筹集持有年期长而收益高的资产所需的资金。由于这些资金来源的稳定性各有不同，因此金融机构应制定清晰的流动资金风险管理策略，以防范突然无法再从这些来源获得资金。尤其若这些年期长而收益高的资产市场的深度及流动性，都不足以让金融机构在有需要时，迅速按公平市价出售，它们就更需要有完善的流动资金风险管理策略。

——任志刚，香港金融管理局原总裁[②]

案例五
A银行的流动性压力测试

2008年国际金融危机后，巴塞尔银行监管委员会逐步推出一系列的指引和要求，明确了各项流动性风险管理原则。主流

---

① 蒂莫西·F.盖特纳.压力测试[M].益智，译，北京：中信出版社，2015：14-15.

② 任志刚.居安思危[M].香港：天窗出版社有限公司，2003：117.

监管机构参照有关规定，近年的管理重点除了落实执行流动性覆盖率（LCR）和净稳定资金比例（NSFR）外，也加强了对流动性压力测试的研究，逐步优化压力测试的监管指引。当前，流动性压力测试尚没有一套完全标准化的范式，各家银行在实践上也存在着一些差异，业界也同时在探索压力测试的最佳实践。本案例通过对一家香港中型银行（以下简称A银行）实践经验的回顾，概要性地讨论流动性压力测试涉及的主要问题。

一、A银行的基本情况

A银行是一家香港本地注册的中型银行，旗下没有附属机构，资产规模近年来维持在1 500亿~2 500亿港元，资产端构成主要包括双边贷款、银团贷款、按揭贷款、贸易融资和债券投资，负债端构成主要包括零售存款、对公存款、债券发行和同业借款。主营货币为港元，其他非主营货币包括美元、欧元、人民币和其他G7货币。营收以净利息收入为主，但过去10年中间业务收入不断增加，占总收入的10%~15%。流动性风险管理的架构方面，由董事会授权资产负债管理委员会统筹管理银行的流动性，流动性风险主责管理部门为风险管理部、交易操作部门为金融市场部、监督部门为审计部和合规管理部。

二、A银行流动性压力测试的操作框架

通过制定流动性压力测试的规章制度，A银行明确了压力测试的框架和开展方法，概要如下。

（一）治理架构

A银行由董事会负责监督整个压力测试框架的构建和运行，授权资产负债管理委员会审批压力测试的相关制度。除了负责审批压力测试制度，包括压力情景假设、压力参数制定等主要组成部分，资产负债管理委员会也对压力测试结果进行讨论并按需要进行决策，由资金和业务部门按要求调整资金策略和业务计划。

流动性风险管理部门负责制定压力测试的相关制度并进行定期重检，负责计算压力测试结果和进行分析，定期向资产负债管理委员会报告并提出建议。合规管理部门对压力测试执行情况进行监督，确保符合监管要求和内部规定（见图1）。

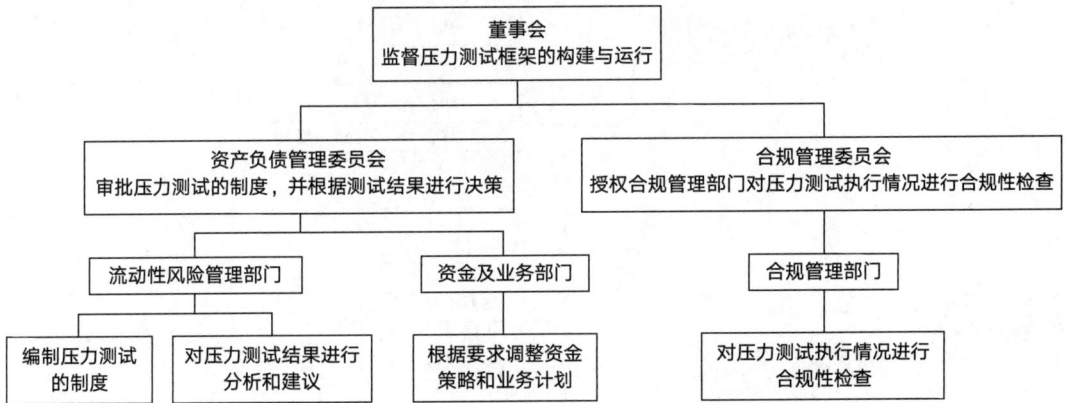

图1 A银行流动性压力测试的治理架构

（二）测试范围及频率

A银行制定了压力情景，并根据压力参数计算压力期间（30天）的每日净现金流。测试币种包括全币种、港元、美元、人民币和欧元。测试频率为每月一次。

（三）压力情景

按照监管要求，A银行把压力情景分为银行自身危机、市场危机和合并危机，每个情景反映银行可能面临不同的压力事件，并且对银行流动性带来严峻压力。在银行自身危机的情景下，呈现方式分为内生和外生两种，内生为法定监管指标降至监管红线、期限错配大幅增加、客户存款大幅流失等。外生为市场对银行失去信心，呈现方式为银行股价大幅下跌、信贷评级大幅下调、交易对手不愿意向银行拆出资金等。市场危机受外生因素驱动，如市场干扰、国家风险等，呈现方式为市场恐慌情绪升温，例如利率、恐慌指数（VIX）大幅走高，货币市场、资本市场流动性紧张，银行同业不愿意拆出资金。在较严

峻的情况下，银行可能面临合并危机，即市场危机和银行自身
危机同时发生（见图2）。

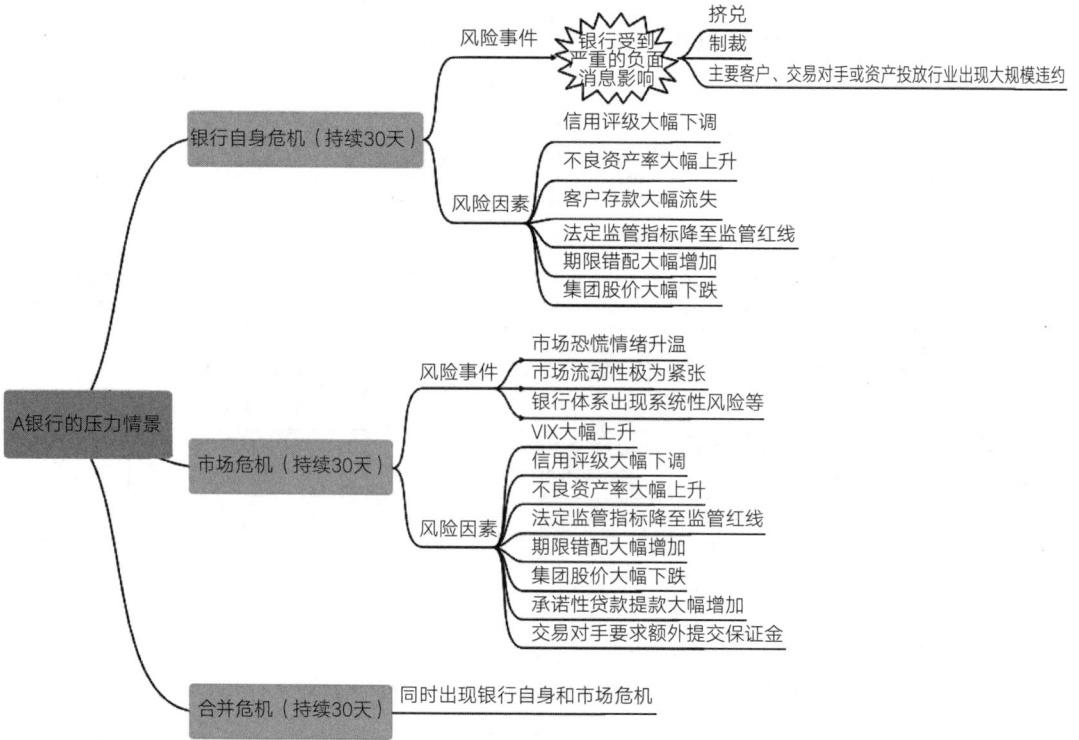

图2　A银行的压力情景

（四）压力参数

在压力情景下，A银行资金流出将增加，例如存款流失、贷款
提款增加等，银行需就有关客户行为制定合适参数。为应对资金
流出，A银行制订了融资计划，例如出售债券、进行回购交易等，
但在压力情景下进行融资，需要面临较大的折扣率，产生的资金
流入将较一般市场情况下减少。A银行针对压力情景的特征，就每
项资金流出和流入制定合适的参数（见图3）。

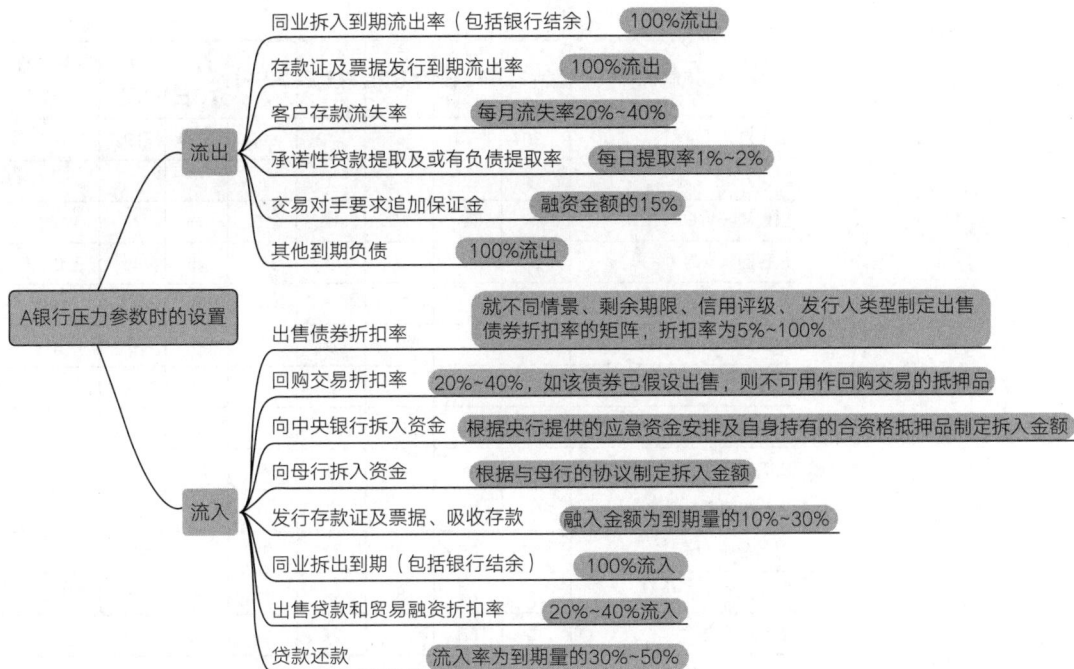

图3 A银行压力参数时的设置

（五）压力测试结果的计算

A银行结合自身资产负债到期情况、表外项目余额以及对应的压力参数，计算不同压力情景下的资金流入流出情况，评估银行在压力期间能否每日保持净现金流入。在编制现金流入报表时，A银行按管理需求设置了不同期档，对流入和流出进行分类，以便于进行进一步的分析（见表1）。

表1 A银行某次压力测试的结果　　　　　　　　　　单位：亿元

合并危机	第1日	第2日	第3日	第4日	第5日	6~10日	11~20日	21~30日
压力情景下的资金流出								
客户存款（-）	-60	-55	-50	-42	-37	-83	-83	-165
同业拆入净到期（-）	-5	-3	-10	-4	-5	-15	-16	-30
存款证及票据到期（-）	-12	-3	-10	-13	-5	-31	-25	-52
承诺性贷款提取（-）	-4	-4	-4	-4	-4	-20	-20	-40
其他或有负债（-）	-3	-3	-3	-3	-3	-15	-15	-30
交易对手追加保证金（-）	-6	-6	-6	-6	-6	-30	-30	-60

合并危机	第1日	第2日	第3日	第4日	第5日	6~10日	11~20日	21~30日
以上合计（a）	-90	-74	-83	-72	-60	-194	-189	-377
融资方案								
出售债券（+）	25	25	15	15	15	75	75	150
进行回购交易（+）	0	0	9	9	9	45	45	90
贷款还款（+）	33	23	20	18	26	85	90	188
出售贷款及贸易融资（+）	0	0	0	0	0	0	0	31
向母行拆入资金（+）	27	27	27	0	0	0	0	0
向央行拆入资金（+）	16	16	16	0	0	0	0	0
吸收客户存款（+）	5	5	5	5	5	25	25	50
发行存款证及票据（+）	0	0	0	0	0	20	20	40
以上合计（b）	106	96	92	47	55	250	255	549
净现金流（a）+（b）	16	22	9	-25	-5	56	66	172
累计现金流	16	38	47	22	17	73	139	311

（六）压力测试结果的报告

压力测试报告由风险管理部编制，向资产负债管理委员会报告。报告对压力测试结果进行分析，明确测试结果是否达标、解释同比/环比的变化和原因。如结果不达标，需要指出当前面临的风险隐患并提出改善建议。资产负债管理委员会根据压力测试结果，按需要下达调整资金策略或业务的指示。

三、压力测试过程中遇到的主要问题

A银行虽然已经通过设立规章制度，明确了压力测试框架和要求，但在执行流动性压力测试的过程中，仍然遇到一些问题。有关内容如下：

（一）曾多次出现压力测试结果不达标

在压力测试实施初期，A银行曾经多次出现压力测试不达标的情况，问题主要来自两方面：一是A银行没有提前对压力测试结果进行预测，只能在测试结果未达标时，进行事后管理，未能前瞻性地防止风险的发生。二是压力测试未达标暴露了A银行流动性风险管理的一些薄弱环节。例如，A银行资金融入以短期为主，导致1个月内净现金流出压力很大。A银行参照压力测试结果并总结经验，拉长了负债期限，也增加了流动性债券的规模，并且在每月压力测试开展前两周，对压力测试结果进行预测，提前做好头寸摆布，大幅减少了压力测试不达标的情况。

（二）部分压力参数需依赖主观判断

一般而言，制定参数时会考虑过去市场压力情况和银行自身压力情况，确保有据可依。但如过去压力不大，或没有相关数据参考时，则A银行只能对参数进行主观假设，尤其是存款流失率、贷款还款率、贷款承诺提取率等。为加强参数的客观性，在缺乏参考数据的情况下，A银行也会尽量参考同业做法设置参数。

（三）母行的资金支持力度曾被质疑

母行的资金支持是A银行于压力测试中保持净现金流入的其中一项主要因素，但其有效性曾被质疑。为此，A银行与母行沟通协调后，母行向A银行提供资金支持的授信额度和承诺函，并每年进行交易演练，熟练有关交易操作流程和确保额度的有效性。另外，A银行也向母行查询，在其压力测试计划中，是否需要出售银行资产获取资金，以确保A银行自身的融资方案中，不会出售母行计划需要处置的资产。

四、实践优化的若干思考

A银行现有的压力测试计划，总体上可以达到识别风险和应对风险的目的。综合考虑监管要求和同业实践，A银行未来仍需要可持续完善压力参数设置、扩大压力测试应用范围，不断提升流动性风险管理水平。

（一）加强压力参数的差异化管理

一是不同危机应有不同参数。银行危机是自身引发的流动性风险事件，例如因一些负面消息引发挤兑，导致存款大量流失。市场危机往往涉及系统性风险，一般面临资产价格的大幅调整，但存款流失可能较银行自身危机少。A银行需要检视每个参数在不同情景下的差异是否合理。二是不同危机阶段应有不同参数。例如，A银行进一步把危机分成初期和后期，辨识存款客户在不同阶段下的行为，在不同的危机阶段下制定不同的存款流失率。三是不同类型的客户应有不同的参数。以客户存款流失率为例，面临市场危机时，金融机构客户与零售客户的行为差异可以很大，清算类型客户与非清算类型客户的存款黏性也有不同，A银行应综合不同危机情景和不同业务类型客户的存贷款产品制定合适的参数。

（二）扩大压力测试的应用范围

除了对每日净现金流进行压力测试，A银行应把压力测试范围拓展至流动性监管指标和即日流动性（净现金流），并且开展反向压力测试和按需要开展前瞻性压力测试。监管指标压力测试方面，A银行可使用现有参数，计算在压力期间监管指标的变化，如比率过低，应及时采取缓解措施。即日流动性（净现金流）压力测试方面，A银行应把每日分成不同时段，计算在流入减少和流出增加，以及在动用即日流动性额度后，能否每个时段均可保持现金流入；如出现流出，则需完善即日流动性的融资方案。反向压力测试方面，A银行需锁定其中一项风险影响因素（例如存款流失率），不断增加其压力系数，直至测试不能通过，让银行识别何种风险因素对银行的冲击较大。前瞻性压力测试方面，主要在市场出现风险事件时，危机的特征可能与原有压力情景假设不同，银行应根据当时的市场环境及经营情况，制定一套客制化的压力参数，评估银行可能面临的流动性冲击，并根据压力测试结果及时采取缓解措施。

（三）通过压力测试加强流动性风险薄弱环节的管理

一是加强分币种压力测试的管理。A银行的流动性风险管理集中在全币种和业务占比较大的本币，外币业务量占比少（如美元），管理力度相对宽松，虽然目前有针对各币种开展压力测试，但缺乏限额管理，外币面临的流动性风险可能不低。这是因为全币种的管理模式假设了各币种可以自由兑换，于危机时某一币种的盈余可用于弥补另一币种的缺口，但实际上在危机情况下基于市场流动性或银行基于交易对手风险的考虑，外汇市场流动性可能较差，银行不能获取所需币种的资金。此外，若市场普遍缺乏某一币种资金，同业需要通过外汇即期、掉期融入该币种资金，这将使其汇率急速转强，若该币种衍生品头寸为净短仓，银行将面临较大盯市亏损，需要向交易对手提交额外保证金，流动性风险进一步增加。因此，A银行应开展分币种流动性压力测试，并制定限额进行管理，确保外币流动性风险可控。二是避免未提取承诺性授信额度过大。商业银行的授信额度可分为两类：一是非承诺性，当客户要求提款时，银行有权拒绝，流动性风险较低。二是承诺性，当客户要求提款时，银行必须履行义务，流动性风险较高。如市场出现流动性危机，客户的资金流可能受到影响，如银行向有关客户提供了承诺性额度，提款可能突发增加。A银行以往未曾出现客户大规模提款的情况，而只基于历史情况评估承诺性额度的提取率，可能会低估了相关风险，A银行应检视有关参数，确保合理反映风险水平，并根据压力测试结果，妥善管控未提取承诺性额度的规模。

（四）加强科技系统建设

准确高效的压力测试必须有高频度、高准度、高预测度和高自动化程度的科技系统支持。一是压力参数的设置需要庞大的历史数据支持，A银行需加强数据基础建设，以便随时抓取，进行分析。二是在参数设置的过程中，可能需要构建行为模型，以了解客户行为，合理制定压力参数，IT系统应具备有关的计算模板，计算各种模拟结果。三是参数需应市场、监管要求等的变化进行修订。IT系统应具备灵活性以随时支持有关更新，契合压力测试的最新要求。四是压力测试结果涉及较复杂的计算，考虑因素众多，包括全行不同类型资产、负债以及表外项目余额、到期日、行为模式等数据计算净现金流、监管指标的结果，银行应避免过多手工计算，降低操作风险。

问题讨论 ❓

问题1：为什么要进行流动性压力测试？

问题2：流动性压力测试框架包含哪些主要元素？

问题3：流动性压力测试通常会遇到哪些问题，应采取何种应对策略？

> 危机根本上不源于周期，而是源于缺乏危机感。
>
> ——《人民日报》
>
> 战胜市场是一个很富有野心的目标，但追求它的时候要小心为上。
>
> ——约翰·邓普顿（John Templeton）| 邓普顿基金集团创始人

案例六
关于利率风险的三个经典故事

一、美国费城第一宾夕法尼亚银行的利率风险事件

20世纪70年代初期，美国费城的第一宾夕法尼亚银行曾是同业中的佼佼者。从1970年到1973年，该银行的平均资本收益率达到16%，而资产收益率为0.85%，远远高于许多竞争对手。但是1979年，该银行的资本收益率和资产收益率分别跌至4.7%和0.2%，大大低于当时许多同类银行的收益率。1981年，该银行的经营进一步恶化，以至于美国联邦存款保险公司不得不安排援助贷款来防止该银行倒闭。

第一宾夕法尼亚银行在短短几年内几乎陷入绝境，原因主要

是其资产负债结构不合理。20世纪70年代，该银行把大量资产投资在固定利率的长期政府债券上，而负债方面则依赖吸收政府的短期资金。当利率上升时，银行利息支出的增加快于利息收入的增加，存款利率的上升使银行资产负债之间的利差减小，从而使该银行的收入下降。

在该危机个案中，我们应该充分认识到：一是缺口风险是金融机构银行账簿利率风险中的重要构成，金融机构应严格控制资产负债间的重定价错配。二是金融机构应适当调整资产负债结构，避免利率不利变化对自身造成重大损失。

二、奎克国民银行的利率风险管理

1983年，奎克国民银行的总资产为1.8亿美元。该银行在所服务的市场区域内有11家营业所，专职的管理人员和雇员有295名。1984年初，马休·基尔宁被聘任为该行的执行副总裁，基尔宁上任后设计了一种报表，该报表是管理人员在制定资产负债管理决策时所使用的主要财务报表，即利率敏感性报表。基尔宁认为这种报表有助于监控和理解奎克国民银行风险头寸的能力。报表形式为:在资产方，银行有2 000万美元浮动利率型资产，其利率变动频繁，每年至少要重定价一次；而8 000万美元的资产是固定利率型，其利率长期（至少1年以上）保持不变。在负债方，银行有5 000万美元的浮动利率型负债和5 000万美元的固定利率负债。

基尔宁分析后认为，如果利率提高了3个百分点，即利率水平从10%提高至13%，该银行的资产收益将增加60万美元（3%×2 000万美元浮动利率型资产），而对负债的支付则增加了150万美元（3%×5 000万美元浮动利率型负债）。这样奎克国民银行的利润减少了90万美元（60万美元–150万美元= –90万美元）。反之，如果利率水平降低3个百分点，即从10%降为7%，则奎克国民银行利润将增加90万美元。

基尔宁接下来分析了1984年当地和全国的经济前景，认为利率在未来12个月将会上升，且升幅将会超过3%。为了对冲利率风险，基尔宁向奎克国民银行资产负债管理委员会做报告，建议将3 000万美元的固定利率资产转换为3 000万美元的浮动利率型资产。奎克国民银行资产负债管理委员会同意了基尔宁的建议，与另一家社区银行很快达成协议，进行利率掉期。

正如基尔宁预测的，1984年美国利率持续上升，升幅达到4%。奎克国民银行因此减少了120万美元的损失，基尔宁也成为奎克国民银行的明星经理。

奎克国民银行在利率风险管理方面树立了一个成功的榜样。该个案显示了准确的利率走势预判对资产负债管理决策的重要性，以及如何使用表外衍生工具进行利率风险对冲。

三、离岸市场人民币利率急剧攀升的影响

2015年受人民币汇改影响，香港市场一些人民币业务占比较高的银行，因受离岸市场人民币利率急剧攀升影响，盈利骤降，呈现出较为典型的利率风险、流动性风险暴露。

（一）背景

2015年8月11日，人民银行启动人民币汇率市场化定价改革，大幅调低人民币兑美元汇率中间价，受此影响，香港离岸人民币汇率快速走低，市场贬值预期逐渐加剧，境内外汇差扩大，资本外流压力凸显。在此背景下，人民银行为稳定离岸人民币汇率，逐步收紧了人民币流出通道，当年末，账户融资、隔夜账户透支、同业拆借等境内人民币融资渠道基本关闭，境外人民币资金池规模逐渐下降，2015年末香港人民币资金池规模为8 511亿元，较2014年末下降1 489亿元。

资金池的萎缩，导致香港离岸人民币利率从2015年末开始快速攀升，并持续至2016年2月。2016年第一季度1个月CNH Hibor平均达到5.34%，较2015年全年平均水平增加2.41个百分点，其中利率最高的1月平均水平达到7.40%，较2015年平均水平高出

4.47个百分点，增幅高达153%。其间，人民币隔夜拆借利率最高一度达到66.82%。

人民币资金成本的快速增加，给那些人民币业务占比较高、对货币市场资金有较大依赖的银行，带来非常大的经营压力，导致经营利润较同期大幅下降，甚至人民币业务出现整体亏损。

（二）资产负债结构对经营波动的成因分析

1. 人民币资产负债利率错配短期负缺口规模较大，在人民币利率快速上升的市场环境下，利息成本快速增加，产生亏损。

2015年人民银行汇改以前，由于境内经济形势持续低迷，而美元加息预期较强，市场普遍判断央行货币政策会维持宽松，人民币利率会继续走低。基于此判断，一些银行为保持资产规模，不断激励推动人民币资产快速增长。同时在负债端，由于缺少低成本人民币客户存款，人民币资金来源高度依赖货币市场，而且多是由短期拆入资金支撑较长期资产，期限错配规模持续增加。由于短期利率负缺口偏大，在人民币市场利率急剧上升时，原来短期资金到期后，后续筹集资金成本快速攀升，超出资产收益水平，出现亏损。

2. 资产增长以短期同业拆放为主，收益水平较低，难以弥补负债端成本的上升。

由于香港市场银行规模的排名往往是以资产规模为标准的，一些银行为保持市场排名，往往年末有冲资产规模的动力，而短时间内快速提升规模最便捷的手段就是同业拆借资产，这类资产期限短、收益低，而在负债端受市场流动性影响，资金利率攀升，难以获取便宜资金，特别是人民币方面，市场上可供拆借短期头寸很少，有的行只能通过发行存款证来筹集人民币，而市场上可接受的存款证一般期限较长、利率较高，出现长借短贷、收益倒挂的问题。

3. 经验和教训。

2015年离岸人民币市场的政策调整和市场波动，凸显了当时人民币业务中存在的流动性风险和利率风险，一些银行因为自身资产负债结构和经营策略出现偏差，经营陷入被动，其中经验和教训值得总结。

（1）在利率充分市场化、资金对货币市场有较高依赖性的情况下，要避免超负荷经营，控制每个币种的错配规模。

该案例反映出：人民币业务超负荷经营，是2015年末2016年初出现经营波动的根本原因。出现风险的银行，都是人民币业务规模超常规增长，人民币资产占比高企，大幅高于同业。从负债角度来看，这些银行缺乏稳定的人民币资金来源，人民币业务是无源之水。人民币存贷比畸高，人民币资金主要依赖货币市场，这种资金结构极易受市场波动影响，导致"8·11"汇改后，人民币业务成本均较同期大幅增加，造成经营波动。

（2）市场风险管控能力和机制建设亟待提升。

该案例反映出：在人民币资产维持较高规模，人民币负债对短期同业资金依赖较大的情况下，人民币业务周期错配情况较为严重，流动性管理难度较大，对离岸人民币利率波动极为敏感。在此情况下，要同时满足规模、效益、流动性和风险控制等各维度要求，难度较大，需要高效的管理团队和管理能力。出风险的银行，在管理上存在普遍的问题：一是没有足够的专责资产负债管理团队，在利率风险管理、流动性风险管理等方面存在严重人手不足问题。二是流动性和利率风险管理的专业水平较低，动态管理、前瞻性管理水平不够，极大影响了风险管控的有效性。此外，一些银行缺乏资产负债管理系统支持，流动性风险和利率风险管理工具有限。三是缺少利率风险的应急机制。该案例中，利率风险出现后，一些银行曾采取出售人民币资产的应急措施，但在交易对手、价格、监管部门协调等方面，缺少预先的安排，影响资产出售效率。

问题讨论 ?

问题1：利率风险管理的核心要义是什么？

问题2：有哪些可供使用的利率风险管理工具？

问题3：离岸人民币业务利率风险管理的关注点是什么？

> 防范风险是金融业永恒的主题，必须高度重视，把工作做好，一刻也不能疏忽。
>
> ——郭树清，原中国银保监会主席①

案例七
凯基银行外汇亏损事件

一、基本情况

台湾开发金控旗下的凯基银行，于2018年3月因外汇交易员操作加元外汇交易，导致出现约810万美元（约合新台币2.4亿元）亏损。

凯基银行的外汇交易出现大额亏损的主要原因之一，是当年3月初美国总统特朗普突然提出针对进口钢铁产品征收反倾销税，而加拿大刚好是对美出口钢铁最多的国家，受此利空冲击，原本就疲弱不堪的加元因此暴跌，当年3月下旬加元汇率一度跌至0.764美元，此时买入加元的凯基银行因而出现重大损失。

---

① 郭树清.防风险是金融业永恒主题[EB/OL]. https://baijiahao.baidu.com/s?id=16273047 55271133413&wfr=spider&for=pc.

除了市场波动的因素外，银行内部风险管理不足也是出现重大损失的另一原因。该外汇交易员操作加元出现亏损前，没有中后台与交易室主管等其他人员监督纠正，让该交易员可以持续下单交易，导致投资头寸超过该交易员个人获银行授权的头寸限额，达到12亿美元（超过新台币350亿元）。

二、有关启示

在该汇率风险个案中，我们应该充分认识到：一是国家政策会对该国及其他有关国家的汇率造成重大影响，金融机构需密切留意；二是金融机构应制定头寸限额，并建立完善的风险管理框架以监控限额执行情况，以免头寸过大令金融机构的损失加大。

问题讨论 ❓

问题1：汇率风险管理的核心要义是什么？

问题2：有哪些可供使用的汇率风险管理工具？

资金转移定价是一种将绩效度量、产品定价、风险管理以及资源配置整合起来的管理机制，是国际领先银行创造市场竞争优势所必备的管理工具，是国内银行寻求管理创新和绩效突破所必须武装的管理平台。[①]

案例八
资金转移定价（FTP）管理中的高频问题

一、如何体现FTP价格的竞争力

　　对于前台客户经理而言，贷款价格越低、存款价格越高，其越容易争取业务。因此，当业务拓展不及预期时，通常会认为是FTP价格不具有竞争力，认为是贷款FTP价格太高，或者是存款FTP价格太低。FTP需要综合考虑存贷款业务发展情况、净利息收益率、市场竞争、机会成本、流动性等情况进行调整设定。如果为争取业务一味将贷款FTP调低，存款FTP调高，势必对净利

---

① 廖继全. 资金转移定价：领先银行的逻辑与方法[M]. 北京：企业管理出版社，2014：前言页.

息收益率形成压力，甚至导致银行出现亏损，不符合商业原则。

二、如何设定FTP的重检频率

在利率上升周期，侧重资产业务的前台部门希望FTP重检频率不要过高，侧重做负债业务的前台部门希望FTP重检频率高一点，能更好地反映最新市场利率走势，提升负债端的价格竞争力。在利率下降周期，则反之。此外，FTP重检周期过短，需要跨FTP周期约价的业务将会增加，也会增加一些不便和操作。总体看，FTP重检频率要综合考虑利率波动性、资产负债业务协调发展需求、操作可行性等因素确定。

三、如何设定融入融出价差

从FTP实施和具体管理中，FTP设定需要考虑是否设定融入融出价差，若融入融出价差不为零，则存在融入融出两种价格，若融入融出价差设为零，则融入价等于融出价。

融入融出价差不为零的优点是融入融出价差计入司库收益，可防止司库收支不平衡，出现大幅亏损（如银行缺少低成本资金，错配空间小，而利率正处于上升周期或波动较大时）。另外，融入融出两个价格相当于提高了业务部门对外报价门槛，可提高银行的定价管控能力，即保证了银行整体息差的最低水平。其缺点是当融入融出价差过大时，将削弱银行业务的价格竞争力。

融入融出价差设为零是融入融出价差机制的一个特例。其优点是融入价等于融出价相当于给予前台部门较低的融出价，较高的融入价，可提高前台部门拓展业务的价格竞争力。此外，融入融出同价也有利于减缓前台部门和司库的互不信任关系。其缺点是需要有较多的低成本资金支持，以保持司库能够收支平衡。而且因缺少融入融出价差收益，司库收益缩窄，覆盖风险能力下降，因此该模式下通常需要灵活调整FTP，以防范FTP与市场利率差距扩大造成司库亏损。

前台部门希望FTP融入融出价差越小越好，最好是没有价差，当价差扩大时，前台会认为被司库赚取了更多差价。融入融出价差的设定要考虑平衡众多因素，包括FTP重检周期长短、利率波动幅度、有无外部报价约束等其他价格管控措施、净利息收益率水平等。

四、如何研判FTP和资金成本（COF）之间的关系

FTP曲线可参考银行在金融市场上的边际资金运用收益和边际资金来源成本厘定，其中业界广泛使用的参考曲线是货币市场资金曲线。而资金成本（Cost of Fund）为银行的融资利率曲线，由于货币市场是银行最为常用且流动性大的融资方式之一，因此业界通常使用货币市场利率作为COF。但需要注意的是，虽然FTP参考COF制定，但不代表FTP等同于COF，FTP在COF的基准上需要平衡传导市场利率的实时性和FTP稳定性，也需要结合银行的实际情况进行调整。

五、跨FTP周期如何锁定价格

一般而言，资产以起息日的FTP定价，但有时客户想提前锁定贷款价格，而前台部门也想提前锁定部门的息差，因此需要锁定FTP。为配合业务需要，对于此类型的业务可提供跨FTP周期的远期锁价，通常锁定的价格会在当前价格基础上，考虑利率走势、需要锁定的业务起息日距离现在的时间长度等因素来综合判断，但当远期锁定价格高于现在的FTP时，前台则不太愿意，容易出现异议，仍需要大量的解释工作。

六、如何设定产品维度的FTP曲线

通常，前台部门希望获得较低的FTP来争取资产业务，较高的FTP来争取负债业务，但FTP曲线要平衡资产和负债两端发展，因此，前台会以其部门资产业务类型的特性如经济资本占

用低、信用风险低、竞争激烈等为由，希望设定一条相对较低的资产业务FTP曲线，或相对较高的负债业务FTP曲线。从理论上讲，FTP是从期限维度管控利率风险、进行绩效考核的工具。FTP主要衡量资金成本，确保FTP对不同部门、不同产品的绩效核算公平公正，主要设定期限维度的FTP，而经济资本、信用风险等因素，由外部报价、考核等其他工具进行考虑更为合适。

七、如何为可提前还款的资产定价

通常而言，贷款不可提前还款，如提前还款需要收取罚息。但有部分客户在贷款条款中要求银行给予其提前还款的权利，即银行不能针对提前还款行为收取罚息等。该类业务相当于在普通贷款中增加了一个期权，由于不同客户提前还款的设定都不一样，因此需要针对具体业务具体分析，但总体定价要比普通贷款高，高的部分体现的则是期权的价格。由于在不同利率周期中，期权的价格差异会很大，前台通常对于定价高于普通贷款较多的情况会有异议，需要进行解释。

问题讨论 ❓

问题1：如何构建一个高效的FTP管理框架？

问题2：如何理解FTP和融资成本之间的关系？

问题3：在实施FTP管理过程中，如何有效解决价格管理部门和业务拓展部门之间可能出现的矛盾？

> 我能计算出天体运行的轨迹，却难以预料到人们的疯狂。
>
> ——艾萨克·牛顿，英国物理学家、数学家

案例九
北岩银行经营失败的深度复盘

20世纪90年代，英国房地产市场升温，带动了北岩银行持续高速发展。在北岩银行的发展过程中，其资产和负债结构失衡，流动性风险未得到足够重视和妥善处理。受美国次贷危机影响，全球流动性枯竭，从而触发了北岩银行流动性危机事件，引发英国近140年来的首次挤兑，最终以国有化收场。而这一危机事件也成为全球流动性危机的主要分析和研究对象之一。本案例梳理了北岩银行由盛及衰的事件经过，分析了该事件的形成原因，总结了对银行资产负债管理的若干启示。

一、北岩银行的基本情况

（一）发展轨迹

北岩银行创建于1997年，是由北岩住房协会改制完成后成立，主要业务为住房抵押贷款业务。当时，遭受房地产泡沫后的

343

英国房地产经济开始触底反弹，出现强势复苏景象。北岩银行抓住这一历史时机，开始深耕住房抵押贷款市场。同时，为降低成本，其融资来源逐渐由零售存款转向批发负债。

多种因素促使北岩银行高速发展。1997年创建之初，北岩银行的资产规模为158亿英镑。截至2006年末，其资产规模已达到1 010亿英镑。促使北岩银行高速发展的主要因素有三个方面。一是监管宽松。在经过了17年的长期发展，利率已完全市场化，《巴塞尔资本协议Ⅰ》已在英国实施，英国央行和监管机构逐步降低监管力度，并大力鼓励创新。逐渐打破分类经营分类监管传统，开启了金融混业经营模式。二是房地产迅速发展。房地产业务高速发展，1997年至2007年英国的房价指数年均增幅达到10.8%。三是金融市场流动性过剩。1998年开始，英国经济出现下滑趋势，为刺激经济发展，央行开始施行宽松的货币政策，而日本等其他主要经济体也处于货币政策宽松期，全球市场流动性过剩，所以在已融入全球金融市场的英国，容易获得低利率的批发资金（见图1）。

图1　1997—2007年3MLibor（GBP）、
房价指数及北岩银行资产规模变化趋势

2007年美国次贷危机爆发，全球金融市场流动性全面收紧，货币市场利率大幅攀升，3个月英镑Libor已由2005年的4.8%逐步提升至6%左右。不景气的房地产市场环境下，房价大幅下降，部分业主开始停止还贷。而主要依赖货币市场和贷款证券化来进行融资的北岩银行，资金压力逐渐显现。2007年9月北岩银行向央行寻求帮助，随后其流动性危机被英国广播公司（BBC）公诸于世，同时社会上有传言称北岩银行的税前利润比预期低20%。这一消息使北岩银行的客户蜂拥而至，引发"挤兑现象"。2007年10月，北岩银行宣布倒闭，2008年被收归国有。

（二）业务模式

从外部看，北岩银行的战略要求前台部门设计有市场竞争力的产品，保持产品的创新和透明度，经营过程中控制资本消耗，持续保持高质量的资产增速，由资产的发展带动产品的发展。从内部看，管理层把提升股权收益，提高收益率及资本运用效率作为其发展目标。从资本管理方面来看，北岩银行的目标是，在满足最低监管要求的前提下用最低的资本创造最大的收益。这看似是"完美"的战略发展模式。

客户贷款是北岩银行的主要资产。由于北岩银行的住房互助协会背景，且英国的房地产经济在1997年已企稳回升，北岩银行的资产业务得以延续，住房抵押贷款业务一直是该银行的最主要资产。截至2006年末，北岩银行的资产规模达到1 010亿英镑，其中住房贷款占比达86%。

批发资金是北岩银行的主要资金来源。北岩银行创建初期，零售负债是其主要融资方式。但由于英国已完成利率市场化，存款利率下降空间有限，为了获取低利率资金，以获取更大的收益，北岩银行的负债端逐渐向批发融资倾斜。一方面，它借助全球低利率市场，依靠同业拆借获取便宜资金。另一方面，随着金融创新的出现，北岩银行引进了贷款证券化和担保债券，且持续扩大融资规模。

（三）危机事件经过

1. 次贷危机引发全球流动性紧张。2005—2006年美国房地产泡沫逐渐破灭，2007年美国次贷危机爆发，客户违约率持续攀升，金融市场流动性收缩的趋势由美国蔓延至全球。

2. 北岩银行预期资金紧张，但资产规模仍持续扩张。2007年3月，北岩银行已感受到美国的次级贷款危机可能会对其融资造成冲击，至少会影响其融资价格。并且英格兰银行于4月在其金融稳定报告中指出，市场流动性收紧会对依赖批发资金的金融机构产生重大冲击。但北岩银行董事会仍执着于追求收益最大化的目标，选择忽视潜在的危机，未及时采取任何有效的风险缓释措施。2007年上半年，北岩银行持续扩大资产规模，客户贷款较2006年末增加107亿英镑。

3. 货币市场与证券化的资金来源双双受挫。从货币市场来看，Libor利率的持续攀升增加了北岩银行的融资成本。由于全球流动性萎缩，北岩银行交易对手为即将到来的寒冬开始做准备，逐步收窄对其授信，提高拆借价格。2007年8月9日，整个拆借市场对北岩银行关闭。这让北岩银行的管理人员始料未及。从贷款证券化来看，北岩银行难以继续通过贷款证券化融资。英国的房地产市场也陷入低迷，这对北岩银行的资产和负债均产生强大冲击。一方面，房价逐步回落，部分业主选择不再继续偿还贷款，贷款不可收回，形成次级贷款。另一方面，由于房地产的不景气，住房贷款证券化风险增大，收益率大幅收窄，市场对贷款证券化产品反应冷淡，难以通过发行债券这一手段继续进行市场融资。这对已陷入流动性危机的北岩银行来说，无疑是雪上加霜。

4. 缓释流动性危机未果。为解决流动性紧张问题，2007年中，北岩银行在其年中报告中披露，北岩银行有意借助于出售商业贷款和无抵押贷款等资产处置操作获取有效现金流，逐步提高零售存款规模，增加稳定资金。截至6月末，零售存款年增量为23亿英镑，但远低于住房贷款的107亿英镑增幅。

5. 流动性危机消息泄露，发生挤兑事件。2007年8月9日北岩银行开始寻求英格兰银行帮助，意图通过央行借款形式，渡过流动性危机。不料这一消息被泄露给了英国广播公司（BBC），

BBC随后报道了北岩银行处于流动性危机且只能依靠央行协助。同时，社会上有传言称北岩银行的税前利润较预期低20%。2007年9月，北岩银行发生挤兑事件。

6. 收归国有。在陷入流动性危机泥潭长达6个月后，英国议会于2008年2月21日通过了将北岩银行国有化的议案，这也成为了20世纪70年代以来英国的第一家银行国有化案例。

二、北岩银行失败成因分析

北岩银行倒闭，虽然有外部环境的原因，但总体来看，导致北岩银行危机事件的主要因素是自身的发展战略以及安全性、流动性、效益性失衡的资产负债结构。

（一）激进的发展战略

表1　北岩银行2006年资产负债表　　　　　　　　　单位：百万英镑

资产		负债	
现金及存储央行	956	银行存款	2 136
衍生品投资工具	871	客户存款	26 868
银行贷款	5 621	衍生品投资工具	64 294
客户贷款	86 685	贷款证券化	40 226
其他资产	6 878	担保债券	6 202
		其他	17 867
		其他负债	4 502
		负债合计	97 800
		权益	3 211
资产合计	101 011	负债及权益合计	101 011

一是资产扩张速度过快。自创建以来，北岩银行一直保持着较高的资产增速，这严重透支了北岩银行的风险承受能力。北岩银行的住房按揭类型相当细化，住房抵押比例也非常高。如贷款人的房产市场估值为10万英镑，而他不仅可得到最高9.5万英镑的按揭贷款，另外还可获取最高3万英镑的不保障贷款。这种模式持续到2007年。北岩银行的资产增速远远超过了其流动性风险

承受能力。二是管理层风险意识淡薄。管理层不能清醒地认识全
球市场，对市场盲目乐观。并且在意识到危机后，仍不采取有效
的措施缓解流动性风险。媒体对其管理层的采访资料显示，2007
年风险管理部门已经充分预见到信贷市场的紧缩风险会对公司业
务模式产生影响，并将该信息提交至管理层。但由于管理层认为
稳固的信贷平台将帮助公司应对这一局面，而未采取有效措施缓
解风险。三是安全性、流动性、效益性失衡。北岩银行管理者认
为，提升股权收益率和提高北岩银行的市值，是发展追求的主要
目标，只需要维持尽量少的资本来满足《巴塞尔资本协议Ⅰ》中
的监管要求即可，忽略了资本的风险抵御功能。因此，北岩银行
借助于表内资产移至表外，降低风险加权资产，实现降低监管资
本和扩张资产的目的。

（二）资产结构不合理，且资本与风险资产规模不匹配

一是流动性较好的资产占比低。2006年的资产负债表披露，
北岩银行的资产包括现金及存放央行款项、银行贷款、客户住房
贷款和债权投资等，其中客户住房贷款规模为866.8亿英镑，占
总资产的85.8%，而流动性最好的现金和存放央行款项仅有9.56
亿英镑，仅占总资产的1%。二是严重依赖单一资产。在北岩银
行的整个生命周期中，住房抵押贷款业务一直是其主要资产。在
房地产经济发展时期，市场资金充裕，风险水平较低，且收益率
高，这一业务急剧扩张。但随着房地产市场的持续走低，北岩银
行并未对其资产业务作出调整，而是继续加大对房地产经济的投
资，住房贷款规模持续扩大。三是资本增速与资产增速严重失
衡。披露数据显示，自1997年至2006年，北岩银行的资产规模
年均增长速度介于15%~25%。且2001年至2006年的年均增速达
到了30.8%，其中，客户贷款增速为32.9%，但风险加权资产规
模增速仅为2.8%。总资本增速为8.7%，其中，一级资本增速为
6.3%（见图2）。主要是因为北岩银行借助于发展住房抵押贷款
证券化，将表内资产移到表外，降低风险加权资产，从而降低满
足监管要求的资本。

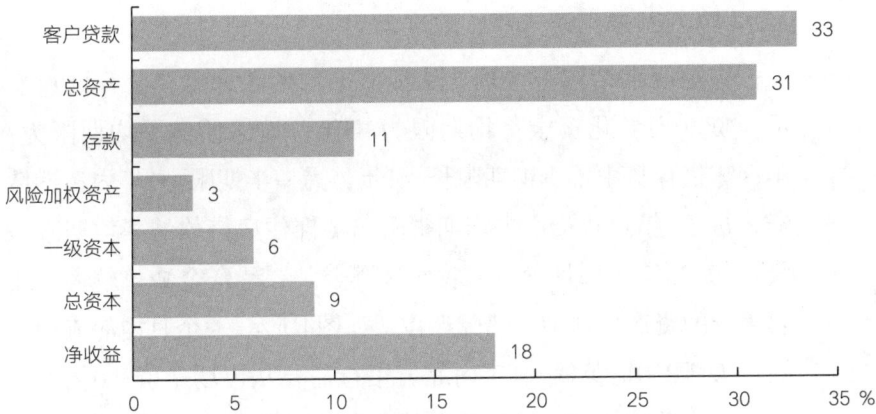

图2　2001—2006年北岩银行各项关键指标年均增速

（三）负债结构不合理且缺少稳定资金

一是广泛依赖批发资金。为了降低付息成本，提高收益水平，北岩银行逐步扩大对同业拆借资金的依赖，并相继引入贷款证券化和担保债券两类市场化资金来源。由于批发资金受市场资金面影响明显，且在利率震荡期间，批发资金对利率更为敏感，是北岩银行流动性的不稳定因素。二是缺少稳定资金。1997年，北岩银行的零售存款为99亿英镑，占总负债的62.7%。随着业务发展，这一占比逐步降低，2006年零售存款占比仅为15%。在2001年至2006年期间，存款增速11.2%，远低于其资产增速的30.8%。北岩银行破产前后负债结构如图3所示。

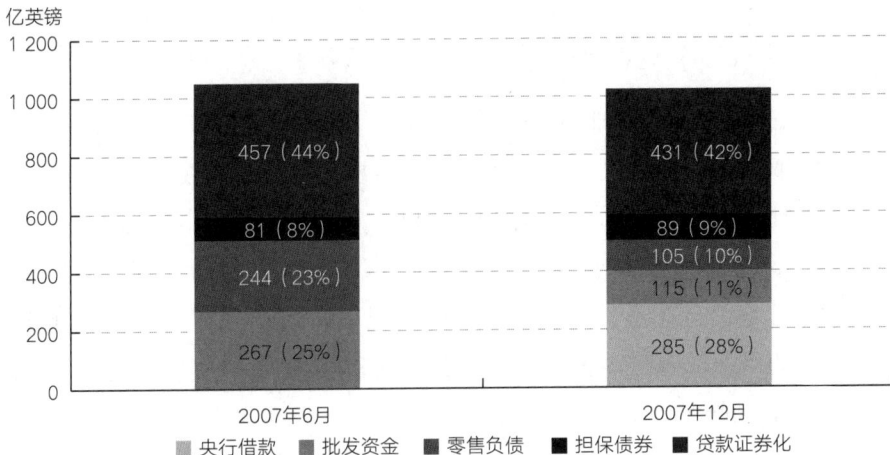

图3　北岩银行破产前后负债结构

（四）期限错配严重

一是期限结构不合理。从负债平均期限来看，公开资料显示，贷款证券化资金平均期限为3.5年，担保债券平均期限为7年；零售存款中，一半期限长于1年，另一半期限为1年内；拆借资金短于1年。从资产平均期限看，抵押住房贷款的平均期限一般是20~25年，每月仅能回收些许资金。二是资金缺口较大。北岩银行的资产负债期限错配严重，如图4所示。3个月内的流动性缺口大于250亿英镑，1年内北岩银行需要从市场融资300亿英镑来弥补流动性缺口。并且随着证券化不断到期，滚动缺口逐步拉大，需要补充越来越多的资金以支持资产规模的急速扩大。

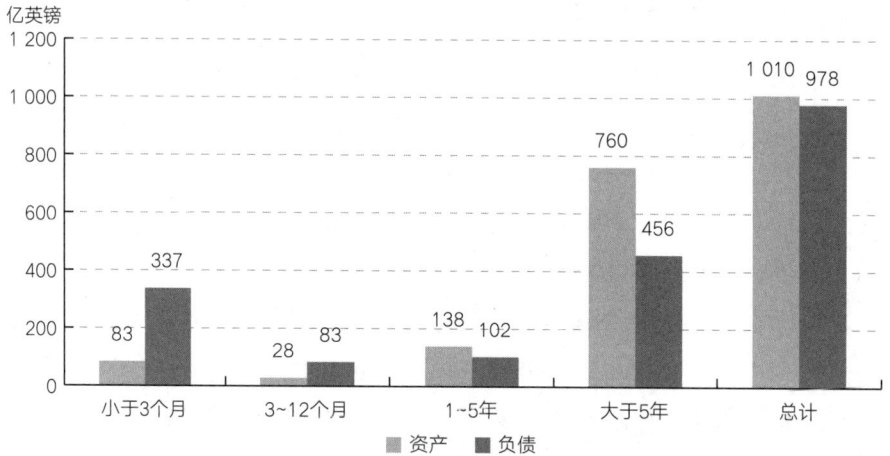

亿英镑

图 4 2006 年北岩银行的资产负债错配情况

（五）应急管理不到位

一是处理风险机制欠缺。在北岩银行出现声誉风险时，未采取有力的措施，不利信息或不实信息得不到有效控制，且持续在社会上广泛散播，加剧投资者和储户担心，整个市场恐慌情绪得不到有效缓解。二是应急计划不到位。北岩银行的日常流动性标准是银行在不借助同业市场的情况下，在5个工作日内拿出足够的资金，满足零售业务取款、贷款和偿还同业批发资金要求，且确保能够符合监管要求的流动性要求。但在北岩银行流动性危机爆发时，这一标准并未奏效，且没有应急计划或者应急计划不适用，不能拿出行之有效的流动性缓释措施，不能即刻执行来缓解流动性危机，导致出现挤兑。

三、思考与启示

北岩银行的悲剧再一次向我们证明，危机无处不在，银行经营过程中务必采取更为稳健的发展战略，并逐步完善资产负债管理策略。

（一）实现稳健经营，提升风险管理能力

一是提高风险意识。正如工商银行原董事长姜建清所言"做商业银行就像跑马拉松"，商业银行要确保长期可持续发展，在日常经营管理中需要提高员工的流动性风险管理意识，特别是强化管理层风险意识，风险管控中切勿盲目乐观和抱有侥幸心理，应采取稳健的发展战略。二是精细化管理。采取更为精细化管理策略，从资产和负债两端，更为细粒度分析影响各类风险的要素，准确识别潜在风险。三是强化压力测试。银行要密切关注国际经济形势，根据市场变化，合理设定业务场景和压力参数，定期开展压力测试，识别银行应对极端压力情景的能力，根据压力测试结果和银行的风险承受能力，及时调整资产负债业务策略。

（二）加强资产负债组合管理

只有将资产和负债有效匹配组合，才能保证业务的可持续发展，达到"三性"的合理平衡。一是资产的组合管理。以资本为约束条件，以资本回报率最大化为主要目标，按照区域、种类、结构等角度进行多层次、多组合的动态分析和监测，建立覆盖表内外的管理体系，实现分散风险、优化结构、确定最佳风险收益组合的平衡。二是负债组合管理。实现负债成本可控、种类多样化、稳定程度更高和负债来源结构配置。三是实现资产和负债的匹配管理。通过数据建模，借助线性规划方法，按照科学的分析策略合理配置资金，达到资产负债的最优组合配置，实现银行业务的可持续发展。

（三）业务多样化，降低集中度

一是提高产品创新能力，拓宽盈利渠道。设计多样化的产品，满足不同种类客户；提升市场活跃度，开展多样性的业务，多方位提升收益水平。二是加大集中度监测力度。一方面，提高集中度监测频率，设计灵活便捷的流动性管理平台，做到及时监测对行业或交易对手的依赖程度；另一方面，多角度开展集中度监测，从业务产品、涉足行业、币种、资金来源和投放资产的区域等多个角度进行集中度监测，避免对单一产品、行业、币种及区域等维度的依赖。

（四）培育稳定资金来源，提高稳定资金占比

一是保持资产负债期限结构适度匹配，避免错配幅度过大。二是积极融入市场，提升货币市场活跃度。提高市场竞争力和市场参与程度，提升市场融资能力。三是增加稳定资金。加大力度营销客户存款的同时，持续推进增效计划，发展本外币资金池业务、结算类业务，挖掘低价值结算客户潜力，引导授信客户将银行账户作为主要结算账户，做大结算量，争取客户融资后资金以及分红派息的短期资金沉淀，提高客户黏性，多措并举提升客户存款沉淀率。

（五）实现数据建模，动态监测现金流

掌握银行客户行为特征，将有助于准确预测现金流走势，前瞻性地进行决策，提高客户黏性。一是收集历史数据，实现客户分类。以代表性的客户历史数据为基础，对各类业务的客户进行分类和聚类数据挖掘，识别对银行流动性影响较大的客户群体。二是清晰明确需要建模的业务分类。分别从资产和负债两端，划分对银行流动性影响的客户业务，前瞻性分析各类业务的客户行为假设。三是采用科学手段分析不同产品的客户行为。借助统计或机器学习等手段，分析客户行为在不同场景下的选择，采用最小二乘法等分析方法，测算客户在不同压力场景下的存款流失率、贷款的循环授信及表外项目的行为参数，并进行检验和参数调整。

（六）完善应急计划，引入有效应急措施

一是提高风险发现和危机应对能力。针对可能出现的声誉风险、信誉风险和法律风险等问题，构建预警机制，设定不同的应急预案。二是制定有效的应急措施。借鉴先进同业经验，结合自身发展战略制定有效应急措施，并定期开展演练，根据形势变化持续修订和完善，确保应急计划完备可行。

问题讨论 ❓

问题1：北岩银行经营失败带给我们哪些资产负债管理方面的教训与启示？

问题2：资产负债组合管理的核心要义是什么？

问题3：如何理解好的银行资产负债管理应在安全性、流动性和效益性之间取得平衡？

未来的投资者将会以一种全新的方式来审视被投资对象，不仅关注投资标的的净资产收益率和现金流量比率，还会考察它们利润表和资产负债表的碳效应。金融支持是绿色经济发展的助推器，同时发展绿色金融也有助于银行自身的转型升级，有助于品牌形象和竞争力的提升。

案例十
绿色资产负债管理

当前，气候变化问题严峻，大力发展绿色金融成为世界各国的焦点。中国国家主席习近平于2020年在联合国大会宣布了我国的碳达峰、碳中和目标。随后，中央在经济工作会议、政府工作报告、"十四五"规划等重要会议和文件中对国家经济可持续发展工作做了重要部署，推动绿色金融发展逐步成为社会共识。积极拓展绿色资产负债业务是商业银行发展的必然趋势。商业银行的绿色资产是指商业银行投放的用于支持发展绿色产业的相关资产，包括绿色贷款和绿色债券等；绿色负债是指商业银行筹集用于投资绿色项目的资金，包括绿色债券的发行和绿色存款等。下面以工商银行绿色贷款项目和汇丰银行绿色存款项目为例，介绍绿色资产负债的实际运作管理情况。

一、工商银行绿色贷款项目

（一）项目背景

日常生活中的厨余垃圾经过发酵能够产生沼气，可实现能源的再利用；而其中的油脂经过催化加工，可以炼制为工业油脂，它是生物柴油的优质原料；同时，厨余垃圾发酵后的剩余残渣，经过加工后制作为有机肥，可用于作物耕种。因此，厨余垃圾经过有效加工，可以实现能源的多重利用，达到绿色再循环的目的，是优质绿色项目之一。

浙江安吉县是全国有名的旅游县，日常餐饮产生大量的厨余垃圾（每天需处理200吨厨余垃圾）。旺能生态科技有限公司看到了商机，拟筹资完成绿色再生产项目。

（二）项目开展

工行的一名客户经理在走访中得知该项目需要融资。经过内部评审后，该项目符合中国工商银行的绿色项目投资的相关规定。

通过内部审批条件后，工行浙江省分行向该项目提供投资1.18亿元人民币，用于搭建餐厨废弃物资源化利用和无害化处理的设施和购买器械等。投资期限为12年，为了减轻企业压力，该项目享受5年期的贷款基准利率，且前2年只付息不还本。工行顺利投资该项目以支持绿色金融的发展。

（三）贷后管理

该项目投资后，贷款放款后的工作主要为妥善保存贷款资金运用记录，形成对募集资金的管理机制，以此为依据提交年度报告。

二、汇丰银行的绿色存款项目

（一）绿色存款的概况

汇丰银行于网站发布信息，面向企业筹集绿色存款。具体情况如下：

1. 币种、期限及门槛。

币种：港元和美元；期限：3个月及以上；最低门槛：100 000港元或20 000美元。

2. 面向对象。

（1）期待将可持续发展议程融入日常财务活动中的私营企业或公营机构。（2）有兴趣投资环保项目但受限于财务资源中小企业。（3）倾向于利用现金盈余投资于环保项目而非证券市场（如债券）的企业客户。

3. 收益及特点。

稳定的本金及可预测的回报。

（二）绿色存款的运作管理

1. 资金使用。

绿色存款运作的基石是筹得资金的使用。汇丰银行绿色存款主要运用于绿色能源、高效能建筑、可持续的废物管理、可持续的土地利用、可持续水资源管理、能效提升、清洁交通、气候变化适应等领域。

2. 资格核准以及使用审批。

汇丰内部建立了绿色债券和贷款委员会，根据《汇丰银行绿色存款指引》，负责管理绿色存款用于符合条件的项目及资质认定等。汇丰将对项目带来的风险和收益进行评估，可持续发展部对相关资格具有最终决定权。

3. 管理和追踪。

通过内部管理信息系统，汇丰内部掌握绿色存款的资金运用情况，根据自身的风险承受能力及可利用资格选择投资，对单笔及总体绿色存款金额进行限制，超过限额部分的资金将不被视为绿色存款。

4. 资金使用情况报告。

汇丰内部设立绿色存款账簿，记录实体将定期向客户提供绿色存款报告。主要包括以下3个方面：（1）绿色存款在总体层面根据《汇丰银行绿色存款指引》所述合格标准分配。（2）报告期末未分配资金。（3）确认通过绿色存款计划所筹资金的使用遵照《汇丰银行绿色存款指引》。

附录一
资产负债管理常用术语
（按中文术语拼音的首字母排序）

1. **被动负债**（Passive Liability）：主要是指商业银行吸收的居民或企业的各类存款。

2. **币种错配**（Currency Mismatch）：商业银行各币种表内资产和表内负债余额不一致的现象，银行一般进行外汇掉期交易轧平币种错配。

3. **差额资金管理体制**（Different Fund Management System）：司库管理资金池的另一种管理模式。在该模式下，各个业务单元的资金自求平衡，在产生资金剩余或资金短缺时，与上级业务单元通过上存和拆借的方式完成资金转移。

4. **常备借贷便利，又称"酸辣粉"**（Standing Lending Facility, SLF）：中国人民银行设定的正常的流动性供给渠道，满足金融机构期限较长的大额流动性需求，主要期限为1~3个月，面向政策性银行和全国性商业银行，抵押品为高信用评级的债券类资产及优质信贷资产等。

5. **重定价风险**（Repricing Risk）：又称"缺口风险"，是指利率变动时，由于不同的金融工具间采用不同的重定价期限而引起的利率风险。

6. 存款保险（Deposit Insurance）： 存款银行缴纳保费形成存款保险基金，当个别存款银行经营出现问题时，使用存款保险基金依照规定对存款人进行及时赔偿的一种制度。

7. 存款准备金（Deposit Reserve）： 商业银行存放于央行的存款。包括法定存款准备金和超额存款准备金。

8. 存贷比（Loan-to-Deposit Ratio）： 商业银行贷款总额与存款总额的比率，是商业银行衡量流动性风险的指标之一。

9. 贷款基础利率（Loan Prime Rate, LPR）： 商业银行对其最优质客户执行的贷款利率，其他贷款利率可在此基础上加减点生成。贷款基础利率的集中报价和发布机制是在报价行自主报出本行贷款基础利率的基础上，指定发布人对报价进行加权平均计算，形成报价行的贷款基础利率报价平均利率并对外予以公布。

10. 担保隔夜融资利率（Secured Overnight Financing Rate，SOFR）： 又称有抵押隔夜融资利率，是以美国国债为抵押品，用来计算隔夜借贷成本的广泛指标。

11. 抵押补充贷款（Pledged Supplementary Lending, PSL）： 为解决国开行棚户区改造的资金难题，央行创设抵押补充贷款工具，通过国开行等机构发放棚改贷款。央行通过PSL工具向国开行贷款，国开行通过棚改贷款向棚改主体贷款，棚改主体通过货币化安置向拆迁户发放补偿款，地方政府拆迁卖地支付款项，棚改主体偿还国开行贷款，国开行偿还央行贷款，资金闭环。

12. 掉期（Swap）： 交易双方约定在未来某一期限内相互交换各自持有的资产或现金流的交易形式。常见的有利率掉期和外汇掉期两种交易。

13. 掉期隐含利率（Implied Interest Rate of Swap）： 根据利率平价理论，利用基准货币的利率和外币掉期价格得到的隐含利率。

14. **定向中期借贷便利（Targeted Medium-Term Lending Facility, TMLF）**：中国人民银行于2018年12月19日创设定向中期借贷便利，根据金融机构对小微企业、民营企业贷款增长情况，向其提供长期稳定资金来源。支持实体经济力度大和符合宏观审慎要求的大型商业银行、股份制商业银行和大型城市商业银行，可向中国人民银行提出申请。定向中期借贷便利资金可使用三年，操作利率比中期借贷便利（MLF）利率优惠15个基点。

15. **短期流动性便利（Short-Term Liquidity Operations, SLO）**：央行为了避免市场资金供求大幅波动，设定的超短期逆回购。主要期限为7天以内（是7天逆回购工具的补充），抵押品为政府支持机构债券和商业银行债券。

16. **风险加权资产（Risk Weighted Assets, RWA）**：商业银行根据资产承担风险的种类不同，根据不同类别资产的风险性质（操作风险、市场风险和信用风险）设定不同的风险系数，并采用设定的风险系数计量得出的资产。

17. **风险偏好（Risk Appetite）**：银行为达到其战略目标，在业务经营过程中愿意承担的风险的数量。

18. **股权收益率（Return on Equity, ROE）**：又称"股权回报率"，同样是用来衡量商业银行盈利能力的指标，是净利润与股东股本的比值。

19. **核心负债（Core Liability）**：商业银行内相对稳定、对利率敏感性较差的负债，且经济环境和季节变化对其影响较小。

20. **核心稳定存款（Core Stable Deposit）**：在商业银行内部，核心稳定存款通常是指商业银行存款中的长期稳定的那部分存款，是商业银行负债的基础构成部分。

21. **宏观审慎评估体系（Macro Prudential Asssessment, MPA）**：为进一步完善宏观审慎政策框架，更加有效防范系统性风险，发挥逆周期调节作用，中国人民银行通过设定一整套评估指标，构建以逆周期调节为核心、依系统重要性程度差别考量的宏观审慎评估体系。体系主要构成为：资本和杠杆情况、资产负债情况、流动性、定价行为、资产质量、外债风险、信贷政策执行等七大方面，其中资本充足率是评估体系的核心。

22. **环境、社会责任及公司治理**（Environment, Social Responsibility, Corporate Governance, ESG）：将环境、社会责任和公司治理因素纳入投资决策及企业运营的评价标准，目的是促进企业的可持续发展的商业模式。

23. **恢复计划**（Recover Plan）：金融机构根据监管规定和自身情况而制订的处理计划，包括金融机构在遇到严峻压力时切实可执行的一系列恢复方案，从而重建财政实力及持续经营能力，并作出相应规划及部署。

24. **汇率风险敞口**（Currency Risk Exposure）：在商业银行内部，汇率敏感性资产（或负债）由于汇率的变动可能出现增值或减值，这种增值或减值可能自然抵消或冲销，而可能存在一部分既不能抵消也不可冲销，这部分资产（或负债）暴露于汇率变动形成的风险中，称为"汇率风险敞口"。

25. **活期及储蓄存款**（Current Account& Saving Account, CASA）：活期存款和储蓄存款的简称。

26. **基准风险**（Basis Risk）：利息收入和利息支出所参考的基准利率变动不一致，所产生的利率风险。

27. **基准利率**（Benchmark Interest Rate）：金融市场上具有参考意义的利率，其他利率水平或金融资产价格可参考这一基准利率水平确定。

28. **即期**（Spot）：在商业银行内部，通常指起息日为交易日后的第二个工作日的外汇交易。

29. **经济增加值**（Economic Value Added）：从税后净营业利润中扣除包括股权和债务的全部投入资本成本后的所得。

30. **结构性存款**（Structured Deposit）：运用利率、汇率产品与传统的存款业务相结合的一种创新型存款。

31. **结售汇**（Exchange Settlement）：商业银行按照外汇汇率与客户进行外汇买入（出本币）或者卖出（入本币）外汇交易。银行用本币买入外汇的交易，称为"结汇"，以外汇买入本币的交易，称为"售汇"。

32. **经济价值**（Economic Value Equity, EVE）：表示按照市场利率折算其预计净现金流的现值。由于市场利率的变化可能影响银行的资产、负债及表外业务的经济价值，因此会影响其净值。

33. **经济资本回报率**（Risk-Adjusted Return on Capital, RAROC）：又称"风险调整后的资本收益率"，用于衡量商业银行风险调整后的资本回报水平，一般是预期收益相对于经济资本的比率。

34. **净利差**（Net Interest Spread, NIS）：商业银行的生息资产平均收益率减去付息负债的平均付息率，主要用来衡量商业银行的盈利能力。

35. **净利息收入**（Net Interest Income, NII）：商业银行资产利息收入与负债的利息支出间的差值，反映其短期内经营的成果。

36. **净稳定资金比例**（Net Stable Funding Ratio, NSFR）：巴塞尔委员会提出的另一个流动性风险监管指标，衡量中长期的结构性流动性错配情况。

37. **净息差**（Net Interest Margin, NIM）：商业银行的净利息收入与总生息资产平均余额的比值，反映商业银行的盈利能力。

38. **久期**（Duration）：又称"持久期"，一般来讲，是金融资产各期现金流支付所需时间的加权平均值，是加权现金流与未加权现金流的比值。

39. **利率重定价缺口**（Repricing Gap of Interest Rate）：商业银行将所有的生息资产和付息负债划分到已定义的不同时间段

内，在每个时间段内，将利率敏感性资产减去利率敏感性负债，再加上表外业务头寸，得到该期限段内的利率重定价缺口。

40. 利率走廊： 中央银行通过向商业银行提供存贷款便利机制（利率差为走廊宽度），依靠利率区间实现对市场拆借利率的调控。

41. 临时流动性便利（Temporary Liquidity Facilities, TSL）： 为保障春节前现金投放的集中性需求，促进银行体系流动性和货币市场平稳运行，中国人民银行通过"临时流动性便利"为在现金投放中占比高的几家大型商业银行提供了临时流动性支持，操作期限28天，资金成本与同期限公开市场操作利率大致相同。

42. 流动性覆盖率（Liquidity Coverage Ratio, LCR）： 巴塞尔委员会提出的流动性风险监管指标，衡量在设定的严重压力情景下，优质流动性资产能否充分满足短期流动性需要。

43. 流动性缺口（Liquidity Gap）： 流动性供给与流动性需求之间的差额，是商业银行反映流动性风险的重要标志。

44. 流动性溢价： 一般是指一项资产转化为现金所需要的时间和成本。较短的时间内以接近市价的价格将资产转化为现金则认为该资产有较高的流动性。

45. 绿色金融： 为支持改善环境、应对气候变化和资源高效节能利用的经济活动。

46. 名义利率： 央行或者其他资金借贷的机构所公布的未调整通货膨胀因素的利率，即利息的货币额与本金的货币额的比率。

47. 逆回购（Reverse Repo）： 资金融出方主动借出资金给资金融入方，并以证券进行质押，约定到期后资金融入方支付本息并解除证券质押。

48. 期权性风险（Optional Risk）： 银行持有期权衍生工具，或其银行账簿表内外业务存在嵌入式期权条款或隐含选择权，使银行或交易对手可以改变金融工具的未来现金流水平或期限，从而形成的风险。

49. 全额资金管理体制（Funds Central Management）：司库管理资金池的一种管理模式，在该模式下，司库对所有的资金来源进行统一归集，对所有的资金运用进行统一配置。司库对所有的业务单元按照内部资金转移价格进行统一定价，以核算业务资金成本和收益。

50. 实际利率：剔除通货膨胀率后储户或投资者得到利息回报的真实利率。

51. 市场利率（Market Rate）：根据资本市场供求关系确定的利率。

52. 司库（Treasury）：商业银行内部负责资金管理职能的一种称号，主要负责现金流管理、流动性管理及风险控制等。

53. 套期保值（Hedging）：又称"对冲交易"，是指交易方在买入（或卖出）实际货物的同时，在期货市场上卖出（或买入）同等数量的期货交易合同作为保值。因在现货市场和期货市场所做交易方向相反，数量相等，从而保证在一个市场上亏损的同时，在另一个市场盈利的结果，且盈利与亏损额大致相同，达到规避风险的目的。

54. 贴现（Discount）：指承兑汇票的持票人将未到期的票据转让给银行的行为，并贴付一定的利息，是票据持有者向银行融资的行为。

55. 头寸（Position）：又称"银根"，是款项的意思。在商业银行内，通常指的是货币的流动数量。

56. 压力测试（Stress Test）：在商业银行内部，压力测试通常是指将整个银行的资产负债组合置于特定的极端市场变动情况下，验证该银行的资产负债组合是否能够经受住这种市场的巨变及在这种变化中的业务状况和表现。

57. 应急融资计划（Emergency Financing Plan）：金融机构为降低流动性风险，根据监管机构规定和自身战略而设定的流动性风险应急处理计划，规定了切实可行并可随时实行的潜在应急融资措施，以在紧急情况下保有流动性及填补流动性短缺。

58. 远期（Forward）：通常指买卖双方约定在指定未来的某一时间点，按照今日商定的价格购入或者卖出资产的交易。是一种金融衍生工具。

59. 在险价值（Value at risk, VaR）：主要是在市场正常波动情况下，在一定置信水平下，商业银行的某金融资产组合价值在未来特定时期内的最大可能损失。

60. 正回购（Repurchase agreement）：一般指的是资金融出方从资金融入方收回本金和利息，并解除证券质押的交易行为。

61. 中期借贷便利（Medium-Term Lending Facility, MLF）：2014年9月，中国人民银行创设中期借贷便利，作为中央银行提供中期基础货币的货币政策工具。中期借贷便利利率发挥中期政策利率的作用，理论上期限有3个月、6个月和1年，现实中运用最广泛的是1年。MLF要求各行投放"三农"和小微贷款。

62. 主动负债（Active Liability）：商业银行主动运用金融工具吸收的资金。

63. 转贴现（Inter-bank Discount）：原贴现人将已贴现但未到期的票据转让给其他愿意垫付资金的机构，并按照票面金额扣除一部分利息后取得票款的资金融通行为。

64. 资本充足率（Capital Adequacy Ratio, CAR）：资本总额与加权风险资产总额的比例，通常用于衡量商业银行在存款人和债权人的资产遭到损失前，该银行能够以自有资本承担损失的程度。

65. 资本收益率（Return on Capital, ROC）：又称"资本回报率"，用来衡量采用资本获得收益的能力，是净利润与平均资本总额的比率。

66. 资产负债期限错配（Asset-Liability Term Mismatch）：

商业银行所持有的资产期限与负债期限不一致，通常是负债期限短于资产期限，造成资产与负债期限不匹配的现象。

67. 资产收益率（Return on Assets, ROA）：又称"资产回报率"，用来衡量商业银行单位资产创造利润多少，是净利润与平均资产总额的比值。

68. 资金转移定价（Funds Transfer Pricing, FTP）：商业银行内部资金管理模式，在该模式下，银行内部资金中心与不同的业务经营单位按照一定的规则有偿转移资金，以期达到商业银行的战略引导、绩效考核、风险控制等目标。

附录二

资产负债管理指引最终指引

（英国金融服务管理局，2011年1月）

致首席执行官（CEO）：

这份文件阐述了在过去的一年中我们于资产负债管理审查所观察到的"良好实践"①。同时，我想借此机会对所见的实践进行扩展，并对优化贵公司的资产负债管理功能提供可能有用的建议。规模较小的公司应该根据自身的商业模式适度采用我们的建议。

本次评估与专责资产负债管理相关议题的高级委员会有关。该委员会可以是执行董事管理委员会（EXCO），也可以是EXCO的下属委员会。

————————

① 我们认为由专责管理机构监督流动性风险承受能力的标准与资产负债管理密切相关，有关内容包含于BIPRU 12.3中，BIPRU 2.3则涵盖了利率风险管理的狭义主题。虽然这些规则是以高层次的方式表达出来，且没有阐述资产负债管理委员会可参考的具体实践，但我们鼓励公司遵循本指引所述的良好实践。这些要求与规则密切相关，且可视作公司需要遵守的指标。同时，我们认为将资产负债结合在一起考虑是有益的，因为审慎原则不会将这一主题视为独立的风险。我们的观点基于对以下三个方面的深度评估：一是司库职能，二是实施新的流动性规则的相关风险，三是我们正在进行的监督、评估和审查。这项工作涉及主体广泛，包括大型和小型银行、房屋互助协会、在英国运营的海外银行和一些较大的投资公司。作为这项工作的一部分，正如本指引更全面描述，我们作为观察员参加了一些高级资产负债管理委员会会议，并获得了来自各类公司高级资产负债管理委员会的会议记录和相关文件。

我们在该领域的工作阐述了四个关键议题：

1. 高级资产负债管理委员会的角色。我们的评估突出了委员会的核心目标，我们发现在很多公司中，该委员会也负责设计和实施资金转移定价机制。

2. 高级资产负债管理委员会的组成和职权。CEO经常出席且由CEO或首席财务官（CFO）担任主席的高级资产负债管理委员会通常最有效率。

3. 高级资产负债管理委员会的前瞻性本质和决策。评估表明，该委员会更侧重于监控和评测过去，而不是主动管理未来。

4. 在高级资产负债管理委员会中观察到的交锋程度。评估发现，这一点很难识别：我们希望资产负债管理委员会的会议记录能够让非与会者了解所发生的讨论和交锋。

我们还提供如下补充信息：

- 附件1中列出了我们对高级资产负债管理委员会所关注议题的更详尽观察，其中特别侧重于资产负债管理汇报材料、压力测试和应急融资计划的制定。

- 附件2列出了作为观察员参加高级资产负债管理委员会所取得的一些重要发现。

- 附件3提供了关于高级资产负债管理委员会会议需要考虑的要点。

1. 高级资产负债管理委员会的角色

就单个法人和集团（如适用）而言，资产负债管理是一项关键的管理职能。管理的确切范围可能会有所不同。比如，负责监督银行账簿的非交易性市场（利率）风险可能是一个独立的市场风险委员会，该委员会与高级资产负债管理委员会是平行的。同时，我们认识到高级资产负债管理委员会可能还负责监测资本、风险加权资产、交易性市场风险或信用风险。但是在该指引中，我们并没有对资本、风险加权资产、交易性市场风险或信用风险等资产负债管理职能进行讨论。

资产负债管理委员会关注整体的资产负债表。根据我们的经验，其核心目标为：

● 确保各业务部门与公司的总体目标保持一致，并对资产负债管理控制下的审慎风险（流动性风险、融资风险和银行账簿利率风险）采取积极主动的控制措施；

● 确保所有的资产负债风险均控制在由专责管理机构设定的风险偏好范围内；

● 预测和评估其他引起收益波动的潜在因素所带来的影响，例如竞争压力或与利率无关的市场变化。

在很多公司中，资产负债管理职能是负责制定和实施合适的资金转移定价机制。有效的高级资产负债管理委员会定期审查这一机制，以确保和激励所有的业务线与公司的战略目标和风险偏好相协调。

2.高级资产负债管理委员会的组成和职权

高级资产负债管理委员会在管理机构制定的风险偏好、整体资金转移定价机制实施和控制及各业务线方面具有极其重要的管理角色。一般而言，这需要高级资产负债管理委员会平衡目标和给相互竞争业务线分配资源。最有效的高级资产负债管理委员会通常是EXCO的正式下属委员会，CEO要经常出席该会议，主席由CEO或CFO担任。高级资产负债管理委员会的成员包括所有业务线主管、首席财务官、集团司库、首席风险官、市场风险主管和资产负债管理主管，内部审计主管和首席经济学家一般也会参与会议。这确保高级资产负债管理委员会得到适当的授权、确保代表了所有的业务线和管控职能，并且高级资产负债管理委员会的职权也得到他们认可。一些小的公司可能认为相关的非执行董事定期参加高级资产负债管理委员会也是合适的。

3.高级资产负债管理委员会的前瞻性本质和决策

评估发现，高级资产负债管理委员会经常不适当地过度关注对过去的监控和评测，而不是主动管理未来。我们认同高级资产负债管理委员会需要进行一定程度的监督，以确保专责单位确定的风险偏好得到贯彻执行，及向EXCO和层级更高的专责单位提供风险最新情况。然而，优秀的资产负债管理委员会更关注未来计划的影响、实体战略以及集团层面（如适用）的资产负债情况。

我们观察了很多机构的高级资产负债管理委员会，包括英国最大的银行、子公司、区域机构、很多的房屋互助协会和国际集团的英国子公司。我们还查阅了高级资产负债管理委员会的会议记录和来自各类公司的相关文件。常见的是高级资产负债管理委员会看来是"观察"风险而不是采取措施管理风险或将问题升级至EXCO。

如果高级资产负债管理委员会中的EXCO成员在问题未经充分阐述和讨论之前不给出建议，审议往往更有效。在很多情况下，高级资产负债管理委员会通常采用一个不包括CEO和其他EXCO成员的战术小组委员会的建议。

4. 在高级资产负债管理委员会中观察到的交锋程度

虽然我们在一些委员会会议上观察到一定程度的交锋，但在其他会议上却没有表现出这种情况。对于交锋的环节，在随后的高级资产负债管理委员会的会议记录中也没有得到体现。当会议记录作为交锋的证据时，通常难以把交锋程度具体化。会议记录应该让非参会者（包括非执行董事）了解讨论情况以及发生的任何交锋，而不仅仅是列出行动要点。

交叉引用FSA规则和指南

我们已在 BIPRU 12.3和12.4中列出了与流动性和融资风险相关的详细的风险管理要求。本指引中讨论的其他领域包括BIPRU 2.3（利率风险）和SYSC（高级管理层安排、系统和控制）。

敬启

格林·劳伦斯

审慎风险管理部总监

附件1

高级资产负债管理委员会审议的议题

以下是关于高级资产负债管理委员会所涵盖议题的指导方针和意见，以及我们对各类公司的高级资产负债管理委员会综合审查后得出的具体意见。

高级资产负债管理委员会通常至少涵盖以下议题：

1. 当前经营计划和市场变化对资产负债的影响。

2. 流动性和融资风险。

3. 银行账簿利率风险和净利息收入敏感性的其他驱动因素：

● 银行账簿的非交易性市场利率风险，包括市场基准风险；

● 银行账簿的结构性非自主可控的利率风险；

● 其他引起收入波动的潜在非利率相关的驱动因素。

4. 资金转移定价机制。

5. 结构性汇率风险。

6. 流动性压力测试。

7. 应急融资计划。

1. 当前经营计划和市场变化对资产负债的影响

良好的资产负债管理汇报材料着重于企业规划范围内的公司计划，并按照资产负债组合、币种、增速、历史和预期收益率及利润率等维度分析该计划，充分解释实际和计划之间的差异。好的资产负债管理汇报材料也重视流动性和结构性融资的关键风险比率，以便高级资产负债管理委员会可以评估所有业务领域的综合计划是否可以使该实体保持在由专责单位设定的风险偏好范围内。

良好的资产负债管理汇报材料展示了公司内部共同经济预测，如果经济基本面发生重大变化，需要重新评估对资产负债管理议题的影响。好的资产负债管理将公司的自身前景和用于规划目的的基本情景（公司计划）相互参照，并使用压力情景来评估资产负债管理在不断变化的经济条件下有关过去和新增业务计划的风险点及其敏感度影响。一些高级资产负债管理委员会已经制定了一些经济触发指标，当有关指标触发时，可以提前或更为频繁地召开委员会会议，甚至可以作为公司应急融资计划的"软"预警指标。

2. 流动性和融资风险

良好实践的公司既注重法人，又酌情考虑集团（如适用）情况，确保正确评估潜在的流动性困境或大额风险敞口限额。许多高级资产负债管理委员会专注于合并会计集团，实际上这并不能反映跨境流动性的流向。在从一个单独的法人实体视角考虑问题时，优秀的高级资产负债管理委员会应该分析可能困于境外分支机构的"盈余"流动性。

良好的资产负债管理汇报材料展示其重要货币的流动性和结构性融资指标，我们注意到，在较差的汇报材料中，通常没有从重要货币的维度分析。好的汇报材料也根据持续更新的分币种和分业务线的公司计划对流动性指标进行测算。

大多数公司（如适用）披露其未来的批发资金再融资风险，显示其有抵押和无抵押资金来源的到期情况。一些公司参照其竞争对手的（公开可用的）到期情况，评估市场上潜在的再融资风险压力点，以帮助高级资产负债管理委员会评估公司是否面临整体市场受压的再融资风险。良好的资产负债管理汇报材料也寻求识别所有资金集中度。

在很多情况下，短期的流动性指标并未涵盖所有的流动性风险，所以，无法确保遵循专责单位设定的风险偏好（为所有的风险驱动因素制定限额，以确保所有的指标受到约束，并使实体风险符合风险偏好）。高级资产负债管理委员会确保所使用的流动性资产的定义与专责单位设定的风险偏好相符合，这是合乎情理的。

大多数的高级资产负债管理委员会会获得流动性期限错配情况表，但这通常反映的是行为假设，而不对这些假设背后的依据或敏感性进行阐述、解释或理解。良好的高级资产负债管理报告应同时列出合同期限错配情况以及以行为假设为基础的期限错配情况，并对有关假设和关键敏感性进行描述。

良好的高级资产负债管理委员会通过设定符合公司前景和经济压力场景，定期评估这两种情景下中期融资计划的可行性和对收益（NII）的影响。公司应评估该计划是否符合经济预期及在经济紧张的情况下任何潜在的评级机构可能采取的行动。

对于表内交易和债券再融资活动较多的公司，良好的资产负债管理委员会会考虑从事有关活动的规模以维持对客户特许经营的支持，以及在何种程度下公司愿意在压力期间缩减特许经营规模以符合其流动性风险偏好，即使在该情况下证券流动性仍然充裕。良好运营公司的管理单位认为这是其更广泛的流动性风险偏好管理中的一部分，并在其结构性指标和融资计划中反映维持任何特许经营的情况。

3. 银行账簿利率风险（IRRBB）和净利息收入（NII）敏感性的其他驱动因素

好的公司分别采用经济价值（EVE）、风险价值（VaR）、净利息收入（NII）敏感度、基准风险和情景压力测试进行独立的利率风险分析，并且比IRRBB评估收益波动所需的因素还要多。非交易性市场利率风险常常单独分析，并被许多公司视为市场风险（我们认可这一方法），在这种情况下，我们认可这种风险可以不用在高级资产负债管理委员会内讨论。

良好的资产负债管理汇报材料同样设定了利率风险行为假设的使用程度和本质，用于确定非交易性市场利率风险水平和有关假设对利率敞口的敏感度。

非自主决定的结构性银行账簿利率风险管理通常使用某种形

式的盈利影响分析进行评估，例如使用利率平行或不平行移动的情景对EVE和NII的影响进行评估。然而，在大多数情况下，NII/EVE是针对整个银行账簿进行的，包括非交易市场利率风险，导致真正潜在的非自主结构银行账簿利率风险管理敞口"模糊不清"。最有效的高级资产负债管理委员会仅评估非自主决定的银行账簿利率风险管理的NII/EVE（即不包括自主决定的非交易性市场风险），并另外探究其他非利率风险场景，以识别除利率外的影响收益（NII）波动的因素，例如竞争环境的变化。我们即将在银行账簿利率风险管理的讨论文献中对此作进一步论述。

好的高级资产负债管理委员会汇报材料提供合理的假设，以引起交锋和讨论。由于银行账簿利率风险管理和更为广泛的收益波动很难靠单一衡量标准计算，所以专责单位会对每项指标设定"软"限额，以供高级资产负债管理委员会衡量，并明确NII/EVE模型中原有的关键非利率假设的敏感性分析。我们发现，大多数公司并未充分意识到其内在结构引起的收益波动，例如低利率环境引起的利润收窄或竞争格局的巨大变化。好的资产负债管理汇报材料也通过独立的情景分析，对提前还款风险、管道风险（与客户确定利率至客户实际用款的时间差）和损耗风险以及其他潜在的收益波动因素进行分析。

4. 资金转移定价机制

优秀的高级资产负债管理委员会寻求确保资金转移定价（FTP）机制是合适的，并在设计和实施资金转移定价机制时充当业务线之间的仲裁者。好的高级资产负债管理汇报材料会列出FTP运行中的关键点以及计算的基础和结果。请参阅我们于2010年7月5日发布的关于FTP的"致司库"函。

5. 结构性汇率风险

对于外汇营运净投资及不同币种收支流向，很少有公司提供相关的敏感性分析。

6. 流动性压力测试

优秀的高级资产负债管理委员会已经设计了反向压力测试场

景，在该场景下业务模型变得不可行。这些场景试图寻求造成连续多年负收益（NII）和融资出现第二波冲击的原因。一些公司同时寻求造成消耗其流动性资源和管理行为（反向流动性压力测试）的原因。最先进的高级资产负债管理委员会评估并向其理事单位指出关于其不能通过（逆向）的情景是否因发生概率较低而可接受，同时将有关信息提交给EXCO和更多的管理单位，以评估情景的发生概率是否符合由管理单位设定的流动性风险偏好。最妥当的资产负债管理汇报材料还提供了一系列流动性压力情景，这些情景较公司设定的风险偏好更严峻，但不如"不通过压力测试"的情景严峻，以允许高级资产负债管理委员会识别各种场景下的薄弱环节。

7. 应急融资计划

良好的资产负债管理汇报材料将应急融资计划不仅作为业务运营应急计划，还要具有评估计划的功能并将这些评估纳入反向流动性压力测试。

高级资产负债管理委员会可能希望应急融资计划能够在实际情况下进行操作验证，确保预警指标妥当更新，并且与资产负债管理委员会汇报材料提供的信息紧密相关。高级资产负债管理委员会很可能希望计划中包含的任何管理行动都切合实际，并且可以在考虑到的场景中得以实施。

附件2

参加高级资产负债管理委员会
（ALCO）会议的主要观察

- 首席执行官或ALCO的另一位EXCO成员问询关键流动性或融资指标所指何意。如果EXCO成员在ALCO中询问该问题，则代表该指标起不到作用。因为该指标的假设和定义可以更清晰一些，或许有更好的方式来阐述信息。

- 资产负债管理委员会成员不理解EVE和NII的结果。这表明他们对方法论和假设缺乏理解，应该给新的成员进行方法论培训。

- 经济学家的观点可能会在ALCO会议上占用相当长的时间，并且可能与ALCO其余的讨论部分无关。经济学家的观点可从以盈利和流动性为目标的公司计划中得出，并可与市场共识进行比较和进行回溯测试。

- ALCO会议之前的观点与ALCO会议中的观点不一致，其中一种观点会被推翻。重要的是业务线与管控功能的工作推进需要来自同一个战略目标。

- 大部分的时间用来确定风险限额符合公司的有关规定。风险和收益不可通过回顾来管理。限额监控可委托给一个下属委员会或风险管理职能部门，然后高级资产负债管理委员会可以重点关注未来的行动计划。

- 建议在没有被挑战的情况下采纳。可知会委员有关每项建议的利弊，而会议记录要表明每项建议都要经过共同讨论。

- 会议议程太多以致异常情况才得到重视。在关键风险因素或措施上花费的时间很少。公司可以考虑为某些议题设定下属委员会，或者可以改变ALCO的工作规则。

附件3

CEO审查高级资产负债管理委员会
有效性的备忘录

- 委员是否注意到当前敞口与限额的差距，并在预测情况恶化时采取行动？

- 委员是否同意涵盖所有的流动性和融资风险？

- 委员是否同意涵盖所有的银行账簿利率风险？

- 委员是否认为预测指标处于风险偏好范围内？

- 缺席者是否由其下属参会？

- 是否有委员在理解标准的管理层汇报材料（MI）时遇到问题？

- 委员是否考虑过经济学家的预测是否代表有必要重新修订公司计划？

- 产品定价组合是否因此需要调整？

- 限额过低的使用量意味着什么？

- 委员会是否可接受EVE和NII可能出现的不一致性？

- 委员是否认为冲击较大的情景发生概率较低因而可以接受？

- 预期绩效比率是否与董事会目标一致？

- 预期流动性和融资指标是否符合管理单位的风险偏好？

- FTP对业务线的导向是否能够与公司目标和风险偏好保持一致？

参 考 文 献

[1] 巴曙松，牛播坤. 利率市场化与资产证券化兴起：来自美国经验的启示 [J]. 湖北经济学院学报，2013（5）：5–19.

[2] 卞志村，马佩佩. 资本监管对商业银行长期盈利能力的影响[J]. 金融监管研究，2014（5）：5–22.

[3] 布莱特·金. 银行3.0：移动互联时代的银行转型之道[M]. 白宫，施轶，译.北京：北京联合出版公司，2017.

[4] 成思危. 中国货币市场发展的经验与教训[J]. 经济界，2002（4）：6–10.

[5] 陈云贤，张孟友. 美国金融体系考察研究[M]. 北京：中国金融出版社，2001.

[6] 陈小宪. 加速建立现代商业银行的资产负债管理体系[J]. 金融研究，2003（2）：30–37.

[7] 陈小宪. 风险、资本、市值：中国商业银行实现飞跃的核心问题[M]. 北京：中国金融出版社，2004.

[8] 迟国泰. 银行资产负债管理优化理论模型与应用[M]. 北京：科学出版社，2014.

[9] 查启维. 资金面分析的道术器用[EB/OL]. 搜狐网，2017–12–07.

[10] 曹煦. 货币市场比较研究[D]. 东北财经大学，2002.

[11] 樊志刚. 大型银行资产负债结构转型[J]. 中国金融，2018（11）：29–32.

[12] 弗兰克·J. 法伯兹，等. 全球货币市场[M]. 孟昊，郭红，译. 大

连：东北财经大学出版社，2011.

[13]高蓓，张明，邹晓梅. 美、欧、日资产证券化比较：历程、产品、模式及监管[J]. 国际经济评论，2016（4）：140-155.

[14]关文杰. 资产负债管理的有效性[J]. 中国金融，2017（5）：24-26.

[15]何瀚. 中国会计准则国际趋同的进展研究：以工商银行利润表为例[J]. 发展研究，2017（3）：71-75.

[16]何大勇，等. 银行转型2025[M]. 北京：中信出版社，2017.

[17]洪崎. 商业银行如何应对利率市场化提速挑战[N]. 金融时报，2012-07-30.

[18]黄广明. 银行司库研究[J]. 银行家，2010（7）：54-55.

[19]桥本信哉. 商业银行资产负债管理：理论、实务与系统构建[M]. 黄剑，刘甚秋，译. 北京：北京大学出版社，2013.

[20]黄广明. 银行资产负债管理2.0[J]. 中国金融，2016（8）：41-42.

[21]胡安·佩德罗·莫雷诺，等. 银行业新时代：金融危机后的行业格局[M]. 于东智，陈骁，彭博，译. 北京：中国金融出版社，2018.

[22]交通银行课题组，林至红. 利率市场化背景下商业银行资产证券化发展问题探讨及策略研究[J]. 金融会计，2018（2）：33-42.

[23]杰恩·德米内. 银行估值与价值管理：存贷款定价、绩效评估和风险管理[M]. 于东智，译. 北京：中国金融出版社，2014.

[24]金昱. 信贷资产证券化助力商业银行转型发展[J]. 中国银行业，2018（7）：89-92.

[25]姜波. 商业银行资本充足率管理[M]. 北京：中国金融出版社，2004.

[26]姜超，周霞. Libor的改制之路：过程、影响与启示[R]. 海通证券研究报告，2019-05.

[27]楼文龙. 中国商业银行资产负债管理——利率市场化背景下的探索与实践[M]. 北京：中国金融出版社，2016.

[28]李杨勇，等. 商业银行资产负债管理[M]. 北京：清华大学出版

社，2007.

[29]李琳. 开放市场环境下的商业银行资产负债管理[M]. 北京：对外经济贸易大学出版社，2017.

[30]李锋，等. 银行资产负债表的ABC（上、下）[R]. 民生证券研究报告，2017.

[31]卢颖超. 国外商业银行资产负债管理模式总结[J]. 甘肃金融，2017（1）：15–21.

[32]罗琳. 新时期商业银行全表资产负债管理探究[J]. 新金融，2019（4）：34–38.

[33]刘信群. 经验借鉴：香港地区银行应对利率市场化及风险管理[J]. 银行家，2014（11）：92–93.

[34]梁艳，孙璇. 浅析美元Libor改革：背景、进程与挑战[J]. 中国货币市场，2018（4）：49–55.

[35]麦肯锡大中华区金融机构咨询业务. 决胜于定价[R]. 2016–04.

[36]马蔚华. 资本约束与经营转型：12家股份制商业银行行长共谋变革时期的发展大计[M]. 北京：中信出版社，2005.

[37]牛锡明. 创新超越：新常态下大型商业银行改革与转型[M]. 北京：中国金融出版社，2016.

[38]彭纯. 优化商业银行资产负债管理[J]. 新金融，2014（5）：4–8.

[39]彭纯. 商业银行资产驱动策略[J]. 中国金融，2016（15）：80–82.

[40]廖继全. 资金转移定价：领先银行的逻辑与方法[M]. 北京：企业管理出版社，2014.

[41]刘宏海. 当下银行资产负债管理的挑战与对策[J]. 银行家，2018（2）：66–69.

[42]刘东鑫. 美国商业票据市场的发展特点及启示[J]. 中国货币市场，2010（10）：46–49.

[43]沈荣勤. 中美商业银行财务报表比较及其对国内商业银行转型的启示[J]. 金融论坛，2013（10）：29–33.

[44]孙静漪. IFRS 9的实施对商业银行资产负债管理的影响[J]. 清华

金融评论，2017（5）：72–74.

[45] 孙树强. 观察市场资金面的利率视角：一个简单实用的分析框架 [EB/OL]. 搜狐网，2017–06–07.

[46] 孙兆斌，陈建斌. 后危机时代中国商业银行的资产负债管理[J]. 新金融，2010（8）：25–29.

[47] 王剑，陈文钦. 资产负债管理框架研究[J]. 中国金融，2018（13）：96–97.

[48] 汪小亚，张江帆. 经济下行期经济资本管理的难点和重点[J]. 金融论坛，2017（6）：14–20.

[49] Chris Matten. 银行资本管理：资本配置和绩效测评（第2版）[M]. 王洪，漆艰明，等，译. 北京：机械工业出版社，2004.

[50] Moorad Choudhry. 银行流动性风险与资产负债管理导论[M]. 于东智，译. 北京：中国金融出版社，2012.

[51] Moorad Choudhry. 全球回购市场手册[M]. 北京融和友信科技有限公司，译. 北京：企业管理出版社，2016.

[52] Moorad Choudhry. 债券收益率曲线手册[M]. 北京融和友信科技有限公司，译. 北京：企业管理出版社，2016.

[53] Moorad Choudhry. 全球货币市场手册[M]. 北京融和友信科技有限公司，译. 北京：企业管理出版社，2016.

[54] 彭骙骙，梁虹. 监管呵护流动性[J]. 财新周刊，2019（24）：48–51.

[55] 彭骙骙. 贷款利率并轨开始了[J]. 财新周刊，2019（33）：32–36.

[56] 肖远企. 资本监管的回望与思考[J]. 中国银行业，2018（1）：10–22.

[57] 肖欣荣，伍永刚. 美国利率市场化改革对银行业的影响[J]. 国际金融研究，2011（1）：69–75.

[58] 项卫星，李宏瑾. 货币市场基准利率的性质及对Shibor的实证研究[J]. 经济评论，2014（1）：107–117.

[59] 谢多. 中国货币市场发展的分析[J]. 经济研究，2001（9）：3–11.

[60] 易会满. 重构银行资产负债表[J]. 中国金融，2017（1）：10–14.

[61]于东智. 加强资产负债管理促进优秀大型上市银行建设的思考[N]. 中国城乡金融报，2010-11-05（A03）.

[62]于东智，胡庆. 价值管理视角下的商业银行资产负债模型[J]. 金融论坛，2010（8）：12-19.

[63]于东智，郭娜，关继成. 利率市场化下我国商业银行资产负债管理策略研究[J].农村金融研究，2012（9）：37-41.

[64]于东智. 后金融危机时代商业银行资产负债管理的新趋向[J]. 农村金融研究，2013（6）：42-46.

[65]于东智. 现代商业银行资产负债表管理论[J]. 农村金融研究，2013（8）：39-42.

[66]于东智. 发挥银行司库战略作用、构建高效资金配置中心[J]. 中国城市金融，2016（12）：49-52.

[67]于东智，孙涛. 衍生金融工具新会计准则对银行业的影响及对策分析[J]. 农村金融研究，2017（2）：48-51.

[68]于东智. 香港银行业流动性风险管控[J]. 中国金融，2017（17）：80-82.

[69]于东智. 套期会计的理论与实践[J]. 中国金融，2018（12）：59-60.

[70]于东智，董华香，李康乐.国际基准利率改革的进展、影响及对策[J]. 中国银行业，2020（5）：44-46.

[71]于东智，周大勇，郝明杨.绿色金融在香港：优势、措施及在港中资金融机构着力点[J]. 中国银行业，2020（7）：84-87.

[72]于东智，董华香，谭明洋.英国北岩银行危机对当下银行资产负债管理的启示[J].中国银行业，2020（11）：53-55.

[73]杨金荣. 商业银行存款竞争：趋势、挑战与应对研究[J]. 金融监管研究，2014（12）：54-65.

[74]周小川. 关于推进利率市场化改革的若干思考[Z/OL]. 中国人民银行网站，2012-01-12.

[75]张兰波. 银行资产负债管理的逻辑[J]. 中国金融，2017（5）：27-30.

[76] 张亦春，郑振龙，林海. 金融市场学[M]. 5版，北京：高等教育出版社，2017.

[77] 招商银行研究部. 商业银行管理前沿：12家股份制商业银行研究部门领先思考银行发展和管理中的重大问题[M]. 北京：中信出版社，2005.

[78] 曾刚，贾晓雯. 监管强化背景下银行资本工具创新[J]. 中国银行业，2018（5）：50–52.

[79] Bernhard Babel etc. Capital management: Banking's new imperative [R]. McKinsey Working Papers on Risk, Number 38.

[80] Brett King. BANK 4.0: Banking Everywhere, Never at a Bank[M]. Wiley, 2019.

[81] Financial Stability Board. Overnight Risk–Free Rates: A User's Guide[R]. June 2019.

[82] Karen Moss and Nicolas Kunghehian. Funds–transfer–pricing in Banks: what are the main drivers? (Moody's Analytics White Paper)[R]. 2018.

[83] Moorad Choudhry. Bank Asset and Liability Management: Strategy, Trading, Analysis[M]. Wiley, 2007.

[84] Moorad Choudhry. The Moorad Choudhry Anthology: Past, Present and Future Principles of Banking and Finance[M]. Wiley, 2018.

[85] Nicolas Kunghehian, Karen Moss. Liquidity Risk: Some Practical Challenges Remain, but this is the Time to Automate & Integrate (Moody's Analytics White Paper)[R]. 2017.

[86] Nicolas Kunghehian. Interest Rate Risk in the Banking Book (IRRBB): Meeting the Practical Challenges (Moody's Analytics White Paper) [R]. 2017.

[87] Oracle. Asset Liability Management: An Overview (An Oracle White Paper)[R]. 2008.

[88] Stavros A. Zenios, William T. Ziemba. Handbook of Asset and Liability Management (Volume 1 & 2)[M]. North–Holland, 2008.

后　记

　　时光荏苒，光阴似箭。《现代商业银行资产负债管理手册》已经成稿了近四年。在这段时间中，新冠疫情肆虐，全球政治经济格局嬗变，地缘政治冲突加剧，ESG新发展理念和数字化智能化成为主流趋势，世界处于百年未有之大变局。文字塑造文明，这就是文字的力量，反过来文明的发展也会推动文字和知识的进化。随着时间推移和环境变化，所有的东西都在不断升级，变得越来越好，所有的东西都是在形成之中，当然专业书籍的文字和内容也同样需要迭代。感谢读者朋友们的信任和支持，《现代商业银行资产负债管理手册》第一版已经售罄。在中国金融出版社李融编辑的鼓励和支持下，《现代商业银行资产负债管理手册》第二版得以问世，在此深表谢意。感谢中国金融出版社蒋万进董事长对书籍内容的肯定和所提的宝贵意见。也感谢农业银行香港分行董华香女士、李康乐先生、谭明洋先生、陈天湖先生、孙涛先生在修订过程中给予的帮助。

　　相较原版本，第二版主要做了如下修订：一是增加全书的思维导图，便于读者厘清学习框架。二是增添案例部分。"以史为鉴，可以知兴替"，历史作为一种知识储备和情景模拟，可以视为抵御重大风险的压舱石。在此基础上的案例分析则是应用性学科的基本研究方法和学习方法。独立思考、双向交流和能力建设是案例分析的主要目的。案例分析来源于实践，又高于实践，具有丰富理论体系的功能。因此，本次修订增补了案例篇。案例篇按照上篇和中篇内容的逻辑叙述顺序展开，既有全新的增补内容（案例五：A银行的流动性压力测试、案例八：资产转移定价（FTP）管理中的高频问题、案例九：北岩银行经营失败的深度复盘、案例十：绿色资产负债管理），也有充实完善后形成的第一版相关章节中的更新内容（案例一：银行财务报表分析、案例二：衍生金融工具避险与套期会计、案例三：多情景下的资产负债策略分析、案例四：三则流动性风险事件、案例六：关于利率风险的三个经典故事、案例七：凯基银行外汇亏损事件）。三是将第一版中部分章节的内容进行了优化、调整和补充。包括：（1）将原附录三"国际基准利率改革的进展、影响及对策"修改完善后作为第九章"国际基准利率改革"。（2）在第十七章"资产负债组合管理"中补充了"中国人民银行宏观审慎评估与商业银行内部宏观审慎评估"以及"商业银行的绿色资产负债管理"的相关内容。（3）对一些章节中的文字和图表根据形势变化进行了调整。行百里者半九十，探索永远在路上。虽然一直以如履薄冰的心态，用心实践，小心总结，但银行经营管理系统纷繁复杂且演化迅速，囿于精力和能力，谬误、疏漏在所难免，敬请各位读者包容指正。

最后，需要强调的是，"兵无常形，水无常势"，现实总比理想更复杂。现实中没有纯粹的、教科书式的市场，更没有纯粹的、教科书式的管理实践，从书本上学的是基本常识和基本精神，但不是包治百病的万能药。"欲事立，须是心立"。始终秉持"知行合一"的初心，时刻不待扬鞭自奋蹄，但愿持续的探索能够为中国商业银行经营管理水平的提升作出些许贡献。

请扫描上方二维码，获得作者关于商业银行资产负债管理方面的更多文章和相关资料，敬请关注。